Core-A 기반의 하드웨어 플랫폼 설계

(Hardware Platform Design Based on Core-A)

박주성 · 남일구 · 김석찬 공저

모바일 – AP IDEC 플랫폼 센터 시리즈 1

홍릉과학출판사

ucloud office
부록 CD

ucloud office 부록 CD 다운로드 안내

http://office.ucloud.com

ID : pptsm@ucloud.com
PW : hp2274

⇒ My ucloud / 게스트폴더 / PW : ISBN 뒤 8자리

머리말

반도체 공정기술, 설계능력, CAD기술의 발달에 힘입어 매 2년마다 칩에 2배의 트랜지스터가 집적되고 있다. 단순하게 생각하면 그럴 수 있겠구나 할 수 있지만 개인의 재산이 2년마다 2배씩 늘어난다고 생각하면 집적도의 증가속도를 실감할 수 있을 것이다. 칩의 집적도 증가는 개인의 재산이 2년에 2배씩 증가하는 것이 미치는 영향보다 우리의 일상에 미치는 영향은 상상 이상이다. 집적도의 증가는 라디오, TV, 전자교환기, PC, DTV, 인터넷, 스마트폰 탄생이 가능하게 하여 우리의 일상생활, 산업, 문화에 커다란 변혁을 가져왔다.

반도체 칩의 집적도가 증가함에 따라 칩의 설계 방식에 많은 변화가 일어났다. 반도체 칩 설계의 어려움은 집적도는 증가하지만 time-to-market은 오히려 짧아지는 데 있다. 반도체 공정기술이 집적도를 향상시킬 수 있는 기반을 마련하지만, 주어진 시간에 공정기술의 한계까지 수준까지 집적도를 올리기 위해서는 설계 재활용 개념인 IP(Intellectual Property)를 이용한 설계가 필요하게 되었다. IP를 이용하여 칩을 설계하게 되면 단기간에 칩을 구성할 수 있으나 복잡한 설계를 검증하는 것은 또 다른 문제를 야기 시킨다. 설계의 복잡도가 증가하게 되면 검증하는 시간이 구조를 설계하고 HDL 코딩하는 시간보다 2배 이상 걸린다.

칩 설계기간과 검증 기간을 단축하기 위해서는 검증된 IP와 설계를 검증할 수 있는 다양한 환경을 미리 준비해두어야 한다. IP와 다양한 검증 환경을 구비하고 있는 시스템을 플랫폼(platform)이라고 한다. 플랫폼에는 소프트웨어적으로 태스크를 처리할 CPU와 DSP는 물론 오디오, 비디오, 통신을 지원하기 위한 하드웨어와 소프트웨어 즉 operating system과 드라이버 프로그램이 준비되어 있다. 특정 CPU를 기반으로 한 플랫폼을 개발하기 위해서 다양한 인터페이스 하드웨어에 대한 지식, 하드웨어와 소프트웨어를 인터페이싱 하는 기술, 설계된 하드웨어를 FPGA와 PCB를 이용하여 하드웨어 시스템을 구현하고 필요한 소프트웨어를 포팅하는 기술이 필요하다.

이 책은 특허청 지원으로 개발한 한국형 CPU인 Core-A를 기반으로 한 플랫폼을 개발하는 과정을 다룬다. 플랫폼 개발과정을 소개하는 목적은 독자들이 여기서 제공하는 지식을 바탕으로 보다나은 Core-A를 이용한 하드웨어 플랫폼을 개발할 수 있게 하는 것이고, 부수적으로 다른 CPU를 이용하여 목적에 맞게 독자적인 플랫폼을 개발할 때 참고할 수 있게 하는 것이다.

완벽한 플랫폼을 만드는 것은 현실적으로 많은 어려움이 있다. 이 책은 기본적인 플랫폼을 구성하는 과정을 소개하여 독자들이 스스로 필요한 플랫폼을 구성할 수 있는 능력을 갖추게 하는 것을 목표로 한다. 그리고 대학원 수준에서 하드웨어와 소프트웨어를 인터페이스 하는 방법에 대하여 공부할 수 있게 하는 목적도 있다. 그리고 이 책은 플랫폼 설계 실습서로 사용될 수 있게 저술되었으나, 부족한 점이 많으리라 생각한다. 오류나 책 내용에 대하여 제안이 있으면 대표저자 부산대학교 박주성 교수(juspark@pusan.ac.kr)에게 연락주기 바란다. 우리가 개발한 플랫폼을 이용하여 국내의 대학 및 기업에서 Core-A를 다양한 분야에 응용하여 한국형 CPU가 우리나라에서 뿌리 내리기를 간절하게 바란다. 마지막으로 이 책이 나오기 까지 여러 자료를 수집하여 플랫폼을 구현하고 실습내용 정리를 위하여 헌신적인 노력을 해준 부산대학교 전자공학과 대학원생 정승표, 허경철, 박영주, 김상만, 왕지범 군에게 감사드린다.

2013년 5월 25일
저자 박 주 성
김 석 찬
남 일 구

차 례

차 례

제 3 장 Core-A 프로그래밍 환경

제 4 장 AMBA

제 5 장 UART

제 6 장 SRAM/Flash Interface

차 례

차 례

제 10 장 플랫폼 Schematic 설계

제 **1** 장

플랫폼 개요

1.1 플랫폼의 필요성

1980년의 기술로 지금과 같은 스마트폰을 만든다고 상상해보자. 일단 크기가 여행용 가방 정도 될 것이고, 전지의 크기도 여행용 가방의 1/2 수준이 될 것이며, 인터넷 화면을 올리는 데 5일 정도 걸릴 것이다. 오늘날과 같은 스마트폰 시대를 도래하게 한 주역은 system IC라고 할 수 있다. 무어의 법칙에 따라 시스템 IC의 집적도가 [그림 1-1]과 같이 2년 마다 2배씩 증가하게 되어 집적도가 증가되었을 뿐만 아니라 소모 전력도 줄어들고 동작속도도 빨라지게 되었다.

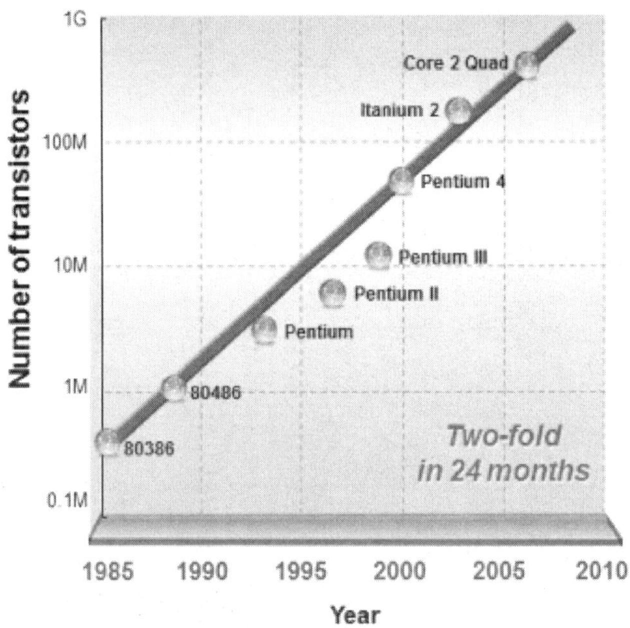

그림 1-1 Microprocessor 집적도 발전 추이

집적도가 개선됨에 따라 많은 기능을 하나의 칩에 집적시킬 수 있게 되어 system IC의 기능이 발전함에 따라 [그림 1-2]와 같이 새로운 전자기기 개발이 가능하고 새로운 전자기기는 새로운 서비스가 가능하고 새로운 시장을 창출 하였다. 1956년에 IC가 탄생함에 따라 전자식 교환기와 메인프레임 컴퓨터가 탄생하여 통신기술의 새로운 장을 열었으며 대용량 데이터를 순간적으로 처리할 수 있게 되었다. 1976년에 마이크로프로세서가 개발되어 1인당 1대의 컴퓨터 시대를 열게 되어 인터넷 서비스가 가능하게 하였다. 1985년에 DSP(Digital Signal Processor)가 발명되어 신호처리 분야의 획기적인 발전을 가져와 모바일 서비스와 디지털 방송시대를 열었다. 1990년도 중반에 플래쉬 메모리가 발명되어 스마트폰 개발이 가능하여 본격적인 모바일 시대를 열었다.

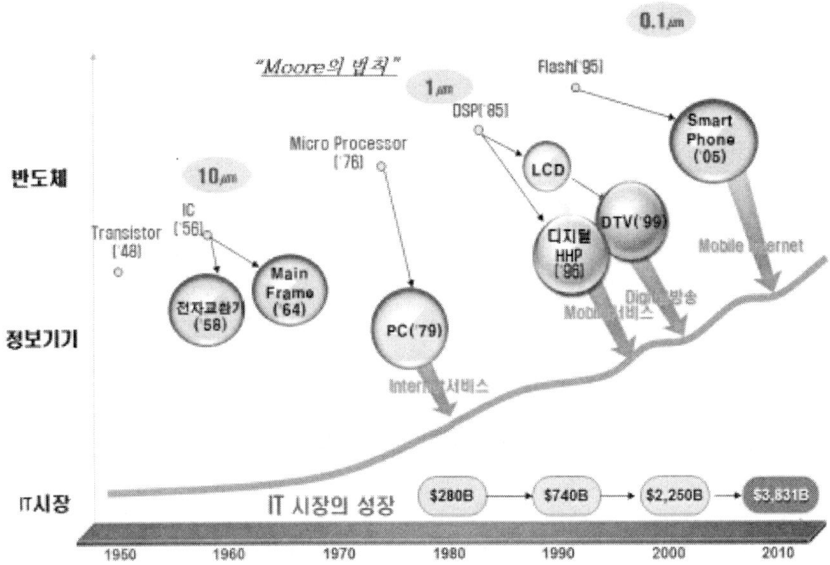

그림 1-2 정보기술의 발전과 IT 산업의 성장
(전) 삼성전자사장 임형규 부산대학교 강연(2011.5.31)

반도체 공정기술이 발전함에 따라 집적도가 획기적으로 증가하였다. 그러나 반도체 공정기술에 의한 집적도의 개선속도를 [그림 1-3]과 같이 설계기술이 따라갈 수 없었다. 반도체 공정에서는 개선된 공정을 수 천, 수 억 개의 트랜지스터에 동시에 적용하여 만들기 때문에 공정개선만 이루어지면 집적도를 올리는 것은 단순한 일이다. 공정기술의 개선은 장비와 재료에 의존하지만, 설계기술은 CAD(Computer Aided Design)의 지원을 받지만 사람의 두뇌에 의존하게 되어 복잡한 설계를 짧은 기간에 완성할 수 없다. 설계기술과 공정기술의 갭을 채우기 위하여 IP(Intellectual Property)를 이용한 설계 재사용을 생각하게 되었다. IP를 사용하면 [표 1-1]과 같이 설계의 생산성이 5-100배 정도 향상된다. IP를 사용하여 칩을 설계하면 설계시간 단축이라는 장점이 있지만, IP 검증문제가 따르게 된다. 수많은 IP로 구성된 SoC(System-on-Chip)급 칩을 설계하기 위해서는 IP 하나하나를 철저하게 검증하여야 한다. 그런데 IP는 서로 다른 회사나 다른 개발환경에서 설계되고 검증되기 때문에 SoC급 칩 설계를 위해서는 Soc가 설계될 환경에서 IP를 검증하여 라이브러리 형태로 저장되어 있어야 한다.

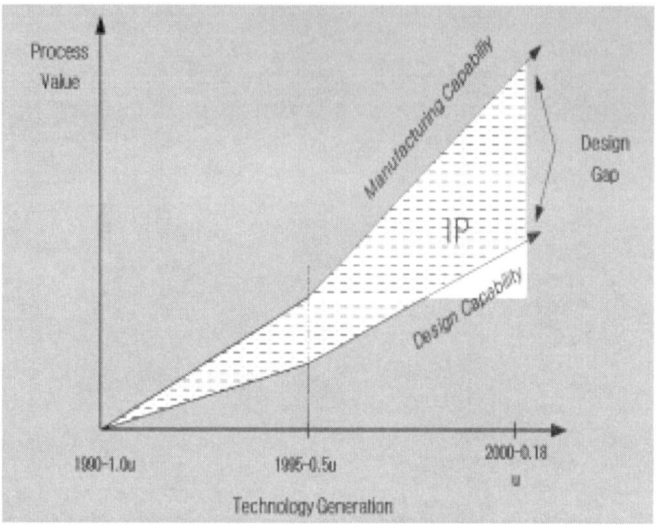

그림 1-3 반도체 공정기술에 따른 제조능력과 설계능력의 gap

표 1-1 IP를 이용한 설계의 생산성

	IP 사용	IP 사용 않음
주당 설계량(gates)	4,000 ~ 5,000	400 ~ 1,000
목표 설계량(gates)	1 백만 개	1 백만 개
총 소요 주일	200	1,000 - 2,500
엔지니어 수	6	10
개발 기간	8개월	2 ~ 5년

설계하는 칩의 복잡도가 증가하면 [그림 1-4]에 나타난 바와 같이 구조설계, 레이아웃, 시제품 제작, 제작된 칩의 검증에 소요되는 비용의 증가속도보다도 설계자체를 검증하는데 드는 비용의 증가속도가 빠르다. 칩의 집적도가 증가하게 되면 검증해야할 내용이 많아질 뿐만 아니라 검증방법도 복잡해지기 때문에 설계검증 비용이 증가하는 것은 당연한 일이다. 검증 내용의 증가는 검증할 수 있는 환경의 수가 그 만큼 증가하는 것을 의미한다. 하나의 검증환경을 구축하는 데 소요되는 비용은 또 다른 칩을 설계하는 비용과 같다고 생각할 수 있다. 가령 영상 압축 복원 관련 내용을 검증한다고 가정해보자. 이를 검증하기 위해서 카메라로부터 영상을 받아들이는 인터페이스, 설계된 코드를 FPGA(Field Programmable Gate Array)로 구현 할 수 있는 환경 구축, 압축 복원된 영상데이터를 모니터나 TV로 볼 수 있는 인터페이스 설계 및 구현이 필요하다. 이와 같이 각각의 내용에 대하여 검증환경을 구축하는 데 많은 비용이 소요된다. 다양한 검증환경을 미리 구축해둔다면 검증기간을 획기적으로 단축시킬 수 있을 것이다.

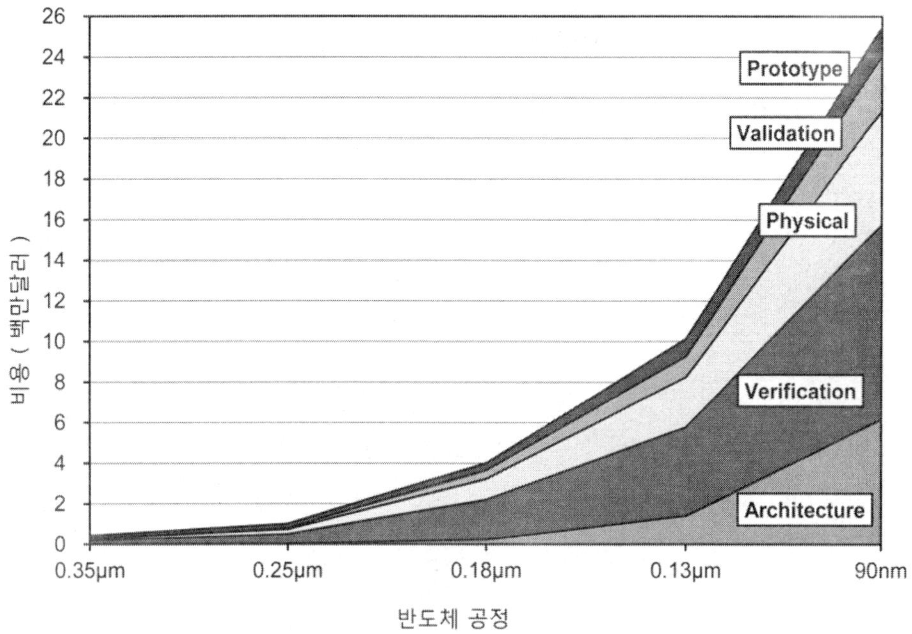

그림 1-4 집적도에 따른 IC에 필요한 각 단계에 소요되는 비용
(A. Sangiovanni-Vincentelli, DAC 04)

SoC급 IC 설계가 어려운 이유로 검증된 많은 HW 및 SW IP 확보, IP와 전체 칩 검증이 용이한 환경구축, 설계 검증의 복잡함, 비싼 NRE(non-recurring engineering cost)를 들 수 있다. 또한 짧은 time-to-market으로 인하여 SoC급 IC 설계의 어려움이 더해가고 있다. 설계기간을 단축시키기 위하여 오디오, 영상, 다양한 통신 방식의 지원이 가능한 인터페이스 구축, 다양한 저장매체 및 입출력 장치 지원, IP와 전체 칩을 FPGA 수준으로 검증할 수 있는 있는 환경, SW를 용이하게 개발할 수 있는 환경 등을 갖춘 시스템을 개발할 필요가 있다. 이러한 시스템에 펌웨어와 하드웨어 IP를 탑재시키면 플랫폼이 완성된다.

1.2 플랫폼의 구성요소

플랫폼을 만드는 이유는 SoC급 칩을 짧은 기간에 손쉽게 설계하고 검증하기 위해서이다. SoC급 칩을 설계하기 위해서는 [그림 1-5]와 같이 CPU는 기본적으로 필요하고 IP, OS를 포함한 소프트웨어, 디버거, 외부와 인터페이스를 위한 peripheral, 파워와 클럭으로 구성된 시스템이 필요하다. 여기서 이러한 구성요소가 왜 필요한지를 생각해보자.

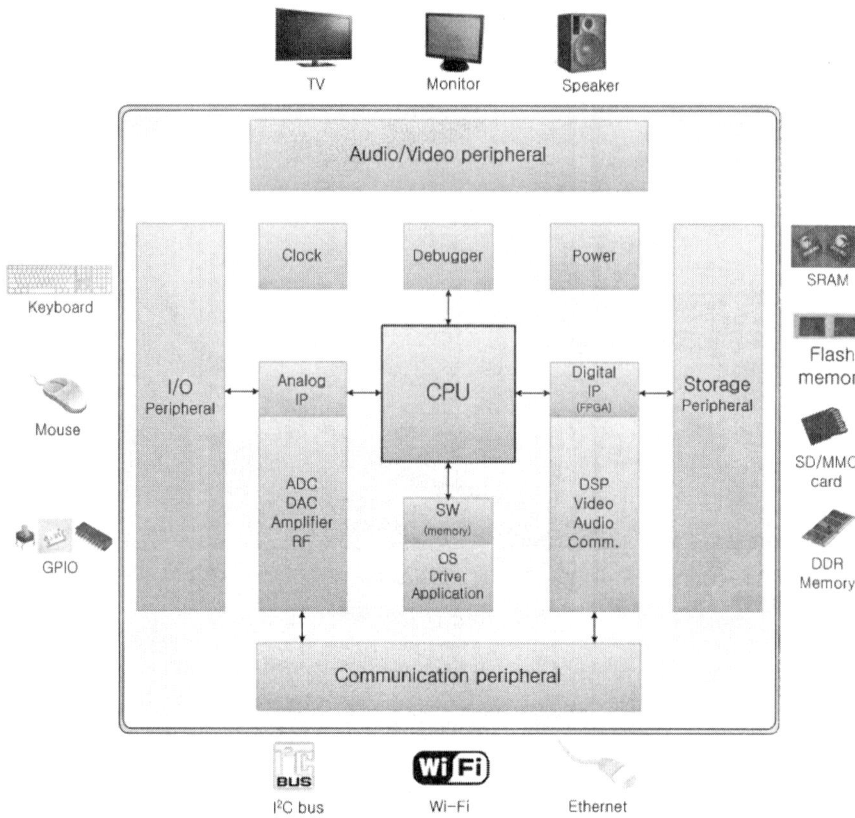

그림 1-5 플랫폼 구성요소

최근 칩은 System-on-Chip이라는 말 그대로 시스템이 칩 속으로 들어가기 때문에 칩에는 CPU가 기본적으로 필요하다. CPU가 칩 내부에 있다면 CPU에서 수행되는 프로그램을 디버깅하기 위한 디버거가 필요하다. 칩 설계 기간을 단축하기 위해서는 디지털과 아날로그 IP가 필요하다. 디지털 IP에는 DSP와 같은 프로그램 가능한 것과, 영상처리를 위한 하드와이어드 형태의 IP, 통신과 오디오 인터페이스를 위한 IP가 필요할 것이고, 특수한 목적을 위하여 자체적으로 설계한 디지털 IP가 있을 수 있다. 디지털 IP는 속도의 제한이 없는 한 대부분 FPGA로 구현이 가능하므로 플랫폼에는 꼭 FPGA가 필요하다. FPGA가 필요한 또 다른 이유는 설계 검증기간을 단축할 수 있기 때문이다. 시뮬레이션은 시리얼 방식이기 때문에 검증하는 데는 많은 시간이 소요되지만 FPGA는 병렬처리 방식이기 때문에 검증시간을 대폭 단축할 수 있다.

CPU에 수행되는 소프트웨어와 IP를 이용하여 목표하는 결과를 얻었다고 하더라도 외부로부터 데이터를 받아들이거나 결과를 외부로 주고 받기 위한 인터페이스가 필요하다. 예를 들면 오디오 데이터를 실시간으로 압축하고 디코딩하는 칩을 설계한다고 가정하자. 압축을 위해서는 마이크로폰에서 나온 오디오 신호가 ADC를 거쳐 디지털로 변환된 신호를 CPU나 IP

로 보내기 위한 인터페이스 로직이 필요하고, 압축된 데이터를 디코딩하기 위해서는 CPU나 IP에서 디코딩된 데이터를 DAC로 보내어 스피커에서 소리가 나오게 하기 위한 인터페이스 로직이 필요하다. 이와 같이 핵심기능은 IP나 CPU에서 수행하더라도 외부와 인터페이스하기 위한 peripheral이 필요하다. Peripheral로는 영상과 오디오 인터페이스, DDR 모듈, SD 카드, USB와 같은 저장매체를 위한 인터페이스, I2C, WiFi, Bluetooth, Ethernet 등을 위한 통신 인터페이스, 키보드, 마우스, GPIO(General Purpose IO), 모니터 등을 위한 입출력 인터페이스를 생각할 수 있다.

칩에 CPU가 내장되기 때문에 CPU에서 수행될 프로그램을 저장할 플래쉬 메모리가 필요하다. 플래쉬 메모리에는 peripheral을 제어할 프로그램, 특정 용도의 어플리케이션 프로그램, 시스템 전체를 제어하는 데 필요한 OS가 저장되어 있다. 그리고 프로그램 수행에 필요한 RAM이 필요하다. 또한 아날로그 IP로는 ADC/DAC, 증폭기, 무선 통신을 위한 RF 회로, 고속 데이터 전송을 위한 회로를 생각할 수 있다.

1.3 플랫폼 동작

플랫폼은 CPU를 중심으로 [그림 1-6]과 같이 버스를 통하여 여러 종류의 하드웨어가 연결되어 있다. 우리가 구현할 플랫폼의 버스는 현재 가장 많이 사용되고 있는 AMBA 버스를 채용한다. CPU는 전체 시스템과 peripheral을 제어하고, 응용 프로그램을 실행한다. 플랫폼은 궁극적으로 외부와 데이터를 주고받아야 하므로 여러 종류의 주변장치와 인터페이스가 가능해야한다. 주변장치와 인터페이스 하기 위해서는 [그림 1-6]에서 보는 바와 같이 버스와 주변장치를 연결하는 로직이 필요하다. 그런데 인터페이스 로직은 하드웨어이기 때문에 주변장치를 상황에 따라 다르게 제어할 수 있는 능력이 제한적이다. 따라서 주변장치를 손쉽게 제어할 수 있는 드라이버 프로그램이 필요하다. 대부분의 주변장치는 인터페이스 로직과 주변장치를 제어하는 드라이버 프로그램이 필요하다고 생각하면 된다. 플랫폼을 개발한다는 것은 결국 인터페이스 로직과 주변장치의 드라이버 프로그램을 개발하는 것으로 생각해도 된다.

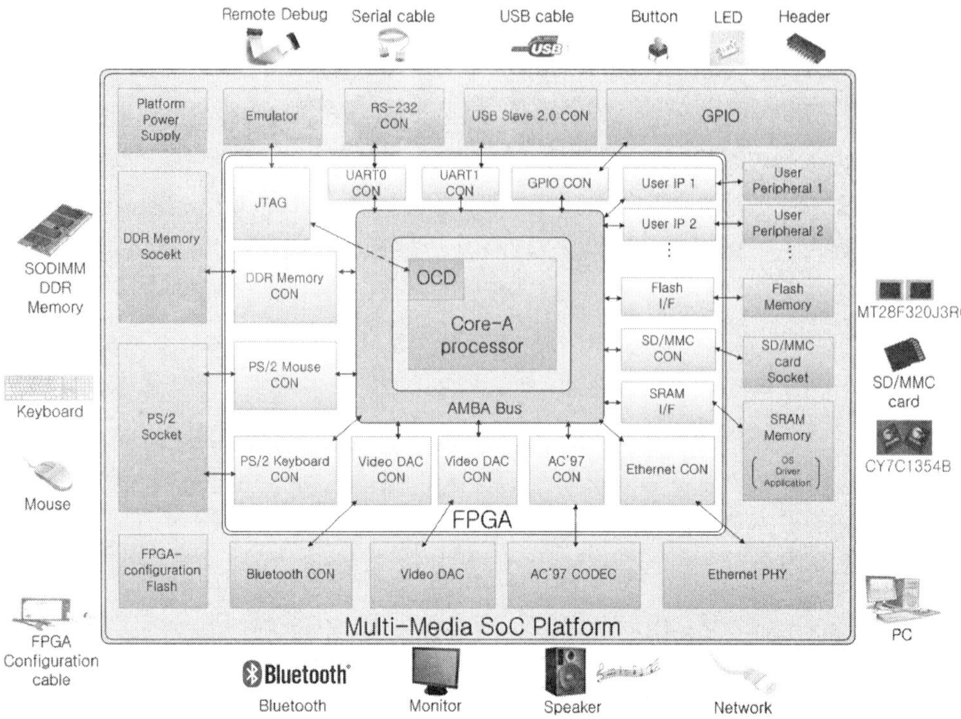

그림 1-6 플랫폼 구조

플랫폼을 이용하여 SoC급 칩을 설계하는 과정을 생각해자. 플랫폼에서 제공하는 기본적인 구성요소는 CPU, BUS, 메모리(flash/RAM), 주변장치와 드라이버 프로그램이라고 생각한다. 목표로 하는 기능들을 설계하기 위하여 미리 만들어진 IP를 최대한 활용하고 부족한 부분에 대하여 새로운 IP를 설계하여 FPGA로 구현하고 IP들을 제어하는 C 코드를 작성한다. 그 후 플랫폼에서 제공하는 OS를 이용하여 멀티태스킹이 가능하게 전체 시스템을 완성시키면 된다. 사용될 IP들은 AMBA 버스의 규격에 맞게 설계해야 한다. 물론 이러한 과정에서 각 단계별 검증이 있어야 할 것이다. 플랫폼에서 제공하는 기본적인 기능이 있기 때문에 설계된 칩의 검증시간을 대폭 줄일 수 있다.

주변장치 드라이버 프로그램 외에 플랫폼에서 구비되어야할 다른 프로그램으로 CPU에서 순수하게 소프트웨어만으로 구현 가능한 MP3 디코더 응용프로그램, SoC급 IC의 전체 시스템을 제어하는 OS가 필요하다. 모든 소프트웨어들은 flash 메모리에 저장되어 있어 시스템에 파워가 들어오는 순간 소프트웨어를 사용할 수 있게 된다. 플랫폼에서 목표로 하는 SoC를 검증한 후 필요한 하드웨어와 소프트웨어를 집적하여 칩을 제작하면 된다.

1.4 플랫폼 사양

본 서에서 목표로 하는 연구용 플랫폼을 개발하는 것이 아니라 기본적인 플랫폼을 개발하는 과정을 소개하기 위한 것이다. 그리고 제공하는 플랫폼에 다양한 기능을 추가하는 것은 독자의 몫으로 남겨둔다. 본 서에서 목표로 하는 플랫폼의 주요 사양을 정리하면 다음과 같다.

- 지원 기능
  - 32비트 RISC 프로세서 : Core-A
  - 온 칩 디버거를 통한 원격 디버깅 지원
  - Programmable Interrupt Controller(PIC) 지원
  - AMBA 버스 지원
- 메모리
  - RAM : 8Mbit(256k×32)
  - Flash : 64Mbit
- FPGA
  - Xilinx Virtex-4(XC4VLX40)
  - Xilinx PROM(XCF32P)
- 지원 주변기기
  - RS-232 UART
  - PS/2 키보드, 마우스
  - 사용자 정의 푸시 버튼 5개
  - 사용자 정의 LED 5개
  - 8비트 딥 스위치
  - 54비트 확장 포트

1.5 플랫폼 개발 과정

플랫폼의 사양이 결정되었으므로 이 사양에 맞는 플랫폼을 개발하기 위하여 프로세서의 특성과 메인 버스 시스템의 특징 등 사전 정보를 충분히 분석하는 것으로 플랫폼 개발과정이 시작될 것이다. 개발과정에서 사용되는 소자의 데이터시트와 이용할 프로그램의 매뉴얼을 읽기를 소홀히 하는 것은 정과 망치를 쥐는 방법을 모르고 바위 앞에 선 석공과 다름없다. 물론 모든 내용을 숙지하는 것은 어렵고 시간이 많이 소모되지만 꼭 필요한 부분이므로 충분히 시간을 들여 분석하는 것이 중요하다.

플랫폼의 메인 프로세서인 Core-A와 시스템 구성요소를 연결할 AMBA BUS에 대하여 기본적인 내용에 대하여 숙지가 된 이후라면 필요한 플랫폼 구성요소의 세부 사항을 분석하는 것을 시작으로 플랫폼 구성요소의 설계를 시작하여야 한다. 공개된 IP를 이용하거나 판매되는 IP를 사용한다면 해당 IP의 입출력 정의와 기능에 대하여 분석하여 구상한 플랫폼의 구성요소로 적합한가를 따져야 한다. IP를 개발하는 입장이라도 해당 구성요소의 기능을 정의하고 이를 제어할 방법을 정리하여 하나의 문서로 정리한 후 역시나 적합성을 따지는 과정이 필요하다.

이러한 사전 정보 분석 과정을 수행한 이후 개별 요소들을 하나하나 설계하는 과정이 진행될 것이다. 구매한 IP를 활용하는 경우라도 플랫폼의 사양에서 정의된 AMBA 인터페이스를 지원하지 않는 모델이라면 인터페이스를 추가하거나 간단한 로직을 추가하는 수준의 설계가 필요할 것이다.

설계된 플랫폼 구성 로직은 개별 시뮬레이션을 통하여 기능적인 분석을 수행할 필요가 있다. 새롭게 설계하는 IP는 당연하게 생각될 것이지만 만약 AMBA 인터페이스를 지원하는 IP의 경우 시간낭비로 인식될 수 있을 것이다. 하지만 이러한 외부 IP의 경우 좀 더 충분한 검증이 필요하다. 이 부분은 이후의 플랫폼 설계단계에 필요한 사전 정보를 습득하는 과정이다. 개별 IP에 전달되는 정보와 그 출력을 시뮬레이션을 통하여 분석하는 과정을 확인해야만 플랫폼 구성 이후에 있을 개별 동작 검증 과정에서 오류 발생 여부를 빠르게 알 수 있다.

개별 로직의 설계 및 검증을 수행한 이후에는 플랫폼의 구상에 따라서 AMBA버스를 이용하여 개별 로직과 메인프로세서를 연결하고 플랫폼 보드에서 전달될 메인 클럭과 리셋신호를 개별 로직에 적절히 연결해주어 플랫폼을 구성한다. 이렇게 구성된 플랫폼은 구성요소들의 제어를 위해 필요한 프로그램을 작성하여 이를 메인 프로세서에 구동하여 실제 개별 요소들의 동작을 분석하여 검증해야 플랫폼의 연결 상태와 동작의 문제점 등을 확인할 수 있을 것이다. 이와 같은 플랫폼 개발과정을 정리하면 다음과 같다. 본 서에서는 이와 같은 순서로 기본 플랫폼을 설계하고 있으므로 플랫폼 개발과정의 윤곽을 기억하고 읽어주기 바란다.

① 메인 프로세서 특징 등 필수 사전정보 수집 및 분석

② 플랫폼 구성요소의 매뉴얼 분석을 통하여 플랫폼과의 적합성 분석
③ 플랫폼 구성요소의 추가 로직 설계를 통한 플랫폼 적합성 향상
④ 플랫폼 구성요소의 개별 시뮬레이션을 통하여 기능 검증 및 이해도 향상
⑤ 플랫폼 구성 및 개별 로직 제어 프로그램 작성
⑥ 제어프로그램을 플랫폼에서 구동하여 개별 로직의 동작 검증

1.6 플랫폼 개발환경

부록으로 첨부되어 있는 CD에는 본 서의 각 장에서 사용된 여러 실습 내용들의 소스 코드가 저장되어 있다. CD에 저장되어 있는 실습내용에 대한 폴더의 구조는 [그림 1-7]과 같으며 플랫폼에 사용되는 Core-A 프로세서를 위한 툴 체인도 CD에 포함되어 있다. 플랫폼 구성의 핵심이 되는 Core-A의 RTL 코드는 기술협약을 통하여 얻을 수 있다. Core-A 기술협약은 'Core-A 프로세서 지원센터-다이나릿시스템'을 통하여 개발자인 KAIST 박인철 교수와 하게 되어 있다. 자세한 절차는 Core-A 지원센터의 공식 홈페이지 www.core-a.net에 소개되어 있다.

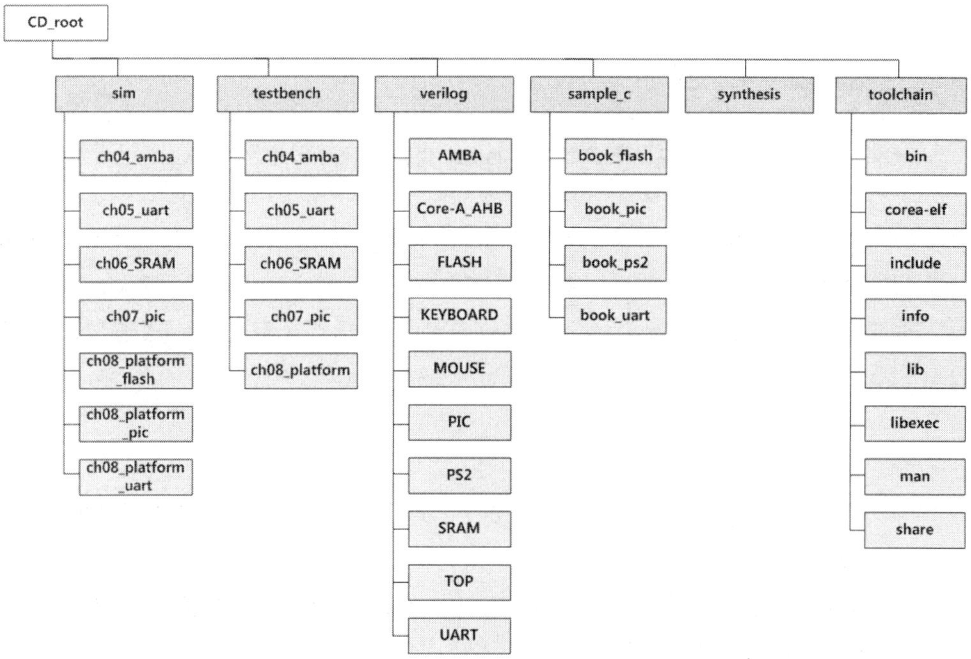

그림 1-7 부록 CD의 실습 폴더 구조

- sample_c : 각 모듈의 테스트를 위한 제어 프로그램이 저장되어 있다.
- sim : 모델심을 구동하기 위한 스크립트 파일이 들어있다.
- synthesis : HDL 코드의 합성 결과 출력을 위한 Xilinx 프로젝트 폴더이다.
- testbench : 각 장의 실습을 위한 테스트벤치 파일이 포함되어 있다.
- verilog : 실습에 필요한 하드웨어의 HDL 코드가 들어있다.
- toolchain : Core-A 프로세서가 수행할 프로그램을 컴파일할 때 필요한 툴 체인 및 라이브러리가 포함되어 있는 폴더이다. 접두사 'corea-elf'로 시작하는 툴 체인은 'bin' 폴더에 위치하여 있으며 라이브러리는 'corea-elf₩lib' 및 'lib' 폴더에 위치하여 있다.

1.7 플랫폼 실습 환경

본 서에는 설명을 돕기 위한 실습이 준비되어 있다. 시뮬레이션 실습을 진행할 때에는 함께 제공되는 CD에서 해당 실습 데이터가 담겨 있는 경로를 찾아간 후, run.bat 파일을 실행하면 된다. run.bat 파일을 윈도우의 메모장과 같은 텍스트 편집기로 열어보면 단 한 줄로 구성되어 있음을 볼 수 있다. 그 내용을 [코드 1-1]에 나타내었다. (이해를 돕기 위하여 '5장 UART'의 실습 스크립트를 예로 들었다.)

```
vsim -do "UART_sim.do"
```

코드 1-1 run.bat 파일의 내용

vsim은 MentorGraphics 사의 HDL 시뮬레이터인 ModelSim을 실행하는 명령어이다. vsim을 실행함과 함께 '-do' 옵션을 사용하여 ModelSim용 스크립트 파일인 UART_sim.do 파일을 호출하는 내용을 담고 있다. UART_sim.do 파일은 [코드 1-2]와 같은 내용을 담고 있다. 스크립트 파일에 기술된 각 명령의 의미를 살펴보면 다음과 같다.

- quit -sim
  기존에 열려있는 시뮬레이션을 종료하고 새로운 작업을 시작할 수 있도록 한다.
- vlib work
  시뮬레이션의 작업 라이브러리를 work로 지정한다. 이후에 컴파일되는 모듈은 work 라이브러리 내부에 속하게 된다.
- ### compile by filename
  '#' 문자로 시작하는 라인은 ModelSim에서 주석이다.

```
quit -sim
vlib work
### compile by filename
vlog +acc +incdir+../../verilog/uart -f "./sim_files.txt"
### simulation (Modelsim 6.5+)
vsim -voptargs=+acc work.tb_uart
view wave
do {UART_signals.do}
view structure
view signals
run -all
```

코드 1-2 UART_sim.do 파일의 내용

- vlog +acc +incdir+../../verilog/uart –f "./sim_files.txt"
  'vlog'는 RTL 코드를 컴파일 하는 명령이다. '–f ./sim_files.txt' 옵션을 사용하여 컴파일하고자 하는 소스 코드의 리스트를 한 번에 불러올 수 있다. sim_files.txt 파일 역시 텍스트 파일이며 시뮬레이션에 사용되는 소스 코드의 목록을 담고 있다. 그리고 RTL 코드 내부에서 'include' 예약어를 사용하여 외부 라이브러리를 호출하고 있을 경우 '+incdir+' 옵션으로 해당 라이브러리 파일이 위치한 경로를 지정해 줄 수 있다. '+acc'는 모듈의 계층구조(Hierarchy)를 유지한 채 컴파일하기 위한 옵션이다.
- vsim –voptargs=+acc work.tb_uart
  시뮬레이션을 수행할 최상위 모듈을 지정한다. [코드 1-2]에서는 work 라이브러리의 tb_uart라는 테스트벤치 모듈을 최상위 모듈로 지정하고 있다. '–voptargs+acc' 옵션은 시뮬레이션 결과에 모든 내부 신호를 포함하도록 지정한다. 해당 옵션을 제외하고 시뮬레이션을 수행하면, 결과 파형에서 원하는 신호가 생략되는 경우가 발생할 수 있다.
- view wave
  시뮬레이션 결과를 확인하기 위한 파형 윈도우를 실행한다.
- do {UART_signals.do}
  파형 윈도우에 표시하고자 하는 신호의 목록을 담고 있는 UART_signals.do 파일을 읽어 들인다.
- view structure / view signals
  각각 structure 작업 영역과 signals 작업 영역을 실행하여 시뮬레이션이 용이하도록 한다.
- run –all
  앞서 'vsim'에서 지정한 테스트벤치 모듈을 이용하여 시뮬레이션을 수행한다. 필요에 따라 '-all' 옵션 대신 'run 200ns'와 같이 시뮬레이션하고자 하는 길이를 직접 지정할 수도 있다.

실습 스크립트인 run.bat 파일을 실행하면 이상과 같은 내용의 명령이 차례로 수행되어 ModelSim 시뮬레이터가 실행되고 필요한 소스 코드를 컴파일 한 후 파형 윈도우를 통해 그 결과를 확인할 수 있다. 이렇게 실행된 결과 화면의 예시를 [그림 1-8]에 나타내었다. 그리고 실습 스크립트 경로의 clean.bat 파일은 시뮬레이션으로 생성된 임시 파일 및 결과 파일을 제거하고 스크립트 실행 이전의 디렉토리 상태로 만들어주는 기능을 한다.

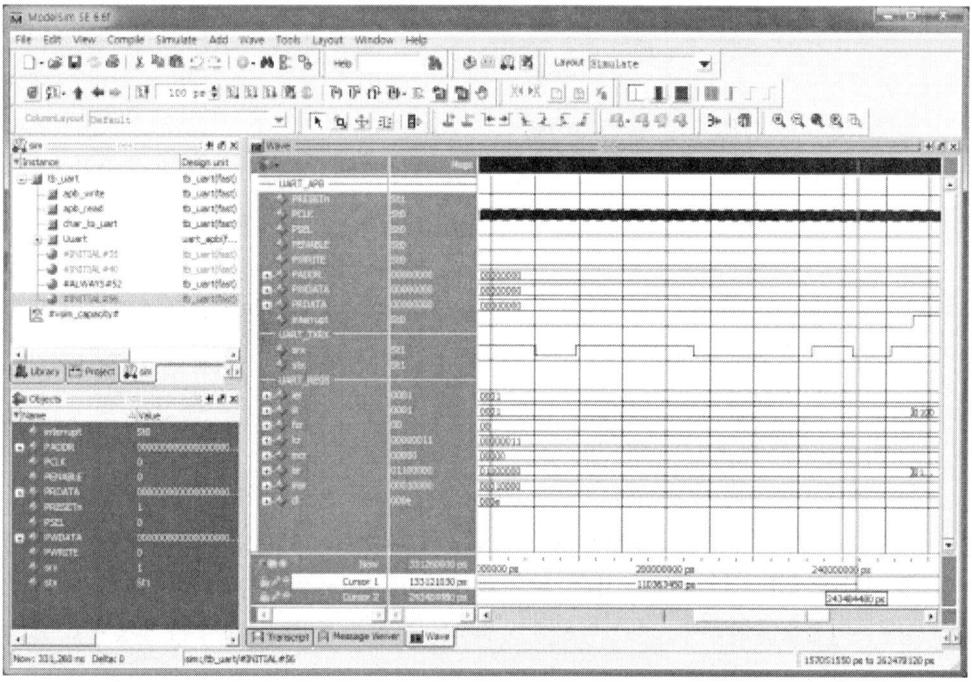

그림 1-8 실습 스크립트의 실행 결과 화면

제 2 장

Core-A 프로세서

2.1 프로세서 개요

초기의 프로세서는 주어진 데이터를 연산 처리과정을 거쳐 결과를 출력하는 장치이다. 근래에는 고정된 연산기능 외에 추가적으로 처리 및 제어기능의 필요로 인하여 프로세서는 기존의 고정된 연산기능에 저장 및 제어기능도 추가되었다. 즉 프로세서는 연산부, 제어부 및 레지스터부 등을 포함하여 개발자가 설계한 프로그램에 따라 동작되는 장치로 발전하여 왔다.

- 연산부(ALU: Arithmetic Logic Unit)
  산술연산 및 논리연산 등 연산기능을 수행하는 회로로서 가산기, 누산기(accumulator), 곱셈기와 상태 레지스터 등이 포함되어 있다.
- 제어부(control unit)
  마이크로프로세서의 명령어를 기억 장치에서 인출하여 해독하고 이를 실행하기 위한 제어신호를 발생하는 등 마이크로프로세서 내부와 외부의 제어기능을 수행하는 회로로서 명령 레지스터(IR: 명령어 Register), 명령 해독기(명령어 decoder), 타이밍 및 제어신호 발생회로 등으로 구성된다.
- 레지스터부(register unit)
  마이크로프로세서 내부에는 데이터 저장 기능을 수행하며 프로그래머가 사용할 수 있는 범용레지스터, 시스템 레지스터와 같이 프로그래머가 사용할 수 없는 레지스터가 있다. 범용 레지스터는 프로그래머에 의하여 주로 데이터 보관용으로 쓰이므로 일반적으로는 이것이 많을수록 성능이 좋아지며, 시스템 레지스터는 프로그래머가 사용할 수 있는 경우도 있으나 주로 마이크로프로세서가 내부의 특정한 용도로 사용하는 레지스터이다.

위의 구성요소를 포함하는 프로세서가 하나의 집적회로 칩으로 구현되면서 마이크로프로세서로 불리어지기 시작하였다. 근래에 하드웨어 설계기술과 반도체 공정기술이 발전함에 따라 마이크로프로세서는 캐쉬, 메모리, 입출력제어장치 등 주변장치들을 추가적으로 포함하게 되었다. 일반적으로 많이 사용되는 8051, ARM, MIPS 등이 그러하다. 따라서 초기의 마이크로프로세서와 구별하기 위하여 마이크로프로세서를 프로세서 코어라는 말을 사용하기도 한다.

마이크로프로세서는 프로그래머가 설계한 프로그램의 기본 단위인 명령어에 따라 동작하며 명령어의 구조에 따라 RISC(Reduced Instruction Set Computer)와 CISC(Complex Instruction Set Computer)로 나뉜다. RISC는 지원하는 명령어 개수가 적으며 CISC에 비하여 상대적으로 간단하게 구성된다. 그리고 하나의 명령어의 길이가 고정되어 있다. 이에 반하여 CISC는 지원하는 명령어 개수가 많으며 명령어를 통하여 이루고자 하는 연산이 매우 복잡하다. 또한 하나의 명령어의 길이도 명령어에 따라 가변적이다.

우리가 흔히 볼 수 있는 프로세서들 중에서 인텔의 x86 계열은 CISC로, Power PC, MIPS, ARM 등은 RISC로 분류할 수 있다. CISC는 많은 명령어를 구현하였지만 실제 주로 사용되는 명령어는 10% 미만이다. 이에 대비하여 RISC는 사용 빈도가 높은 명령어만을 구현하였다. 초기에는 단순히 RISC가 CISC를 간소화시킨 정도로 생각하였지만 RISC가 CISC에서 처리할 수 있는 기능들을 모두 처리할 수 있게 됨에 따라 RISC가 점차 주목받게 되었다.
CISC와 RISC는 서로 장단점이 있다. CISC는 복합 명령을 가짐으로써 하위 호환성을 충분히 확보할 수 있지만, RISC의 경우 효율적인 프로세서 구조를 가지고 있지만, 효율성이 결여되어 있어 그 결과 성능 향상에 난점을 겪고, 하위 호환을 위해 에뮬레이션 방식을 채택해야 하고m 일정한 환경에서만 성능을 발할 수 있는 단점이 있다. 따라서 호환성이 절대적으로 필요한 PC 환경에서는 CISC가, 전문적인 분야에 있어서는 RISC가 우위를 점하고 있다

마이크로프로세서는 수행에 필요한 명령어와 데이터를 메모리로부터 제공받으며 이 프로그램과 데이터를 취급하는 구조에 따라 폰 노이만(Von Neumann) 구조와 하바드(Harvard) 구조로 나뉜다. 폰 노이만 구조는 프로그램과 데이터를 동일하게 취급한다. 프로그램과 데이터는 하나의 메모리에 동일한 방식으로 저장되며 프로세서는 동일한 방식으로 프로그램과 데이터를 처리한다. 즉 프로세서는 하나의 버스로 프로그램과 데이터를 액세스하며 프로세서로 읽어들인 프로그램과 데이터의 구분은 제어부에서 처리한다. 반대로 하바드 구조는 프로그램과 데이터를 분리하여 취급한다. 즉 프로세서는 프로그램 버스와 데이터 버스를 통하여 프로그램과 데이터를 따로 액세스하며 2개의 버스로 동시에 프로그램과 데이터를 접근할 수 있기 때문에 폰 노이만 구조보다 효율적으로 메모리를 사용할 수 있고 고성능의 하드웨어를 구현하기에 좋은 구조를 가지고 있다.

일반적으로 프로그램과 데이터는 메모리에 저장된 값이다. 따라서 프로그램과 데이터를 물리적으로 서로 다른 메모리에 저장하는 것과 동일한 메모리에 저장하는 것은 별 차이가 없다. 때문에 프로그램과 데이터를 논리적으로 분리하는 하바드 구조에서 프로그램 메모리와 데이터 메모리를 물리적으로 동일한 메모리에 구현하는 방식이 최근에 많이 채택되고 있다. 이런 방법은 폰 노이만 구조와 하바드 구조의 장점을 모두 포함하여 프로그램과 데이터 처리시의 효율성과 하드웨어 구현시의 성능 향상을 얻을 수 있다.

본 장에서는 국내 기술로 개발된 한국형 임베디드 프로세서인 Core-A에 대하여 하드웨어 구조, ISA(Instruction Set Architecture) 및 인터페이스의 순으로 자세히 소개한다.

2.2 Core-A 프로그래밍 모델

Core-A는 임베디드 시스템을 위한 32비트 RISC 프로세서로 하드웨어는 [그림 2-1]과 같이 프로세서 코어, 코프로세서, 시스템 버스, 캐쉬, MMU(Memory Management Unit) 및 주변장치 등으로 구성된다. Core-A 프로세서는 아래와 같은 특징을 갖고 있으며, 이 장에서는 프로그래밍 모델 부분에 대하여 알아보도록 한다.

- 32-bit embedded RISC processor
- 5-stage pipeline architecture
- 16 general purpose registers
- Programmable delay slot
- ALU operation with operand shift
- Powerful memory load/store instructions
- Conditional move and branch instructions
- Coprocessor interface

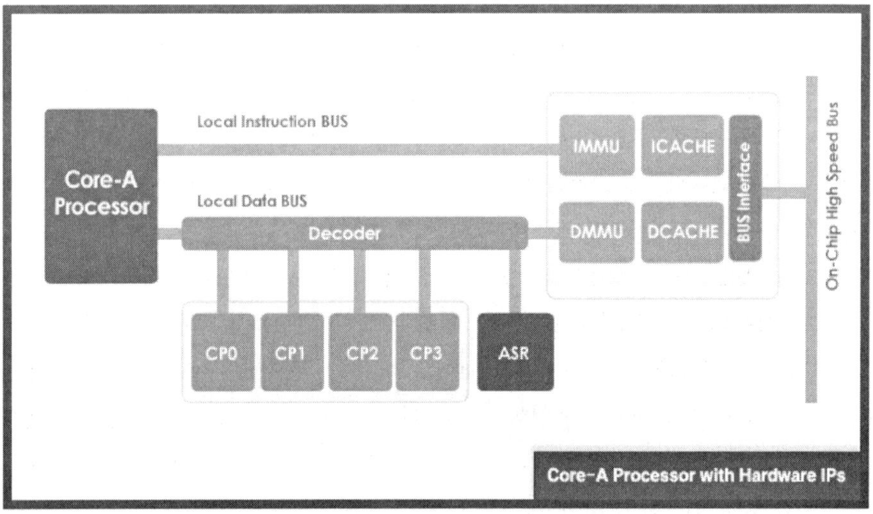

그림 2-1 Core-A 프로세서 구조

2.2.1 데이터 타입

Core-A는 프로그램에 따라 데이터를 처리할 때, 3가지 데이터 타입을 지원하며 그 내용은 [표 2-1]과 같다. N-bit 데이터인 경우, 언사인드 데이터이면 0 ~ 2N-1 범위 내의 양수 값을 표현할 수 있고, 사인드 데이터이면 −2N−1 ~ +2N−1−1 범위 내의 양수와 음수 값을 표현할 수 있다.

표 2-1 데이터 타입

데이터 타입	소 개
바이트(Byte)	8비트
하프 워드(Half word)	16비트 (하프 워드는 2바이트 단위로 정렬)
워드(Word)	32비트 (워드는 4바이트 단위로 정렬)

2.2.2 메모리 포맷

Core-A는 32비트 프로세서로서 메모리와 연결된 버스는 32비트, 즉 1워드 크기로 되어있다. 메모리에 1워드 데이터를 바이트 단위로 저장하는 방식에는 빅엔디안(big-endian)과 리틀엔디안(little-endian) 2종류가 있다. 예를 들어 데이터 값 0x12345678을 주소번지 0x1000에 저장할 경우, 각 바이트 값인 0x12, 0x34, 0x56, 0x78은 주소번지 0x1000, 0x1001, 0x1002, 0x1003에 분리되어 저장된다. 빅엔디안은 바이트 값 0x12, 0x34, 0x56, 0x78이 주소번지가 증가하는 순서로 저장되고, 리틀엔디안은 반대로 주소번지가 작아지는 순서로 저장된다. 그 자세한 내용은 [그림 2-2], [그림 2-3]과 같다.

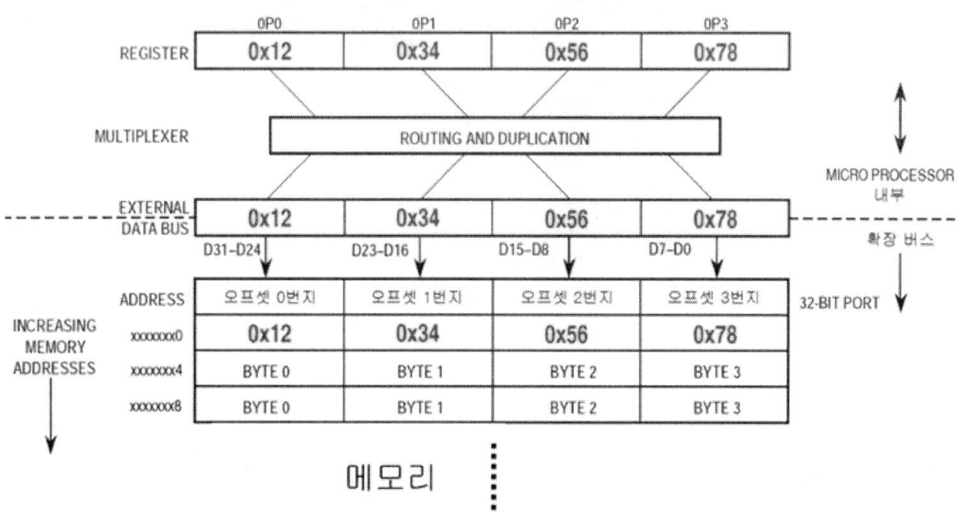

그림 2-2 빅엔디안 포맷

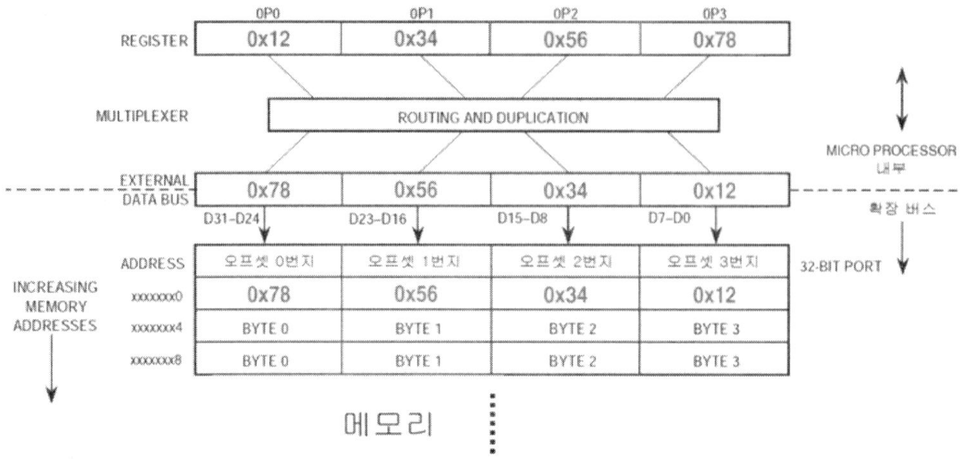

그림 2-3 리틀엔디안 포맷

2.2.3 레지스터

프로세서의 저장 공간은 주로 레지스터와 메모리가 있다. RISC 프로세서는 대부분의 명령어가 레지스터를 저장 공간으로 사용하여 피연산자를 읽거나 연산 결과를 저장한다. 그러므로 RISC 프로세서는 보통 수십 개의 내부 레지스터를 포함하고 있다. Core-A 프로세서는 [그림 2-4]에 나타난 것과 같이 16개의 GPR(General Purpose Register), PC(Program Counter), PS(Program Status)와 같은 SPR(Special Purpose Register)를 가지고 있다.

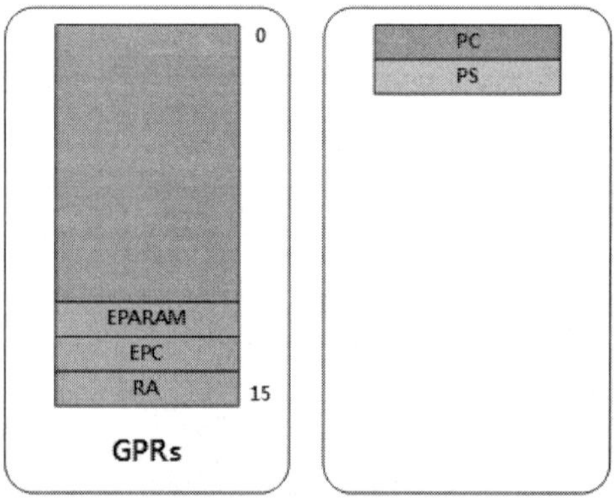

그림 2-4 레지스터

Core-A 프로세서의 GPR은 [그림 2-4]에 나타난 것과 같이 32비트 레지스터가 총 16개가 존재한다. 이 레지스터들은 일반적인 데이터 연산 명령어의 피연산자로 사용된다. GPR 중 R0 ~ R12까지는 일반 목적을 위하여 할당되어 있고, 다음과 같은 3개의 레지스터는 특수 목적을 위해서 할당되어 있다.

- EPARAM(예외처리 Parameter) : R13은 EPARAM으로 불리어지며, 예외처리 파라미터를 의미한다. EPARAM은 SWI 명령어에 의해서 20-bit의 값이 쓰여 지게 된다.
- EPC(Exception Program Counter) : R14 레지스터는 예외처리 program counter를 위해 할당된 레지스터이다. EPC는 예외처리가 발생하였을 때 PC값을 저장한다.
- RA(Return Address) : R15 레지스터는 회귀 주소 값을 위해 할당된 레지스터이다. RA는 링크 정보를 저장한다. 현재 수행 프로세스가 아닌 다른 프로세스가 수행되기 위해 불리어졌을 때, 불리어진 프로세스가 종료된 후 다시 현재 수행되고 있던 프로세스로 되돌아가기 위한 주소 값이 RA에 저장된다.

Core-A 프로세서는 [그림 2-4]에서와 같이 SPR(Special Purpose Register) 2개를 가지고 있으며 크기는 32비트 레지스터이며 2개의 SPR의 자세한 내용은 다음과 같다.

- PS(Processor Status) : PS는 프로세서 상태를 말하는 것으로, PS의 포맷(format)은 [그림 2-5]와 같으며 각 필드의 의미는 [표 2-2]에 요약했다.

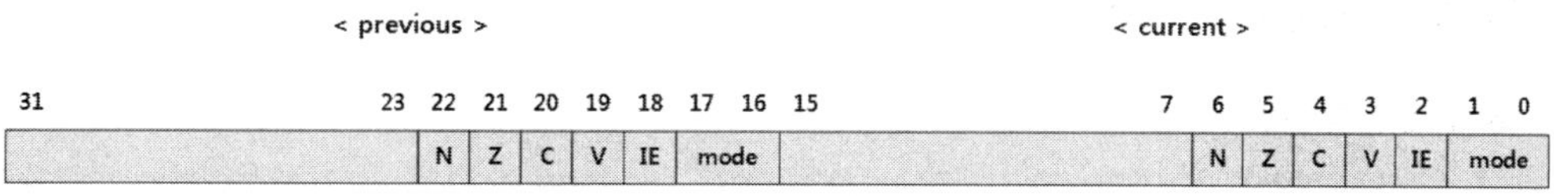

그림 2-5 PS(Processor Status) 포맷

표 2-2 PS 각 필드 의미

필 드	소 개
N	명령어 수행에 따른 결과 값의 가장 상위 비트인 MSB 값에 따라 결정된다. 결과 값이 음수가 되어 2의 보수 부호 붙임 정수형일 경우 N=1로 기록되고 반대로 결과 값이 양수 일 경우 N=0이다.
Z	명령어 수행에 따른 결과 값이 0과 같을 경우 Z=1로 기록되고, 그 외의 경우 모두 Z=0이다.
C	다음의 세 가지 경우에 따라 C 값이 결정된다. - TADD 명령어를 포함한 덧셈 연산을 수행한 경우에 대하여, 덧셈의 결과가 캐리를 발생시킬 경우(언사인드 오버플로) C=1이고, 캐리가 발생하지 않은 경우 C=0이다. - TSUB 명령어을 포함한 뺄셈 연산을 수행한 경우에 대하여, 뺄셈의 결과가 빌림이 발생시킬 경우 C=0으로 기록되고, 빌림이 발생하지 않은 경우 C=1이다. - Shift 연산을 수행한 경우에 대하여, C는 각 명령어에서 정의한 값에 의해서 결정된다.
V	덧셈과 뺄셈 연산을 수행할 때에 오버플로가 발생한 경우 V=1로 기록된다.
IE	프로세서의 인터럽트 허용 여부를 표시한다.
Mode	현재 프로세서 모드를 나타낸다. - 2'b00 : 유저 모드 　　 - 2'b01 : 관리자 모드

- PS의 프로세서 상태 플래그인 N, Z, C, V 필드는 데이터 프로세싱 명령어가 NZCV 플래그 업데이트를 지원할 때만 값이 변경된다. 다른 필드들은 MTPS(Move To PS) 명령어에 의해서 변경 가능하며, 유저 모드에서는 변경이 허용되지 않는다.
- IE는 인터럽트 허용 필드로 프로세서의 인터럽트 허용 여부를 나타내고, mode[1:0]은 현재 프로세서가 사용자 모드(user mode), 관리자 모드(supervisor mode)와 같은 모드 중에서 어느 모드에서 동작하고 있는지를 나타낸다.
- PS는 상위 부분 [31:16]과 하위 부분 [15:0]의 형식이 동일하다. 상위 부분 PS[31:16]은 예외처리 발생 이전의 상태 정보 플래그를 의미하고, 하위 부분 PS[15:0]은 예외처리 발생 이후 현재 상태 정보 플래그를 뜻한다. 예외처리가 발생하면 하위 부분의 플래그는 상위 부분으로 복사된다.

• PC(Program Counter) : Program Counter를 의미하는 레지스터로서, 일반적인 명령어가 임의로 피연산자로 사용하기 위해서 접근할 수 없다.

2.2.4 프로세서 모드

표 2-3 프로세서 모드

모드	소개
User	Normal program execution mode
Supervisor	A protected mode for the operating system, interrupt or exception handling is performed in this mode

Core-A 프로세서에서는 [표 2-3]과 같이 2가지 모드를 지원한다. 모드의 변경은 SWI와 같은 명령어에 의해서, 혹은 외부에서 들어오는 인터럽트에 의해서 이루어지게 된다. 대부분의 응용 프로그램은 유저 모드에서 동작하게 되고, 유저 모드에서는 다음과 같은 제약이 따르게 된다.

• PS 값 읽기는 허용되지만, PS 값 쓰기는 제한된다.
• EPC 레지스터는 사용은 가능하지만, 목적 레지스터로는 사용하지 못한다.

2.2.5 예외처리

예외처리는 프로세서가 프로그램의 수행 중에 내부 혹은 외부에서 발생한 예외적인 상황에 대하여 처리하는 것을 말한다. 예외처리는 프로그래머가 예상할 수 없는 상황이기 때문에 프로그램 수행에 어떤 영향을 미치는지 고려하여 프로그래밍할 수 없다. 따라서 이런 예외처리에 대한 처리는 프로세서가 하드웨어적으로 정의되어 있어야 되고 이에 따라 프로그래머는 예외처리를 제어할 수 있는 서비스 루틴으로 프로그램의 수행에 미치는 영향을 제거하여야 한다.

표 2-4 예외처리 타입

서비스 루틴 주소	예외처리 타입
0x00	Reset
0x04	DMMU fault
0x08	Undefined instruction
0x0C	Software interrupt
0x10	External interrupt
0x14	IMMU fault
0x18	Coprocessor interrupt

Core-A 프로세서에서는 총 7가지의 예외처리가 정의되어 있고, 이들은 [표 2-4]와 같이 RESET, DMMU Page Fault, External Interrupt, Undefined instruction, Software Interrupt, IMMU Page Fault, 그리고 Coprocessor Interrupt이다.

인터럽트나 예외 상황이 발생하면, 프로세서는 프로세서의 상태를 기록하고 있는 PS 레지스터에서 현재 동작 모드에 대한 값을 이전 동작 모드에 대한 필드로 옮기고, 현재 동작 모드를 관리자 모드로 변경하고, 다른 외부 인터럽트가 들어올 수 없도록 설정하게 된다. 이와 함께 인터럽트 처리 후 돌아가야 할 주소 값을 EPC에 저장하게 된다. 이 두 작업은 프로세서에 의해 진행되게 된다.

```
EPC = PC
PS[31:16] = PS[15:0]
PS.IE = 0
PS.MODE = 2'b01
PC = service routine address
```

인터럽트 및 예외 상황에 대한 처리를 모두 다 하고 난 다음에는 RFI 명령어를 사용해서 다시 원래 상태로 돌아가게 되며, 이때는 PS 레지스터의 이전 상태에 기록되어 있던 원래 상태 값이 다시 현재 상태에 대한 필드로 옮겨지게 되며, EPC에 저장되어 있던 주소에 해당되는 명령어부터 다시 수행을 시작하게 된다.

파이프라인 프로세서에서 예외 상황은 여러 파이프라인 단에서 발생할 수 있다. 예외 상황은 명령어 순서와 동일하게 발생해야 하므로, 일찍 발생한 예외 상황은 이전 명령어가 성공적으로 수행될 때까지는 비활성화 되어 있다. 예외 상황이 발생하였다는 정보는 어떤 특정 파이프라인 단에 진입할 때까지는 파이프라인을 통해 계속 전달된다.

2.2.6 파이프라인

파이프라이닝은 프로세서가 다수의 명령어를 동시에 수행하는 기법으로서 효율적이고 빠른 연산을 위하여 많은 분야에서 사용되고 있다. Core-A 프로세서는 5 개의 파이프라인 단으로 구성되어 있고, 각 명령어에 대해 수행되는 파이프라인 동작 예시를 [그림 2-6]에 나타내었다. 하나의 명령어 수행이 모두 끝나길 기다렸다가 새로운 명령어 수행을 시작하는 것이 아니라, 매 클럭 사이클에 새로운 명령어가 가져오게 된다. 5개의 파이프라인 단으로 구성되어 있기 때문에 최대 5개의 명령어가 동시에 수행될 수 있다.

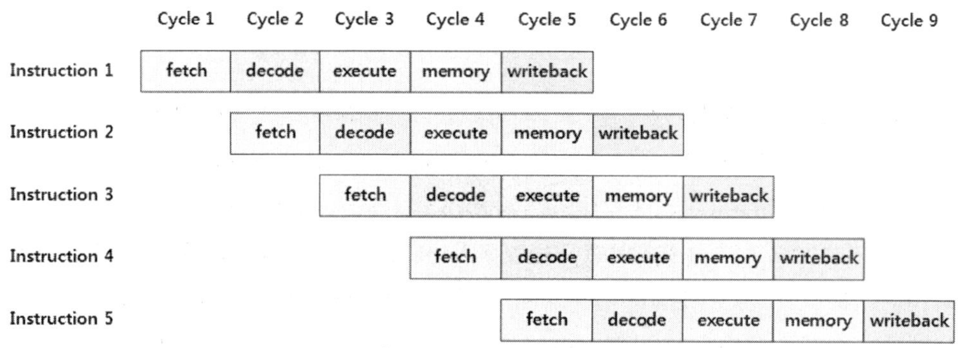

그림 2-6 파이프라인

각각의 단은 하나의 한 클럭 사이클 단위로 수행되고, EX 단은 명령어 타입에 따라 멀티 클럭 사이클을 지원한다. 그리고 각 파이프라인 단에서 수행하는 기본적인 동작은 다음과 같다.

- IF(Instruction Fetch)
  프로세서에서 계산된 PC 값에 따라 명령어 메모리에서 다음 클럭 사이클에 수행될 명령어를 읽어온다.
- ID(Instruction Decode)
  - IF 단에서 읽어온 명령어를 디코딩하여 명령어 수행에 필요한 immediate 값을 생성한다.
  - 명령어에 저장된 레지스터 주소 값에 따라 주소, 데이터, 레지스터에서 필요한 데이터를 읽어온다.
  - 분기 관련 명령에 필요한 조건을 판단하고 PC값을 계산한다.

- EX(Execution)
  - ALU 동작을 수행하고, 메모리 액세스에 필요한 주소 값을 계산한다.
  - 곱셈 관련 명령어의 첫 번째 사이클을 수행하게 된다.
- MEM(Memory Access)
  - 메모리 액세스가 필요한 load/store와 같은 명령은 EX 단에서 계산한 주소 값을 가지고 메모리에 접근한다.
  - 곱셈 관련 명령어에서 accumulation이 필요한 명령어에 대해 accumulation을 수행한다.
- WB(Register Writeback)

  레지스터에 쓸 데이터를 가지고 있다가 forwarding이 필요할 때에 데이터를 전달하고, writeback이 가능할 때만 명령어에 적혀있는 destination 주소 값의 레지스터에 WB 단에서 다음 클럭 사이클로 넘어가는 시점에 데이터를 기록한다.

2.3 Core-A 명령어

프로세서는 프로그램의 기본 단위인 명령어에 의하여 동작된다. 32비트 RISC 프로세서인 Core-A 프로세서는 32비트 크기의 명령어를 정의하고 모든 연산은 32비트 단위로 수행된다. 명령어는 크게 데이터 처리, 흐름 제어, 메모리 접근 및 코프로세서 관련 명령어로 나뉜다. 이 절에서는 각 그룹별 명령어에 관하여 소개한다.

2.3.1 산술/논리 연산 명령어

산술/논리 연산 명령어는 피연산자를 가지고 해당 산술/논리 연산을 한 후 그 결과 값을 출력하는 명령어이다. Core-A는 산술/논리 연산 명령어 수행 후 연산 결과 값이 양수, 음수 혹은 0인지를 프로세서 혹은 프로그래머한테 알려주기 위하여 특정 플래그 비트를 설정할 수 있다. 플래그 비트는 negative, zero, carry 및 overflow 4가지가 있는데 이 비트들은 branch/call과 같은 분기 명령어의 분기 조건으로 유용하게 사용되어 프로그램의 성능을 높여준다. 각 플래그 비트의 의미는 2.2.3 절에 설명되어 있다.

2.3.2 분기 명령어

프로세서는 일반적으로 순차적으로 증가되는 PC가 가리키는 주소의 명령어의 순서대로 실행되다가 분기 명령어를 만나면 비순차적인 주소 값으로 PC값을 바꾸게 된다. 분기 명령어에는 branch/call 명령어와 call/return 명령어로 나뉜다. branch/call 명령어는 원하는 주소로 분기한 후 다시 분기전의 주소로 돌아오지 않는다. 반면에 call/return 명령어는 분기 후 다시 분기 전의 주소로 돌아와서 분기 전의 프로그램을 수행함으로써 서브 함수 루틴이나 예외처리 서비스 루틴을 구현 시에 사용된다. 효율적인 분기를 위한 분기 명령어의 분기 조건에는 negative, zero, carry 및 overflow 플래그가 많이 사용되는데 이 4가지 플래그의 조합으로 사용되는 조건 코드는 [표 2-5]와 같다. 분기 명령어는 이러한 조건 코드를 만족할 경우 프로그램을 분기한다.

표 2-5 조건 코드

조건 코드	Suffix	Flags	Meaning
0000	Z/EQ	- Z set	zero or equal
0001	NZ/NE	- Z clear	not zero or not equal
0010	GT	- Z clear and N & V set - Z clear and N & V clear	greater than
0011	LT	- N set and V clear - N clear and V set	less than
0100	GE	- N set and V set - N clear and V clear	greater than or equal
0101	LE	- Z set - N set and V clear - N clear and V set	less than or equal
0110	AL	- always	always
0111	NO	no operation	no operation
1000	N	N set	negative
1001	NN	N clear	not negative
1010	GTU	C set and Z clear	greater than unsigned
1011	LTU/NC	C clear	less than unsigned or not carry
1100	GEU/C	C set	greater than or equal unsigned or carry
1101	LEU	C clear or Z set	less than or equal unsigned
1110	V	V set	overflow
1111	NV	V clear	not overflow

2.3.3 메모리 접근 명령어

RISC 프로세서의 메모리 접근 명령어는 load/store가 전부이다. load 명령어는 메모리에 저장된 데이터를 레지스터로 읽어오고, store 명령어는 레지스터의 데이터를 메모리로 저장할 때 사용된다. Core-A 프로세서는 하나의 데이터를 읽고 쓰는 load/store 명령어, 여러 개의 데이터를 연속적으로 읽고 쓰는 multiple load/store 명령어를 지원한다. 그리고 읽고 쓰는 데이터의 크기는 바이트, 하프 워드, 워드 단위를 지원한다.

2.3.4 코프로세서 명령어

Core-A 프로세서는 기본적으로 코프로세서 인터페이스를 지원한다. 코프로세서 내부의 레지스터 데이터를 처리하고 프로세서와의 데이터 전송을 위한 명령어로는 CDP, MTC, MFC, LDC, STC가 있다. 여기서 CDP는 코프로세서 내부에서 데이터 처리를 위한 명령어이고, MTC/MFC는 프로세서 레지스터와 코프로세서 레지스터 사이의 데이터 전송을 위한 명령어이며, LDC/STC는 메모리와 코프로세서 레지스터 사이의 데이터 전송을 위한 명령어이다. 코프로세서 인터페이스에 관한 자세한 내용은 2.4절에서 자세히 소개한다. Core-A 프로세서는 RISC 프로세서에 적합한 기본 명령어를 지원할 뿐 만 아니라, 특별한 명령어도 포함하고 있다. 자세한 내용은 다음과 같다.

- MUI 명령어

  일반적인 명령어는 명령어의 길이가 32비트이기 때문에 32비트 immediate 값을 바로 처리할 수가 없고 그 값을 메모리에 저장하였다가 명령어 수행 시에 메모리로부터 읽어서 처리하여야 한다. 이에 반하여 MUI(Move Upper Immediate) 명령어는 메모리 접근 없이 레지스터 내부에서 바로 32비트 immediate 값을 처리하기 위한 명령어이다. MUI 명령어는 24비트 언사인드 값을 포함하고 있어 이 값을 임시 레지스터(IDR)에 저장하고 이어서 수행되는 명령어의 8비트 immediate 값을 합쳐 32비트 immediate 값을 처리할 수 있게 한다. MUI 명령어는 메모리 접근 없이 레지스터 내부에서 바로 32비트 immediate 값을 처리하기에 프로그램 수행 사이클을 많이 감소시켜 프로세서의 성능을 향상시킨다.

```
MUI  0x123456                @ IDR = 0x123456
MOVI R2, CONCAT(0x78)        @ R2  = 0x12345678
```

- NOP 필드 설정 가능한 명령어

  RISC 프로세서 명령어는 파이프라인 단을 따라 수행되기 때문에 해저드가 존재한다. 이런 해저드를 해제하기 위한 방법으로는 프로그램에서 해저드를 발생시키는 명령어 앞에 NOP(No Operation) 명령어를 삽입하는 것이 있다. Core-A 프로세서는 [그림 2-7]에서 보여주는 바와 같이 모든 명령어의 MSB bit를 'N' 필드로 할당하여 N=1일 때, 명령어의 수행 전에 자동으로 NOP 명령어를 삽입하고, N=0이면, 해당 명령어를 그대로 수행한다. 즉 'N' 필드로 인하여 Core-A는 프로그램에 NOP 명령어 추가 없이 파이프라인 내부적으로 해저드를 처리할 수 있게 하였다.

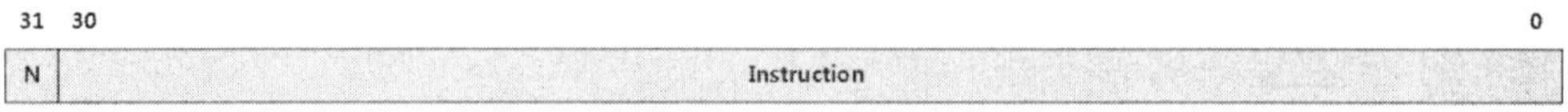

그림 2-7 명령어 포맷

명령어 뒤에 접미사 '+'를 추가하면 'N' 필드가 1인 것을 의미하며 그 예제는 다음과 같다.

```
ADD  r1, r2, r3
ADD+ r4, r1, r5
MOV  r6, 0x12
```

위와 같은 명령어 조합은 다음과 같은 순서로 수행된다.

```
ADD  r1, r2, r3
NOP
ADD  r4, r1, r5
MOV  r6, 0x12
```

위의 예제에서 볼 수 있듯이, 'ADD r4, r1, r5'를 수행하기 전에 'NOP' 명령어가 먼저 수행되어 r1 레지스터로 인한 해저드가 사라지게 된다. 즉 Core-A 프로세서는 'N' 필드로 인하여 Core-A는 프로그램 크기의 증가 없이 해저드를 처리할 수 있게 된다.

- Delay slot을 포함하는 분기 명령어

  분기 명령어는 일반적으로 새로운 주소로의 분기로 인하여 분기 명령어 다음에 읽어오는 명령어는 수행되지 않게 되고 그 결과 수행 사이클 낭비를 불러온다. 이러한 문제를 해결하기 위하여 Core-A 프로세서는 분기 명령어에 delay slot을 추가하여 분기 명령어 다음에 읽어오는 명령어를 프로그램이 분기되기 전에 수행하게 한다. 분기 명령어 뒤에 '1'을 추가하면 delay slot이 지정되는 것이며 그 예제는 다음과 같다.

@ delay slot을 지정한 분기 명령어	@ 일반 분기 명령어
CALL 1, 0x1234	CALL 0x1234
ADD r1, r2, r3	ADD r1, r2, r3

위와 같은 명령어 조합은 다음과 같은 순서로 수행된다.

@ delay slot을 지정한 분기 명령어	@ 일반 분기 명령어
ADD r1, r2, r3	CALL 0x1234
CALL 1, 0x1234	

위의 예제에서 볼 수 있듯이, delay slot을 지정한 경우 'CALL 0x1234' 명령어로 분기하기 전에 'ADD r1, r2, r3' 명령어가 수행되는 것을 확인할 수 있다. 이와 같이 Core-A 프로세서는 delay slot을 포함하는 분기 명령어로 인하여 분기 명령어로 인한 파이프라인 성능 저하를 방지한다.

2.4 Core-A 인터페이스

Core-A 프로세서는 [그림 2-8]과 같이 명령어 메모리 인터페이스, 데이터 메모리 인터페이스 및 코프로세서 인터페이스를 제공한다. 각 신호에 대한 자세한 설명은 [표 2-6]과 같다.

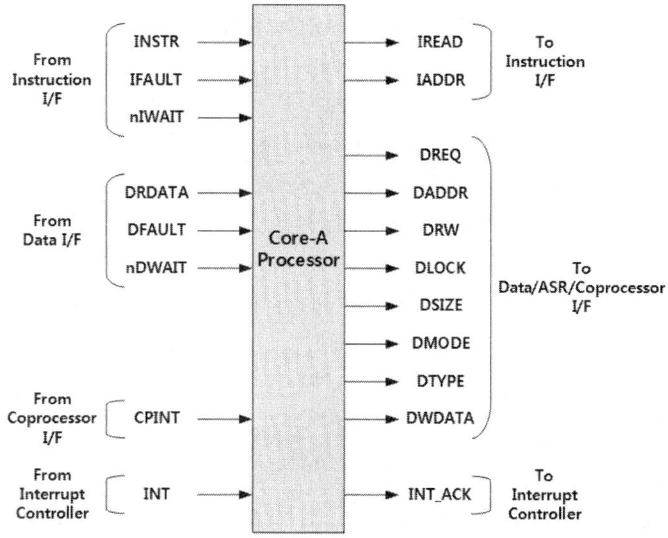

그림 2-8 Core-A 인터페이스

표 2-6 Core-A 신호(다음 페이지 계속)

신호	비트	소개
		System signals
CLK	1	clock
RST	1	active high synchronous reset
		Interrupt signals
INT	1	external interrupt
INT_ACK	1	external interrupt acknowledge
		Instruction memory
IREAD	1	instruction memory request
IADDR	30	instruction memory word address
INSTR	32	instruction
IFAULT	1	instruction memory fault
nIWAIT	1	instruction memory ready
		Data memory
DREQ	1	data bus request
DADDR	32	data bus address
DRW	1	data bus write enable
DLOCK	1	data bus lock
DTYPE	2	data bus request type 00 : memory 01 : ASR 10 : coprocessor data 11 : coprocessor instruction
DMODE	1	processor mode 0 : user mode 1 : kernel mode
DSIZE	2	data bus write size 00 : byte 01 : halt-word 10 : word 11 : reserved
DWDATA	32	data to data bus
DRDATA	32	data from data bus
DFAULT	1	data memory fault
nDWAIT	1	data bus ready

신호	비트	소개
Coprocessor		
CPREQ	1	coprocessor request
CPRW	1	coprocessor write enable
CPTYPE	1	coprocessor data type 0 : coprocessor data 1 : coprocessor instruction
CPADDR	32	coprocessor address
CPWDATA	32	data to coprocessor
CPRDATA	32	data from coprocessor
nCPWAIT	1	coprocessor ready
CPINT	1	coprocessor exception

- CLK : 시스템에서 사용하는 클럭 신호이다. INT를 제외한 Core-A의 모든 신호는 CLK의 상승 에지에서 유효하다.
- RST : 동기화된 리셋 신호로 값이 1인 CLK의 상승 에지에서 리셋이 일어난다. 리셋이 일어나면 프로세서는 해당 사이클에 Reset Interrupt Vector(0x00000000)의 주소를 내보낸다.
- INT : 비동기 인터럽트 신호로 값이 1인 CLK의 하강 에지에서 샘플링 되어 프로세서 파이프라인의 첫 번째 단에 진입한다.
- INT_ACK : INT 신호가 프로세서 파이프라인의 마지막 단에 진입하면 1이 되며, CLK enable이 1인 CLK의 다음 상승 에지 이후에 0으로 변한다.
- IREAD : 명령어 메모리 요청 신호로 CLK의 상승 에지에서 nIWAIT, nDWAIT와 IREAD가 모두 1일 경우 요청이 받아들여진다. 따라서 메모리 시스템은 자신이 내보내는 nIWAIT를 IREAD와 함께 입력으로 사용해야 한다.
- IADDR : 명령어 메모리 주소 신호로 word 단위의 크기를 갖는다. nIWAIT, nDWAIT와 IREAD가 모두 1인 CLK의 상승 에지에서 유효하다.
- INSTR : 명령어 메모리에서 나오는 명령어로 다음 요청까지 값을 유지해주어야 한다. nIWAIT, nDWAIT가 모두 1인 CLK의 상승 에지에서 유효하다.
- IFAULT : 명령어 메모리 fault 신호로 MMU를 사용할 경우 페이지 fault 및 access permission error 등을 나타내며 다음 요청까지 유지된다. nIWAIT, nDWAIT가 모두 1인 CLK의 상승 에지에서 유효하다.
- nIWAIT : 명령어 메모리 ready 신호로 CLK의 상승 에지에서 0이면 해당 에지에서 전달된 요청을 처리할 수 없음을 의미한다.

- DREQ : 데이터 버스 요청 신호로 IREAD와 동일하다.
- DADDR : 데이터 주소 신호로 바이트 단위의 크기를 갖는다. nIWAIT, nDWAIT와 DREQ가 모두 1인 CLK의 상승 에지에서 유효하다.
- DRW : 데이터 버스 쓰기 허용 신호로 0이면 읽기, 1이면 쓰기를 의미한다. nIWAIT, nDWAIT와 DREQ가 모두 1인 CLK의 상승 에지에서 유효하다.
- DLOCK : 데이터 버스 lock 신호로 EXCH 명령어인 경우에 첫 번째 수행 사이클에서 1의 값을 가진다. 이 신호는 On-Chip High-Speed Bus에서 사용되어지며, 버스 아비터는 다음 데이터 버스 요청 때까지 다른 버스 마스터에게 grant를 주지 않아야 한다. nIWAIT, nDWAIT와 DREQ가 모두 1인 CLK의 상승 에지에서 유효하다.
- DTYPE : CoreA에서 데이터 메모리, ASR, 코프로세서는 모두 데이터 버스를 공유한다. 즉, 데이터 메모리 액세스와 ASR 액세스, 그리고 코프로세서 액세스는 모두 동일한 타이밍을 가지며, DTYPE 신호를 통해서 현재 데이터 버스를 통해서 나가는 신호의 종류를 구분하게 된다. nIWAIT, nDWAIT와 DREQ가 모두 1인 CLK의 상승 에지에서 유효하다.
- DMODE : 프로세서 코어의 동작 모드를 나타내는 신호로 0이면 유저 모드, 1이면 관리자 모드를 의미한다. nIWAIT, nDWAIT와 DREQ가 모두 1인 CLK의 상승 에지에서 유효하다.
- DSIZE : 데이터 타입 신호로, 데이터 버스 요청의 데이터 크기를 나타낸다. nIWAIT, nDWAIT와 DREQ가 모두 1인 CLK의 상승 에지에서 유효하다.
- DWDATA : 코어에서 데이터 버스로 내보내는 데이터로 nIWAIT, nDWAIT와 DREQ가 모두 1인 CLK의 상승 에지에서 유효하다.
- DRDATA : 데이터 버스에서 코어로 내보내는 데이터로 nIWAIT, nDWAIT와 DREQ가 모두 1인 CLK의 상승 에지에서 유효하다.
- DFAULT : 데이터 메모리 fault 신호로 IFAULT와 동일하다.
- nDWAIT : 데이터 메모리 ready 신호로 nIWAIT와 동일하다.
- CPREQ : 코프로세서 요청 신호이다.
- CPRW : 코프로세서 쓰기 허용 신호로 0이면 읽기, 1이면 쓰기를 의미한다.
- CPTYPE : 현재 코프로세서에서 전송하고 있는 것이 명령어인지 데이터인지 혹은 메모리에 대한 접근인지를 표시한다.
- CPADDR : 코프로세서 주소 신호로 nCPWAIT와 CPREQ가 모두 1인 CLK의 상승 에지에서 유효하다.
- CPWDATA : 코어에서 코프로세서로 내보내는 데이터로 nCPWAIT와 CPREQ가 모두 1인 CLK의 상승 에지에서 유효하다.
- CPRDATA : 코프로세서에서 코어로 내보내는 데이터로 nCPWAIT와 CPREQ가 모두 1인 CLK의 상승 에지에서 유효하다.

• nCPWAIT : 코프로세서 ready 신호로 nIWAIT와 동일하다.
• CPINT : Core-A에 인터럽트 처리를 요청한다.

기본적으로 Core-A 프로세서는 명령어 및 데이터 버스 모두 동기 SRAM 타이밍에 기반하여 해당 신호를 내주게 된다. ASR 및 코프로세서 액세스는 데이터 메모리 액세스와 같은 신호를 공유하며, DTYPE[1:0]을 통해서 현재 나가는 신호의 종류를 알려주게 된다.

2.4.1 명령어 메모리 인터페이스

명령어 메모리로 접근하는 주소는 항상 워드 단위로 정렬되어 있기 때문에, 32비트의 주소 중 하위 2비트를 차지하는 2'b00을 제외한 30비트만 내보내게 된다. 또한 항상 값을 메모리로부터 읽어 들이며, 메모리에 값을 쓰는 것은 명령어 메모리 인터페이스에서는 지원하지 않는다.

하나의 예시로서 [그림 2-9]는 명령어 메모리 인터페이스를 위한 신호들의 타이밍 관계를 보여준다. 첫 번째 요청은 주소 A에 대해서 이루어지며, 클럭의 상승 에지에서 request와 주소를 확인 후 해당 데이터를 내주는 동기 SRAM과 동일한 타이밍을 가지고 있다. 만약 바로 데이터를 내줄 수 없는 경우, nIWAIT이 1'b0으로 내려가게 되며 이 경우 Core-A의 내부 gated_CLK값은 계속 0으로 존재하게 되어 Core-A의 파이프라인이 멈추게 된다. 일정 시각 후 nIWAIT가 1'b1로 올라오면서 유효한 데이터가 나오게 되면 Core-A는 클럭의 상승 에지에서 해당 값을 가져가게 된다.

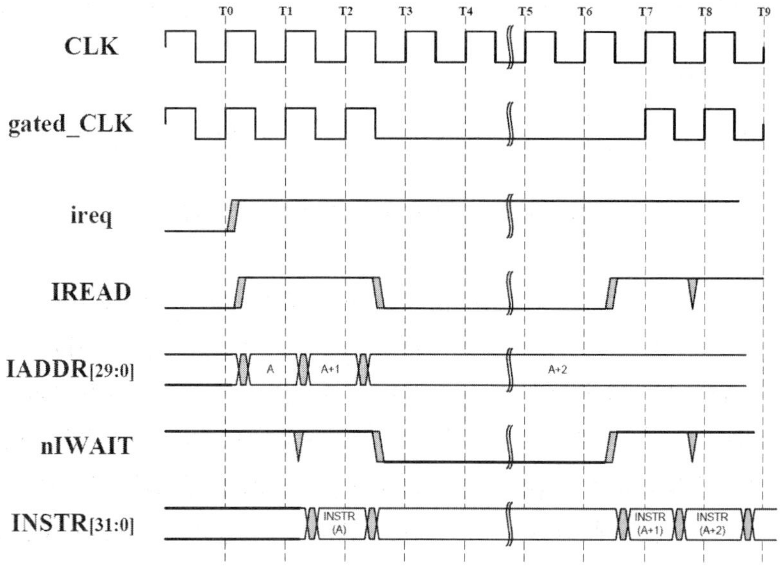

그림 2-9 명령어 메모리 타이밍 다이어그램

2.4.2 데이터 메모리 인터페이스

데이터 버스는 데이터 메모리, ASR, 그리고 코프로세서로 접근하는 경우 모두 함께 사용하게 되며, 그 구분은 DTYPE[1:0]을 통해서 하게 된다. 코프로세서로 접근하는 경우에는 코프로세서로 전달하는 명령어인지, 아니면 코프로세서로 전달하는 데이터인지도 구분할 수 있게 되어있다. 종류에 상관없이 기본적으로 명령어 메모리 인터페이스와 마찬가지로 동기 SRAM과 동일한 타이밍을 가지고 있다.

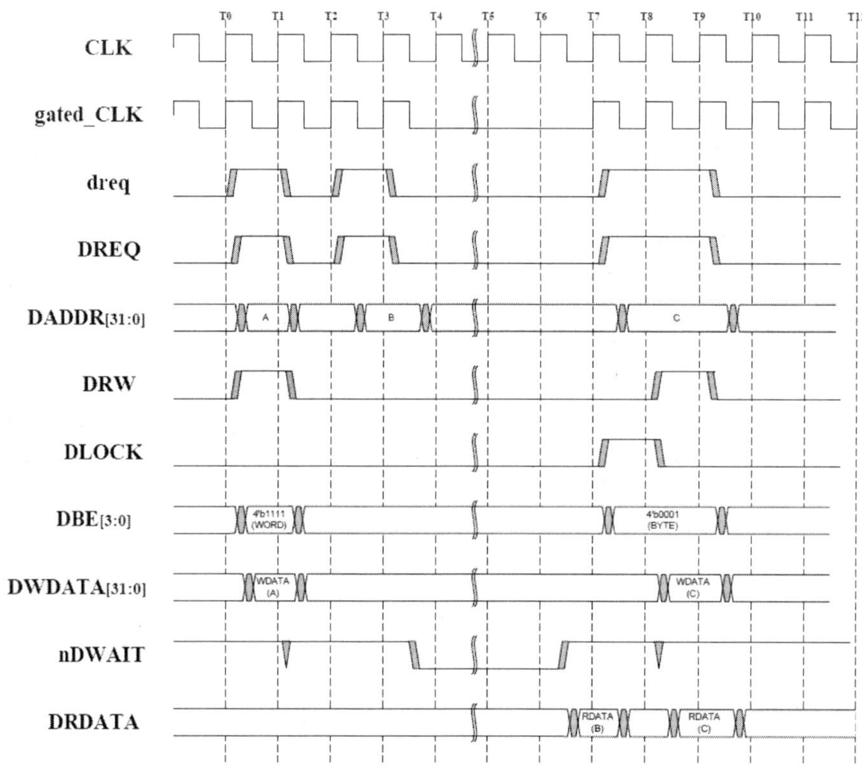

그림 2-10 데이터 버스 타이밍 다이어그램

기본적인 타이밍은 [그림 2-10]에서 볼 수 있듯이 명령어 메모리 인터페이스와 동일하다. 데이터 버스에서는 값을 읽어오는 것뿐만 아니라 값을 쓰는 것도 허용이 되고, 쓰고자 하는 값은 주소와 같은 타이밍에 버스로 나가게 되고 현재 데이터 버스에서 이루어지는 명령이 데이터를 읽는 것인지 아니면 쓰는 것인지는 DRW를 통해서 구분하게 된다. DBE[3:0]은 1 워드 내에 있는 4개의 바이트 각각에 대한 쓰기 허용 신호로써, 주소와 동일한 타이밍에 버스로 나가게 된다. 명령어 메모리와 마찬가지로 nDWAIT신호를 통해서 gated_CLK가 영향을 받게 된다. T7 이후의 상황은 [그림 2-10]에서 보이는 바와 같이 EXCH 명령어를 수행하는 경우의 타이밍을 보여준다. EXCH의 경우 load와 store가 연달아 나타나게 되고, 첫 번째 load를 수행하면서 DLOCK신호를 1'b1로 만들어 줌으로써 On-Chip High-Speed Bus에서 locked transaction을 수행할 수 있도록 한다. 데이터를 읽고 쓰는 타이밍은 데이터 메모리에 접근하는 경우와 ASR에 접근하는 경우, 그리고 코프로세서에 접근하는 경우 모두 동일하며 DTYPE[1:0]을 통해서 현재 어느 경우로 버스를 사용하고 있는지를 구분하게 된다.

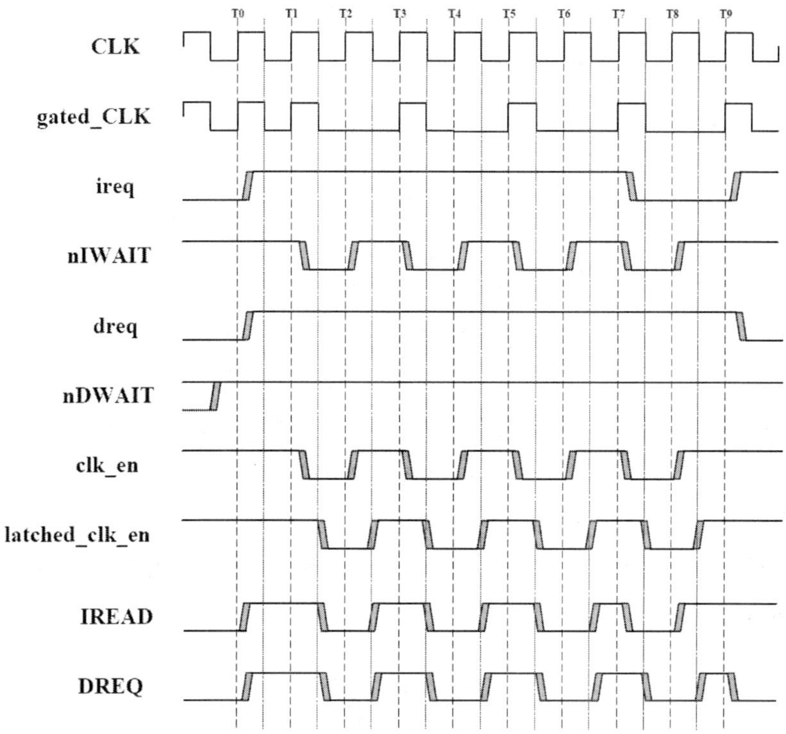

그림 2-11 메모리 타이밍 다이어그램

만약 명령어 메모리 요청과 데이터 메모리 요청이 하나의 메모리에 대해서 이루어지는 경우에는 순차적으로 요청을 처리해주어야 하는데 [그림 2-11]에 이 경우를 보여주고 있다. 이 경우 Core-A 프로세서 내부의 negative latch로 인해서 클럭의 하강 에지에서도 요청의 천이가 이루어질 수 있게 된다. 하지만, 기본적으로 클럭의 상승 에지를 기준으로 동기 SRAM 타이밍을 지키고 있음을 알 수 있다.

2.4.3 코프로세서 인터페이스

코프로세서는 Core-A의 명령어로 수행되지 않는 연산을 실행하기 위한 유닛이다. 그러므로 코프로세서는 Core-A의 load/store 명령어와 데이터 처리 명령어의 제어 하에 동작되며 그 동작은 다음과 같다.

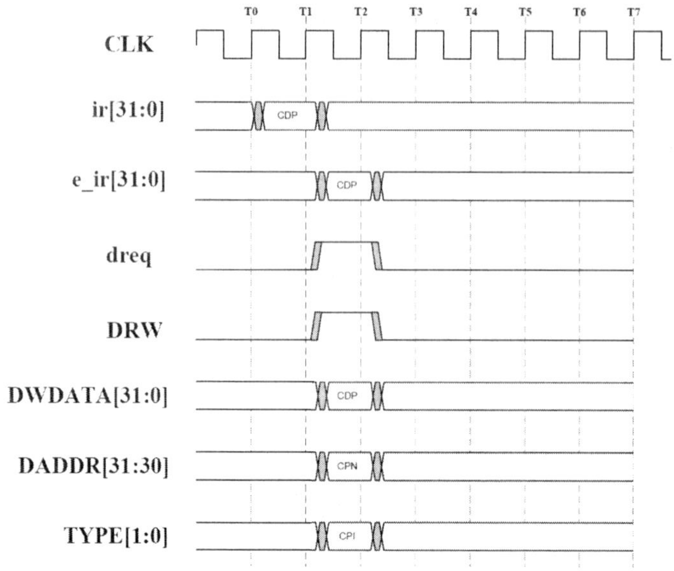

그림 2-12 CDP 명령어 타이밍 다이어그램

- CDP는 코프로세서에서 정의된 데이터 처리 명령어를 수행하도록 하는 명령어이다. Core-A 프로세서의 EX 단에서 store를 실행하는 것과 동일한 방식으로 [그림 2-12]와 같이 코프로세서에게 해당 명령어를 전달하게 된다. 이때 TYPE[1:0]을 통해서 현재 전달하고 있는 값이 코프로세서 명령어(CPI)임을 알려주게 된다. 코프로세서 번호는 DADDR[31:30]을 통해서 전달되어진다.

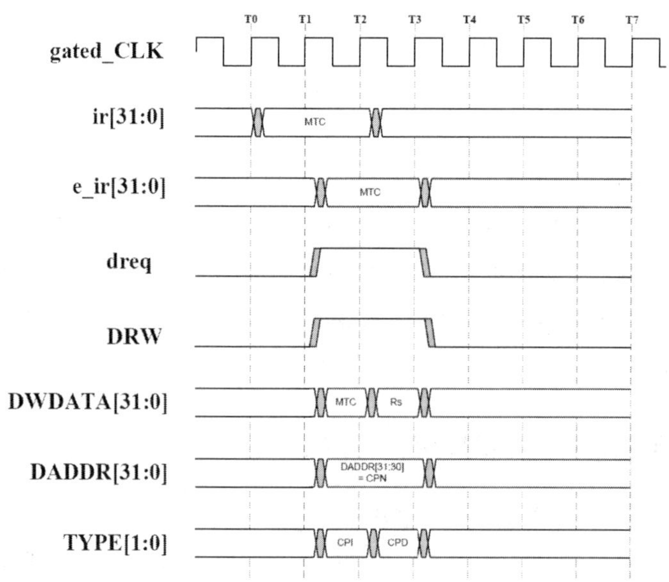

그림 2-13 MTC 명령어 타이밍 다이어그램

• MTC는 조건이 만족되는 경우 Core-A 프로세서의 General Purpose Register 중 하나를 코프로세서로 전달하는 명령어로서 [그림 2-13]과 같이 2사이클이 걸리는 멀티 사이클 명령어이다. MTC 명령어 타이밍은 [그림 2-13]에서 알 수 있듯이, 첫 번째 사이클에서는 MTC명령어 자체를 코프로세서에게 전달하게 된다. 두 번째 사이클에서는 TYPE[1:0]을 통해서 코프로세서 데이터를 전달한다는 것을 표시하고, 코프로세서에게 전달하고자 하는 레지스터의 값을 데이터 버스에 써주게 된다.

• MFC는 조건이 만족되는 경우 코프로세서의 레지스터 중 하나의 값을 Core-A 프로세서의 GPR로 가져오는 명령어로서 [그림 2-14]와 같이 2사이클이 걸리는 멀티 사이클 명령어이다. MFC 명령어 타이밍은 [그림 2-14]에서 알 수 있듯이, 첫 번째 사이클에서는 MFC명령어 자체를 코프로세서에게 전달하게 된다. 두 번째 사이클에서는 TYPE[1:0]을 통해서 코프로세서 데이터를 전달받게 된다는 것을 표시하고, 해당 코프로세서에게 요청을 하게 된다. 해당 코프로세서는 동기 SRAM과 동일하게 동작한다고 Core-A에게 보여지며, nDWAIT신호를 1로 올리면서 유효한 값을 전달해주게 된다.

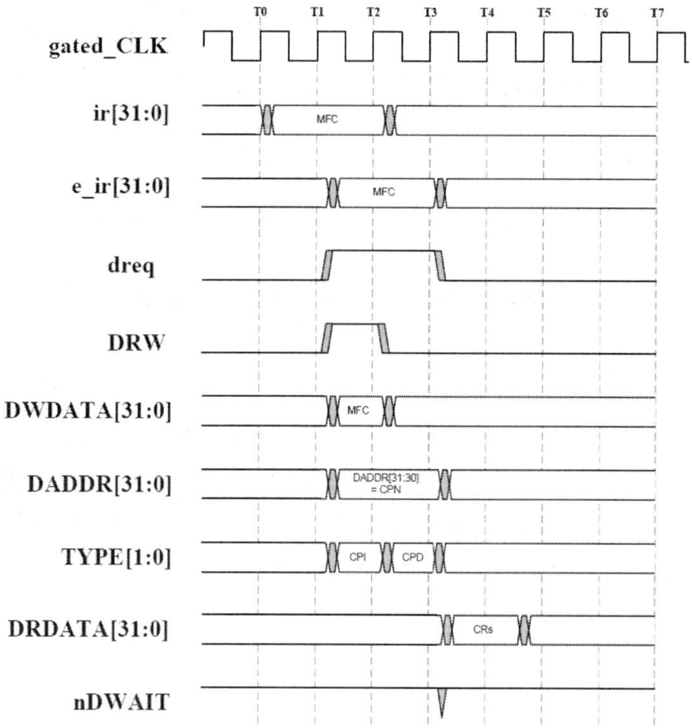

그림 2-14 MFC 명령어 타이밍 다이어그램

• LDC는 메모리로부터 값을 읽어 와서 코프로세서에게 전달하여 코프로세서가 메모리로부터 값을 로드하는 명령어로서 [그림 2-15]와 같이 3사이클이 걸리는 멀티 사이클 명령

어이다. 첫 번째 사이클에서는 TYPE[1:0]을 통해서 실제 메모리로 접근하여 값을 읽어 오는 것을 알 수 있다. 두 번째 사이클부터는 MTC와 동일하고, 단지 전달하는 값이 메모리에서 읽어온 값이라는 점만 다르게 된다.

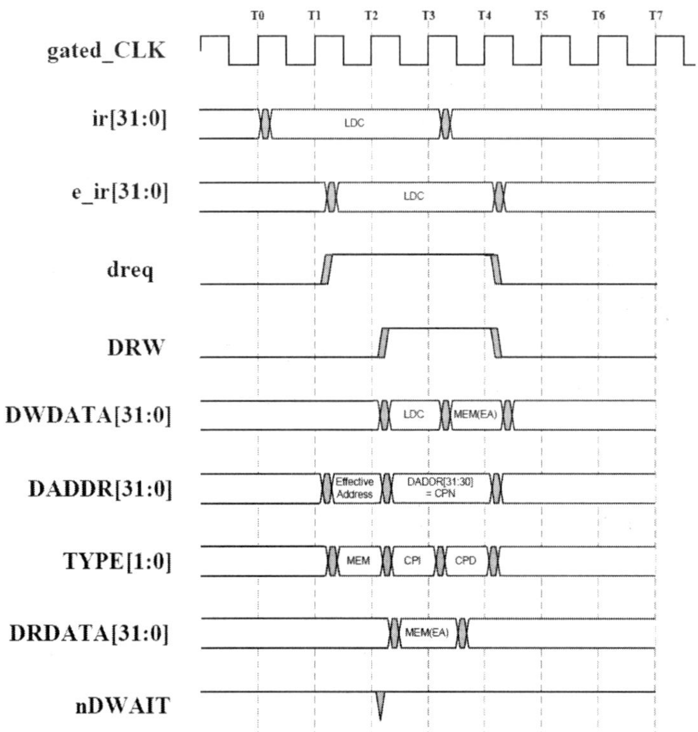

그림 2-15 LDC 명령어 타이밍 다이어그램

- STC는 코프로세서로 부터 값을 가져와서 메모리에 해당 값을 저장하는 명령어로서 [그림 2-16]과 같이 4사이클이 걸리는 멀티 사이클 명령어이다. 처음 두 사이클은 MFC와 동일하게 된다. 세 번째 사이클에서는 메모리에 접근할 주소를 계산하면서 코프로세서로부터 오는 값을 전달받게 되고, 전달받은 값을 가지고 계산한 주소에 4번째 사이클에 store와 같은 방식으로 메모리에 값을 쓰게 된다.

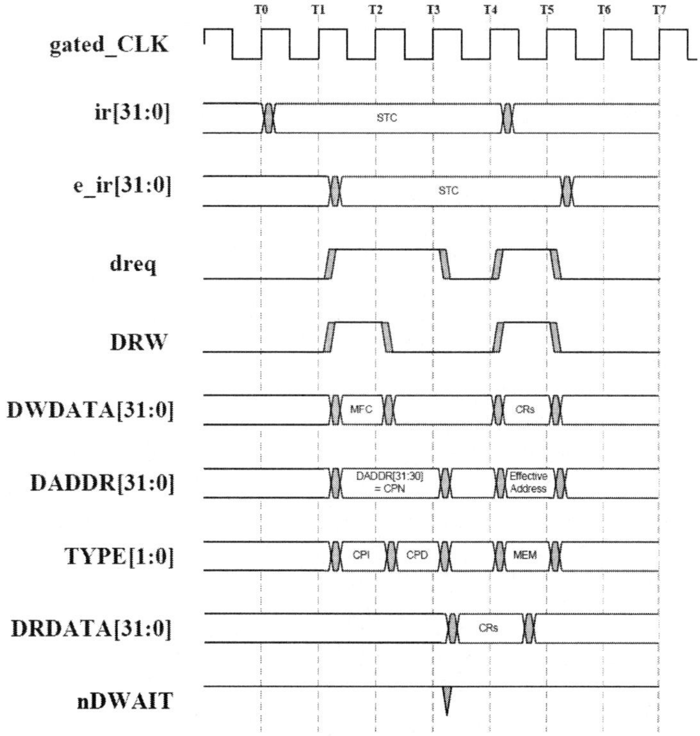

그림 2-16 STC 명령어 타이밍 다이어그램

제 3 장

Core-A 프로그래밍 환경

3.1 프로그래밍 개요

프로그래밍 환경은 프로그래머가 프로그램을 설계, 검증, 보수 및 개선 등의 작업을 지원하는 환경을 말한다. Core-A 프로그래밍 환경은 프로그래머가 소스레벨(C/Assembly)에서 프로세서의 동작을 디버깅 할 수 있도록 하는 환경이다. 프로그래밍의 동작 방식을 [그림 3-1]에서 간략히 나타내고 있다. C 레벨의 코드는 컴파일 과정을 거치면서 3개의 부분(헤더, 심볼, 바이너리)으로 구성된 실행파일(ELF: Executable Linker Format)로 변환된다. 헤더 파트는 전체 실행파일의 구조와 각 컴파일 섹션의 정보를 포함하고 있으며, 심볼 파트는 C 코드 상의 각 심볼(directives, 변수 등)들에 대한 디버깅 정보(소스라인, 어드레스)들을 포함하고 있다. 그리고 바이너리 파트는 프로세서가 실행하는 프로그램 코드를 포함하고 있다. 헤더 파트와 심볼 파트를 포함하는 전체 실행파일을 로딩하고, 프로세서 모델은 프로그램 코드에 해당하는 바이너리 파트를 다운로딩 한다. 프로세서 모델은 실제 하드웨어 프로세서 칩이 될 수도 있고, ISS(Instruction Set Simulator)와 같은 소프트웨어 모델이 될 수도 있다.

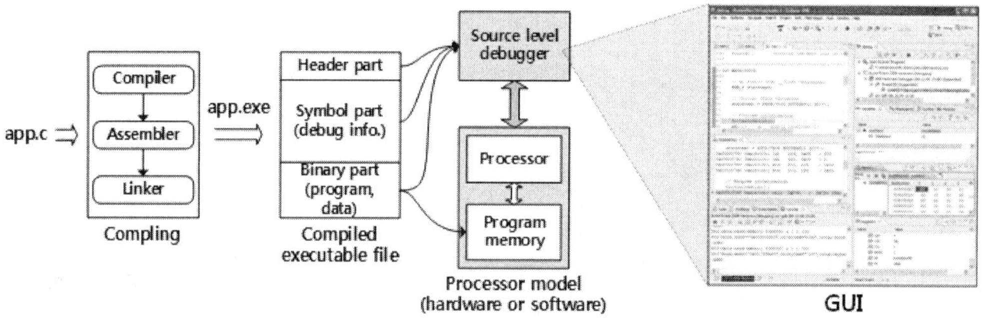

그림 3-1 Core-A 프로그래밍 환경

Core-A 프로그래밍 환경은 Eclipse 기반의 GUI 환경, Core-A용 GDB, Core-A용 툴 체인 및 Core-A 타깃 시스템이 서로 연동하여 동작한다. Core-A용 소프트웨어 디버거의 GUI 환경을 [그림 3-2]에서 보여준다. Core-A용 GDB는 브레이크 포인트 및 워치 포인트 관리, 레지스터 및 메모리 관리 등 디버깅 기능을 지원하여 Eclipse GUI를 통하여 프로그래머가 보다 편리하고 쉽게 소프트웨어 디버거를 사용할 수 있게 하며 타깃 시스템에 대한 디버깅 정보를 쉽게 알 수 있게 한다.

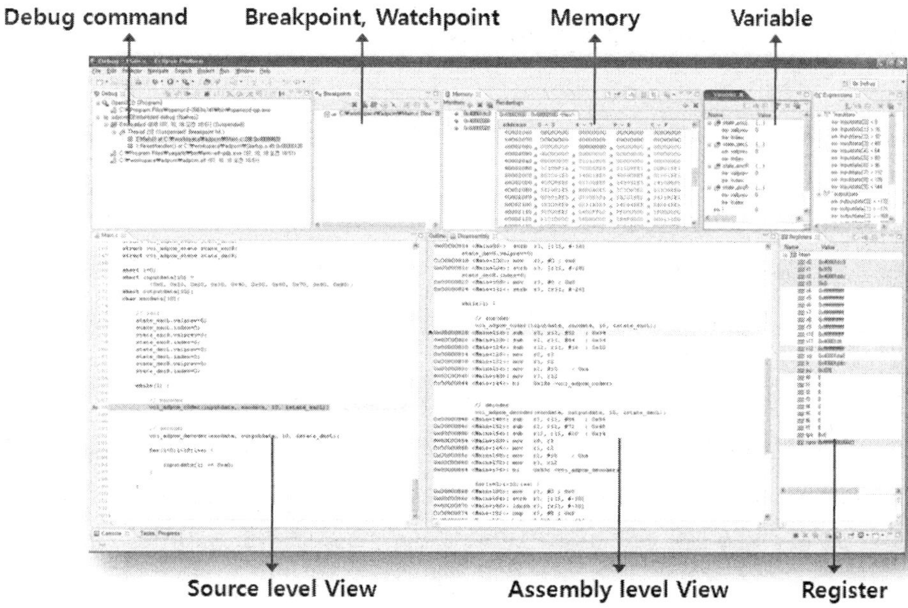

그림 3-2 Core-A용 소프트웨어 디버거 GUI 환경

Core-A용 툴 체인은 compiler, linker, assembler 등 유틸리티로 구성되어 있다. 툴 체인을 통하여 프로그래머는 C 또는 어셈블리 소스코드를 컴파일 과정을 거쳐 ELF 형식의 실행 파일(executable file)을 생성한다. Core-A 타깃 시스템은 Core-A ISS와 Core-A 프로세서로 구성된다. Core-A 프로세서는 하드웨어 디버거를 포함하는 Core-A 프로세서이다. 그리고 Core-A ISS는 Core-A 프로세서 개발에 앞서 소프트웨어적으로 구현한 Core-A 프로세서이다. Core-A 프로세서와 Core-A ISS의 동작은 동일하다.

프로그래머가 설계한 프로그램을 검증하고 개선할 때 사용되는 디버깅 방법에는 로컬 디버깅과 원격 디버깅 2가지가 있다. 로컬 디버깅은 Core-ISS와 Eclipse기반의 GUI 환경, Core-A용 GDB, Core-A용 툴 체인으로 구성된 소프트웨어 디버거를 연동하여 검증하는 방법이고 원격 디버깅은 하드웨어 디버거를 내장하는 Core-A 프로세서를 소프트웨어 디버거와 연동하여 검증하는 방법이다. 이 장의 3.2절에서는 소프트웨어 디버거, 3.3절에서는 하드웨어 디버거에 대하여 자세히 소개한다. 그리고 4장에서는 프로그래밍 환경 사용 방법에 대하여 소개한다.

3.2 Core-A 소프트웨어 디버거

Core-A 소프트웨어 디버거는 GNU 프로젝트로 개발되어서 소스코드가 공개 되어 있고 널리 사용되고 있는 GDB(GNU Debugger)를 기반으로 한다. GDB는 1988년도에 리처드 스톨만에 의해 최초로 작성되었으며, GNU GPL 하에 배포되는 자유 소프트웨어이다. GDB는 현재 다양한 OS(Operating System)에서 동작하고 여러 종류의 프로그램 언어를 지원하고 있으며, 현재 x86, SPARC, ARM, MIPS, PowerPC 등 여러 종류의 유명한 프로세서의 소프트웨어 디버거로 사용되고 있다. Core-A용 GDB는 기존의 GDB에서 프로세서 아키텍처 의존적인 부분을 추가하고 필요한 부분을 보완하는 방식으로 개발하였다.

소프트웨어 디버거의 기본적인 목적은 프로그램이 실행되는 동안 프로그램 내부에서 어떤 일이 일어나는지, 또는 프로그램이 종료되기 전까지 어떤 일을 했는지를 알도록 하는데 있다. 디버거를 이용하면 수행되고 있는 프로그램이 종료되기 전이나 결함이 발생되기 직전에 프로그램을 멈추어서 현재 프로세스, 메모리, 변수 값 등을 검사할 수 있다. 소프트웨어 디버거는 프로그램의 제어 흐름을 조절하고 검사함으로써 결함과 예외를 발견할 수 있다.

프로그래머는 Core-A 소프트웨어 디버거로 [그림 3-3]과 같이 C/assembly와 같은 고급 언어로 작성된 프로그램을 컴파일러, 링커 등 유틸리티를 통해 컴파일 한 뒤 생성된 실행 가능한 ELF 파일을 이용하여 프로그램을 검증 및 개선 등의 작업을 진행할 수 있다.

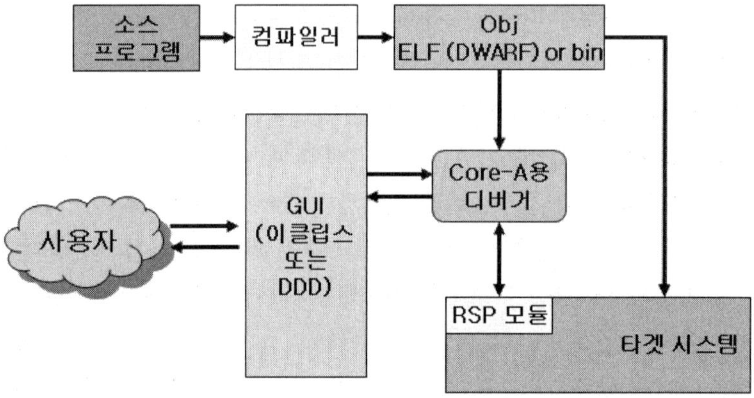

그림 3-3 소프트웨어 디버거 환경

3.2.1 Core-A 툴 체인

Core-A용 컴파일러, 링커 등 유틸리티는 GNU에서 제공되는 툴 체인을 Core-A 아키텍쳐에 맞게 포팅하여 개발되었으며 툴 체인 버전은 [표 3-1]과 같다.

표 3-1 Core-A 유틸리티 정보

유틸리티	GNU 프로그램
Core-A assembler(corea-elf-as)	GNU assembler 2.16.1
Core-A linker(corea-elf-ld)	GNU linker 2.16.1
Core-A binutils	GNU binutils 2.16.1
Core-A C compiler(corea-elf-gcc)	GNU C compiler 4.1.1
Core-A C library(libc.a)	GNU newlib 1.14.0

Core-A용 유틸리티는 GNU 소프트웨어를 기반으로 설계되었기 때문에 자세한 사용법은 GNU 매뉴얼을 참조하면 된다. 이 절에서는 Core-A용 유틸리티의 기본 실행 방법을 간단히 소개한다.

- 컴파일러

  Core-A 컴파일러는 고급언어인 C 코드로 쓰여진 프로그램을 Core-A가 수행하기 위한 언어로 바꾸어는 크로스 컴파일러이며, 이의 실행방법은 다음과 같다.

```
corea-elf-gcc -s file.c -o file.s
corea-elf-gcc -c file.c -o file.o
corea-elf-gcc file.c -o file.out
```

  위의 명령을 실행하면 C 파일(file.c)은 어셈블리 파일(file.s), 오브젝트 파일(file.o) 혹은 최종 실행파일(file.out)으로 변환된다.

- 어셈블러

  Core-A 어셈블러는 어셈블리 언어로 쓰여진 프로그램을 Core-A 기계어로 변환해주는 유틸리티이며, 실행방법은 아래와 같다.

```
corea-elf-as file.s -o file.o
```

  이 명령을 실행하면 어셈블리 파일(file.s)은 오브젝트 파일(file.o)로 변환된다.

• 링커

Core-A 링커는 프로그래머가 만든 여러 개의 오브젝트 파일과 프로그램에 사용된 라이브러리를 하나의 최종 실행파일로 묶어주는 역할을 하는 유틸리티이며, 이의 실행 방법은 다음과 같다.

```
corea-elf-ld file1.o file2.o libc.a -o file.out
```

이 명령을 실행하면 오브젝트 파일(file1.o, file2.o)과 라이브러리(libc.a)가 최종 실행파일인 file.out으로 변환된다.

3.2.2 Core-A GDB

GDB는 확장을 고려하여 설계된 재사용 가능한(re-타깃able) 소스레벨 디버거로 볼 수 있으며, 전체 코드에서 프로세서 종속적인 부분과 프로세서 독립적인 부분이 잘 나누어져 있기 때문에 새로운 프로세서를 위한 소스레벨 디버거 개발에 적합하다. GDB는 GNU 프로젝트 팀에서 오픈 소스 형태로 개발한 고성능 소스레벨 디버거로써, x86, ARM, MIPS, PowerPC 등 많은 종류의 프로세서들을 동시에 지원하고 있으며, 오랜 시간 동안 안전성을 검증 받은 범용 소스레벨 디버거이다. 그리고, coff, dwarf, stab, a.out 등과 같은 다양한 디버깅 포맷을 지원한다. 또한, GDB는 Linux 및 Unix, Windows 등 다양한 OS 플랫폼에서 사용 가능하며 C, C++, Assembly, Pascal 등 다양한 언어의 디버깅을 지원한다. GDB는 [그림 3-4]에서 보여주는 것과 같이, 6개의 기능 블록으로 나눌 수 있다. 각 블록의 기능은 다음과 같다.

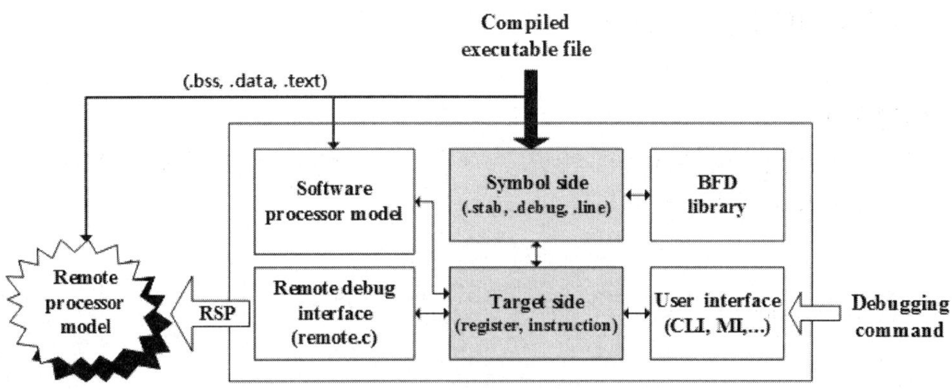

그림 3-4 GDB 구조

• BFD library

실행파일에는 바이너리 코드뿐만 아니라 컴파일되기 전의 원본 소스코드에 대한 다양한 형태의 정보들을 포함하고 있다. BFD library는 이 정보들의 생성 및 접근을 용이하게 하기 위해서 개발되었다. 이 BFD library를 이용해서, GDB는 실행파일로부터 소스레벨 디버깅에 필요한 정보들을 읽어 들인다. GDB 뿐만 아니라, GNU Assembler, GNU Linker, 다른 GNU Binary Utilities(binutils)들 또한 이 BFD library를 이용한다.

• Software processor model

소프트웨어 프로세서 모델은 일반적으로 C 혹은 C++ 언어로 구현된 ISS와 같은 시뮬레이션 모델을 가리킨다. 이와 같은 시뮬레이션 모델은 GDB 내부에 포함되어서 GDB와 같이 된다. 하지만, [그림 3-4]에서 나타내는 것과 같이, 독립적인 프로그램으로 구현되어서, GDB의 Remote debug interface를 통해서 GDB와 연결될 수 도 있다.

• Remote debug interface

GDB는 외부의 하드웨어 혹은 소프트웨어 프로세서 모델(remote processor model)의 원격 디버깅을 위한 기능을 포함하고 있다. 이 기능은 remote processor model과의 연결을 용이하게 하기 위해서, Remote Serial Protocol(RSP)라고 하는 표준 프로토콜을 지원한다.

• User interface

GDB는 사용자 인터페이스를 위해 CLI(Command Line Interface)와 MI(Machine Interface)를 제공한다. CLI는 명령형 입력 방식으로 사용자로부터 디버깅 명령을 전달받고 사용자가 해석하기 쉽도록 디버깅 결과를 출력한다. GDB와 연결될 수 있는 GUI 툴인, DDD와 XXGDB는 CLI 방식으로 GDB와 연결된다. MI는 CLI보다 좀 더 구조화된 방식으로, 다른 디버깅 툴과의 인터페이스 용이하게 하기 위해서 설계되었다. Eclipse CDT는 MI 방식을 이용하여 GDB와 연결된다.

• Symbol side

전체 GDB 소스코드 중에 Symbol side 부분은 GDB가 소스레벨(C/Assembly) 디버깅이 가능하게 하는 부분이다. Symbol side 코드들은 주로 실행파일로부터 읽어 들인 심볼관련 섹션들(.stab, .debug., .line, etc)을 분석해서 컴파일되기 전의 원본 C 코드와 컴파일 된 후의 실행파일 사이를 매칭 시키는 기능을 한다. 즉, 개발자가 디버깅하고자 하는 부분에 있는 데이터 변수가 실제 데이터 메모리의 몇 번지에 위치하고, 함수의 시작 주소가 실제 프로그램 메모리의 몇 번지에 해당하는지 등을 알 수 있다. 이와 같은 심볼 분석은 주로 BFD library를 통해서 실행된다. 이 symbol side 부분은 ELF, COFF등과 같은 소스레벨 디버깅 표준과 관련된 부분이기 때문에, GDB를 새 프로세서에 맞게 포팅할 때, 이 symbol side 부분의 코드는 거의 수정할 필요가 없다.

- 타깃 side

  전체 GDB 소스코드 중에 타깃 side 부분은 프로세서 의존적인 부분으로써, 레지스터, 메모리, 명령어와 같은 대상 프로세서의 아키텍처와 관련된 정보를 정의하는 이다. 따라서, GDB를 이용해서 대상 프로세서용 소프트웨어 디버거를 개발하기 위해서는, 이 타깃 side 부분의 코드에 대상 프로세서의 아키텍처 정보를 정의하게 된다.

Core-A용 소프트웨어 디버거는 크게 어셈블리 수준의 디버거와 소스 수준 디버거로 이루어진다. Core-A용 소스 수준 디버거는 고급 언어인 C 언어로 작성된 프로그램을 컴파일러를 통해 컴파일 한 뒤 생성된 실행 가능한 ELF 파일을 입력으로 받는다. 생성된 실행파일은 타깃 시스템과 Core-A용 소스 수준 디버거의 입력으로 사용되며 이때 Core-A용 소스 수준 디버거는 Core-A 타깃 시스템과 RSP 통신을 통하여 연결되어 디버깅을 수행한다. C 언어와 같은 고급 언어로 작성된 프로그램은 컴파일러에 의해 해당 타깃 시스템에서 사용되는 기계어로 이루어진 어셈블리 파일로 만들어진다. 그리고 어셈블리 파일들은 Core-A용 어셈블리 수준 디버거의 동작 과정과 동일하게 어셈블러에 의해 목적파일로 만들어진 후 링커에 의해 연결되어 하나의 실행파일이 최종적으로 만들어진다. Core-A용 소스 수준 디버거는 C 언어로 작성된 프로그램을 "-g" 옵션을 통해 컴파일 한 실행파일을 입력으로 받아 프로그램의 수행 과정에서 사용자가 설정한 위치(breakpoint를 설정한 위치)에서 프로그램을 중단하고 타깃 시스템의 상태 정보를 출력으로 알려준다.

어셈블리 수준의 디버거는 어셈블리 언어를 이용한 내장형 시스템에서 동작하는 프로그램 개발 및 검증에 사용된다. 어셈블리 디버거는 어셈블러로 변역된 어셈블리 프로그램을 입력하여 프로그램에 포함된 오류를 사용자에게 알려준다. 어셈블리 수준 디버거는 GNU 디버거를 참조 모델로 개발되었다. 어셈블리 수준 디버거는 Core-A 프로세서 상에서 동작하는 프로그램의 오류를 찾아내기 위한 디버깅에 사용된다. Core-A 어셈블리 수준 디버거는 크게 어셈블리 수준 디버거 엔진, 디버거를 위한 GUI 컴포넌트, 원격 디버깅을 위한 Target-Side Debug Agent로 이루어져 있다. 이는 C 언어를 위한 소스 수준 디버거와 비슷하다. Core-A용 디버거는 어셈블리와 C 언어 디버깅을 위한 mixed mode를 지원하기 때문에 GUI 컴포넌트와 타깃-Side Debug Agent는 소스 수준 디버거와 공통으로 사용할 수 있다. Core-A용 어셈블러 수준 디버거는 어셈블리 프로그램 디버깅을 위해 breakpoint, single-step, disassemble, read/write registers, read/write memory 등의 기능을 수행한다. 그리고 사용자를 위한 GUI 컴포넌트로 이클립스를 사용할 수 있으며, 실제로 타깃 시스템에서 동작하는 프로그램 디버깅을 위해 RSP 프로토콜을 이용한 원격 디버깅을 지원한다.

3.3 Core-A 하드웨어 디버거

Core-A 하드웨어 디버거는 On-Chip Debugger라 불리우는 로직으로서 Core-A에 내장되어 있는, 디버깅 기능을 수행하는 프로세서와는 독립된 유닛이다. OCD의 동작을 살펴보면 다음과 같다.

- 프로세서의 프로그램 실행을 정지
- 프로세서 내부 상태 점검
- 메모리 시스템 점검
- 프로세서의 프로그램 실행을 다시 재개

이러한 동작을 할 수 있는 OCD는 [그림 3-5]에서 보이는 바와 같이 크게 2개의 블록으로 구성되어 있다. 그 구성 블록들은 JTAG 블록과 On-Chip Emulator(OCE) 블록이다. JTAG 블록은 소프트웨어 디버거와 OCE사이에서 통신 기능을 담당하고 있다. JTAG은 OCE, 스캔 체인의 동작을 제어하고, 스캔체인은 프로세서, OCE의 입출력 핀에 연결되어 있어 데이터 및 신호를 추출하거나 변경시키는 기능을 수행한다. OCE 블록은 브레이크 포인트와 워치 포인트를 세팅하며 디버깅의 모든 동작을 제어하면서 세부적인 디버깅 기능을 위한 블록이다.

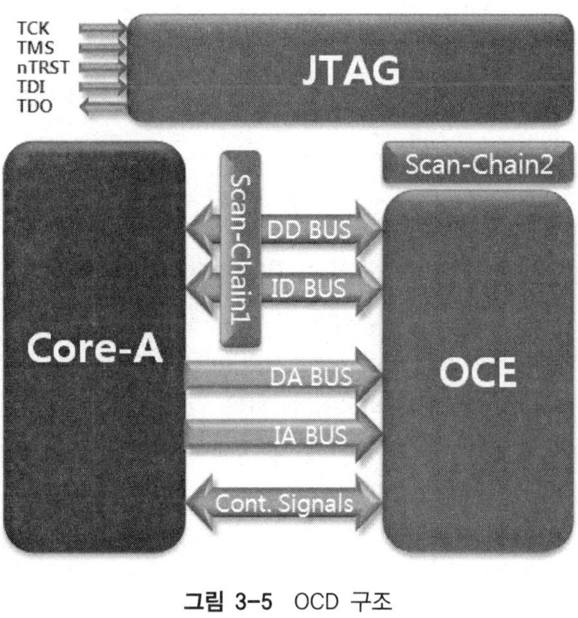

그림 3-5 OCD 구조

3.3.1 On-Chip Debugger 구조

OCD를 내장한 Core-A의 구조도는 아래의 [그림 3-6]과 같다. 크게 보면 JTAG을 지원하는 블록, OCE 블록, Core-A 블록으로 구성되어 있다. Core-A의 구조에 대해서는 2장에서 다루었기 때문에 3장에서는 JTAG 지원부와 OCE 블록에 대하여 자세하게 소개한다.

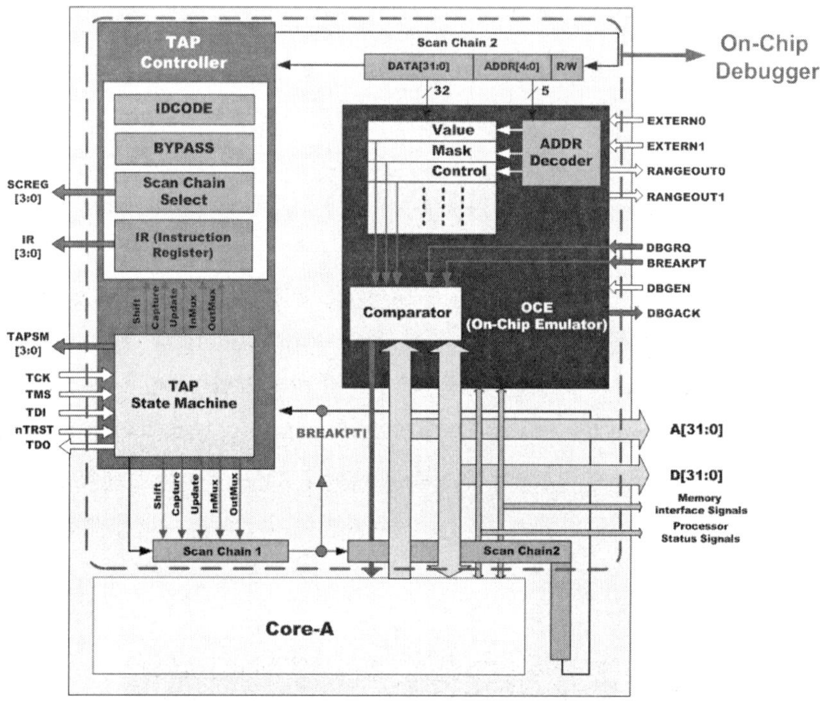

그림 3-6 OCD 블록을 내장한 Core-A 프로세서 구조

① JTAG 지원 블록

On-Chip Debgger에서 사용하는 JTAG은 IEEE 1149.1 표준안에 근거하여 설계하였다. JTAG의 구성은 기본적으로 TAP controller, 명령어 레지스터 및 테스트 데이터 레지스터를 포함한다. 테스트 데이터 레지스터에는 최소 2개의 바이페스 레지스터와 스캔 체인이 사용된다. JTAG은 [그림 3-7]에서 보이는 바와 같이 디바이스 ID 레지스터, 스캔 체인 선택 레지스터가 사용 되었다. 각 레지스터의 기능 및 길이에 대해 알아보면 다음과 같다.

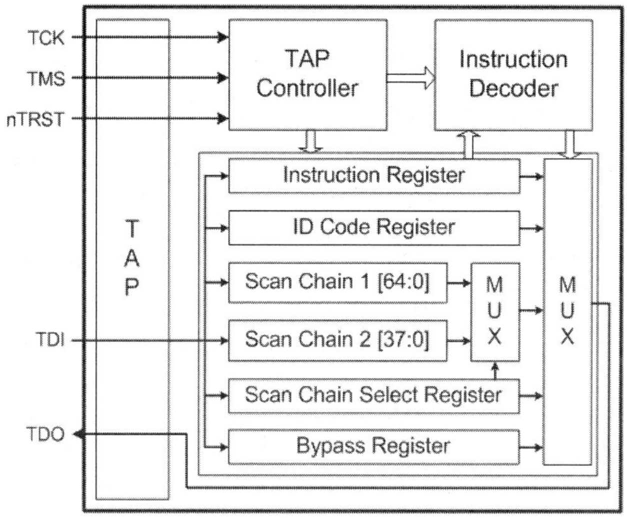

그림 3-7 JTAG 블록 다이어그램

- 명령어 레지스터

4비트의 레지스터로 현재의 명령어를 바꾸는 역할을 하는 레지스터이다. Test-Logic Reset 상태에서는 초기 값으로 1110인 IDCODE가 인가되도록 설계하였다. 디버그 기능을 지원하기 위한 JTAG 모듈에서 TAP controller외의 또 다른 메커니즘은 명령어 레지스터에 인가되는 명령어이다. JTAG 명령어는 [표 3-2]에 나와 있는 바와 같이 10개의 명령어를 지원한다.

표 3-2 JTAG 명령어

Instruction	Binary code
EXTEST	0000
SCAN_N	0010
INTEST	1100
IDCODE	1110
BYPASS	1111
CLAMP	0101
HIGHZ	0111
CLAMPZ	1001
SMPLE/PRELOAD	0011
RESTART	0100

• 데이터 레지스터

데이터 레지스터에는 바이패스 레지스터, 디바이스 ID 레지스터 및 스캔 체인 선택 레지스터 및 스캔 체인 레지스터 1, 2가 있다. 바이패스 레지스터는 1비트의 레지스터로 테스트에 요구되는 시간을 줄이기 위한 목적의 레지스터이다. TDI와 TDO사이에 1비트의 바이패스 레지스터를 둠으로써 한 사이클만 소모되도록 한다.

디바이스 ID(Identification) 코드 레지스터는 32비트의 레지스터로 이루어져 있으며, 디바이스의 정보가 저장된다. ID 레지스터의 형식을 보면 [그림 3-8]에서 보이는 바와 같이 크게 세 부분으로 구분되어 있다. 4bit의 version 영역에는 칩의 버전 정보를 나타낸다. 16bit의 part number는 실제 칩을 구분하는 번호이다. 예를 들어 Strong ARM은 1001 0010 0110 0001(SA1110)이라는 값을 가진다. 11bit의 Manufacturer identity는 제조사 정보이다. Intel의 제조사 번호는 0000 0001 001이다. 맨 마지막 비트는 항상 1로 고정된 상수이다. 디바이스 ID 레지스터 내로의 입력은 HDL로 설계하는 과정에서 넣어줄 수 있도록 되어 있다. 설계할 때 디바이스 ID 레지스터를 0x0F0F0F0F로 설정하였다. 명령 레지스터에 IDCODE명령이 인가되었을 때 디바이스 ID 레지스터의 최하위 비트부터 TDO를 통해서 출력되게 된다.

31 28	27 12	11 1	0
Version	Part Number	Manufacturer identity	1

그림 3-8 디바이스 ID 코드 레지스터

스캔 체인 선택 레지스터는 4비트로 이루어진 레지스터이다. 스캔 체인 선택 레지스터는 여러 스캔 체인 중에 하나를 선택하기 위한 레지스터이다. 할당 된 스캔 체인의 번호는 [표 3-3]에 나와 있다. On-Chip Debugger에서는 디버깅에 필요한 스캔 체인 1과 OCE 프로그래밍에 필요한 스캔 체인 2를 지원한다.

표 3-3 스캔 체인 번호 및 기능

Scan Chain Number	Function
1	Debug
2	OCE programming

스캔 체인 1은 데이터 버스에 연결되어 있다. Core-A의 데이터 버스는 명령어 버스와 데이터 버스 2개가 있기 때문에 스캔 체인 1은 [그림 3-9]와 같이 65비트로 구성되어 있다. 스캔 체인 1은 OCD와 프로세서 사이에 연결되어 있으면서 데이터 교환을 수행한

다. 스캔 체인 1은 EXTEST 외에도 주 용도로 디버깅을 위해 사용되는데 이는 INTEST와 같은 방식으로 진행된다.

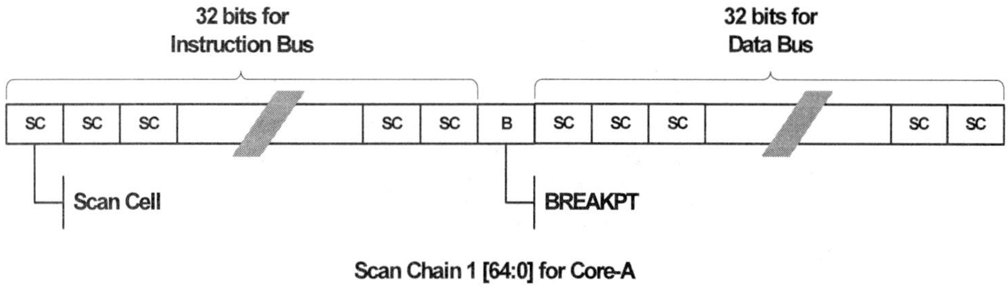

그림 3-9 Core-A의 스캔 체인 1

스캔 체인 2(38bits)는 TAP controller가 INTEST 모드일 때 OCE로 액세스 할 수 있다. 스캔 체인 2는 1비트의 read/write, 5비트의 OCE 레지스터 주소 및 32비트의 데이터 값으로 구성되어 있다. 이는 OCE의 레지스터에 데이터를 직렬로 읽고 쓰기를 할 수 있게 함으로써 추가적인 데이터 버스로 인한 게이트 수를 줄일 수 있고 OCE 레지스터의 추가, 제거 및 제어가 용이하다.

이러한 구조를 가지고 있기 때문에 JTAG은 5핀 남짓한 핀을 통하여 OCD를 제어할 수 있게 된다. JTAG은 TDI, TMS, TCK, nTRST, TDO 이 핀들을 통하여 외부에서 OCD 내부로 접근이 가능한데, 이는 시프트 레지스터와 MUX로 구성된 scan chain이 있기 때문이다. 외부에서 TCK 클럭에 동기하여 직렬로 데이터를 TDI를 이용하여 쓰고 TDO를 이용하여 scan chain을 통하여 출력되는 데이터를 읽을 수 있으며 TMS를 통해 TAP 상태를 변화시키면서 디버거의 동작을 제어할 수 있다.

② OCE 구조

On-Chip Emulator는 프로세서를 위한 OCD 기능을 제공한다. OCE는 브레이크 포인트 레지스터, 비교기 및 디버그 controller로 구성되어 있다. OCE의 블록 다이어그램은 [그림 3-10]에서 자세히 보여준다. 스캔 체인 2를 통하여 주소와 데이터 값이 OCE에 전달되어 레지스터 값들을 액세스하여 원하는 브레이크 포인트나 워치 포인트를 지정할 수 있다. 비교기에서는 프로세서의 주소와 데이터 버스 그리고 제어신호를 항상 모니터링하다가 OCE 레지스터에 프로그램 된 브레이크 포인트나 워치 포인트와 일치할 때 BREAKPT 신호를 생성하게 된다. 생성된 BREAKPT 신호를 디버그 controller가 받아서 해당하는 디버깅 동작 메커니즘에 따라 프로세서를 제어하게 된다.

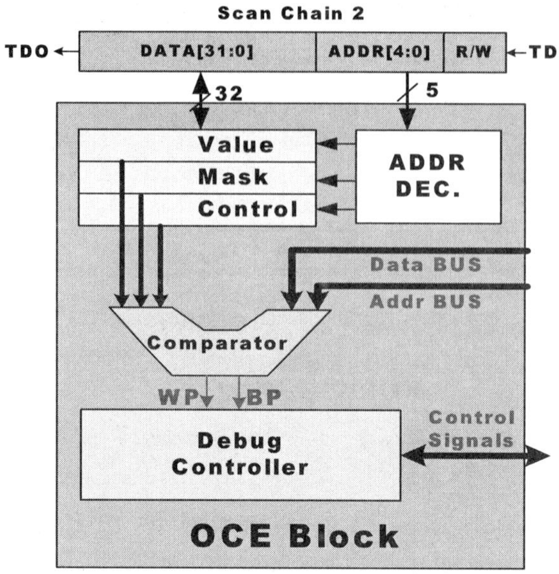

그림 3-10 OCE 블록 다이어그램

• 브레이크 포인트 레지스터

OCD에 사용된 OCE의 내부 브레이크 포인트 레지스터에는 총 14개가 포함된다. 레지스터의 주소와 길이에 대한 정보는 [표 3-4]에 나타내고 있다. 레지스터는 2개의 on-chip 브레이크 포인트 혹은 워치 포인트를 지정 할 수 있는 Watchpoint 0, 1 레지스터 및 디버그 제어 레지스터, 디버그 상태 레지스터로 구성되어 있다. 브레이크 포인트 레지스터 각각의 Value 레지스터에는 같은 포맷을 가지는 Mask 레지스터가 존재하는데, Mask 레지스터의 어느 한 비트를 '1'로 두면 상응하는 Value 레지스터의 비트는 비교를 수행하는 비교기에서 무시된다. 이것은 다음의 비교기 부분에서 소개하게 된다.

표 3-4 OCE 레지스터(다음 페이지 계속)

Address	Width	Function
00000	3	Debug Control
00001	5	Debug Status
01000	32	Watchpoint 0 Address Value
01001	32	Watchpoint 0 Address Mask
01010	32	Watchpoint 0 Data Value
01011	32	Watchpoint 0 Data Mask
01100	9	Watchpoint 0 Control Value

Address	Width	Function
01101	8	Watchpoint 0 Control Mask
10000	32	Watchpoint 1 Address Value
10001	32	Watchpoint 1 Address Mask
10010	32	Watchpoint 1 Data Value
10011	32	Watchpoint 1 Data Mask
10100	9	Watchpoint 1 Control Value
10101	8	Watchpoint 1 Control Mask

• 비교기

비교기는 프로세서의 어드레스 혹은 데이터 버스를 모니터링하면서 브레이크 포인트나 워치 포인트로 지정한 값, 마스크 값 및 제어신호와 일치하면 BREAKPT 신호를 생성한다. 이것은 [그림 3-11]의 한 bit에 대한 비교기 로직을 통하여 알 수 있다. Mask가 '0'이면 signal과 value 값이 일치해야만 match 신호가 발생된다. 신호 비교기는 XNOR을 이용하여 구현하였다.

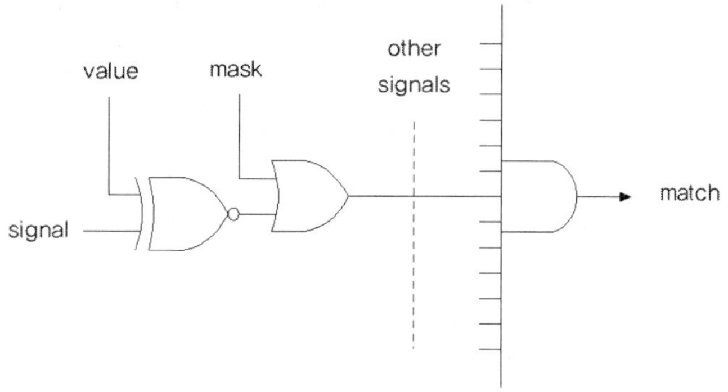

그림 3-11 OCE 비교기

• Debug controller

On-Chip Debugger에서 중요하고 핵심적인 블록이다. 비교기에서 생성된 BREAKPT 신호를 받아서 브레이크 포인트인지 아니면 워치 포인트인지를 판단하고 브레이크 포인트나 워치 포인트에 해당하는 동작을 하기 위하여 프로세서의 파이프라인 제어신호에 근거하여 새로운 파이프라인 제어신호를 생성한다.

디버거의 기능을 수행하는 데 필요한 디버거의 기본 동작은 디버그 모드의 진입, 디버그 모드의 탈출 및 디버그 모드에서의 메모리 액세스 기능이다. 이 3가지 기능을 제어하는 블록이 바로 debug controller이다.

3.3.2 동작 및 제어 메커니즘

타깃 프로세서를 정지시킨 상태에서 내부 상태나 메모리 시스템을 체크하고 single step, run 및 stop 등 원하는 디버깅 동작을 실행하는 것을 halt-mode 디버깅이라고 한다. 디버그 상태 진입, 디버깅 과정 및 디버그 상태 탈출하는 과정은 [그림 3-12]에서 보여준다. 세팅한 브레이크 포인트 레지스터 Breakpoint와 어드레스 버스 A에 실린 값이 일치할 때 클럭의 하강 에지 근처에서 BREAKPT 신호가 1로 세팅되고 어드레스가 N+16일 때 디버그 모드에 진입하게 되면서 클럭도 시스템 클럭에서 디버그 클럭으로 변환된다. 디버그 상태에서 원하는 디버깅 동작을 실행 끝마치면 디버그 상태 탈출 과정을 거쳐 시스템 상태로 다시 돌아가게 된다. 그러면 디버그 상태에 진입하지 않은 것처럼 원래의 프로그램 실행 흐름을 따라 동작하게 된다.

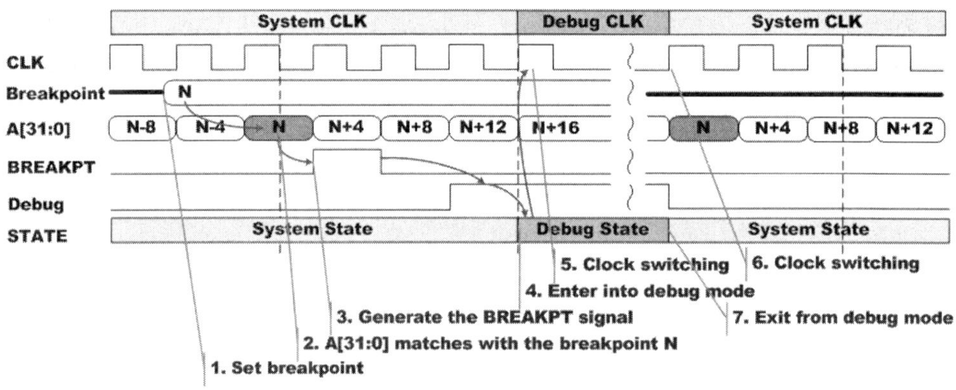

그림 3-12 디버그 상태 진입, 탈출 과정

프로세서는 OCD의 기능에 의하여 다음의 2가지 경우에 디버그 상태(debug state)로 진입하게 된다.

- 지정한 명령어 패치(a given instruction fetch) : breakpoint
- 지정한 데이터 액세스(a given data access) : watchpoint

위의 두 가지 경우는 앞에서 소개한 OCD의 한 블록인 OCE(On-Chip Emulator) 로직에서 생성해주게 된다. 디버그 상태로 진입하면 프로세서는 외부 메모리 시스템과 분리하게 되며 정지된 상태가 되고 디버깅하기를 기다린다. 이 상태에서 프로세서의 내부와 외부는 JTAG 포트를 통해 OCD를 이용하여 원하는 테스트 및 디버깅 동작을 실행할 수 있다. 디버그 상태가 종료하면 시스템은 디버그 상태 진입하기 전의 상태로 돌아가 잠시 정지되었던 프로그램 수행을 재개한다.

① 디버그 상태 진입

프로세서는 브레이크 포인트, 워치 포인트에 의해 디버그 상태로 진입한다. 브레이크 포인트와 워치 포인트는 OCE 내에 있는 레지스터들로 특정한 어드레스나 데이터 값을 설정하여 지정될 수 있다. 한요인, 프로세서 외부에 임의의 로직을 두어 어드레스 또는 데이터 버스를 감시하여 BREAKPT 핀을 이용하여 동일한 기능을 수행할 수도 있다. 어드레스나 데이터는 항상 MCLK(Main Clock)의 상승 에지 근처에서 유효하다.

만약 이 어드레스가 브레이크 포인트나 워치 포인트가 감시하는 값과 일치한다면 그 다음 MCLK의 하강 에지 근처에서 BREAKPT 값이 1로 세팅되며 이는 [그림 3-13]에서 보여준다. 브레이크 포인트나 워치 포인트가 발생했을 경우, 프로세서가 디버그 상태로 진입하기 이전에 약간의 지연이 발생할 수 있다. 그 원인에는 브레이크 포인트나 워치 포인트 된 명령어 이전에 실행되는 명령어가 멀티 사이클 명령이거나 혹은 인터럽트 루틴에 빠지게 되는 등 여러 가지가 있다. 이런 경우에는 해당 동작을 실행 한 다음 DBGACK 신호가 MCLK의 상승 에지 근처에서 1로 세팅된다. 그러면 이어지는 MCLK의 하강 에지 근처에서 프로세서는 디버그 상태에 진입하게 되고 ECLK(Execution Clock)은 시스템 상태에서는 MCLK과 같고 디버그 상태에서는 DCLK(Debug Clock)과 같게 된다.

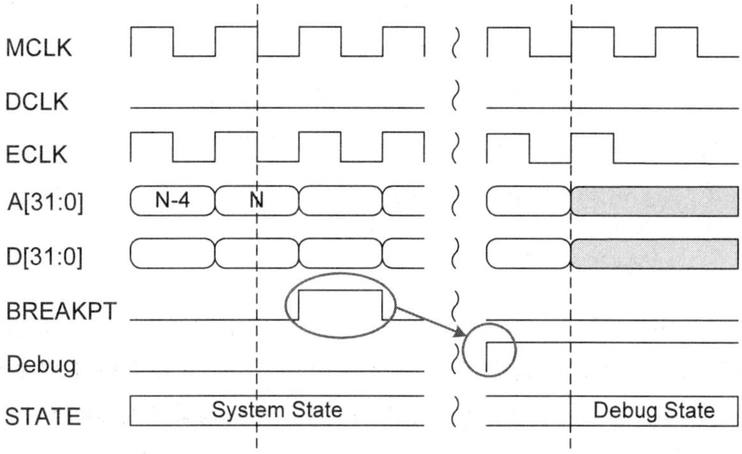

그림 3-13 디버그 상태 진입

디버그 상태로 진입하는 방법에는 아래와 같이 브레이크 포인트 및 워치 포인트에 인한 진입이 있다.

- 브레이크 포인트에 의한 디버그 상태 진입

  브레이크 포인트는 명령어 패치에서 일어나며 브레이크 포인트가 발생한 경우 실제 브레이크 포인트 된 명령어는 실행되지 않고 디버그 상태로 진입한다. 이 상태는 브레이크 포인트 전의 명령어까지 실행한 결과이다.

브레이크 포인트는 명령어 패치가 일치하면 BREAKPT 신호가 1로 세팅되어 디버그 상태 진입을 위한 준비를 하고 즉시 디버그 상태로 진입하지는 않는다. Core-A는 5단 파이프라인 구조이므로 디버그 상태에 진입하기 전에 브레이크 포인트 전 명령어가 멀티 사이클 명령어이면 그 명령어가 실행 완료 될 때까지 기다렸다가 비로소 디버그 상태로 진입하게 된다. 디버그 상태에 진입할 때의 PC 값은 브레이크 포인트된 명령어의 PC 값+16이다. 브랜치(branch) 명령어가 브레이크 포인트 된 명령어 앞에 있을 때 브랜치 명령어가 실행되면 명령어 파이프라인이 지워지고 브레이크 포인트 된 명령어도 무효한 명령어가 되며 브레이크 포인트가 취소되기 때문에 디버그 상태로 진입하지 못한다.

디버그 상태에서 원하는 테스트와 디버깅 과정이 끝난 후에는 브레이크 포인트 된 명령어의 브레이크 포인트가 해제되고, 프로그램은 브레이크 포인트 된 명령어로부터 다시 실행하여 디버그 상태에 진입하기 전에 실행하던 프로그램에 아무런 영향도 주지 않아야 한다.

- 워치 포인트에 의한 디버그 상태 진입

워치 포인트는 데이터 액세스를 하는 동안에 발생한다. 워치 포인트의 경우 브레이크 포인트와는 달리 지정된 데이터 액세스를 하는 명령어가 완전히 실행한 후에 디버그 상태로 진입한다. 만약 Multiple load 명령어이나 Multiple store 명령어 같이 다수의 클럭을 필요로 하는 명령어에 의해 워치 포인트가 발생되었다면 실제 디버그 모드로의 진입은 해당 명령어가 완전히 실행한 다음에 발생하게 된다.

워치 포인트는 브레이크 포인트와 다르게 실행되지 않는 경우가 없이 설정한 조건과 맞으면 항상 디버그 상태에 진입하게 된다.

② 디버그 상태에서의 동작

디버그 상태에서 프로세서는 메모리 시스템과 격리된다. 이는 메모리 시스템이 프로세서의 영향을 받지 않고 SOC에 포함되는 다른 IP들과의 원활한 동작을 하기 위해서이다. 디버그 상태에서 interrupt가 걸리거나 리셋 신호가 active되면 디버깅 동작이 오동작을 하게 됨으로 interrupt와 리셋 신호는 모두 무시하여야 한다. 디버그 상태에서 사용자는 프로세서 내부 상태, 메모리 시스템 등을 점검할 수 있다.

- 클럭 전환

프로세서와 메모리를 위한 클럭에는 MCLK와 TCK에 의해 내부적으로 발생되는 DCLK이 있다. 일반적인 동작에서 프로세서는 MCLK에 의해 동작되고 DCLK은 low 상태를 유지한다. 하지만 디버그 상태로 진입하게 되면 프로세서는 TAP controller의 상태 천이에 따라 생성되는 DCLK에 의해 동작된다.

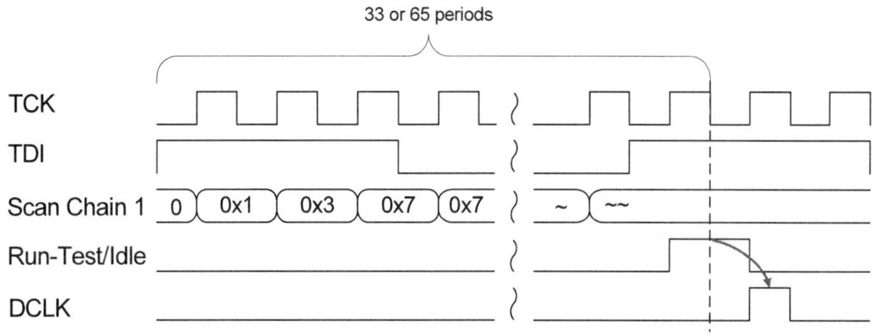

그림 3-14 DCLK 생성

JTAG 인터페이스를 통하여 프로세서에 테스트 패턴(test patterns)이 직렬로 TDI 핀을 통하여 입력되므로 스캔 체인의 길이에 따라 DCLK이 생성된다. DCLK 생성 과정은 [그림 3-14]에서 자세히 보여준다. 스캔 체인 1이 선택되고 원하는 값을 프로세서에 입력할 때 TCK가 한 사이클 동안 동작하면 1비트가 이동되기 때문에 TCK가 모두 33 혹은 65 사이클 동안 동작하고 TAP controller의 상태가 RUN-TEST/IDLE일 때 DCLK이 생성된다. 명령어 데이터만 Core-A에 삽입할 때에는 33사이클, 데이터 버스의 값까지 체크할 때에는 65사이클이 소요된다.

- **프로세서 상태 판별**

프로세서가 디버그 상태에 있을 때, 호스트 프로그램은 프로세서의 레지스터 값과 메모리 값을 읽어서 현재의 상태를 판별한다. 레지스터 값과 메모리 값을 읽는 동작은 스캔 체인 1을 통하여 Core-A에 특정 순서의 명령어들을 삽입하여 명령어 수행 결과를 캡처하는 방식으로 수행된다. 스캔 체인 1을 통하여 데이터를 프로세서에 입력하고 명령어가 실행된 결과를 캡처하는 과정을 [그림 3-15]에서 보여준다.

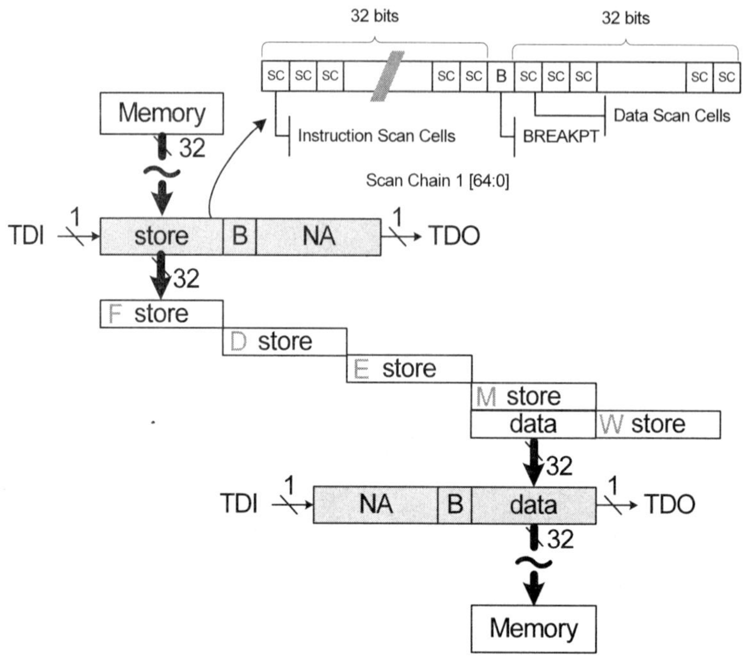

그림 3-15 스캔 체인 1을 통한 데이터 삽입 및 캡처

TDI로 원하는 값을 1비트씩 시프트 시켜 스캔 체인 1의 instruction scan cells에 32비트의 데이터를 적재시킨다. 이 경우는 디버그 상태에 있기 때문에 메모리와 프로세서사이의 데이터 버스는 스캔 체인 1이 차지하여 프로세서의 메모리 액세스를 차단한다. 스캔 체인 1에 적재한 데이터는 프로세서의 패치(F), 디코드(D), 실행(E), 메모리 액세스(M), 레지스터 쓰기(W) 단계를 거치면서 해당 동작을 실행한다. 명령어를 실행하여 얻은 결과는 다시 데이터 버스를 점유하고 있는 스캔 체인 1에 적재된다. 그러면 스캔 체인 1을 또 다시 시프트 시키면 TDO를 통하여 원하는 데이터가 직렬로 출력하게 된다.

- **레지스터 액세스** : 프로세서의 레지스터 값들을 읽거나 수정할 수 있다. 예를 들어 STM R0+, [R0-R15]와 같은 명령어를 실행하면 레지스터 값을 읽을 수 있다.

  Instruction scan cells에 명령어 STM R0+, [R0-R15]를 삽입하고 DCLK를 5번 active시키면 명령어는 R0를 base register로 하여 R0에 있는 주소 값에서 순차적으로 증가하여 R0-R15 레지스터 값을 저장하게 된다. 하지만 디버그 상태에서 프로세서와 메모리 시스템이 서로 격리되어 있기 때문에 이 명령어가 실행되어도 레지스터 값들은 실제 메모리에 쓰여 지지는 않고 메모리 액세스 단계에서 데이터 버스에 실리게 되는데 이 값들을 capture하여 1비트씩 shift하면 TDO 핀을 통하여 값들을 읽을 수 있다. 반대로 레지스터에 값을 쓸 때에는 명령어 LDM R0+, [R0-R15]를 삽입하고 DCLK를 active시켜 명령어가 수행되게 한다. 명령어가 메모리 액세스 단계에 진입하면 scan chain 1의 data scan cells에 레지스터에 저장할 값들을 삽입한다. 그러면 원하는 값을 해당하는 레지스터에 저장할 수가 있다.

- **메모리 액세스** : 메모리의 값을 읽어오기 위해서는 메모리에 시스템을 동기화해서 데이터를 읽어야 한다. 이는 디버그 상태에서 프로세서가 일시적으로 시스템 모드로 전환되어야 함을 의미한다. 이를 위해서 스캔 체인 1이 33번째 비트를 가지고 있다. 스캔 체인 1의 33번째 비트가 0인 상태로 명령어가 입력되면, 이 명령어는 디버그 모드에서 DCLK에 맞추어 동작한다. 만약에 어떤 명령어를 시스템 모드에서 MCLK에 동기화시키려면 그 전 명령어를 입력할 때 33번째 비트를 1로 세팅하면 된다. 시스템 모드에서 동작하는 명령어가 스캔 체인 1을 통하여 데이터 버스로 들어가고 난 후, TAP controller에는 BYPASS 명령어를 인가해야 한다. 이후에 프로세서는 자동으로 MCLK에 동기화되어 동작되고, 명령어가 종료되면 자동으로 디버그 상태로 다시 전환된다. 명령어가 동작을 완료하면 DBGACK 신호는 1로 세팅되고, 그 때 프로세서는 디버그 상태로 전환된다. 메모리 액세스 중 메모리 값을 읽기하는 과정은 [그림 3-16]에서 자세히 보여주고 있다.

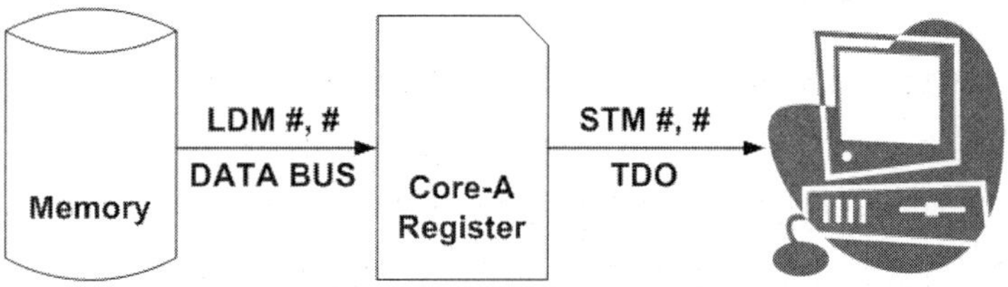

그림 3-16 메모리 읽기 과정

시스템 모드에서 LDM(Load Multiple) 명령어를 통해 메모리 값을 레지스터로 전송하고 디버그 상태에서 레지스터 값을 읽을 때와 마찬가지로 STM(Store Multiple) 명령어를 통하여 레지스터에 저장되어 있는 메모리 값들을 소프트웨어 디버거에 읽어 들여서 모니터에 디스플레이 할 수가 있다. 반대로 메모리에 값을 쓸 경우에는 디버그 모드에서 메모리에 저장할 값들을 일시적으로 레지스터에 저장하고 시스템 모드에서 STM 명령어를 수행함으로써 레지스터에 저장된 값들을 메모리에 옮길 수가 있다.

③ 디버그 상태 탈출

디버그 상태에서 탈출할 때에는 프로세서의 디버그 상태에 진입하기 전 상태와 동일하게 변경되어야 한다. 브랜치 명령어를 통하여 이전의 명령어가 실행될 수 있도록 해야 하고 마지막으로 MCLK으로 동기화 될 수 있도록 하여야한다.

디버그 상태 맨 마지막 명령어 전의 명령어를 넣을 때 스캔 체인 0의 33번째 비트를 1로 둠으로써 MCLK으로 동기화 될 수 있도록 준비한다. 맨 마지막 명령어는 이전의 명령어로 브랜치하는 명령어가 들어간다. 맨 마지막 명령어를 넣을 때는 33번째 비트값을 0으로 설정한다. TAP에는 RESTART 명령어를 넣음으로써 완전히 디버그 상태가 종료되었음을 알려준다. TAP의 상태가 RUN-TEST/IDLE 상태가 되면, 클럭은 DCLK에서 MCLK으로 동기화되어 다시 시스템 모드에서 기존의 프로그램을 수행하게 된다.

3.4 Core-A 프로그래밍 방법

Core-A 디버거를 이용한 프로그램 개발은 프로젝트 단위로 이루어진다. 이클립스 환경을 이용하여 작성된 모든 프로그램 소스코드는 프로젝트에 포함되며, 프로그램 빌드는 프로젝트 단위로 이루어진다. 프로젝트를 생성하면 시작 시 설정한 워크스페이스에 만들어지며, 여러 개의 프로젝트를 하나의 워크스페이스에 만들 수 있다. 이 절에서는 프로젝트 생성 및 컴파일, 그리고 디버깅하는 것에 대해서 소개한다.

3.4.1 프로젝트 생성

Eclipse 프로젝트 생성과정은 먼저 프로젝트를 생성하고, 컴파일 할 코드와 컴파일에 필요한 파일들(C/assembly file, makefile, link file)을 프로젝트에 포함시키는 과정을 거친다. Core-A 프로그램을 디버깅하기 위해서는 프로젝트를 생성해야만 가능하다. Eclipse 프로젝트 생성과정은 [그림 3-17] ~ [그림 3-21]의 순서로 진행하면 된다.

Step❶ C 프로젝트를 생성하고 프로젝트 이름을 지정한다.

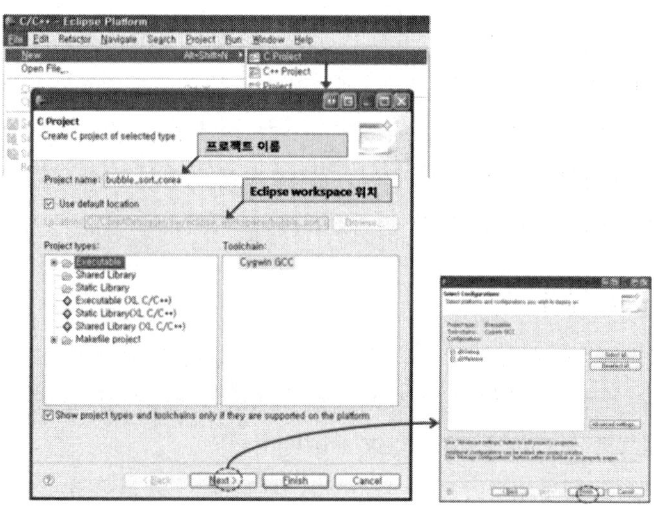

그림 3-17 프로젝트 생성

Step❷ 프로젝트 속성을 수정한다.

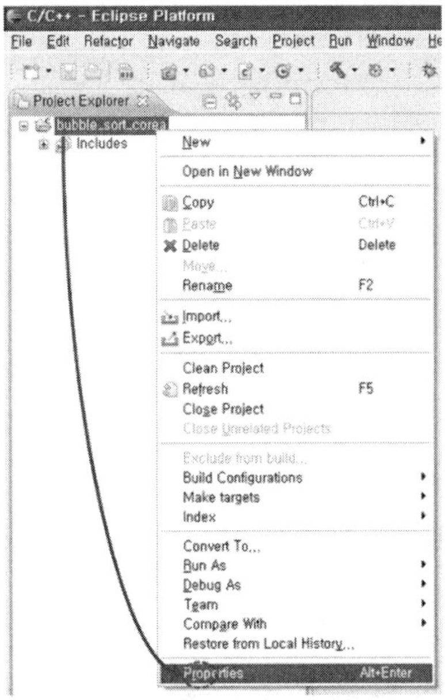

그림 3-18 프로젝트 속성 선택

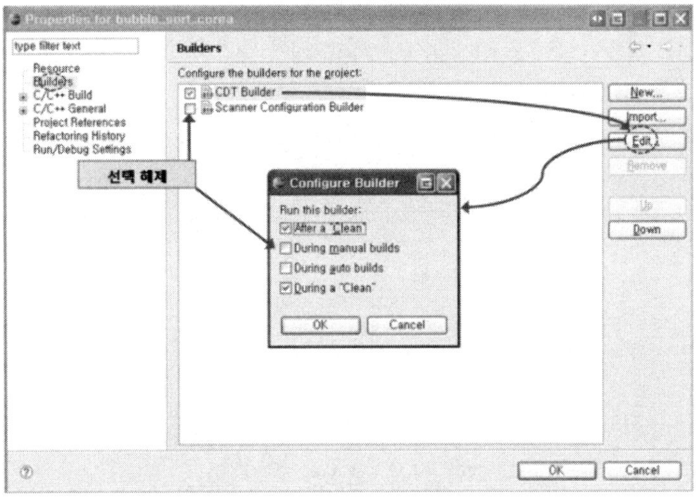

그림 3-19 프로젝트 builders 속성 수정

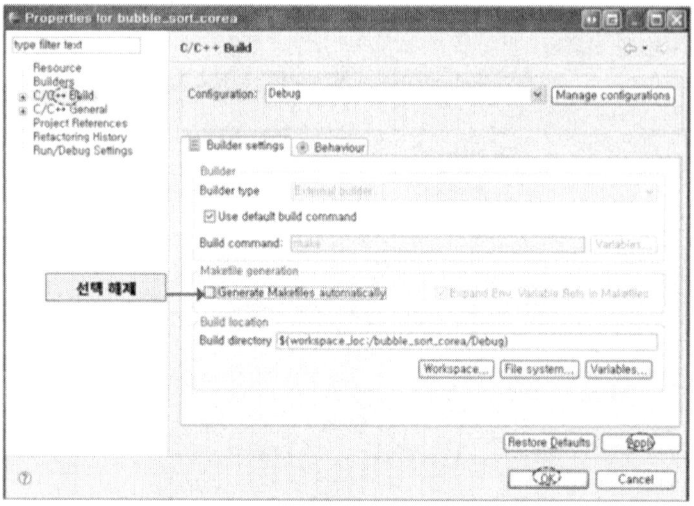

그림 3-20 프로젝트 C/C++ builders 속성 수정

Step 3 프로젝트에 필요한 파일을 추가한다.

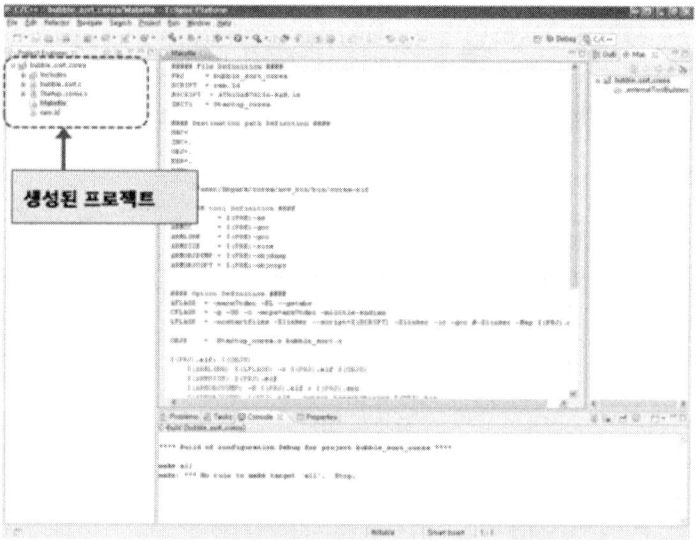

그림 3-21 생성된 프로젝트

3.4.2 컴파일

Core-A 프로그램 컴파일은 console 창을 통하지 않고도 작성한 makefile을 이용해서 컴파일이 가능하다. Makefile을 이용한 컴파일 과정은 [그림 3-22], [그림 3-23]과 같다. Eclipse는 makefile을 따로 만들지 않고도 컴파일 할 수 있는 기능을 지원하고 있다. 자세한 사항은 Eclipse CDT 매뉴얼을 참고하기 바란다.

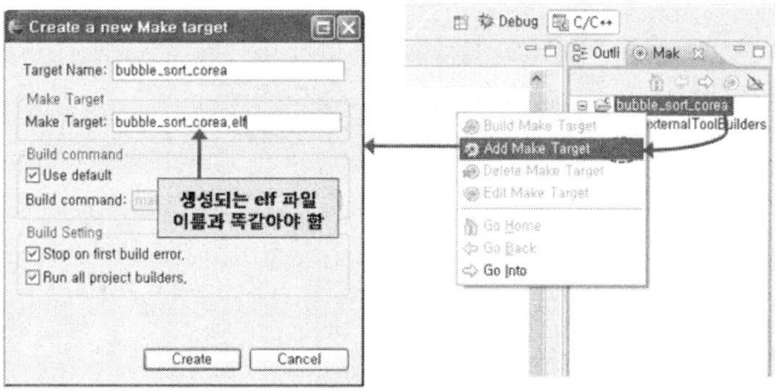

그림 3-22 Makefile을 이용한 컴파일 1

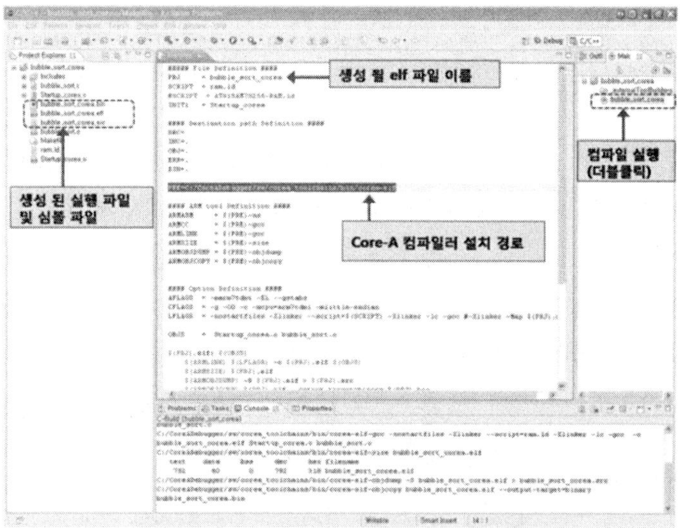

그림 3-23 Makefile을 이용한 컴파일 2

3.4.3 로컬 디버깅 실행 : Core-A ISS

Core-A 디버거는 호스트 PC 상에서 작성한 프로그램을 검증해 볼 수 있는 [그림 3-24]와 같은 로컬 디버깅 기능을 제공한다. 로컬 디버깅은 실제 하드웨어 Core-A 프로세서와 똑같은 동작을 하는 C 언어로 모델링 된 Core-A ISS(Instruction Set Simulator) 모델을 이용하게 된다.

제 3 장

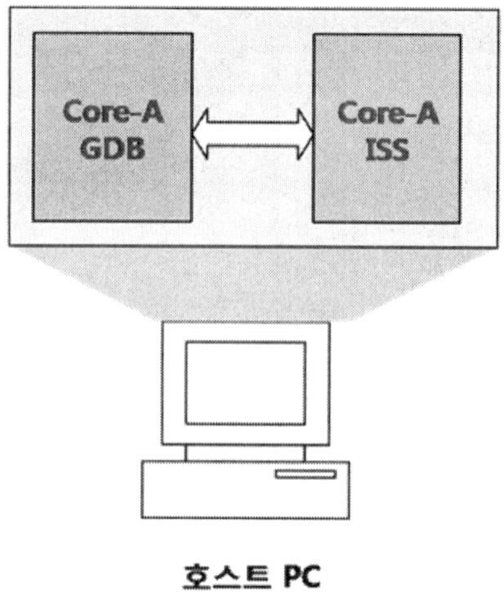

그림 3-24 Core-A ISS를 이용한 로컬 디버깅 환경

호스트 PC 상에서 Core-A ISS를 이용해서 디버깅은 먼저 Core-A ISS를 실행시키고 Core-A GDB를 연결하는 순서로 실행된다. 디버깅하기 위해서 먼저 Debug Perspective로 화면을 전환한다.

Step ① Core-A ISS 실행(External Tools 설정)

그림 3-25 Core-A ISS 실행

Step 2 Core-A GDB 실행(Debug 설정)

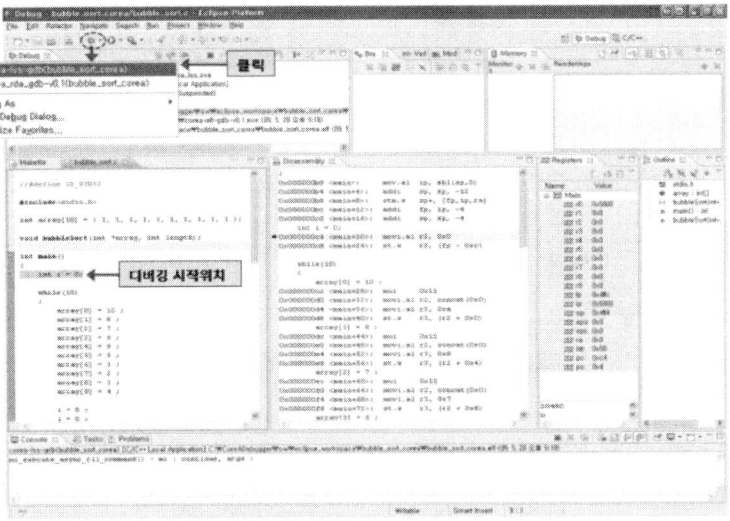

그림 3-26 Core-A GDB 실행

로컬 디버깅 실행 절차는 [그림 3-25]와 같이 External Tools설정 버튼을 통해서 Core-A ISS를 실행 시키고, [그림 3-26]과 같이 Debug 설정 버튼을 통해서 Core-A GDB를 실행 시킨다. 디버거가 제대로 동작이 되면 [그림 3-26]과 같이 'int main()' 바로 다음 위치에 커서가 멈추어서 Core-A ISS를 이용한 디버깅 준비가 완료되어 디버깅을 시작하면 된다.

3.4.4 원격 디버깅 실행 : JTAG

Core-A 디버거는 작성한 코드를 호스트 PC 상에서 Core-A 프로세서를 내장한 대상 시스템을 디버깅 할 수 있는 원격 디버깅 기능을 지원한다. JTAG을 이용한 원격 디버깅환경은 [그림 3-27]과 같이 타켓 시스템(OCD를 내장한 Core-A 프로세서)을 인터페이스 보드와 인터페이스 소프트웨어 모듈(RDA)을 통해서 호스트 PC 상의 Core-A GDB 연결된다. 원격디버깅을 하기 위해서는 Core-A 프로세서가 OCD를 내장하고 있어야 한다.

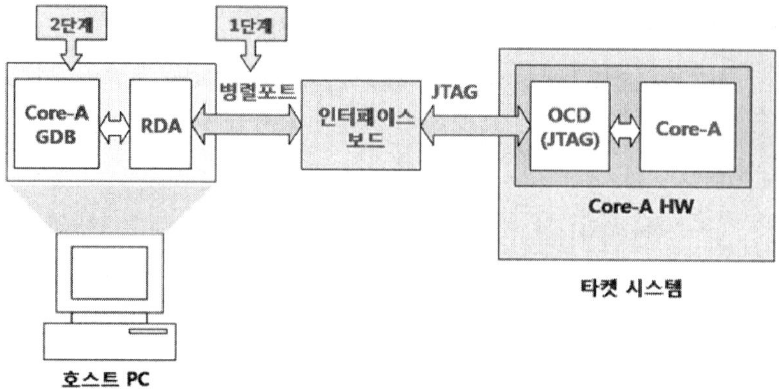

그림 3-27 JTAG를 이용한 원격 디버깅 환경

원격 디버깅하기 위해서 먼저 Debug Perspective로 화면을 전환한다. 환경 설정 순서는 먼저 [그림 3-28]과 같이 External Tools 설정을 통해서 RDA를 실행시켜서 호스트 PC와 Core-A HW와 연결을 한다. 그리고 Debug 설정을 통해서 [그림 3-29]와 같이 Core-A GDB를 RDA에 연결해서 Core-A GDB와 Core-A HW 사이를 연결하면 디버깅 할 준비가 완료된다. 원격 디버깅 설정이 제대로 되었으면 [그림 3-29]와 같은 화면을 볼 수 있다.

Step❶ SW 인터페이스 모듈(RDA) 실행(External Tools 설정)

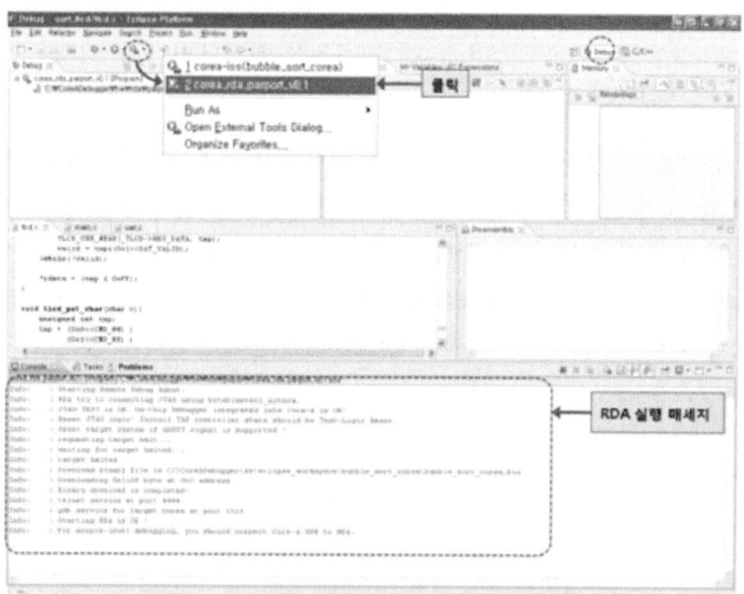

그림 3-28 RDA 실행

Step 2 Core-A GDB 실행(Debug 설정)

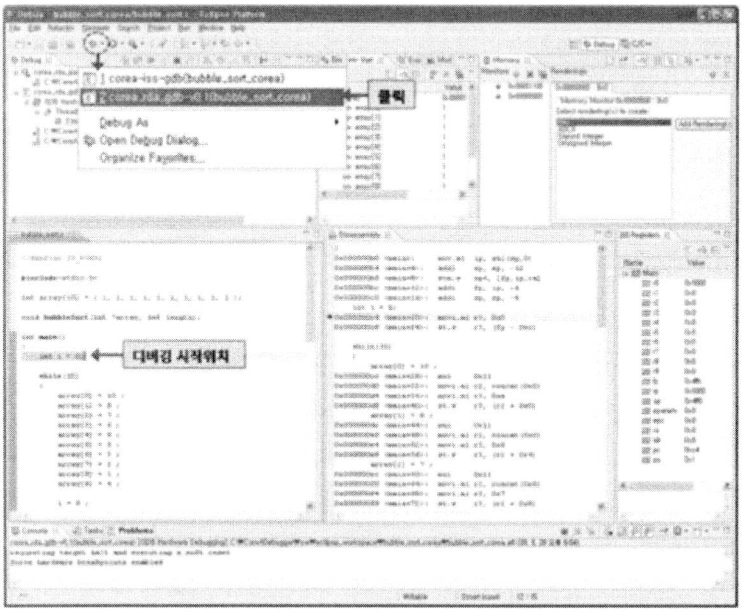

그림 3-29 Core-A GDB 실행

제 4 장

AMBA

4.1 버스 개요

SoC 내부에는 프로세서와 여러 종류의 IP들이 존재하며 시스템이 충분한 성능을 내기 위해서는 여러 장치들 간의 데이터 전달을 효율적으로 처리하여야 한다. 여러 장치들 간의 효율적인 데이터 전송 및 통신을 위하여 정의된 프로토콜을 버스라고 하며, AMBA(Advanced Micro-controller Bus Architecture)는 embedded 시스템의 설계를 위한 on-chip 버스의 표준안이다.

AMBA는 ARM 사에서 1996년에 선보인 프로토콜로서 초반에는 ASB(Advanced System Bus)와 APB(Advanced Peripheral Bus) 2가지를 발표하였다. 2003년에 AMBA 2.0 표준이 제시되면서 고성능을 위한 싱글 클럭 엣지 프로토콜인 AHB(Advanced High-performance Bus)가 소개되었고, AMBA 3.0에서는 AXI(Advanced eXtensible Interface)와 ATB (Advanced Trace Bus)가 추가되었다. 2010년에는 AMBA 4.0에서 AXI4와 ACE(AXI Coherency Extensions)가 소개되었다. AMBA에서 제시된 여러 버스는 유연성, 호환성을 제공하여 주변장치 제어 모듈의 재사용을 가능하게 하고 오픈 프로토콜이기에 임베디드 시스템의 버스 표준안으로 많이 쓰이고 있다.

AHB, APB로 연결된 AMBA 시스템 구조도는 [그림 4-1]과 같다. 시스템은 AHB를 backbone 버스로 사용하여 프로세서와 DMA 등이 연결되어 있고 주변장치 데이터 전송을 위하여 APB가 사용되었다. 그리고 APB는 AHB의 로컬 버스로 여겨지며 브릿지를 사용하여 연결된다. 이 장에서는 임베디드 시스템에 주로 사용되는 AHB와 APB에 관하여 자세히 소개한다.

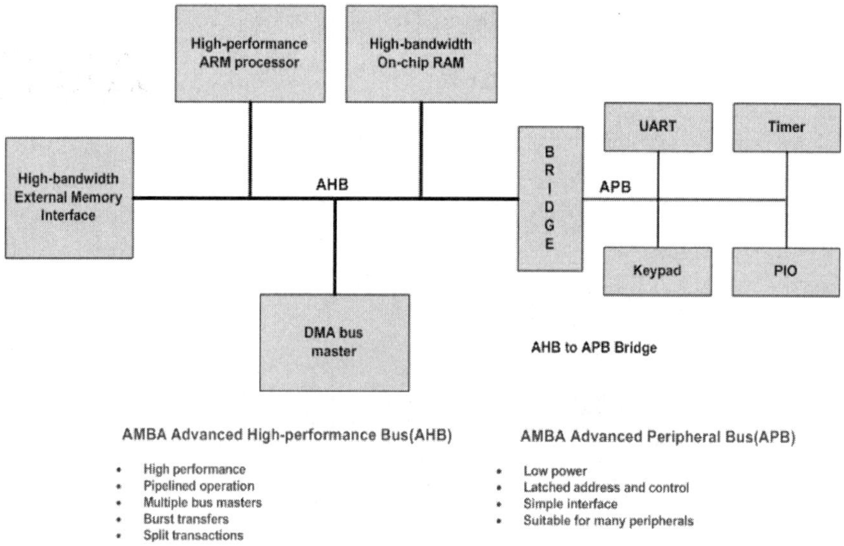

그림 4-1 AMBA 시스템

4.2 AHB

AHB(Advanced High Performance Bus)는 multiplex 버스 기반으로 데이터를 전송할 때 여러 개의 버스를 활성화시키고 한 번에 많은 양의 데이터를 전송하는 버스트 모드의 데이터 전송을 지원한다. AMBA AHB의 특성은 다음과 같다.

- Burst transfer
- Split transaction
- Single-cycle bus master handover
- Single-clock edge operation
- Non-tristate implementation(separate WDATA and RDATA)
- Wider data bus configurations(64/128bits)

4.2.1 AHB 구조

AMBA AHB에는 하나 또는 그 이상의 마스터가 연결된다. 마스터에는 프로세서, DMA, DSP 등이 연결될 수 있다. High-bandwidth 주변장치 혹은 APB 브릿지 등은 AMBA AHB의 슬레이브로 연결될 수 있다. 그리고 low-bandwidth 주변장치들은 APB를 통해서 연결이 되어있다.

AHB의 구체적인 설명에 앞서 이해를 돕기 위하여 먼저 AMBA 신호에 대하여 [표 4-1]과 같이 자세히 소개한다. AHB 신호는 항상 첫 글자에 특정한 letter 'H'가 사용되어 'P'가 시작되는 APB 신호와 구분한다.

표 4-1 AHB signals(다음 페이지에 계속)

Signal	Source	Description
HCLK	Clock	AHB의 모든 플립플롭은 HCLK에 동기화 되어 있으며 항상 상승 에지에서 동작한다.
HRESETn	Reset	low-active 리셋 신호이다.
HADDR	Master	32비트 주소 버스 신호이다.
HTRANS	Master	Non-Sequential, Sequential, Idle, Busy 등의 전송 타입을 나타내는 신호이다.
HWRITE	Master	AHB 동작이 쓰기 동작인지 읽기 동작인지 나타내는 신호로서 1일 때는 쓰기이고, 0일 때는 읽기를 의미한다.

Signal	Source	Description
HSIZE	Master	전송될 데이터 크기를 나타내는 신호이다. 보통 byte(8-bits), halfword(16-bits), word(32-bits) 등으로 나타나는데 AHB에서는 최고 1024 bits까지 지원한다.
HBURST	Master	burst 전송의 타입을 알려주는 신호이다. 4, 8, 16 또는 1개의 burst를 지원하며, incrementing 또는 wrapping으로 나누어진다.
HPROT	Master	추가적인 정보로서 현재의 전송이 명령어 읽기인지 데이터 액세스인지 등을 알려주어 전송을 보호하는 역할을 한다.
HWDATA	Master	쓰기 동작일 때 마스터에서 슬레이브로 전송될 데이터이다.
HSELx	Decoder	전송이 이루어질 슬레이브를 선택하는 신호이다.
HRDATA	Slave	읽기 동작일 때 슬레이브에서 마스터로 전송될 데이터이다.
HREADY	Slave	전송 상태를 나타내는 신호로서 1일 때에는 전송되었음을 의미하고 0일 때에는 전송중임을 의미한다.
HRESP	Slave	전송에 대한 추가적인 정보이다. OKAY, ERROR, RETRY, SPLIT으로 구분된다.
HBUSREQx	Master	버스 요청 신호는 버스 마스터가 버스에 대한 access를 요청할 때 사용된다. 각각의 마스터는 각각 HBUSREQx라는 인터페이스를 가지게 되며, Arbiter는 최고 16개의 마스터를 다룰 수 있다. 즉 HBUSREQ[15:0]까지 사용할 수 있다.
HLOCKx	Master	Lock 신호는 버스 요청 신호와 동시에 인가된다. HLOCKx 신호는 마스터가 버스트 전송 하려고 할 때, 중간에 다른 마스터에게 버스의 소유를 넘기지 않을 것을 위해서 사용된다.
HGRANTx	Arbiter	여러 마스터에서 동시에 버스를 요청 할 때 최고 우선순위 마스터에 버스 사용 권한을 주는 신호이다.
HMASTER	Arbiter	현재 버스를 점유중인 마스터를 나타내는 신호이다.
HMASTLOCK	Arbiter	현재 전송이 locked 전송인지를 알려주는 신호이다.
HSPLIT	Slave	16bit의 Split 버스는 SPLIT-capable 슬레이브에 의해서 주어지며 SPLIT 전송을 마무리 할 수 있게 하는 신호이다.

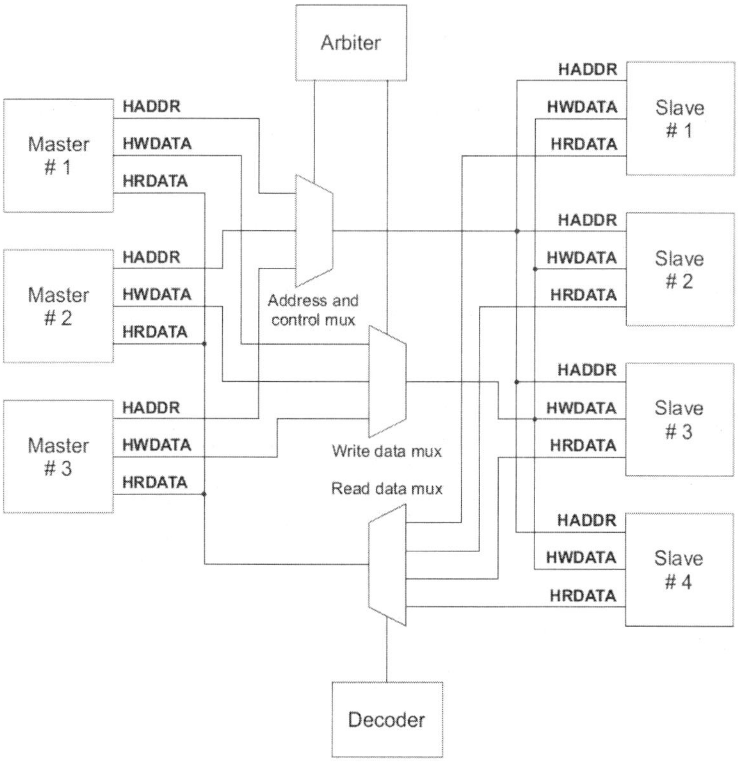

그림 4-2 AHB 구조도

AHB는 여러 개의 마스터와 슬레이브를 중개해주는 역할을 하며 그 구조도는 [그림 4-2]와 같다. AMBA AHB는 [그림 4-2]와 같이 마스터, 슬레이브, 디코더와 아비터로 구성되어 있는 고성능, 고속의 시스템 모듈이다. 여러 개의 마스터와 슬레이브들은 아비터에 의하여 그 연결이 중재되고 데이터 전송은 디코더와 멀티플렉서에 의하여 이루어진다. AHB는 고성능 시스템의 백본 버스로 동작하며 프로세서, 온칩 메모리 그리고 주변 메모리 간의 효율적인 연결을 지원하고 합성과 자동화 기술을 사용하는 설계에 쉽게 사용할 수 있도록 지원한다.

- AHB 마스터

  AHB 버스 마스터는 AMBA 시스템 속에 있는 가장 복잡한 버스 인터페이스로서 전송에 필요한 제어신호의 정보 신호들을 발생하며, 동시에 하나의 마스터만이 버스 사용 권한을 갖는다. 여러 개의 마스터가 연결 가능하며, 어드레스와 제어신호 정보를 제공함으로써 읽기와 쓰기 동작을 초기화한다. AHB 버스 마스터 인터페이스를 [그림 4-3]에 나타내고 있다.

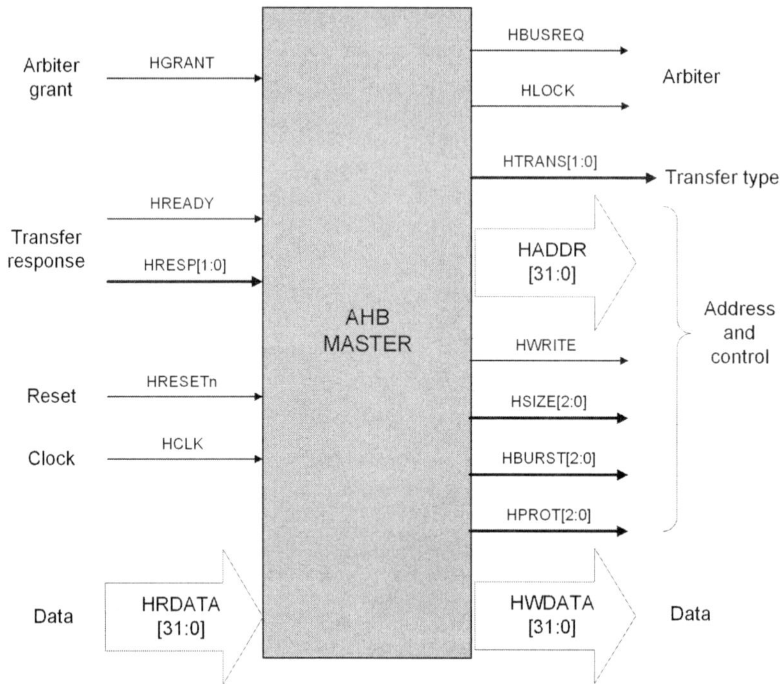

그림 4-3 AHB 버스 마스터 인터페이스

• AHB 슬레이브

AHB 버스의 슬레이브는 AMBA 시스템에서 포함된 버스 마스터에 의해 전송을 개시하기 위한 응답신호를 제공한다. 슬레이브는 버스 전송을 위해 언제 응답할지를 결정하기 위하여 디코더에서 나오는 신호인 HSELx 선택신호를 사용하고, 여러 개의 슬레이브 연결이 가능하며, 주어진 주소에 대해 읽기 쓰기 동작을 한다. AHB 버스 슬레이브 인터페이스를 [그림 4-4]에 나타내고 있다.

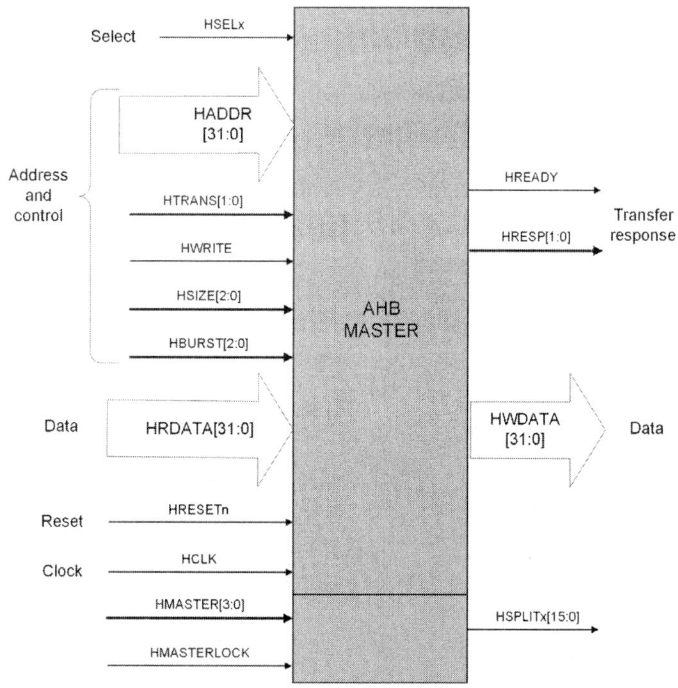

그림 4-4 AHB 버스 슬레이브 인터페이스

- AHB 디코더

AMBA 시스템에서 디코더는 중앙 집중적인 주소의 디코딩을 수행하는 부분으로, 주소의 디코딩에 의해 해당하는 슬레이브를 선택할 수 있다. AHB 버스 디코더 인터페이스를 [그림 4-5]에 나타내고 있다.

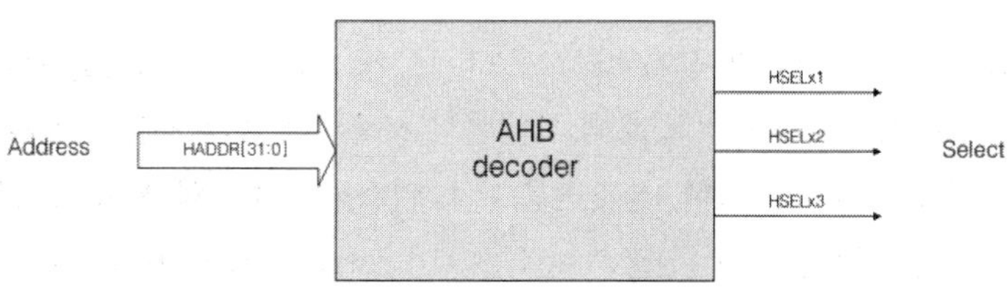

그림 4-5 AHB 버스 디코더 인터페이스

- AHB 아비터

AMBA 시스템에서 아비터의 역할은 각각의 마스터들의 요구에 따른 버스의 소유권을 정해진 우선순위에 의해 결정한다. 모든 버스 아비터는 요구 신호와 GRANT 신호를 통해 아비터와 인터페이스 한다. 또한 각각의 마스터는 HLOCKx 신호를 발생시킴으로써 버스 접근에 제외시킬 수 있으며, 아비터의 우선순위는 시스템 구성에 따라 설계자에 의해 구성될 수 있다. AHB 버스 아비터 인터페이스를 [그림 4-6]에 나타내고 있다.

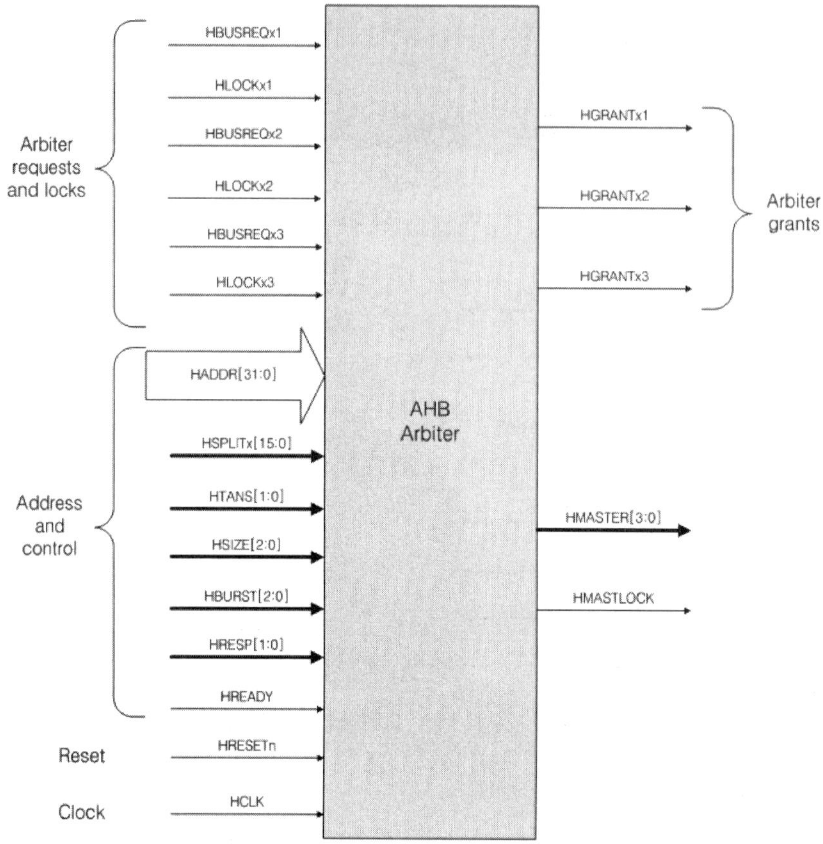

그림 4-6 AHB 버스 아비터 인터페이스

4.2.2 AHB 동작

AMBA AHB 전송이 시작되기 전에 버스 마스터는 버스에 접근할 허가를 얻어야 한다. 이 과정은 마스터가 아비터에게 요청 신호를 보내면서 시작된다. 아비터는 마스터가 언제 버스의 사용을 허가받을 지를 지시한다. 허가받은 버스 마스터는 주소와 제어신호를 내보내면서 AMBA AHB 전송을 시작한다. 이 신호는 address, direction, transfer의 비트 폭뿐 아니라 버스트 전송에 대한 정보를 제공한다. Incrementing 버스트는 주소 범위에서 wrap하지 않는다. Wrapping 버스트는 특정 주소 범위에서 wrap한다. 주소는 확장될 수 없으므로 모든 슬레이브는 주소 사이클 동안에 샘플링해야 한다. 그러나 데이터는 HREADY 신호를 사용해서 확장될 수 있다. 이 신호가 0일 때 wait state가 전송에 삽입되고 슬레이브가 데이터를 제공하거나 혹 샘플링하는 데 여분의 시간을 허용한다. 전송 동안에 슬레이브는 response 신호, HRESP[1:0]을 사용해서 상태를 보여주며 HRESP에 관한 설명은 [표 4-2]에 나와 있다.

표 4-2 슬레이브 전송 응답신호

Name	Description
OKEY	전송이 정상적으로 이루어지고 있음을 나타낸다. HREADY가 1이면 되면 전송이 성공적으로 완료되었음을 나타낸다.
ERROR	Transfer error가 발생했다는 것을 나타낸다.
RETRY and SPLIT	전송이 즉시 완료될 수 없지만 마스터가 전송을 계속 시도해야 함을 나타낸다.

정상적인 동작에서 마스터는 아비터가 다른 마스터에게 버스 사용권을 허가하기 전에 모든 전송을 완료하도록 허용된다. 그러나 심각한 arbitration latency를 회피하기 위해 그리고 마스터가 버스트 모드시 남아있는 전송을 완료하기 위해 re-arbitrate해야 하는 경우에는 아비터가 버스트를 분할하는 것이 가능하다. AHB 전송은 주소와 제어신호를 전송하는 주소 phase와 데이터를 전송하는 데이터 phase로 구성된다.

- 주소 phase는 단지 한 사이클 동안 지속된다.
- 데이터 phase는 HREADY 신호를 사용해서 몇 사이클을 더 요구할 수 있다.
- Wait 상태가 없는 가장 간단한 전송은 [그림 4-7]에서 나타내고 있다.

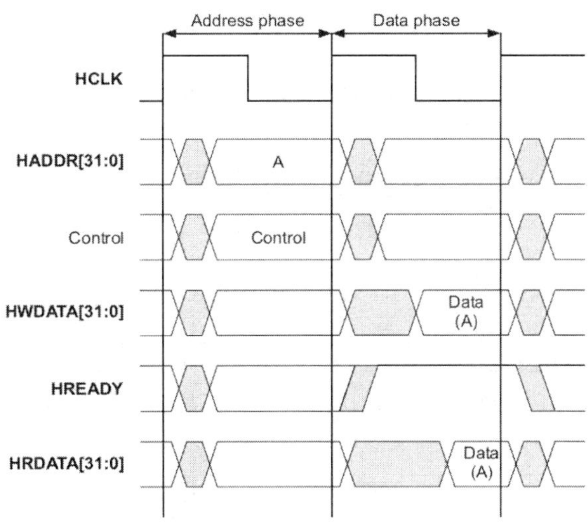

그림 4-7 기본 전송

마스터는 HCLK의 상승 에지에 주소와 제어신호 버스에 전송한다. 그러면 슬레이브는 다음 상승 에지에서 주소와 제어신호를 샘플링하게 된다. 슬레이브가 주소와 제어신호를 샘플링한 후에 적절한 응답(response)을 하게 되면 HCLK의 세 번째 상승 에지에서 마스터가 이 신호를 샘플링하는 것으로 끝난다.

이 예제에서는 전송의 주소와 데이터 phase가 어떻게 클럭의 다른 주기에서 발생하는지를 설명하고 있다. 사실 어떤 전송의 주소 phase는 이전 전송의 데이터 phase 동안에 발생한다. 이런 주소와 데이터의 overlapping이 버스에서 파이프라인의 기본 성질이고 고성능의 실행을 가능하게 한다.

슬레이브는 어떤 전송에서는 wait state를 삽입해서 전송을 확장할 것이다. 슬레이브는 [그림 4-8]에서 보이는 바와 같이 HREADY 신호를 0으로 만들어 데이터를 확장시키고 있다.

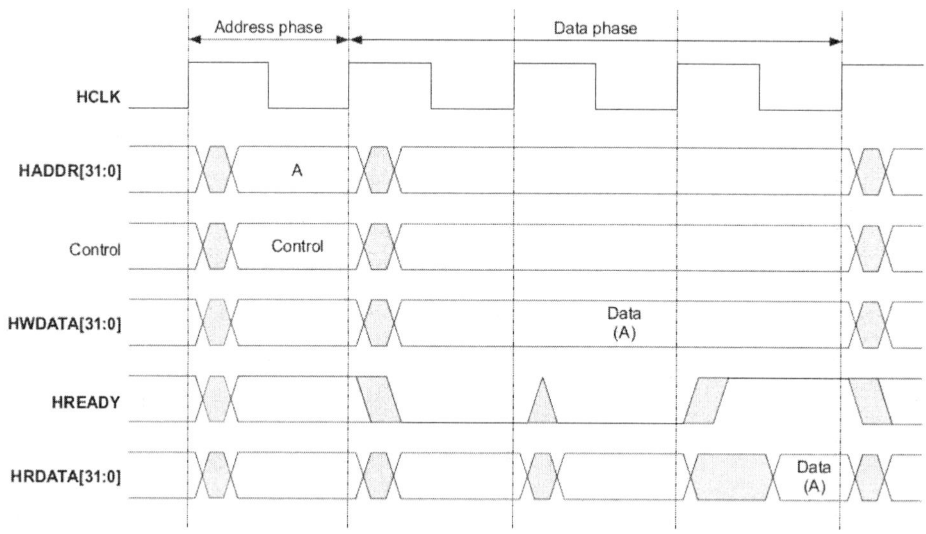

그림 4-8 대기상태를 포함한 전송

- 쓰기 동작에서 버스 마스터는 확장된 사이클을 통해서 데이터를 안정하게 유지할 것이다.
- 읽기 동작에서 슬레이브는 전송이 완료될 때까지 유효한 데이터를 제공하지 않는다.

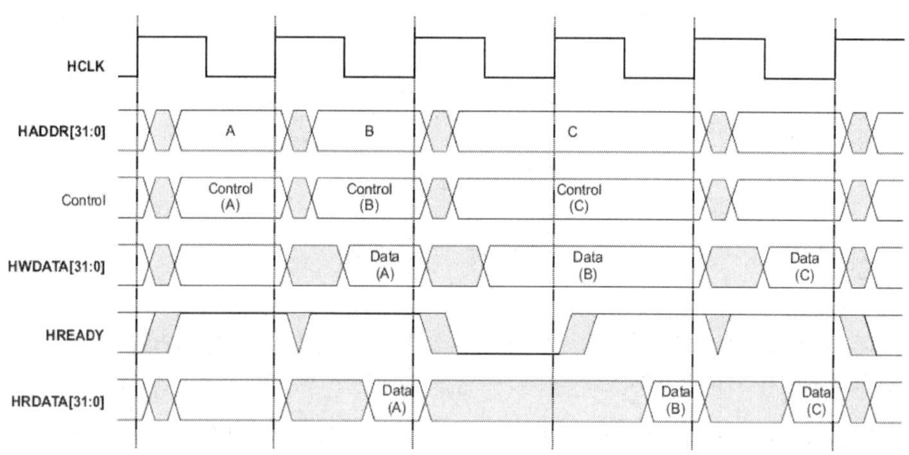

그림 4-9 다중 전송

이런 식으로 전송이 확장되면 그 다음 전송의 주소 phase도 확장되는 효과가 있으며 [그림 4-9]에서 이것을 설명하고 있다. 주소 A와 B에서의 전송은 zero wait state이고 B에서 데이터 phase는 one wait state이다. 주소 B에서 데이터 phase를 확장시키는 것이 주소 C에서 주소 phase를 확장시키는 효과가 있다. AHB의 모든 전송은 HTRANS 신호의 상태에 따라 진행된다. 이에 관한 설명은 [표 4-3]과 같다.

표 4-3 전송 형태

HTRANS	Type	Description
00	IDLE	아무런 전송이 필요하지 않음을 의미한다. 즉 해당 마스터에게 grant가 이루어졌지만 아무런 전송을 하지 않으려 할 때에 IDLE 전송을 하게 된다. 슬레이브는 zero wait state의 OKAY 응답을 하며 전송을 슬레이브에 의해서 무시되어진다.
01	BUSY	BUSY 전송은 버스트 전송의 중간에 IDLE 사이클을 넣으려고 할 때 나타난다. 즉 마스터가 계속하여 버스트 전송을 하려고 하지만 즉시 다음 전송이 이루어 질 수 없는 상황에서 BUSY을 나타낸다. BUSY의 사이클에서는 현재의 모든 제어신호들이 다음 사이클로 전달되며 BUSY 상태의 전송은 슬레이브에 의해서 모두 무시 되어야 한다. 슬레이브는 IDLE 상태와 같이 zero wait state의 OKAY 응답해야 한다.
10	NONSEQ	버스트 전송의 첫 번째 전송을 의미하거나 단일 전송을 의미한다. 또한 현재 주소와 제어신호들은 전의 전송과 상관이 없음을 알려준다.
11	SEQ	버스트 전송의 나머지는 모두 SEQUENTIAL로 나타나며 이것은 전의 주소와 제어신호가 현재의 전송과 상관이 있다는 것을 알려준다. 그리하여 현재의 주소는 전의 주소에서 전송의 크기 만큼이 더해져서 나타나게 된다.

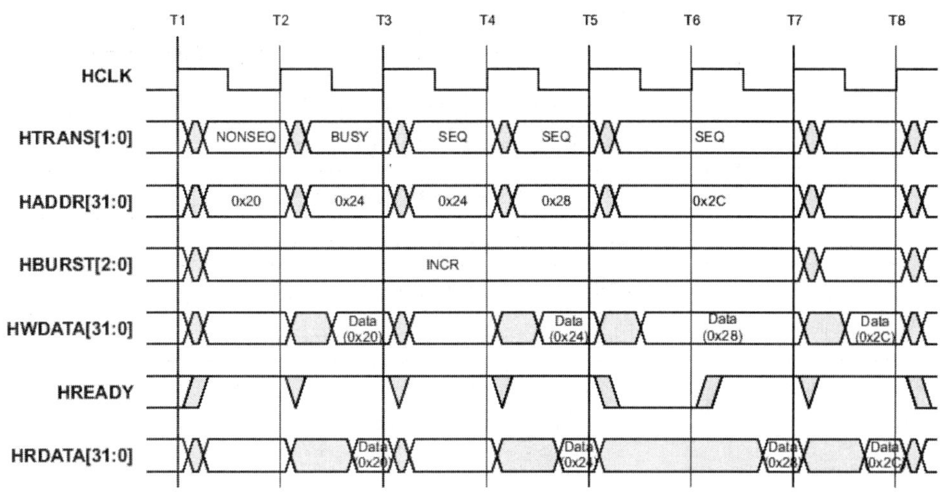

그림 4-10 전송 형태

전송 형태는 [그림 4-10]에서 보이는 바와 같이 첫 번째 전송은 NONSEQ로 시작한 것을 볼 수 있다. 마스터가 전송을 바로 할 수 없어서 BUSY 전송을 통하여 그 다음의 전송을 한 cycle delay 시킨 것을 볼 수 있다. 세 번째 전송이 되려고 할 때 이번엔 슬레이브쪽에서 받을 수 없어서 HREADY를 통해 한 사이클을 연기시킨 것을 볼 수 있다. 마지막 전송은 zero wait state로 마무리 된다.

AHB 프로토콜에서는 4, 8, 또는 16개의 버스트 전송을 지원한다. 그리고 1개의 전송 뿐만 아니라, incrementing이나 wrapping 버스트 모드가 지원된다. Incrementing 버스트는 주소가 순차적으로 버스트 크기에 따라서 커지는 것을 의미하며 다음의 주소는 전의 주소에서 크기만큼 더해 주면 된다. Wrapping 버스트에서는 size*beat 만큼의 주소 boundary가 설정이 되고 주소가 incrementing 버스트와 같이 증가하다가 boundary에 이르면 다시 밑의 boundary에서 시작하게 된다.

[표 4-4]에는 8가지 가능한 버스트 모드에 대해서 소개하였다. AHB 버스트는 1kB의 주소 boundary를 넘지 못한다. 그러므로 마스터가 fixed length로 incrementing 버스트를 할 때 boundary를 넘지 않도록 하는 것은 매우 중요하다.
상황에 따라서는 버스트의 마지막 전송을 끝내기 전에 전송이 termination되는 경우가 있다. HTRANS 신호를 통해서 슬레이브는 버스트 전송이 종료되었는지에 대한 것을 판단 할 수 있다.

전송 중간에 전송이 종료되었다면 마스터는 나머지 전송을 위해서 나머지 개수에 맞는 새로운 버스트 전송을 시작해야 할 것이다. Wrapping 버스트와 incrementing 버스트 모드에 따른 예제를 [그림 4-11], [그림 4-12]에서 각각 보여주고 있다.

표 4-4 Burst 신호 인코딩

HBURST	Type	Description
000	Single	Single transfer
001	INCR	Incrementing burst of unspecified length
010	WARP4	4-beat wrapping burst
011	INCR4	4-beat incrementing burst
100	WARP8	8-beat wrapping burst
101	INCR8	8-beat incrementing burst
110	WARP16	16-beat wrapping burst
111	INCR16	16-beat incrementing burst

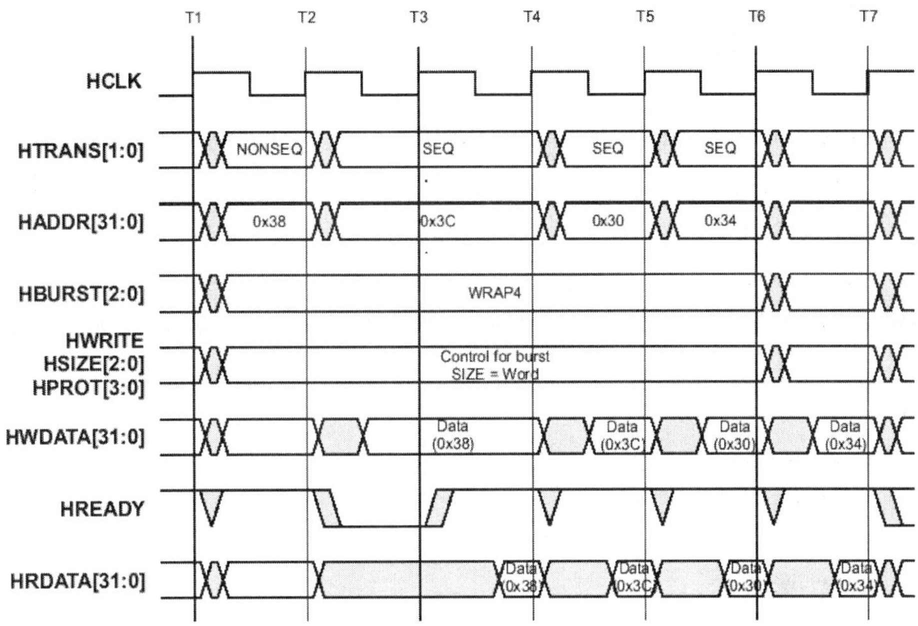

그림 4-11 4-bean wrapping burst

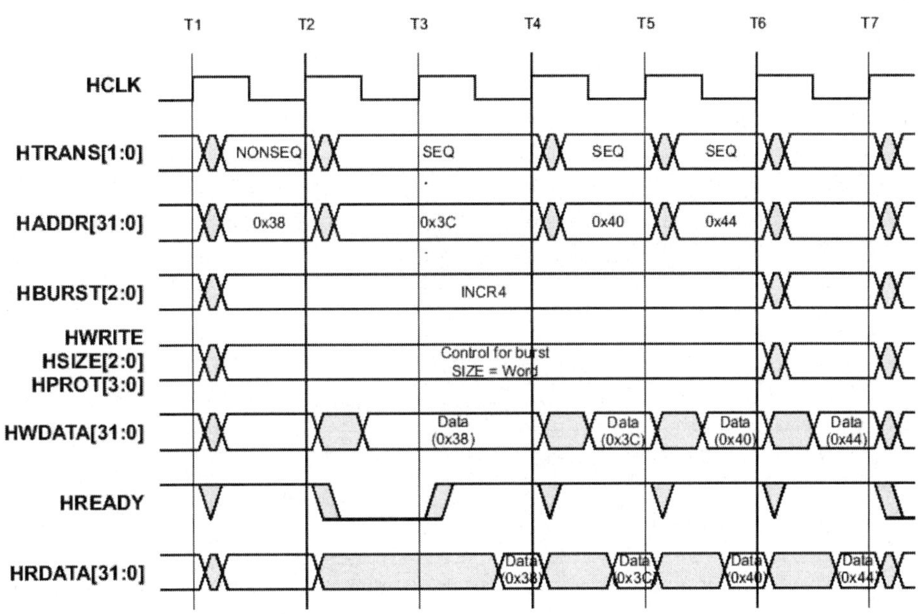

그림 4-12 4-bean incrementing burst

4.3 APB

APB(Advanced Peripheral Bus)는 빠르지 않은 전송속도를 요구하는 주변장치들에 연결할 때 사용하는 방식이다. APB는 AMBA 구조의 일부이고 최소 전력 소비와 복잡한 인터페이스를 줄이도록 최적화되어 있다. APB는 pipelined 버스 인터페이스의 고성능이 필요하지 않고 low bandwidth인 주변장치와 인터페이스를 위해 사용된다. APB는 고속으로 동작되는 AHB와 직접 연결하지 않고 APB 브릿지를 통하여 연결된다. APB의 특징은 다음과 같다.

- 저전력
- 간단한 인터페이스
- 많은 주변장치 사용에 적합

4.3.1 APB 구조

AMBA APB는 저전력 주변장치들을 위한 것이다. AMBA APB는 주변장치들을 지원하기 위한 복잡한 연결을 줄이고 전력 소비를 최소화하도록 최적화되어 있다. APB 신호에 관한 설명은 [표 4-5]와 같다.

표 4-5 APB 신호

Signal	Source	Description
PCLK	clock	APB의 모든 플립플롭은 PCLK에 동기화 되어 있으며 항상 상승 에지에서 동작한다.
PRESETn	reset	low-active 리셋 신호이다.
PSELx	브릿지	전송이 이루어질 슬레이브를 선택하는 신호이다.
PENABLE	브릿지	전송의 유효성을 나타내는 신호이다.
PADDR	브릿지	32비트 주소 버스 신호이다.
PWRITE	브릿지	APB 동작이 쓰기 동작인지 읽기 동작인지 나타내는 신호로서 1일 때는 쓰기이고, 0일 때는 읽기를 의미한다.
PWDATA	브릿지	쓰기 동작일 때 마스터에서 슬레이브로 전송될 데이터이다.
PRDATA	슬레이브	읽기 동작일 때 슬레이브에서 마스터로 전송될 데이터이다.

- APB 브릿지

  APB 브릿지는 AMBA APB의 유일한 버스 마스터로서 시스템 버스의 슬레이브이다. APB 브릿지는 시스템 버스 전송을 APB 전송으로 변환시키는 역할을 하며 주요 기능은 주소를 래치하고 전송이 진행되는 동안 유효한 상태로 유지한다. 그리고 주소를 디코드하고 주변장치를 선택하는 PSELx 신호를 생성하며, 전송 중에는 반드시 한 신호만 활성화 될 수 있다. APB 브릿지의 인터페이스를 [그림 4-13]에서 나타내고 있다.

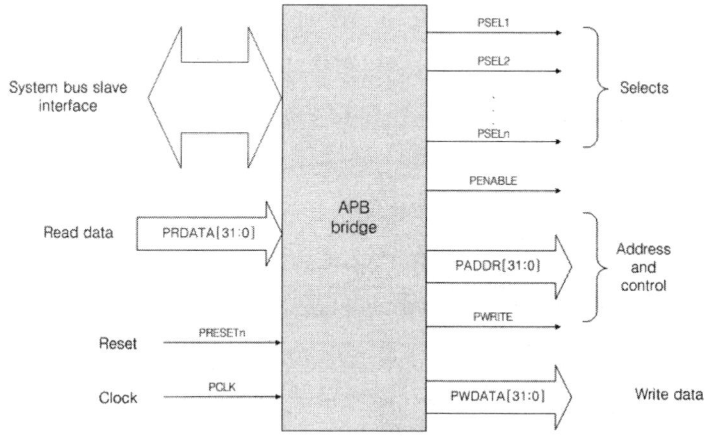

그림 4-13 APB 버스 브릿지 인터페이스

• APB 슬레이브

APB 슬레이브 인터페이스를 [그림 4-14]에서 나타낸다. APB 슬레이브는 유연한 인터페이스를 가지며, 인터페이스의 구현은 디자인 스타일에 따라 여러 가지 요구에 의해 설계가 가능하다. 슬레이브 선택 신호 PSELx와 주소 PADDR 및 쓰기 신호 PWRITE의 조합에 의해 쓰기 명령을 통하여 어떤 레지스터의 정보가 변경할지를 결정한다. PWRITE신호가 '0'이고, PSELx와 PENABLE 신호가 '1'일 때 버스를 통해 데이터를 읽는다. PADDR 신호를 통해 어떤 레지스터의 데이터를 읽혀질지를 결정한다.

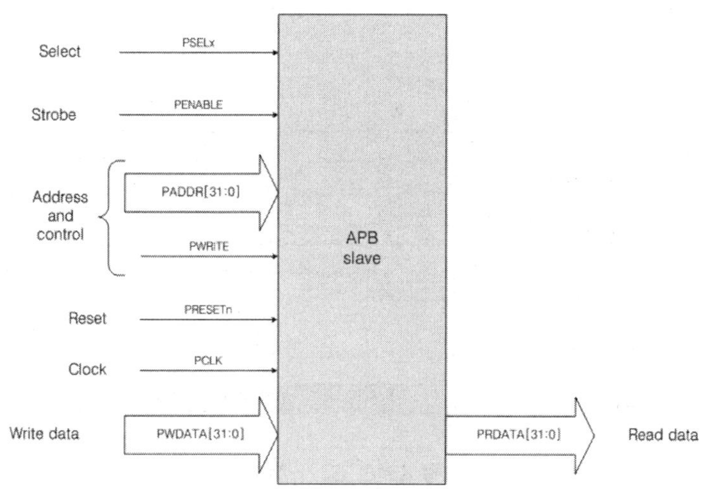

그림 4-14 APB 버스 슬레이브 인터페이스

4.3.2 APB 동작

쓰기 전송은 주소, 쓰기 데이터, 쓰기 신호 그리고 클럭의 상승 에지 이후에 변하는 모든 선택 신호를 가지고 시작한다. APB의 기본 쓰기 전송은 [그림 4-15]에서 보여준다. 전송의 첫 번째 클럭 사이클은 SETUP 사이클로 불린다. 그 다음 클럭 사이클 이후에 PENABLE이 인가된다. 그리고 이것은 ENABLE 사이클이 발생된다는 것을 의미한다. 주소, 데이터 그리고 제어신호 전부는 ENABLE 사이클 동안 유효한 상태로 남아있다. 전송은 이 사이클의 끝에서 완료된다.

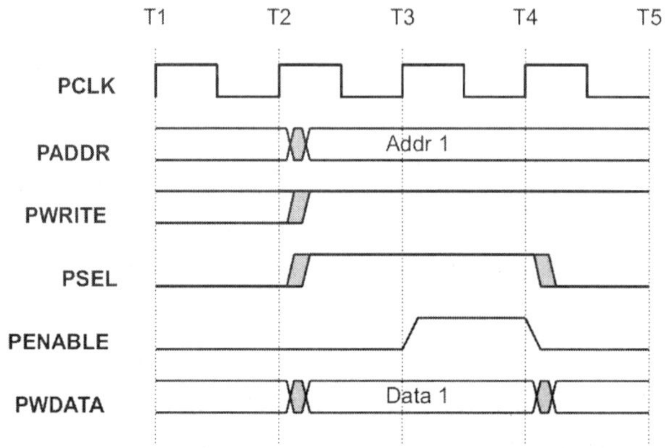

그림 4-15 쓰기 전송

읽기 전송을 다음의 [그림 4-16]에서 보여준다. 주소, 쓰기, 선택 그리고 strobe 신호의 타이밍은 쓰기 전송에서 모두 같다. 읽기인 경우에 슬레이브는 ENABLE 사이클 동안에 데이터를 제공한다. 데이터는 ENABLE 사이클의 끝에서 클럭의 상승 에지에서 샘플링 된다.

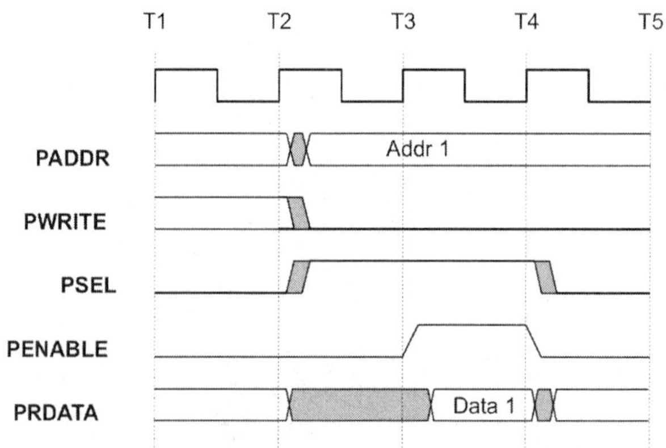

그림 4-16 읽기 전송

4.4 시뮬레이션

이번 절에서는 AMBA의 동작을 직접 HDL 시뮬레이션을 이용하여 확인해 보고자 한다. 앞에서 우리는 AMBA의 구조 및 동작에 대해서 자세히 살펴보았다. 이번 절에서는 AMBA 동작에 대한 설명 내용을 바탕으로 HDL 시뮬레이션을 통하여 AMBA의 동작을 직접 눈으로 확인할 수 있도록 할 것이다. 우선 시뮬레이션 대상이 되는 AMBA의 다이어그램을 [그림 4-17]에 나타내었다. 이를 살펴보면, AMBA 모듈의 입/출력 포트 및 하위 모듈 구성 등을 알 수 있다.

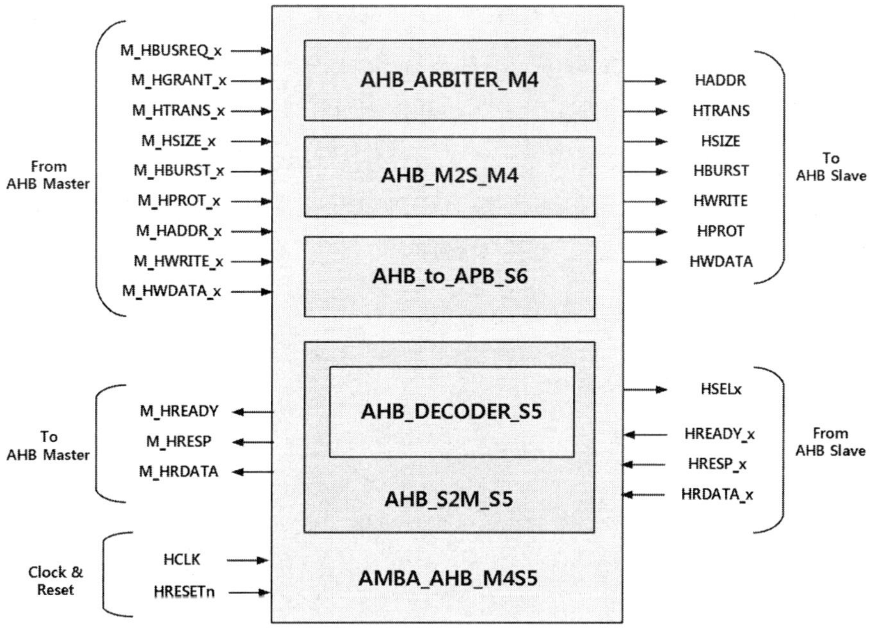

그림 4-17 AMBA 다이어그램

시뮬레이션에 사용되는 AMBA는 마스터 4개, 슬레이브 5개를 지원 가능한 버스 구조이다. 버스 입출력 신호 중 접두사 'M'으로 시작되는 신호들은 AHB 마스터와 연결되는 입출력 신호이고, 접두사 'H'로 시작되는 신호들은 슬레이브와 연결되는 신호이다. 그리고 접미사 'x'는 마스터 혹은 슬레이브 번호를 의미한다.

이번 절에서는 [그림 4-17]에 보인 AMBA 모듈을 대상으로 하며, 다음과 같은 AMBA의 기본 동작에 대해서 시뮬레이션을 진행할 것이다.

- 마스터 요청(M_HBUSREQ_x)에 의한 버스 사용 권한 부여
- 주소번지(HADDR)에 의한 슬레이브(HSELx) 선택
- 마스터와 슬레이브 사이의 데이터 전송

① 마스터 요청(M_HBUSREQ_x)에 의한 버스 사용 권한 부여

AMBA는 마스터가 버스에 사용 권한 요청을 할 경우, 아비터가 버스 상태를 확인하고 해당 마스터에게 버스 사용 권한을 부여한다. 버스 사용 권한을 부여받은 마스터는 버스를 점유하여 슬레이브와 데이터를 주고 받는 동작을 할 수 있다.

마스터가 버스 사용을 요청하였을 때, 아비터가 마스터에게 버스 사용 권한을 부여하는 것을 [그림 4-18]에 나타낸 파형에서 보여준다. 파형의 상위에 위치한 접두사 'M'으로 시작하는 신호는 모두 마스터가 AMBA에 전달하는 신호에 해당하고 접두사 'H'로 시작하는 신호는 AMBA 버스에서 슬레이브로 전달되는 신호이다.

마스터 1이 버스에 사용 요청을 하여 M_HBUSREQ_1이 1로 인가되었을 때 HREADY가 1인 경우, 아비터에 의하여 그 다음 사이클에 M_HGRANT_1이 1로 인가됨을 나타낸다. 즉 현재 마스터 1이 버스 사용 권한을 가지고 있음을 의미한다. 파형에서 보이는 바와 같이 마스터 1이 버스를 사용하고 있어, 슬레이브로 전달되는 AHB신호들이 마스터 1의 신호 값들을 선택함을 알 수가 있다. HADDR은 M_HADDR_1의 값 32'h0000_0000을, HWDATA는 M_HWDATA_1의 값 32'h2222_2222를 선택한다.

그림 4-18 마스터 요청에 의한 버스 사용 부여

AMBA는 멀티 마스터를 지원하는 버스이다. 시뮬레이션에 사용된 AMBA는 4개의 마스터를 지원하는 버스로서 동시에 2개 혹은 2개 이상의 마스터가 버스에 사용 요청을 할 경우, 버스는 우선순위가 높은 버스에 먼저 사용 권한을 부여하고, 해당 마스터가 버스 사용 완료 후에 다른 버스한테 버스 사용 권한을 부여하게 된다. 마스터 0, 1, 2, 3에서 우선순위는 마스터 0이 제일 높고, 마스터 3이 제일 낮게 설정되어 있다.

마스터 0과 마스터 1이 동시에 버스에 사용 권한을 요청하는 상황을 [그림 4-19]에서 보여준다. 파형에서 보이는 바와 같이 M_HBUSREQ_0과 M_HBUSREQ_1이 동시에 1로 인가되고 HREADY가 1인 경우, 아비터는 우선순위가 보다 높은 마스터 0에서 버스 사용 권한을 부여하여 M_HGRANT_0가 1로 인가됨을 볼 수가 있다. 파형의 앞부분에서 보이는 바와 같이 마스터 0이 버스를 사용하고 있어, 슬레이브로 전달되는 AHB 신호들이 마스터 0의 신호 값들을 선택함을 알 수가 있다. HADDR은 M_HADDR_0의 값 32'h0000_0000을, HWDATA는 M_HWDATA_0의 값 32'h1111_1111을 선택한다.

마스터 0이 동작을 멈추고 버스 사용을 마치면, 아비터는 계속 버스 사용 요청을 원하는 마스터 1에게 버스 사용 권한을 부여하여 M_HGRANT_1이 1로 인가됨을 볼 수 있다. 파형의 뒷부분에 보이는 바와 같이 마스터 1이 버스를 사용하고 있어, 슬레이브로 전달되는 AHB신호들이 마스터 1의 신호 값들을 선택함을 알 수가 있다. HADDR은 M_HADDR_1의 값 32'h3000_0000을, HWDATA는 M_HWDATA_1의 값 32'h2222_2222를 선택한다.

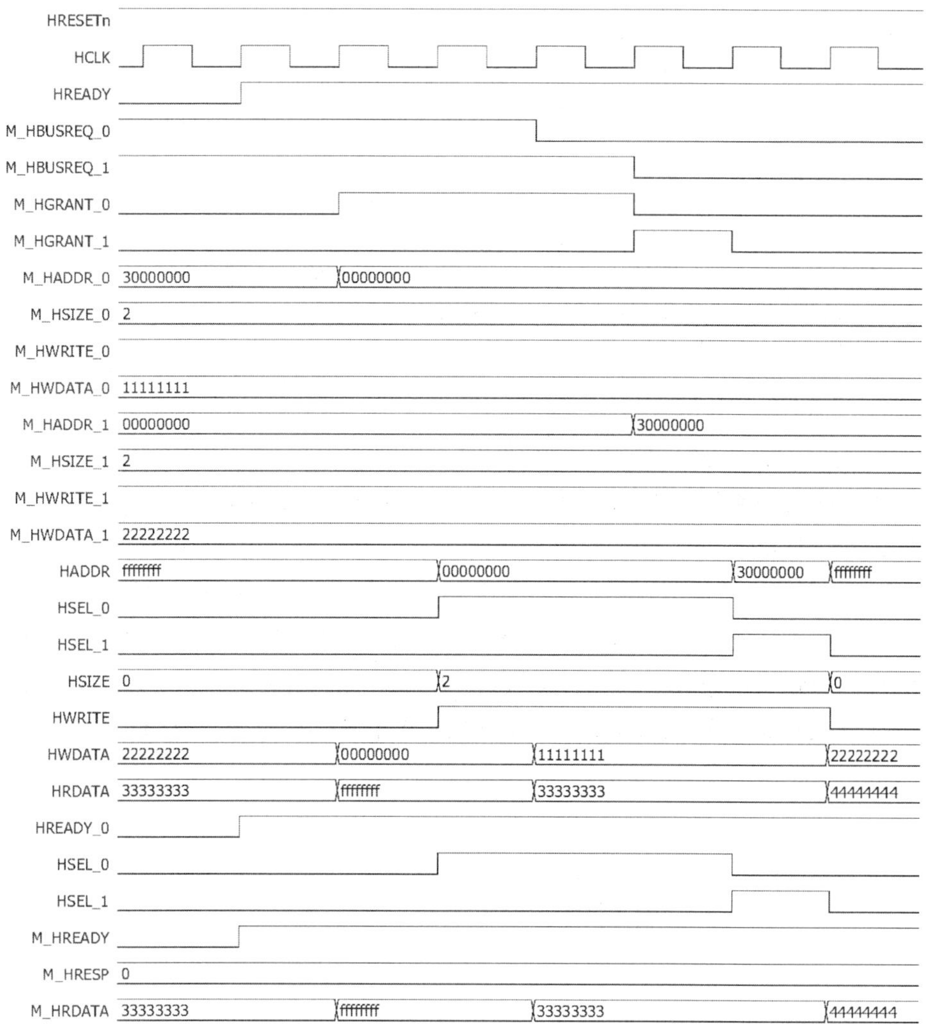

그림 4-19 2개의 마스터 요청에 의한 버스 사용 부여

② 주소번지(HADDR)에 의한 슬레이브(HSELx) 선택

AMBA는 멀티 슬레이브를 지원하는 버스이다. 시뮬레이션에 사용된 AMBA는 5개의 슬레이브를 지원하는 버스로서 마스터가 액세스할 슬레이브는 디코더에서 주소번지를 디코딩하여 사용할 슬레이브를 선택하게 된다. 디코딩한 주소번지에 해당하는 슬레이브 내용은 다음과 같다.

```
`define        P_HSEL0_START    16'h0000
`define        P_HSEL0_SIZE              16'h3000
`define        P_HSEL1_START    16'h3000
`define        P_HSEL1_SIZE              16'h2000
`define        P_HSEL2_START    16'hA000
`define        P_HSEL2_SIZE              16'h0010
`define        P_HSEL3_START    16'hA010
`define        P_HSEL3_SIZE              16'h1000
`define        P_HSEL4_START    16'hC000
`define        P_HSEL4_SIZE              16'h2000
```

디코더는 앞의 내용에 따라 주소번지의 상위 16비트가 16'h0000이면 슬레이브 0, 16'h3000이면 슬레이브 1, 16'hA000이면 슬레이브 2, 16'hA010이면 슬레이브 3, 16'hC000이면 슬레이브 4로 디코딩한다.

마스터 0이 버스 사용 권한을 가지고 있을 때, [그림 4-20]에 나타낸 파형에서 보이는 바와 같이 HADDR 값에 따라 슬레이브 0과 슬레이브 1이 선택되는 것을 보여준다. HADDR 값이 32'h0000_0000일 때, HSEL_0이 1로 인가되어 슬레이브 0이 선택되고, 32'h3000_0000일 때, HSEL_1이 1로 인가되어 슬레이브 1이 선택됨을 볼 수가 있다.

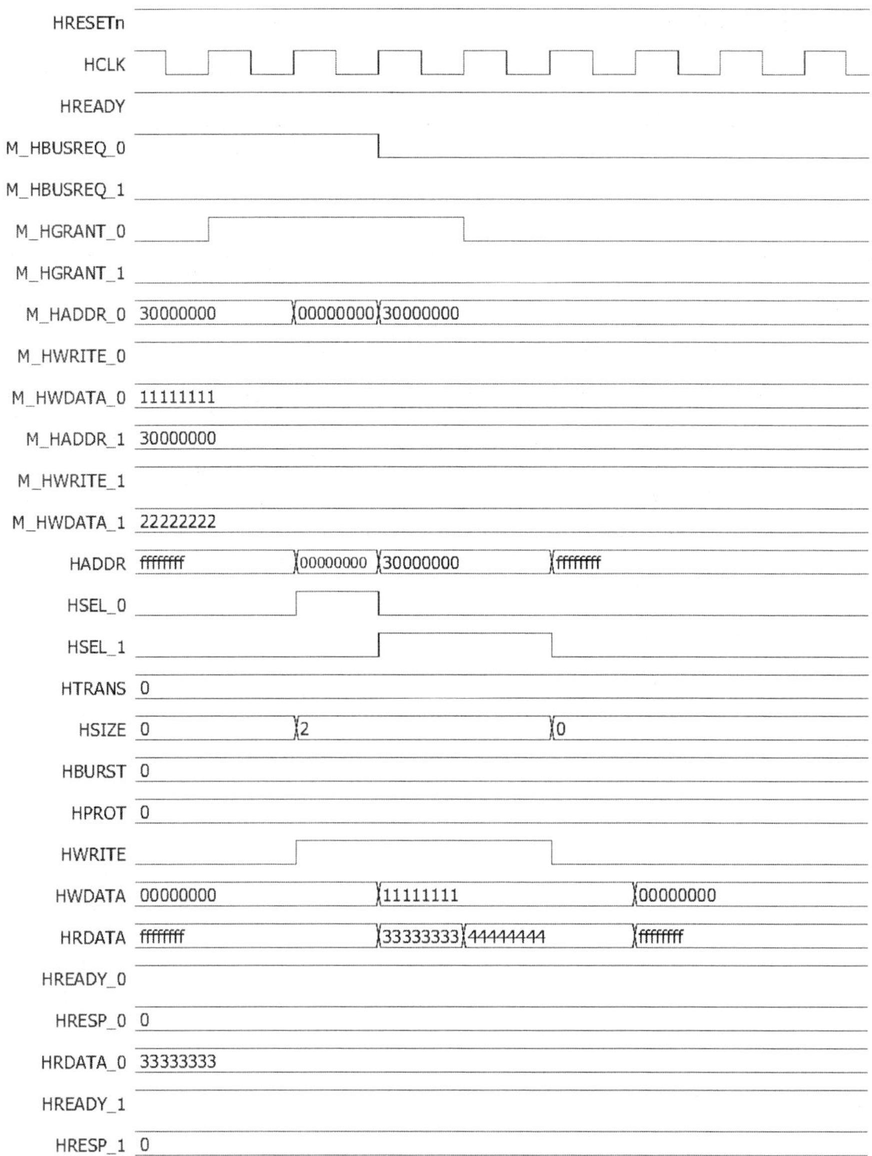

그림 4-20 주소번지에 의한 슬레이브 선택

파형에서 보이는 바와 같이 HSEL_0이 1일 때, 슬레이브 0이 선택되어 M_HRDATA가 HRDATA_0의 값인 32'h3333_3333을 선택하고 HSEL_1이 1일 때, 슬레이브 1이 선택되어 MHRDATA가 HRDATA_1의 값인 32'h4444_4444를 선택함을 알 수가 있다.

③ 마스터와 슬레이브 사이의 데이터 전송

AMBA는 멀티 마스터, 멀티 슬레이브를 지원하는 버스로서 마스터가 슬레이브에 데이터를 쓰는 동작과 슬레이브에서 데이터를 읽는 동작으로 나뉠 수가 있다. 마스터 1이 버스 사용 권한을 가지고 있을 때, [그림 4-21]에 나타낸 파형에서 보여주는 바와 같이 슬레이브 0에 읽기 동작을, 슬레이브 1에 쓰기 동작을 수행하는 것을 보여주고 있다.

HADDR 값이 32'h0000_0000일 때, HSEL_0이 1로 인가되어 슬레이브 0이 선택되고 HWRITE가 0일 때, 슬레이브 0으로부터 데이터 값을 읽어 마스터로 전달하게 된다. M_HRDATA가 HRDATA_0의 값인 32'h3333_3333을 선택하여 슬레이브에서 마스터로 값이 전달하는 것을 확인해 볼 수 있다. HADDR 값이 32'h3000_0000일 때, HSEL_1이 1로 인가되어 슬레이브 1이 선택되고 HWRITE가 1일 때, 마스터에서 슬레이브 1로 데이터 값을 전달하게 된다. HWDATA가 M_HWDATA_1의 값인 32'h1111_1111을 선택하여 마스터에서 슬레이브로 값이 전달하는 것을 확인해 볼 수 있다.

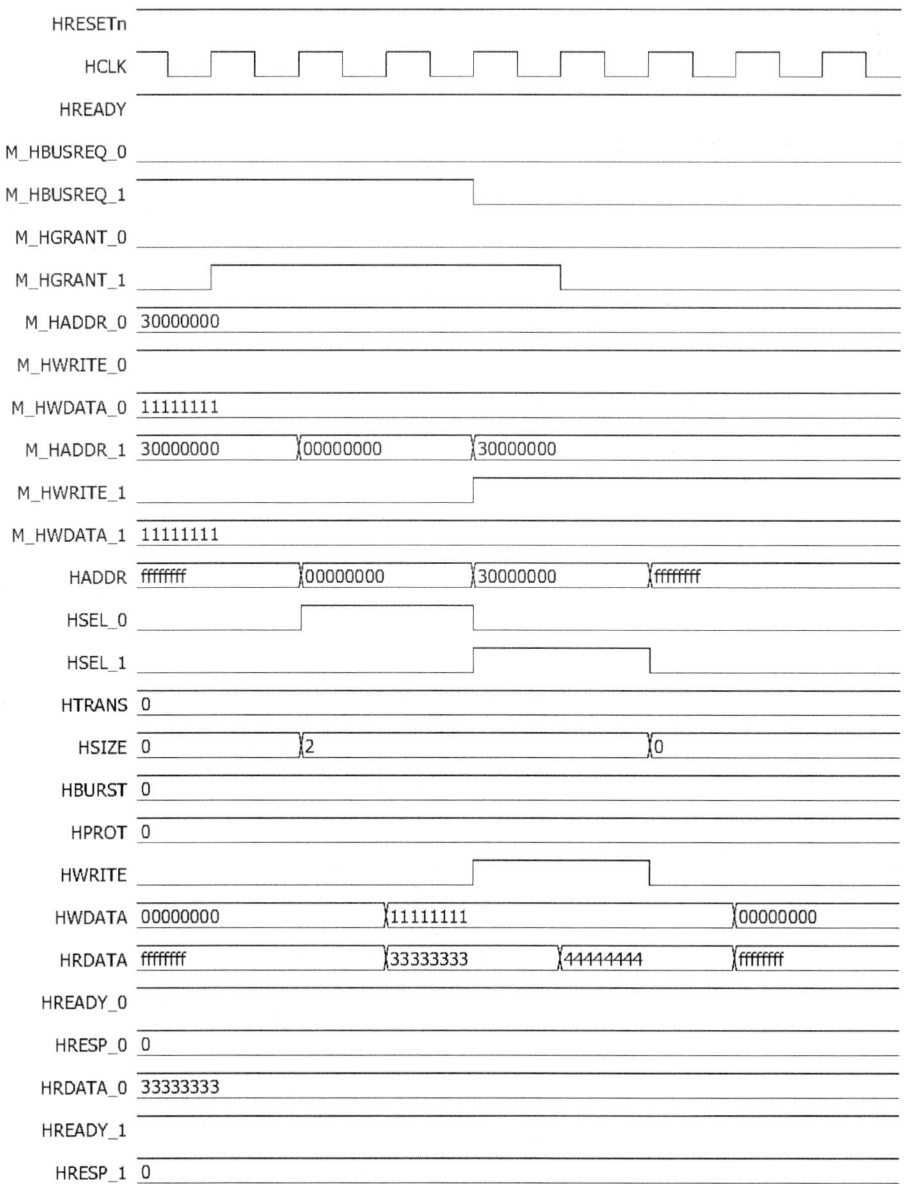

그림 4-21 마스터와 슬레이브 사이의 데이터 전송

4.5 실습

4.5.1 시뮬레이션 실습

이번에는 앞 절에서 설명한 시뮬레이션 파형을 실습을 통해 직접 확인해 보고자 한다. 시뮬레이션을 위해 함께 제공되는 CD에서 실습 스크립트를 실행하면 HDL 시뮬레이터인 모델심(ModelSim)을 이용하여 앞 절에서 보인 파형을 직접 확인할 수 있다.

- 실습 스크립트 경로 및 파일 : /sim/ch04_amba/run.bat
- 실습 테스트벤치 경로 및 파일 : /testbench/ch04_amba/tb_amba.v
- RTL 코드 경로 : /verilog/AMBA

실습 스크립트가 참조하는 Verilog 코드에 대해서 [표 4-6]에서 자세히 설명하고 있다.

표 4-6 AMBA RTL 구성

File	Description
amba_define.v	AMBA parameter 선언 파일
ahb_config.v	AHB 각 슬레이브 address mapping 파일
apb_config.v	APB 각 슬레이브 address mapping 파일
amba_ahb_m4s5.v	마스터 4개, 슬레이브 5개가 연결이 가능한 AMBA의 최상위 모듈
ahb_arbiter_m4.v	마스터 4개를 지원하는 아비터 모듈
ahb_m2s_m4.v	마스터 4개를 지원하는 마스터 to 슬레이브 모듈
ahb_lite_s5.v	슬레이브 5개를 지원하는 AHB lite 모듈
ahb_decoder_s5.v	슬레이브 5개를 지원하는 디코더 모듈
ahb_s2m_s5.v	슬레이브 5개를 지원하는 슬레이브 to 마스터 모듈
ahb_default_slave.v	기본적인 슬레이브 모듈
ahb_to_apb_s6.v	AHB와 APB를 연결해주는 브릿지 모듈

스크립트가 정상적으로 실행되면, 모델심이 실행되고, 시뮬레이션 파형이 화면에 표시된다. 다음 [표 4-7]를 참고하여 앞 절의 각 파형을 직접 탐색하여 확인해 보도록 하자.

표 4-7 시뮬레이션 파형 확인을 위한 탐색 위치

번호	시작 위치(ns)	끝 위치(ns)
그림 4-18	450	630
그림 4-19	750	1020
그림 4-20	1050	1260
그림 4-21	1420	1650

4.5.2 테스트벤치

이번 절에서는 앞 절에서 시뮬레이션을 하기 위해 사용한 테스트벤치를 대해서 알아보자. 테스트벤치 파일을 분석하면 앞서 보인 시뮬레이션 결과가 어떻게 만들어지는지를 알 수 있고 또한 이를 수정하여 본 서에서는 보이지 않은 다른 실험을 해 볼 수도 있다. 우선 이 장에서 사용된 실습 테스트벤치는 다음 파일이다.

- /testbench/ch04_amba/tb_amba.v

테스트벤치 파일을 텍스트 편집기 등을 사용하여 열어보면 모듈 신호 선언, 모듈 인용, 신호 초기화, 테스트 패턴 입력 및 태스크 선언 등으로 나뉜다. 태스크에는 AMBA 시뮬레이션을 위하여 master_request(마스터 요청)과 slave_response(슬레이브 반응)를 선언하였다.

Master_request 태스크에서는 마스터가 버스에 요청할 때 필요한 신호를 선언하였고, slave_response 태스크에서는 슬레이브가 동작을 마치고 버스에 전달하는 신호를 선언하였다. 이렇게 함으로써, 멀티 마스터, 멀티 슬레이브를 연결한 AMBA 버스를 시뮬레이션 할 때 마스터 번호, 슬레이브 번호에 따라 마스터 및 슬레이브 신호를 일목요연하게 지정하기가 쉽게 된다. 태스크의 입력신호는 아래와 같다.

```
master_request(no, req, addr, trans, size, burst, prot, write, wdata)
slave_response(no, ready, response, rdata)
```

시뮬레이션 과정은 master_request 태스크로 마스터 0, 1에서 버스 요청(busreq) 신호를 인가하였을 때, 주소 번지에 따른 슬레이브 선택 및 쓰기(write) 신호에 따른 읽기 쓰기 동작에 관하여 설명하였다.

4절에서 설명한 시뮬레이션과 다른 새로운 시뮬레이션을 하려면 다음과 같이 하면 된다.

- master_request 태스크 변수 설정
  - 마스터 번호(master)를 2, 3으로 설정하여 다른 마스터 지정
  - 버스 요청(M_HBUSREQ) 신호를 0 혹은 1로 변경하여 버스 권한을 변경
  - 주소 번지(M_HADDR)를 ahb_config.v 파일의 내용에 따라 설정하여 다른 슬레이브를 선택
  - 쓰기 읽기(write) 신호를 설정하여 읽기/쓰기 동작을 선택
- slave_response 태스크 변수 설정
  - 슬레이브 번호(slave)를 2, 3, 4로 설정하여 다른 슬레이브 지정
  - 마스터 주소에 따라 선택한 슬레이브 HREADY 신호를 1로 설정
  - 선택된 슬레이브 상태에 따라 HRESP 신호를 설정

Master_request와 slave_response 태스크의 변수를 위의 내용에 따라 설정하여 사용자가 원하는 시뮬레이션을 새롭게 진행할 수 있다.

제 **5** 장

UART

5.1 UART 통신 규격 소개

UART(Universal Asynchronous Receiver/Transmitter)는 우리말로 풀어 쓰면 '범용 비동기식 송/수신 장치' 정도로 해석될 수 있으며, 각종 디지털 장치 사이의 데이터 전송을 위한 전용 하드웨어의 일종이다.

하루가 다르게 빠른 속도로 발전하는 IT 분야의 입장에서 UART는 매우 오래된 통신 방식에 해당하지만, 제어의 편리성 및 구현의 용이성, 경제성 등의 많은 장점을 가지고 있기에 입출력 장치를 비롯한 센서, 모터 등 매우 다양한 장치에서 기본적으로 지원하는 경우가 많다. 또한 대부분의 마이크로컨트롤러 및 CPU에서 UART 포트를 지원하고 있다. 이에 반하여 단점으로는 같은 직렬 통신 규격인 USB 등에 비해 느린 전송 속도를 들 수 있다.

UART는 RS-232, RS-422, RS-482 등의 산업 표준을 지원한다. 특히 RS-232 의 경우 PC의 COM 포트로 채용되어 오랜 기간 동안 가장 기본적인 직렬 통신 방식으로 널리 사용되어 왔다. 최근에는 고속의 데이터 전송이 필요한 분야를 중심으로 범용 직렬 버스(Universal Serial Bus; USB) 인터페이스가 일반화 되었지만, 앞서 설명한 여러 가지 장점으로 말미암아 최근까지도 산업 전반에 걸쳐서 중요한 위치를 차지하고 있다. 현재 널리 사용되고 있는 각종 직렬 통신 인터페이스의 특징을 정리하여 [표 5-1]에 나타내었다.

표 5-1 많이 사용되는 직렬 인터페이스의 비교

인터페이스	최대 장치 개수	최대 거리(ft.)	최대 속도(bps)
RS-232	2	50-100	20K
RS-422	10	4900	10M
RS-485	32	4000	10M
I2C	40	18	3.4M
SPI	8	10	2.1M
USB	127	16	480M

일반적으로 UART 통신을 위해서는 별도의 통신용 IC를 사용한다. 이러한 IC를 라인 드라이버 IC(Line Driver IC) 또는 줄여서 드라이버 IC(Driver IC)라고 하는데 가장 유명한 것으로 National Semiconductor 사의 16550 UART IC를 들 수 있다. 다음은 16550의 대표적인 기능들이다.

- 내장된 쉬프트 레지스터(Shift Register)를 이용하여 병렬 데이터를 직렬 데이터로 변환하거나 직렬 데이터를 병렬 데이터로 변환

- 통신 속도를 제어하기 위한 온-칩 보레이트(Baud rate) 생성기 탑재
- 외장 모뎀과의 연결을 위하여 소프트웨어 수준에서 제어 가능한 핸드쉐이크(Handshake) 기능 제공
- 호스트 마이크로프로세서를 위한 인터럽트 기능
- 시스템의 통신 효율을 최대화 하기 위한 온-칩 FIFO 내장

이러한 드라이버 IC를 사용하면 [그림 5-1]에 표현한 것과 같이 병렬 데이터를 손쉽게 직렬 데이터로 변환하고 미리 정의된 통신 규격 및 속도에 맞추어 송/수신을 할 수 있다.

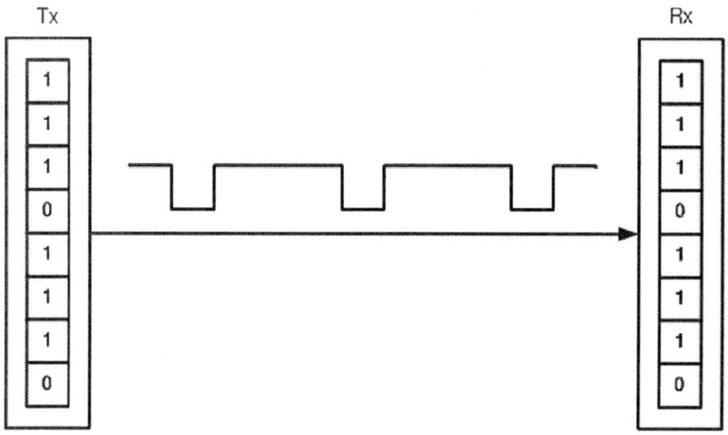

그림 5-1 UART를 이용한 데이터 전송

5.2 UART 인터페이스 모듈 소개(H/W)

5.2.1 UART 모듈 소개

앞서 소개한 UART 기능을 하드웨어로 구현하는 데에는 여러 가지 방법이 있으나, 이번 장에서는 Core-A 프로세서 RTL 코드와 함께 제공되는 UART IP를 이용하여 설명을 진행하고자 한다. 해당 UART IP는 오픈 코어스(OpenCores; http://www.opencores.org)에서 제공하는 'UART 16550 core' IP에 기반을 두고 있다. 'UART 16550 core' IP는 하드웨어 설계 언어인 VerilogHDL을 사용하여 구현한 16550 라인 드라이버 IC 호환 모듈이다. 따라서 16550 IC와 동일한 기능 및 레지스터 구성을 가지고 있다.

다만 본 서에서 SoC 구성을 위해서 채택하고 있는 버스 시스템은 AMBA인데 반하여 오픈 코어스에서 제공하는 IP들은 대부분 위시본(Wishbone)이라고 불리는 독자 버스 규격을 사용

하고 있으므로 이를 AMBA 버스와 연결할 수 있도록 적절히 수정해주어야 한다. 책과 함께 제공되는 CD에 포함된 UART IP는 이러한 수정 작업이 적용되어 있으므로 참고하도록 한다.

- UART IP의 CD 경로 : /verilog/uart

CD에서 위의 경로를 찾아 들어가면, Verilog HDL 언어로 구현된 UART IP의 RTL 코드를 확인할 수 있다. 이를 블록 다이어그램 형식으로 [그림 5-2]에 표현하였다. 다이어그램의 가장 좌측 신호는 SoC 내부 버스와 접속되며, 그 안쪽으로 AMBA 버스와 UART IP 모듈을 연결하는 인터페이스 블록이 존재한다. 인터페이스 블록의 우측에는 UART의 설정 및 상태를 나타내는 각종 레지스터가 표현되어 있다. 또한 다이어그램의 가장 우측에는 SoC 외부와 연결되어야 하는 UART 통신 및 제어용 포트들이 존재한다.

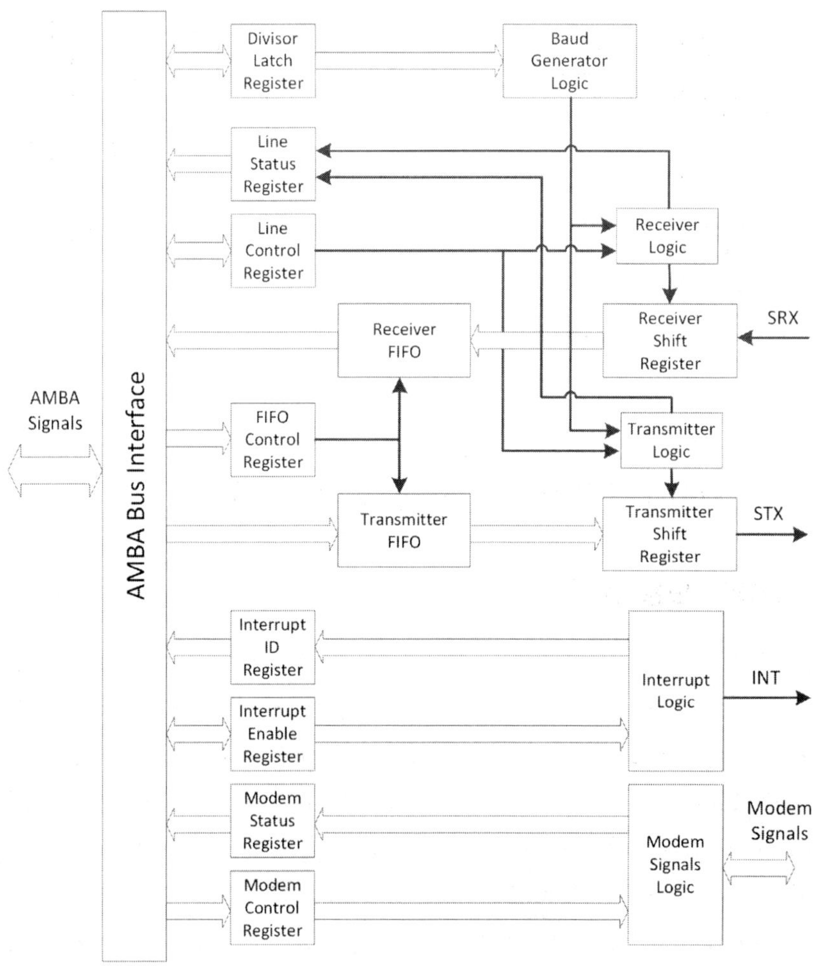

그림 5-2 UART 모듈의 블록 다이어그램

UART 모듈의 블록 다이어그램에 표현된 각종 신호들을 [표 5-2]에 정리하였다. 앞서 소개한 바와 같이 UART는 직렬 통신 방식이므로 입/출력을 위하여 각각 하나씩의 신호선을 필요로 한다. STX와 SRX가 바로 여기에 해당되며, STX는 UART 모듈에서 외부로 데이터를 송신하는 역할, SRX는 외부로부터 데이터를 수신하는 역할을 수행한다. AMBA APB 버스와 연결되는 신호선들에 대한 자세한 설명은 4장에서 이미 다루었으므로 참고하도록 한다.

표 5-2 UART 인터페이스 블록의 입출력

신호 이름	비트폭	입출력	기능
PRESETn	1	입력	AMBA APB Reset
PCLK	1	입력	AMBA APB Clock
PSEL	1	입력	AMBA APB Select
PENABLE	1	입력	AMBA APB Enable
PADDR	32	입력	AMBA APB Address
PWRITE	1	입력	AMBA APB Write Enable
PWDATA	32	입력	AMBA APB Write Data
PRDATA	32	출력	AMBA APB Read Data
INT	1	출력	인터럽트 신호
STX	1	출력	UART TX 신호
SRX	1	입력	UART RX 신호

5.2.2 레지스터

UART 모듈을 제대로 활용하기 위해서는 하드웨어에서 제공하는 다양한 기능들에 대한 이해가 필수적으로 요구된다. 이 책에서 설명하는 UART 모듈은 인터럽트, 통신 속도, 통신 방식 등에 대한 다양한 설정 기능을 제공하고 있으며 이들은 모듈 내부에 존재하는 레지스터에 특정 값을 써넣는 것으로 제어할 수 있다. UART 모듈에 탑재된 각 레지스터의 주소 및 기능을 정리하여 [표 5-3]에 나타내었다.

표 5-3 UART 인터페이스 블록의 제어 및 상태 레지스터

이 름	주 소	비트폭	RW	기 능
Receiver Buffer(RB)	0x00	8	R	수신 FIFO 출력
Transmitter Holding Register(THR)	0x00	8	W	송신 FIFO 입력
Interrupt Enable Register(IER)	0x04	8	RW	인터럽트 제어
Interrupt Identification Register(IIR)	0x08	8	R	인터럽트 발생 정보
FIFO Control Register(FCR)	0x08	8	W	FIFO 제어
Line Control Register(LCR)	0x0C	8	RW	통신 방식 제어
Modem Control Register(MCR)	0x10	8	W	모뎀 제어
Line Status Register(LSR)	0x14	8	R	통신 채널의 상태
Modem Status Register(MSR)	0x18	8	R	모뎀 상태

① RB(Receiver Buffer)

RB는 외부로부터 수신 받은 데이터를 담고 있다. 외부에서 SRX 신호선을 통하여 직렬 데이터가 수신되면 UART 모듈 내부의 쉬프트 레지스터를 이용하여 해당 데이터는 병렬화 된다. 그 후 변환된 병렬 데이터는 수신 FIFO에 순서대로 저장된다. 프로세서 코어는 인터럽트 신호 또는 LSR(Line Status Register)를 확인하여 수신 FIFO에 데이터가 있을 경우 RB의 값을 읽음으로 해서 FIFO로부터 데이터를 하나씩 꺼내 올 수 있다.

② THR(Transmitter Holding Register)

THR은 UART 모듈에서 송신을 하기 위한 데이터를 담는데 이용된다. 프로세서 코어가 SoC 외부로 데이터를 전송하고자 할 경우에 THR에 송신을 원하는 값을 쓰면 내장된 쉬프트 레지스터에 의해서 직렬 신호로 변환되어 UART 통신 채널을 이용하여 출력된다.

한 가지 주의할 점은 RB와 THR은 공통적으로 UART 모듈의 레지스터 파일에서 0x00 번지에 할당되어 있다. 사용자가 0x00 번지에 데이터를 쓰는 동작을 수행하면 THR에 접근하는 것으로 인식되며, 0x00 번지에서 데이터를 읽는 동작은 반대로 RB에 접근하는 것으로 취급된다(IIR과 FCR 역시 이와 같은 방법으로 0x08 번지를 공유한다).

③ IER(Interrupt Enable Register)

IER은 UART 모듈에 의해서 생성되는 인터럽트를 제어할 수 있는 기능을 제공한다. IER의 각 비트별 기능을 [표 5-4]에 표시하였다.

표 5-4 IER(Interrupt Enable Register)

비트 번호	읽기/쓰기	기능
0	RW	수신 데이터가 있을 경우 인터럽트 발생 0 – 끄기 1 – 켜기
1	RW	THR 레지스터가 비워지면 인터럽트 발생 0 – 끄기 1 – 켜기
2	RW	Receiver Line Status 인터럽트 0 – 끄기 1 – 켜기
3	RW	Modem Status 인터럽트 0 – 끄기 1 – 켜기
7–4	–	예약(Reserved)

④ IIR(Interrupt Identification Register)

IIR은 UART 모듈에서 인터럽트가 발생했을 경우, 어떤 이유에서 인터럽트가 발생하였는지를 나타내는 역할을 한다. 동일한 의미를 갖는 '인터럽트 펜딩 레지스터(Interrupt Pending Register)'라고 칭하기도 한다. IIR의 비트별 의미를 [표 5-5]에 나타내었다.

표 5-5 IIR(Interrupt Identification Register)

비트 번호	읽기/쓰기	기능
0	R	인터럽트 발생 유무 0 – 대기 중인 인터럽트 있음 1 – 대기 중인 인터럽트 없음
1–3	R	대기 중인 인터럽트의 상세 정보
4–7	–	예약(Reserved)

우선, UART 모듈에 의해서 인터럽트 요청이 발생하면, IIR의 0번 레지스터에 '1' 이 기록된다. 프로세서 코어는 이 비트를 주기적으로 체크하면 인터럽트 요청의 발생 유무를 확인할 수 있다. IIR의 1-3번 비트는 UART 모듈에서 인터럽트 요청이 발생했을 때, 어떤 이유에 의한 것인지를 나타낸다. UART 모듈에 의해서 발생할 수 있는 인터럽트는 다음 다섯 가지 경우에 해당하므로 IIR의 1-3번 비트를 확인하여 정확한 발생 이유를 알 수 있다.

- 수신 신호에 오류가 발생했을 때
- 수신된 데이터가 존재할 때
- 타임 아웃이 발생했을 때
- THR(Transmitter Holding Register)가 비어 있을 때
- 모뎀 신호의 상태가 변화했을 때

IIR의 1-3번 비트에 대한 내용을 [표 5-6]에 나타내었다.

표 5-6 IIR(Interrupt Identification Register)의 1-3번 비트

비트			우선순위	인터럽트 타입	인터럽트 소스	인터럽트 리셋 제어
3	2	1				
0	1	1	1	수신 신호 오류	패리티, 오버런, 프레이밍 에러, 중지 인터럽트	LSR(Line Status Register) 읽음
0	1	0	2	수신 데이터 존재	FIFO에 수신된 데이터의 양이 트리거 레벨에 도달함	트리거 레벨 이하로 FIFO를 비움
1	1	0	2	타임 아웃 발생	FIFO에 최소한 한 개 이상의 수신 데이터가 있는 상태에서 새로운 입력이 수신되지 않았을 경우	FIFO로부터 데이터를 읽음
0	0	1	3	THR(Transmitter Holding Register) 비워짐	THR이 비었을 경우	THR에 데이터를 쓰거나 IIR을 읽음
0	0	0	4	모뎀 상태 변화	CTS, DSR, RI, DCD 신호의 상태 변화	MSR(Modem Status Register) 읽음

⑤ FCR(FIFO Control Register)

UART 모듈은 수신 FIFO에 일정 이상의 데이터가 채워졌을 때 인터럽트 요청 신호를 발생시키는 기능을 가지고 있다. 만약 외부로부터 전송 받은 데이터가 지속적으로 입력되어 수신 FIFO에 데이터가 꽉 차게 되면 그 다음에 수신되는 데이터는 FIFO 구조의 특성상 버려지게 된다. 따라서 프로세서 코어는 UART 모듈의 수신 FIFO가 꽉 차기 전에 적당한 양의 데이터가 모였을 때 이를 읽어 들여 다음 데이터를 수신할 수 있도록 FIFO를 비워주어야 한다. FCR(FIFO Control Register)은 이를 위하여 수신 FIFO에 얼마만큼의 데이터가 채워지면 인터럽트를 발생시킬지를 결정하기 위해 사용된다. 그리고 이에 더하여 송/수신 FIFO를 비우고자 할 때에도 사용할 수 있다. FCR의 각 비트별 기능에 대한 설명은 [표 5-7]을 참고한다.

표 5-7 FCR(FIFO Control Register)

비트 번호	읽기/쓰기	기능
0	W	예약(Reserved)
1	W	'1' 을 쓰면 수신 FIFO를 비운다(수신 쉬프트 레지스터는 비우지 않으므로 현재 수신 중인 데이터는 정상적으로 완료된다).
2	W	'1' 을 쓰면 송신 FIFO를 비운다(송신 쉬프트 레지스터는 비우지 않으므로 현재 송신 중인 데이터는 정상적으로 완료된다).
5-3	-	예약(Reserved)
7-6	W	수신 FIFO의 인터럽트 요청 발생 수준을 설정한다. '00' – 1바이트 '01' – 4바이트 '10' – 8바이트 '11' – 14바이트

⑥ LCR(Line Control Register)

LCR은 송수신을 통하여 전달되는 데이터의 길이, 정지 비트, 패리티 비트 등의 상세한 설정을 가능하게 하며 또한 보레이트 설정 레지스터에 접근할 수 있는 방법을 제공한다. LCR의 각 비트별 기능은 [표 5-8]을 참고한다.

표 5-8 LCR(Line Control Register)

비트 번호	읽기/쓰기	기능
1-0	RW	데이터의 길이를 설정한다. '00' - 5비트 '01' - 6비트 '10' - 7비트 '11' - 8비트
2	RW	사용할 정지 비트의 길이를 설정한다. '0' - 1 정지 비트 '1' - 5비트 데이터 길이에서 1.5 정지 비트 사용 그 외 데이터 길이에서 2 정지 비트 사용
3	RW	패리티 사용 여부 설정 '0' - 패리티 비트 사용 안함 '1' - 패리티 비트 사용함
4	RW	짝수/홀수 패리티 설정 '0' - 홀수 패리티 비트 사용 '1' - 짝수 패리티 비트 사용
5	RW	고정 패리티 설정 '0' - 고정 패리티 사용 안함 '1' - 고정 패리티 사용(LCR[4]=1일 경우 '0'을 고정 패리티 비트로 사용, LCR[4]=0일 경우 '1'을 고정 패리티 비트로 사용)
6	RW	중지 제어 '0' - 중지 제어 사용 안함 '1' - 직렬 출력은 '0'으로 고정(중지 상태)
7	RW	보레이트 분주기 접근 제어 '0' - 일반 레지스터 접근 모드 '1' - 보레이트 분주기 접근 모드

⑦ MCR(Modem Control Register)

대부분의 경우 UART 통신은 RXD, TXD의 두 신호선을 이용하여 데이터를 주고 받지만, 특수한 제어를 위하여 DTR, RTS, CTS, RI, DCD 등의 모뎀 제어신호를 추가적으로 사용할 수 있다. 이들 모뎀 제어신호는 [표 5-9]에 나타낸 MCR의 각 비트를 통하여 제어할 수 있다.

표 5-9 MCR(Modem Control Register)

비트 번호	읽기/쓰기	기능
0	W	Data Terminal Ready(DTR) 제어 '0' - DTR을 '1'로 설정 '1' - DTR을 '0'으로 설정
1	W	Request To Send(RTS) 제어 '0' - RTS를 '1'로 설정 '1' - RTS를 '0'으로 설정
2	W	루프백 모드에서 RI에 연결됨
3	W	루프백 모드에서 DCD에 연결됨
4	W	루프백 모드 설정 '0' - 일반 모드 '1' - 루프백 모드
7-5	-	예약(Reserved)

여기서 모뎀 제어신호는 UART를 이용하여 전화 모뎀과 같은 외부 장치를 제어하기 위하여 사용하는 특수한 신호선을 의미한다. 이 책에서는 이들 신호의 기능에 대한 설명은 다루지 않는다.

⑧ LSR(Line Status Register)

LSR은 UART 모듈 및 현재 통신의 상태를 알아볼 수 있는 기능을 제공한다. 송수신 FIFO에 데이터가 들어있는지 또는 FIFO가 꽉 찬 상태에서 데이터가 추가로 들어왔는지(오버런 오류), 수신 데이터에 오류가 있는지(패리티 오류) 등의 정보를 LSR을 통해 확인할 수 있다.

표 5-10 LSR(Line Status Register)

비트 번호	읽기/쓰기	기능
0	R	Data Ready(DR) 상태 '0' – 수신 FIFO 비어있음 '1' – 수신 FIFO에 최소한 1 워드 이상의 데이터가 존재
1	R	Overrun Error(OE) 상태 '0' – 오버런 상태 아님 '1' – 수신 FIFO에서 오버런 발생
2	R	Parity Error(PE) 상태 '0' – 패리티 에러 없음 '1' – 수신 FIFO의 가장 첫 번째 데이터에서 패리티 에러 검출됨
3	R	Framing Error(FE) 상태 '0' – 프레이밍 에러 없음 '1' – 수신 FIFO의 가장 첫 번째 데이터에서 프레이밍 에러 검출됨
4	R	Break Interrupt(BI) 상태 '0' – 중지 상태 아님 '1' – 중지 상태
5	R	송신 FIFO 상태 '0' – 송신 FIFO가 비어있지 않음 '1' – 송신 FIFO가 비어있음
6	R	Transmitter Empty 상태 '0' – 송신 FIFO 또는 송신 쉬프트 레지스터가 비어있지 않음 '1' – 송신 FIFO 및 송신 쉬프트 레지스터가 모두 비어있음
7	R	'1' – 오버런 에러, 패리티 에러, 프레이밍 에러 중 어느 하나라도 검출되었을 경우 '0' – 상기 세 가지 에러가 검출되지 않은 경우

⑨ MSR(Modem Status Register)

MSR은 현재 모뎀 제어신호들의 상태를 확인하는데 사용된다. 모뎀 제어신호는 MCR(Modem Control Register)에서 설명한 것과 같이 외부 전화 모뎀 등의 장치와 통신하기 위한 특수한 신호선으로, 이 책에서는 자세한 설명은 생략할 것이다.

표 5-11 MSR(Modem Status Register)

비트 번호	읽기/쓰기	기능
0	R	Delta Clear To Send(DCTS) 상태 '1' – CTS 신호선의 상태가 변경됨 '0' – CTS 신호선의 상태가 변경되지 않음
1	R	Delta Data Set Ready(DDSR) 상태 '1' – DDSR 신호선의 상태가 변경됨 '0' – DDSR 신호선의 상태가 변경되지 않음
2	R	Trailing Edge of Ring Indicator(TERI) 탐지 '1' – RI 신호선의 상태가 LOW에서 HIGH로 변경됨
3	R	Delta Data Carrier Detect(DDCD) 상태 '1' – DCD 신호선의 상태가 변경됨 '0' – DCD 신호선의 사태가 변경되지 않음
4	R	반전된 CTS 입력 또는 루프배개 모드에서 RTS
5	R	반전된 DSR 입력 또는 루프백 모드에서 DTR
6	R	반전된 RI 입력 또는 루프백 모드에서 Out1
7	R	반전된 DCD 입력 또는 루프백 모드에서 Out2

⑩ 보레이트(Baudrate) 제어 레지스터

보레이트는 앞서 설명과 같이 UART의 통신 속도를 의미하며 이를 설정하기 위해서는 우선 LCR(Line Control Register)의 7번 비트를 '1'로 설정해야 한다. 그 후, 보레이트의 상위 8비트를 먼저 설정하고 이어서 하위 8비트를 설정한다. 보레이트 설정 레지스터의 주소는 [표 5-12]에 타나내었듯이 하위 8비트가 0번지, 상위 8비트가 1번지에 해당한다.

표 5-12 UART 인터페이스 블록의 Baudrate 설정 레지스터

이름	주소	비트폭	RW	기능
Divisor Latch Byte 1(LSB)	0	8	RW	보레이트 설정 레지스터의 하위 8비트
Divisor Latch Byte 2(MSB)	1	8	RW	보레이트 설정 레지스터의 상위 8비트

Divisor Latch의 설정 값과 보레이트의 관계는 다음 수식과 같이 계산된다.

$$\frac{(\text{입력 클럭 주파수})}{(\text{Divisor Latch 값})} = 16 \times (\text{baud rate})$$

따라서 만약 UART 블록의 입력 주파수가 25MHz인 상태에서 115,200bps를 보레이트로 설정하고자 한다면, Divisor Latch 값으로 13(정확히는 13.56)을 입력하면 된다. Divisor Latch는 8비트씩 상, 하위의 두 개 레지스터로 나뉘어 있으므로 하위 8비트에 13을 설정하고, 상위 8비트에 0을 설정한다.

5.3 UART 인터페이스 모듈의 제어(S/W)

UART 모듈을 사용하여 원하는 기능을 수행할 수 있도록 하기 위해서는 적절한 절차에 따른 제어가 필요하다. SoC 기반의 하드웨어 개발 경험이 있거나 임베디드 소프트웨어 개발에 익숙한 사용자라면 앞서 다룬 모듈 구조 및 레지스터 구조 정도의 정보만 있으면 충분히 UART 모듈을 이용하여 원하는 작업을 수행할 수 있다. 그러나 본 서는 이러한 경험이 없는 개발자를 대상으로 하고 있으므로, UART 모듈을 제어하는 가장 기본적인 3가지 경우에 대해서 설명하고자 한다. 여기서 다루고자 하는 3가지 경우란, UART 모듈의 초기화, 데이터의 송신, 데이터의 수신을 말한다.

5.3.1 UART 모듈 초기화

우선 UART 모듈의 초기화 과정은 하드웨어 초기화 단계와 소프트웨어 초기화 단계로 나누어 생각할 수 있다. 하드웨어 초기화 단계는 UART 모듈의 입력 신호 중 하나인 리셋 핀에 의해서 수행되며 내부의 레지스터 등이 설계 당시의 초기 값으로 돌아가는 것을 말한다. 그리고 소프트웨어 초기화 단계는 사용자에 의해서 적절한 통신 속도, 통신 방법, 인터럽트 발생 방법 등을 설정하는 단계를 말한다.

먼저 하드웨어 초기화 과정을 살펴보자. SoC 시스템에 전원이 처음 인가되거나 사용자에 의한 리셋 이벤트가 발생하면 UART 모듈이 초기화 상태가 된다. 이 책에서 사용하는 UART 모듈은 리셋 신호가 인가되면 내부적으로 다음과 같은 작업이 일어난다.

- 수신 및 송신 FIFO 클리어
- 수신 및 송신 쉬프트 레지스터 클리어
- 모든 인터럽트 발생 중지
- 제어 및 상태 레지스터가 [표 5-13]과 같이 초기화

표 5-13 여러 레지스터의 초기값

이름	초기값
Receiver Buffer(RB)	0x00
Transmitter Holding Register(THR)	0x00
Interrupt Enable Register(IER)	0x00
Interrupt Identification Register(IIR)	0xC1
FIFO Control Register(FCR)	0xC0
Line Control Register(LCR)	0x03
Modem Control Register(MCR)	0x00
Divisor Latch Byte 1	0x00
Divisor Latch Byte 2	0x00

이상과 같은 초기화 과정은 시스템의 초기 전원 인가시 또는 사용자 입력으로 발생한 리셋 신호에 의해서 자동으로 수행된다. 리셋 직후에는 모듈 내부의 레지스터들이 초기화되기 때문에 UART를 이용하여 데이터를 송/수신하기 위해서는 다음과 같은 사항들을 적절한 값으로 설정해주는 과정이 필요하다.

- 보레이트 제어를 위한 Divisor Latch 설정
- 인터럽트 사용과 관련된 IER, FCR 설정
- 통신 규격 정의를 위한 LCR 설정

이러한 설정은 모듈 하드웨어가 초기화 된 후, 사용자에 의해 소프트웨어적으로 설정되어야 한다. UART 모듈의 레지스터를 제어하는 단계의 예시를 [그림 5-3]에 순서도로 나타내었다. 우선 LCR(Line Control Register)의 7번 비트를 '1'로 설정하여 보레이트 분주기에 접근할 수 있는 모드로 진입한다. 보레이트 분주기 래치(Divisor Latch)는 하위 8비트와 상위 8비트가 각각 0x00 번지와 0x04 번지에 위치해 있으나, 이는 일반 레지스터 접근 모드에서 각각 RB(Receive Buffer)와 THR(Transmitter Holding Register)의 주소 번지와 겹쳐 있다. 따라서 UART 모듈에서는 LCR[7]의 값을 '1'로 설정했을 때는 분주기 래치에 접근할 수 있도록 하고, '0'일 때는 RB와 THR에 접근할 수 있도록 설계되어 있다.

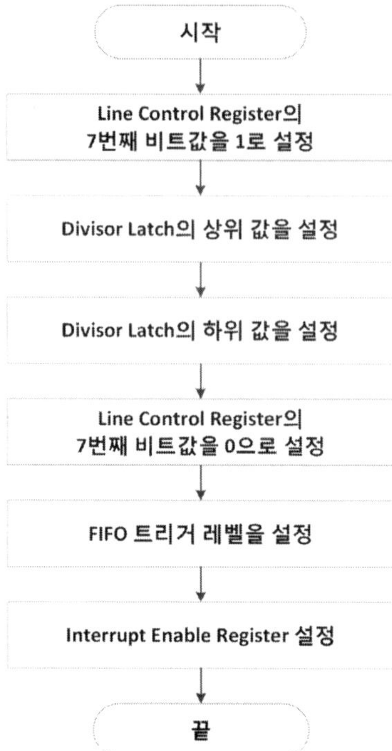

그림 5-3 UART 설정을 위한 순서도

LCR의 7번 비트를 '1'로 설정한 상태에서 분주기 래치에 적절한 값을 설정한 후, 다시 7번 비트를 '0'으로 설정하여 일반 레지스터 접근 모드로 돌아온다. 그 후 FCR(FIFO Control Register)을 통해 FIFO 트리거 레벨을 지정하고, 사용할 인터럽트에 대한 정보를 IER (Interrupt Enable Register)에 설정한다. 이러한 일련의 과정을 C 언어를 사용하여 표현하면 [코드 5-1]과 같이 표현할 수 있다.

```
void uart_init (void)
{
  uint32_t divisorH, divisorL;
  divisorH = 0x00;
  divisorL = 0x0D;
  REGR(UART_LCR) = 0x83;
  REGR(UART_IER) = divisorH;
  REGR(UART_RB_THR) = divisorL;
  REGR(UART_LCR) = 0x03;
  REGR(UART_IIR_FCR) = 0x01;
  REGR(UART_IER) = 0x01;
}
```

코드 5-1 UART 모듈의 제어를 위한 C 언어 코드

5.3.2 데이터 송신

UART를 이용하여 한 바이트 단위의 데이터를 송신하는 과정을 [그림 5-4]에서 순서도로 표현하였다. 기본적으로 UART 모듈을 이용하여 데이터를 전송하기 위해서 사용자는 송신 FIFO에 원하는 데이터를 쓰기만 하면 된다. 그리하면 UART 모듈의 하드웨어는 자동으로 송신 FIFO의 내용을 직렬 데이터로 변환하고 정해진 보레이트와 통신 방식에 맞추어 전송을 하게 된다.

우선 LSR의 5번 비트의 값을 확인하는 단계로부터 시작한다. 만약 LSR[5]의 값이 '0' 이라면 [표 5-10]에 따라 송신 FIFO가 비어있지 않음을 뜻한다. FIFO 가 비어있지 않은 상태에서 재차 FIFO 에 데이터를 쓰게 되면, 기존의 FIFO 내용을 덮어쓰게 되어 정상적인 데이터 전송을 보장할 수 없다. 따라서 이러한 상황에서는 LSR[5]의 값이 '1'이 되어 송신 FIFO가 비었음이 확인될 때까지 대기하는 과정이 필요하다. LSR[5]가 '1'이 되면, THR에 송신하고자 하는 데이터를 쓰면 된다.

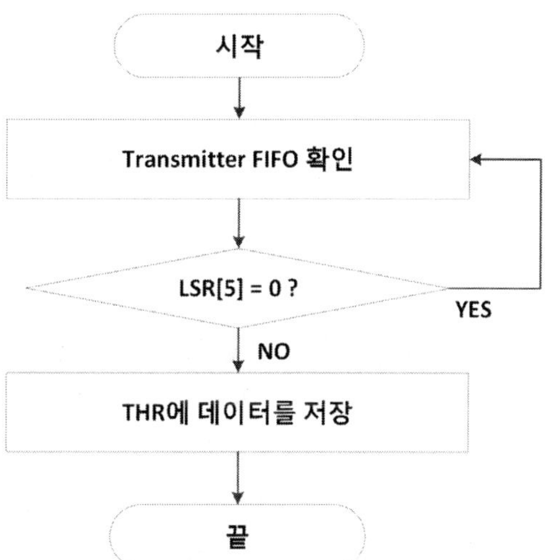

그림 5-4 UART를 이용한 한 바이트 송신 순서도

해당 순서도를 C 언어를 사용하여 표현하면 [코드 5-2]와 같다.

```
void uart_put_char (uint32_t c)
{
  while (!(REGR(UART_LSR)&0x20));
  REGR(UART_RB_THR) = c;
}
```

코드 5-2 송신을 위해 THR에 값을 쓰는 C 언어 코드

uart_put_char 함수는 송신하고자 하는 데이터를 파라미터 변수 c로 전달받아 이를 UART 모듈을 이용하여 외부로 출력하는 기능을 수행한다. 함수 내부를 간단히 분석해 보면, 첫 번째 줄의 while 문을 이용하여 LSR의 5번 비트가 '0'인 동안에 대기하고, '1'이 되면 THR에 전송할 데이터를 쓰는 것으로 동작이 마무리 된다.

다음에 보인 uart_put_string 함수는 앞서 보인 uart_put_char 함수를 이용하여 다수의 문자로 이루어진 데이터를 뜻하는 문자열(string)을 송신하는 기능을 수행한다. 함수의 입력 파라미터로 문자형 포인터 변수 s를 넘겨받아 문자열의 마지막을 알리는 NULL('\0') 기호를 만날 때까지 반복적으로 uart_put_char 함수를 호출함으로써 전체 문자열을 전송한다.

```
uart_put_string (char* s)
{
  char c;
  while ((c=*s++)!='\0') {
    uart_put_char(c);
    i++;
  }
}
```

코드 5-3 문자열 송신을 위한 C 언어 코드

5.3.3 데이터 수신

UART 모듈을 이용하여 데이터를 수신하고자 할 경우는 [그림 5-5]에 나타낸 순서도를 따른다. 수신 단계에서는 먼저 수신할 데이터가 있는지를 확인해야 한다. 수신 측에서는 언제 데이터가 들어올지 알 수 없으므로 수신 FIFO 상태를 수시로 확인해야 한다. 수신 FIFO의 상태를 확인하기 위해서는 [표 5-10]에 따라 LSR의 0번 레지스터를 반복적으로 검사하면 된다. UART 모듈에 직렬 데이터가 수신되면, 내장된 하드웨어가 이를 병렬화하여 수신 FIFO에 차례대로 적재하게 된다. 그리고 하드웨어는 자동으로 LSR의 0번 비트를 '1'로 설정한다. LSR[0]는 수신 FIFO에 적어도 하나 이상의 데이터가 존재하면 '1'로 설정되므로 프로세서는 이를 확인하여 수신된 데이터가 있는지 여부를 알 수 있다. LSR[0]가 '1'인 것을 확인한 프로세서는 수신 버퍼에서 데이터를 읽어 들이면 된다.

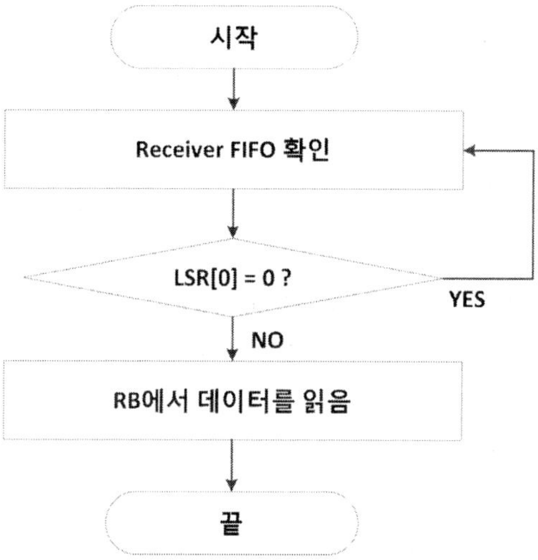

그림 5-5 UART를 이용한 한 바이트 수신 순서도

순서도를 C 언어를 이용하여 표현하면 [코드 5-4]와 같다.

```
uint32_t uart_get_char(void)
{
  while (!(REGR(UART_LSR&0x01)));
  return REGR(UART_RB_THR);
}
```

코드 5-4 수신을 위해 RB로부터 값을 읽어오는 C 언어 코드

uart_get_char 함수는 THR(Transmitter Holding Register)로부터 값을 읽어 들임으로써 수신된 데이터를 확인하는 기능을 수행한다. 함수의 첫 번째 명령문을 살펴보면, whlie 반복문을 사용하여 UART 모듈 내부 LSR(Line Status Register)의 0번 비트가 '0'인 동안에 진행을 멈추고 대기한다. 앞 절의 [표 5-10]을 참고하면 LSR의 0번 비트는 수신 FIFO의 상태를 나타냄을 알 수 있다. 만약 수신된 데이터가 존재한다면 LSR[0]는 '1'로 설정되며, 그 이외의 경우에 대해서 LSR[0]는 '0'으로 설정된다. 따라서 uart_get_char 함수는 LSR[0]가 '1'이 되는 순간까지 대기하며 수신 FIFO에 데이터가 들어오기를 기다린다. LSR[0]가 '1' 이 되면 비로소 RB(Receive Buffer)의 값을 읽어서 리턴하고 함수를 종료한다.

5.4 시뮬레이션

이번 절에서는 UART 모듈의 동작 및 제어 방법을 직접 HDL 시뮬레이션을 이용하여 확인해 보고자 한다. 앞선 5.2절에서 우리는 UART 모듈의 하드웨어 구조에 대해서 살펴보았다. 복잡한 내부 구조에 대한 설명은 상당부분 제외하고 모듈을 제어하는데 필요한 필수적인 레지스터들의 기능 및 의미를 위주로 설명하였다. 또한 5.3절에서는 어떠한 방법으로 UART 모듈을 제어하고 사용할 것인가를 살펴보았다. 모듈 내부의 레지스터를 적절히 제어하여 데이터를 보내고 받는 방법을 C 언어로 작성된 코드를 이용하여 설명하였다. 이번 절에서는 이렇게 설명한 내용을 바탕으로 HDL 시뮬레이션을 통하여 UART 모듈의 동작을 직접 눈으로 확인할 수 있도록 할 것이다.

우선 시뮬레이션 대상이 되는 하드웨어의 다이어그램을 [그림 5-6]에 나타내었다. 이를 살펴보면, UART 모듈의 입/출력 포트 및 내부 레지스터 구성 등을 알 수 있다.

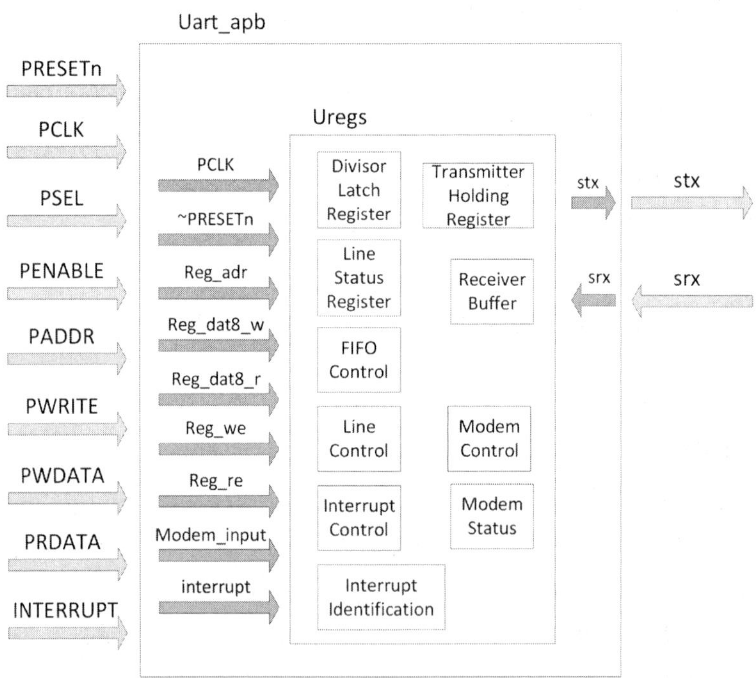

그림 5-6 UART 모듈의 블록 다이어그램

다이어그램의 가장 외부를 둘러싼 블록은 UART 모듈과 AMBA APB 버스를 인터페이스하기 위한 블록이며, 내부의 블록은 각종 레지스터를 나타낸다. 여기에서 외부의 블록은 AMBA APB 버스 규격의 신호를 적절히 제어하여 사용자가 내부 레지스터에 접근할 수 있도록 한다. 따라서 바깥쪽 블록의 좌측에 표시된 입/출력 포트들은 AMBA APB 버스의 인터페이스 신호들에 해당한다. 블록 다이어그램의 우측에 표시된 STX/SRX 신호는 UART 모듈 및 최종적으로 구성된 SoC의 외부로 연결되어 실제 데이터를 송수신하는 포트로 사용된다. 이번 절에서는 [그림 5-6]에 보인 UART 모듈을 대상으로 하며, 다음과 같은 경우에 대해서 시뮬레이션을 진행할 것이다.

- 리셋 직후의 UART 모듈 상태
- 통신을 위한 모듈의 설정 과정
- 데이터 송신
- 데이터 수신

5.4.1 UART 모듈의 리셋 상태

UART 모듈의 입출력 신호 및 내부 레지스터 상태를 [그림 5-7]에서 파형으로 보여준다. 파형의 상위에 위치한 PRESETn, PCLK, PSEL, PENABLE, PWRITE, PADDR, PWDATA, PRDATA는 모두 AMBA APB 버스와 인터페이스 되는 신호에 해당한다. 그 다음의 신호인 interrupt는 UART 모듈에서 특정한 이벤트가 발생했음을 프로세서에 알리는 기능인 인터럽트를 나타내는 신호이며, 이에 대한 자세한 내용은 7장에서 설명할 것이다. 다음 신호인 srx, stx 는 각각 UART 통신 채널의 입력, 출력에 해당한다. srx 신호는 UART 모듈로 입력되는 직렬 수신 데이터이며, stx 신호는 UART 모듈에서 출력되는 직렬 송신 데이터이다. 파형의 가장 아래쪽에 표시된 ier, iir, fcr, lcr, mcs, lsr, msr, dl은 모두 UART 모듈 내부의 레지스터 값을 나타낸다. 파형에 나타난 상태는 UART 모듈에 리셋 신호(PRESETn)가 인가된 직후의 상태에 해당한다. 따라서 리셋에 의한 입출력 신호의 초기 상태 및 내부 레지스터의 초기값을 확인해 볼 수 있다.

리셋 이후, 데이터의 송수신 작업이 없을 때 srx와 stx는 모두 HIGH 상태를 유지한다. 또한 각 레지스터들은 사전에 정의된 값으로 초기화된다. 다만, [그림 5-7]의 파형에서 볼 수 있는 레지스터의 값들은 앞 절에서 설명한 각 레지스터의 초기 값과 다소 상이한 모습을 보인다. 이는 UART 모듈 내부의 설계 특성에 의한 것이므로 사용자가 APB 버스를 통하여 액세스하는 레지스터 값과 파형에서 보이는 값에는 차이가 존재한다. 예를 들어 FCR(FIFO Control Register)의 경우 8비트 길이를 갖는 레지스터이지만, [그림 5-7]의 파형에는 단지 2비트만 표현되어 있으며 그 값은 '11'로 보여진다. 이는 FCR의 경우 내부적으로 상위 2비트인 6번, 7번 비트만 메모리 형식으로 구현되고 0번에서 5번 비트에 해당하는 나머지 6비트는 단순한 조합회로로 구현되어 있기 때문이다.

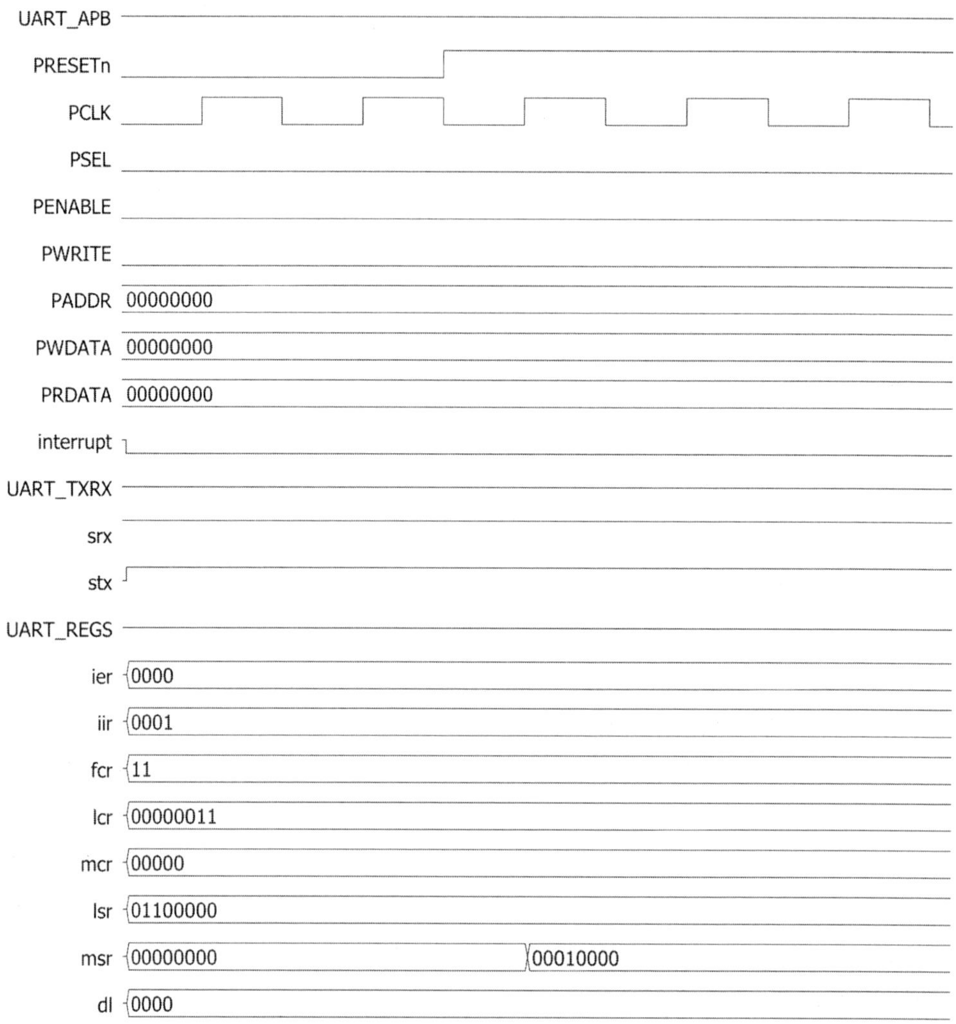

그림 5-7 리셋 직후의 UART 모듈 상태

5.4.2 통신을 위한 모듈 설정

PRESETn 신호에 의해서 UART 모듈이 초기화 되고 나면, 사용자에 의해서 적절한 설정 과정을 거쳐야 한다. 여기서 설정이라 함은 통신 속도, 통신 방식 등을 지정하기 위한 레지스터 제어 과정을 말한다. 보다 자세한 설명을 위하여 [그림 5-8]에 레지스터 설정 과정을 파형으로 보였다. UART 모듈은 기본적으로 AMBA APB 버스에 연결될 것을 전제로 설계되어 있으므로 레지스터에 값을 쓰거나 읽는 과정은 모두 APB 버스의 읽기/쓰기 규격을 따른다. AMBA 버스에 대한 설명은 4장을 참조하도록 한다.

앞 절에서 보인 것과 같이 UART 모듈은 다양한 제어 가능한 기능을 제공하고 있으며 다수의 레지스터를 제공하여 이들을 설정할 수 있도록 하고 있다. 따라서 UART를 이용하여 직렬 통신을 하고자 할 때에는 각 레지스터의 기능을 충분히 숙지한 후 적절히 활용할 수 있어야 한다.

우선, 보레이트 설정 레지스터는 16비트 길이를 갖는데, UART 모듈의 내부 레지스터는 모두 8비트 단위로 접근 가능하므로, 상위 8비트와 하위 8비트로 나누어 두 번에 걸쳐 설정해야 한다. 이 중 상위 8비트는 0x4 번지에 위치하며 하위 8비트는 0x0 번지에 위치한다. 다만, 0x4 번지와 0x0 번지는 각각 IER(Interrupt Enable Register)과 THR(Transmitter Holding Register)에 할당되어 있으며 보레이트 설정 레지스터는 이들 주소 번지를 공유하고 있다. 따라서 보레이트 레지스터를 설정할 때는 0x0 번지와 0x4 번지에 바로 액세스 할 수 없으며, 먼저 LCR(Line Control Register)의 7번 비트를 '1'로 설정하여야만 한다. LCR[7]을 '1'로 먼저 설정한 후, 보레이트 레지스터의 상위 8비트(0x4 번지)를 쓰고 다음으로 하위 8비트(0x0 번지)를 쓴다. 그 후, 다시 LCR[7]을 '0'으로 돌려놓아 IER과 THR에 접근할 수 있도록 하는 과정을 거쳐야 한다. 일련의 과정을 [그림 5-8]에 보인 파형과 비교하면 다음과 같다.

① 보레이트 레지스터에 접근하기 위하여 LCR(0xC 번지)에 0x83을 기록
② 보레이트 레지스터 중 상위 8비트를 기록(0x4 번지)
③ 보레이트 레지스터 중 하위 8비트를 기록(0x0 번지)
④ 보레이트 레지스터 값을 업데이트하고 통신을 위한 모드로 돌아가기 위해 LCR에 0x03을 기록
⑤ 수신된 데이터가 1바이트 이상 있을 때 인터럽트를 발생시키도록 FCR에 0x01을 기록
⑥ 데이터 수신시 인터럽트를 발생시키도록 IER에 0x01을 기록

상기 과정에서 ⑤번과 ⑥번 단계는 UART 모듈이 통신 채널을 통하여 데이터를 수신하였을 때 이를 프로세서로 알리기 위한 인터럽트를 발생시킬 수 있도록 한다. 인터럽트의 자세한 설명은 '7장 PIC'에서 다루고 있으므로 이를 참고한다.

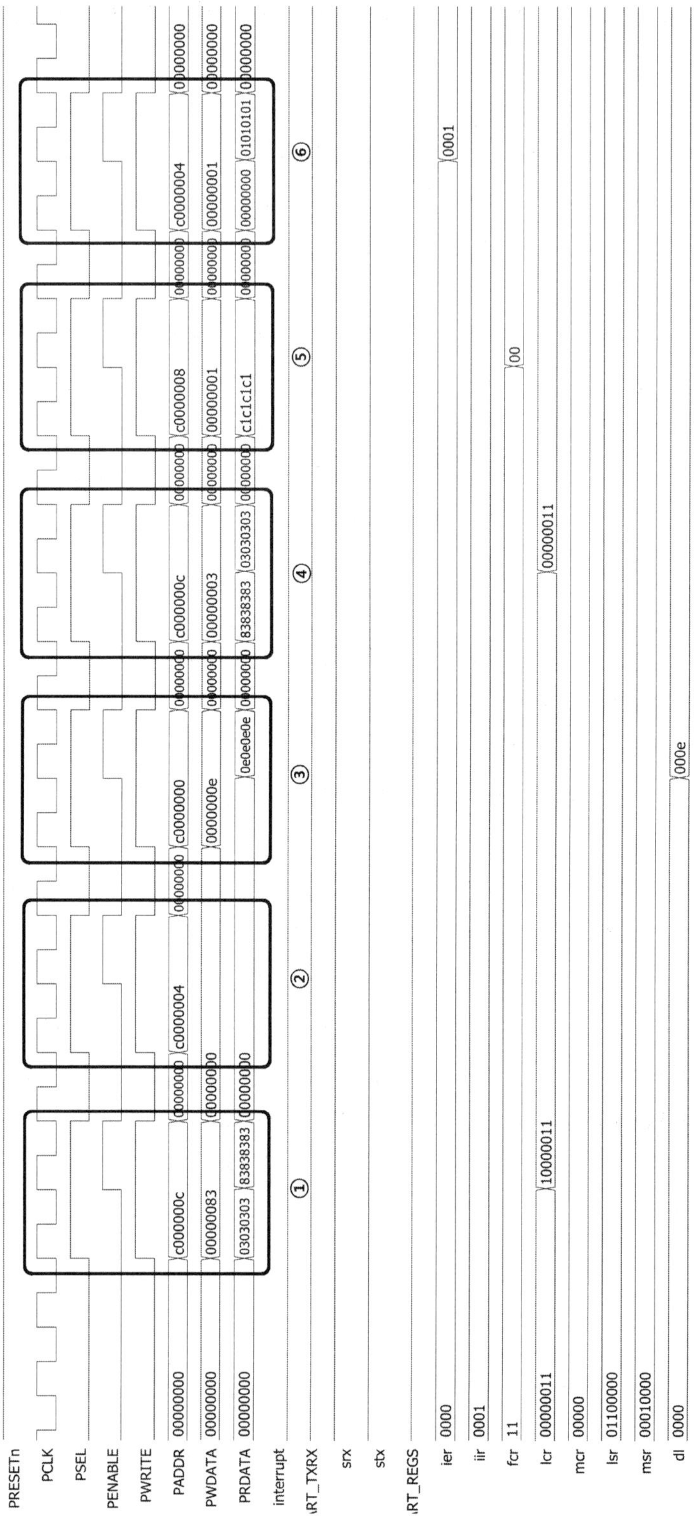

그림 5-8 UART 모듈의 설정 과정

5.4.3 데이터 송신

UART를 이용하여 데이터를 송신하기 위해서는 THR(Transmitter Holding Register)을 이용한다. 전송하기 원하는 8비트 값을 THR에 써넣기만 하면 모듈 내부의 하드웨어에 의해서 앞에서 미리 정의한 통신방식을 이용하여 직렬 통신이 이루어진다. THR에 송신하기 원하는 임의의 값(여기서는 0x47)을 써넣는 과정을 [그림 5-9]의 파형에 나타내었다.

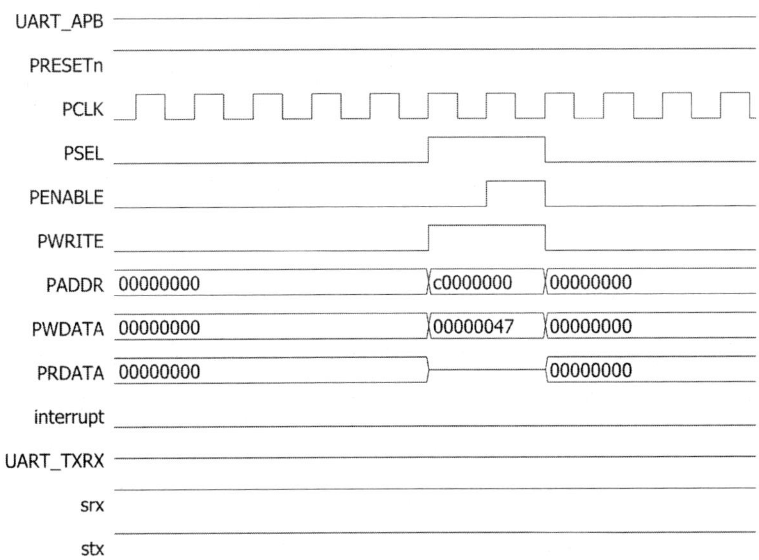

그림 5-9 데이터 송신을 위한 THR 제어

THR에 값을 쓰고 나면, [그림 5-10]에 보인 것과 같이 STX 포트를 통하여 직렬 데이터가 출력되는 것을 확인할 수 있다. UART를 이용한 데이터 전송시 가장 기본이 되는 형태는 '시작 비트-데이터-정지 비트'이다. 그림의 파형을 살펴보면 역시 이와 같은 모습을 확인할 수 있다. ①번에 표시한 LOW 신호는 시작 비트에 해당하며, ③번의 HIGH 신호는 정지 비트에 해당한다. 가운데에 위치한 ②번은 THR에 기록하였던 송신 데이터 0x47을 이진수로 표현한 '01000111'이다. 다만, 직렬 데이터는 최하위 비트(LSB)부터 최상위 비트(MSB) 순서로 전송되는 것에 유의한다.

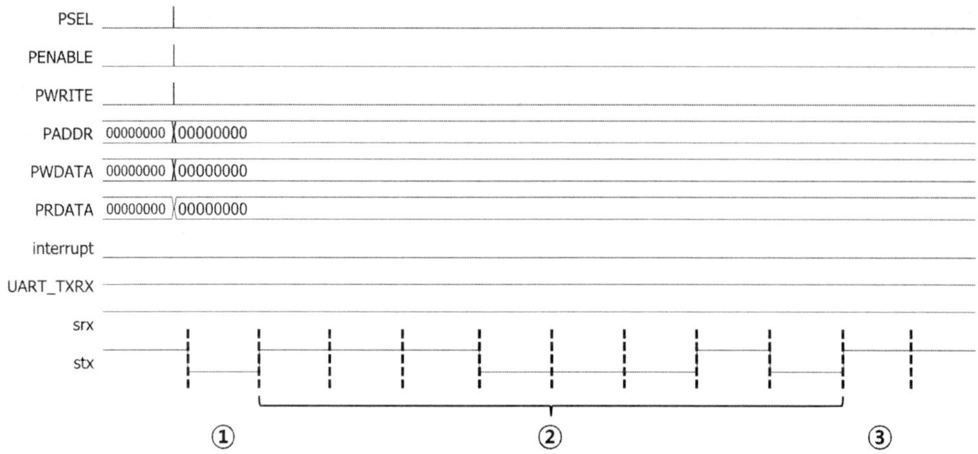

그림 5-10 송신 데이터의 출력 파형

5.4.4 데이터 수신

UART 모듈에 직렬 데이터가 수신되었을 때의 파형을 [그림 5-11]에 나타내었다. 파형을 살펴보면 앞서 보인 데이터 송신 과정과 유사함을 알 수 있다. 수신시의 차이점은 SRX 포트로 직렬 데이터가 들어온다는 점이다. 이렇게 수신되는 비트열 역시 '① 시작 비트 – ② 직렬 데이터 – ③ 정지 비트' 순으로 이루어져 있다. 마찬가지로 ②번에 해당하는 직렬 데이터는 최하위 비트부터 최상위 비트 순이므로 [그림 5-11]에 보인 수신 데이터 역시 16진수 0x47임을 알 수 있다.

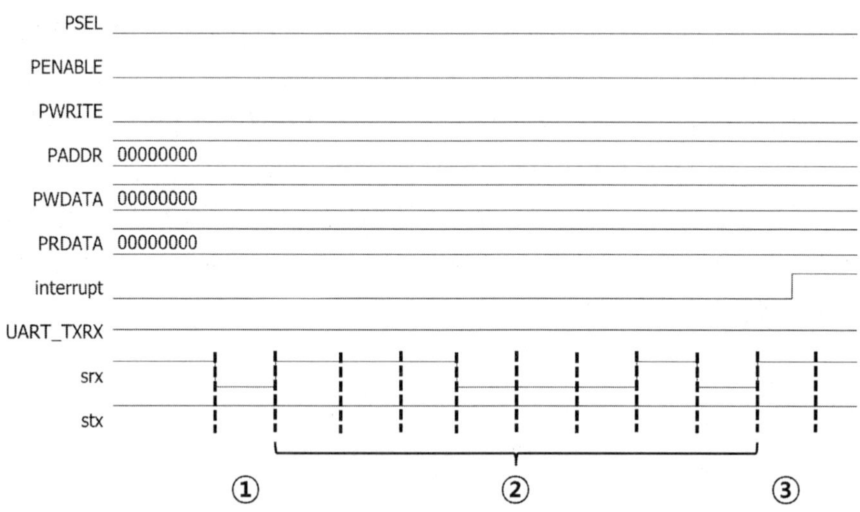

그림 5-11 수신 데이터의 입력 파형

그리고 추가적으로 주의 깊게 보아야 할 것은 파형의 마지막 즈음에 인터럽트(interrupt) 신호가 HIGH로 바뀌어 있는 것이다. 이는 앞서 UART 모듈을 설정하는 단계에서 수신 데이터가 1바이트 이상일 때 인터럽트 신호를 발생시키도록 설정하였기 때문이다. 따라서 UART 모듈을 제어하는 프로세서는 인터럽트 신호의 발생 여부를 확인함으로써 수신된 데이터의 유무를 판단할 수 있다. 이렇게 HIGH로 설정된 인터럽트 신호는 프로세서가 RB(Receive Buffer)를 읽어서 수신된 데이터를 가져가면 자동으로 LOW로 초기화 된다. 이에 해당하는 과정을 [그림 5-12]에 나타내었다.

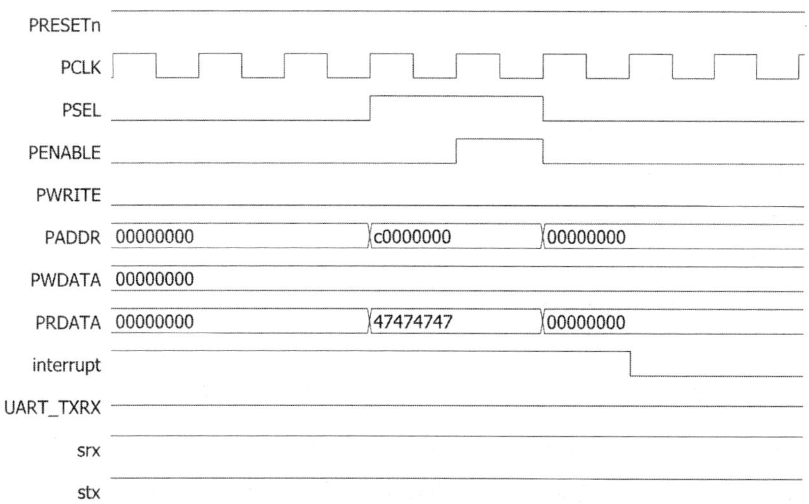

그림 5-12 인터럽트 신호의 소거

해당 파형에서는 RB(Receive Buffer)의 주소 번지인 0x00을 읽는 과정을 보이고 있다. 그림의 PRDATA를 보면 수신된 데이터인 0x47이 32비트로 확장되어 0x47474747의 형태로 읽혀지고 있다. 또한 이렇게 데이터를 읽어 들이고 나면, 자동으로 인터럽트(interrupt) 신호가 다시 LOW로 바뀌어 수신된 데이터가 없음을 나타내는 상태가 된다.

5.5 실습

5.5.1 시뮬레이션 실습

이번에는 앞 절에서 설명한 시뮬레이션 파형을 실습을 통해 직접 확인해 보고자 한다. 시뮬레이션을 위해 함께 제공되는 CD에서 실습 스크립트를 실행하면 HDL 시뮬레이터인 모델심(ModelSim)을 이용하여 앞 절에서 보인 파형을 직접 확인할 수 있다.

• 실습 스크립트 경로 : /sim/ch05_uart/simulation/run.bat

실습 스크립트의 RTL 코드 및 테스트벤치는 다음의 경로를 참조하도록 작성되어 있다.

- /testbench/ch05_uart/tb_uart.v
- /verilog/uart/raminfr.v
- /verilog/uart/timescale.v
- /verilog/uart/uart_apb.v
- /verilog/uart/uart_defines.v
- /verilog/uart/uart_receiver.v
- /verilog/uart/uart_regs.v
- /verilog/uart/uart_rfifo.v
- /verilog/uart/uart_sync_flops.v
- /verilog/uart/uart_tfifo.v
- /verilog/uart/uart_transmitter.v

스크립트가 정상적으로 수행되면, 모델심이 실행되고, 시뮬레이션 파형이 화면에 표시된다. 시뮬레이션 결과에서 앞 절의 각 파형을 직접 탐색하여 확인하고자 한다면 [표 5-14]를 참고한다. 시뮬레이션에서 인용한 그림 번호와 파형의 시작 위치, 끝 위치를 표시하였다.

표 5-14 시뮬레이션 파형 확인을 위한 탐색 위치

번호	시작 위치(ns)	끝 위치(ns)
그림 5-7	0	300
그림 5-8	300	1250
그림 5-9	41000	41400
그림 5-10	30000	132000
그림 5-11	160000	261000
그림 5-12	291000	291400

5.5.2 테스트벤치 분석

이번 절에서는 앞 절에서 시뮬레이션을 수행하기 위해 사용한 테스트벤치를 분석해 보고자 한다. 테스트벤치 파일을 분석하면 앞서 보인 시뮬레이션 결과가 어떻게 만들어지는지를 알 수 있고 또한 이를 수정하여 이 책에서는 보이지 않은 다른 실험을 해 볼 수도 있다. 우선,

이 장에서 사용된 실습 테스트벤치는 다음 파일이다.

- /testbench/ch05_uart/tb_uart.v

테스트벤치는 이 실습에서 사용한 다른 RTL 소스 코드와 같이 Verilog HDL 언어로 기술되어 있다. 따라서 이를 분석하고 수정하기 위해서는 기본적인 수준의 Verilog HDL 문법에 대한 이해가 요구된다. 이번 절에서는 테스트벤치 파일의 모든 부분을 다루지는 않으며, 특징적인 부분만을 추려서 설명한다. 여기에서 다루지 않은 파일의 나머지 부분과 Verilog HDL 언어의 문법에 관련한 학습은 추후 독자의 몫으로 남겨둔다.

테스트벤치 파일을 텍스트 편집기 등을 사용하여 열어보면 시뮬레이션 대상이 되는 uart_apb 모듈을 연결하기 위한 [코드 5-5]와 같은 내용을 확인할 수 있다.

```
uart_apb Uuart (
    .PRESETn        ( PRESETn       ),
    .PCLK           ( PCLK          ),
    .PSEL           ( PSEL          ),
    .PENABLE        ( PENABLE       ),
    .PADDR          ( PADDR         ),
    .PWRITE         ( PWRITE        ),
    .PWDATA         ( PWDATA        ),
    .PRDATA         ( PRDATA        ),
    .interrupt      ( interrupt     ),
    .stx            ( stx           ),
    .srx            ( srx           )
);
```

코드 5-5 시뮬레이션 대상 모듈의 연결

다음으로 실제 시뮬레이션 결과 파형과 직접적인 관련이 되는 부분인 [코드 5-6]을 살펴보자.

```
// initialize UART module
#(`CLOCK_PERIOD * 10) apb_write(32'hc000_000c, 32'h0000_0083);
#(`CLOCK_PERIOD * 1) apb_write(32'hc000_0004, 32'h0000_0000);
#(`CLOCK_PERIOD * 1) apb_write(32'hc000_0000, 32'h0000_000e);
#(`CLOCK_PERIOD * 1) apb_write(32'hc000_000c, 32'h0000_0003);
```

코드 5-6(1) 시뮬레이션 과정

```
#(`CLOCK_PERIOD * 1) apb_write(32'hc000_0008, 32'h0000_0001);
#(`CLOCK_PERIOD * 1) apb_write(32'hc000_0004, 32'h0000_0001);

// send 1 byte
#(`CLOCK_PERIOD * 1000)
  apb_write(32'hc000_0000, 32'h0000_0047);  // ascii character 'G'

// receive 1 byte
#(`CLOCK_PERIOD * 3000) char_to_uart(8'h47);

// read registers
#(`CLOCK_PERIOD * 1000)
  apb_read(32'hc000_0000);        // read RB
```

코드 5-6(2) 시뮬레이션 과정

UART 모듈의 시뮬레이션은 내부 레지스터에 값을 쓰거나 읽는 동작을 반복적으로 수행하면서 진행된다. 우선 모듈의 초기화를 위하여 UART 모듈의 LCR(Line Control Register) 주소인 0xC000000C에 0x83을 써넣는다. 이렇게 하면 일반 레지스터 접근 모드에서 보레이트 래치 접근 모드로 변경된다. 그 후, 보레이트 레지스터를 설정하고, LCR에 0x03을 기록하여 일반 레지스터 접근 모드로 복귀한다. 이어서 FCR(0xC0000008 번지)와 IER (0xC0000004 번지)에 0x01을 기록하여 인터럽트를 설정한다. 그리고 THR(Transmitter Holding Register)의 주소인 0xC0000000 번지에 아스키 문자 'G'에 해당하는 0x47을 써넣어 UART의 직렬 통신 채널을 통하여 출력되도록 한다. UART 모듈의 데이터 수신 동작을 확인하기 위해서는 char_to_uart 함수를 호출하여 0x47을 인자로 주면 된다. 이렇게 하면 직렬 통신 채널을 통하여 아스키 문자 'G'가 수신되는 것을 확인할 수 있다. 수신된 데이터는 RB(Receive Buffer)에 담기게 되므로 0xC0000000 번지를 읽어 들임으로써 그 값을 확인할 수 있다.

제 6 장

SRAM / Flash Interface

6.1 SRAM

6.1.1 SRAM 소개

SRAM(Static Random Access Memory)은 flip-flop 방식의 메모리 셀을 가진 임의 접근 기억장치이다. 임의 접근 기억 장치이기 때문에 데이터의 쓰고 읽기가 이루어지는 주소와 관계없이 입출력에 걸리는 시간이 일정하며 전원이 차단되면 저장되어 있던 데이터가 지워지는 휘발성 메모리이다. 각각의 비트는 두 개의 트랜지스터로 이루어진 인버터 한 쌍에 저장되며 두 개의 접근 트랜지스터가 읽기, 쓰기 기능을 수행하게 된다. 단위 셀 당 필요한 트랜지스터 수가 많아 집적도가 떨어지기 때문에 비트 당 가격이 높으며 고속의 동작이 가능하기 때문에 시스템 메모리나 캐시 메모리(cache memory)에 주로 사용한다.

현재 플랫폼의 SRAM 메모리는 Cypress 사의 256k×36bit Pipelined Synchronous SRAM이다. Bus의 속도와 동기화되어 동작하며 파이프라인 구조를 가지고 있다. 버스트 모드를 지원하며 읽기, 쓰기 동작의 전환 동안 대기 상태가 없도록 설계되어있다. 시스템 데이터 버스의 폭의 제한으로 인하여 36비트 중 32비트의 데이터 폭이 실제로 사용되고 있으며 이로 인하여 메모리 어레이 중 256k×32bit=8Mbit=1Mbyte의 크기를 사용하고 있다. 입력 클럭에 동기화되어 동작하며 플랫폼에서 프로그램 코드를 저장하고 프로그램 실행 시 데이터를 임시 저장하는 용도로 사용한다.

6.1.2 SRAM의 입출력 신호

- A[31:0](Address) : 메모리 내부의 장소를 선택할 때 사용되는 주소 값을 입력받는다. 클럭의 상승 에지(rising edge)에서 입력 값을 샘플링한다.
- BW[a:d](Byte Write Select) : SRAM에 쓰기 동작을 수행하기 위하여 WE에 대한 각각의 영역별 권한을 설정한다. 데이터 라인은 8비트씩 나누어 4개의 영역으로 32비트 라인을 구성하며 각각의 영역을 따로 제어할 수 있다. BW[a:d]는 DQ[a:d]와 DQP[a:d]를 제어한다.
- WE(Write Enable) : 쓰기 동작을 가능하게 해주는 신호이며 CEN이 low 상태일 경우 WE신호를 클럭의 상승 에지(rising edge)에서 샘플링한다. 쓰기 동작을 시작하기 위해서는 WE가 반드시 low 상태로 되어 있어야 한다.
- CLK(Clock) : 장치로 들어오는 입력신호를 샘플링 할 때 필요한 기준 신호로써 동작한다. CLK는 CEN에 의해 동작 여부가 결정되며 CEN이 low 상태일 때만 CLK를 받아들인다.

- CE1,2,3(Chip Enable) : Chip을 사용 가능한 상태로 만들어준다. 장치를 선택하거나 선택 해제하는 기능을 한다.
- OE(Output Enable) : 입출력의 방향을 제어하기 위한 동기식 논리회로와 결합되어 있다. OE가 low 상태이면, I/O 핀이 출력단자로 동작하며 high 상태일 경우는 입력단자로 동작한다.
- CEN(Clock Enable) : CEN이 low상태일 경우 CLK 신호를 SRAM이 인식할 수 있다. CEN이 high상태이면 CLK 신호는 차단된다.
- DQ[a:d](Data I/O) : 입력 상태에서 데이터는 클럭의 상승 에지일 때 외부에서 칩 내부에 있는 입력 레지스터로 이동한다. 출력 상태일 경우에는 이전의 읽기 동작 기간 중 상승 에지일 때의 주소에 대한 특정 메모리 장소의 데이터를 외부로 내보낸다. 핀의 입출력 방향은 OE 신호와 내부 제어 로직에 의해 제어된다. OE가 low 상태일 경우 핀은 출력으로 동작한다. OE가 high 상태일 때 DQ[a:d]는 Hi-Z상태가 된다.
- ADV/LD(Advance/Load Input) : 내부의 주소 카운터를 동작시키거나 새로운 주소 값을 불러올 때 사용한다. CEN이 low 상태일 때, ADV/LD#이 high 상태일 경우, 내부 버스트 카운터가 동작한다. low 상태일 경우, SRAM은 새로운 주소 값을 불러들인다. 버스트 동작의 네 번째 데이터 출력과 다음에 읽어 들일 주소 값 입력을 동시에 수행하기 때문에 주소 값을 로드하기 위한 대기시간 없이 지속적으로 데이터를 출력하는 것이 가능하다.
- MODE(Burst mode select) : 버스트 모드를 선택하는 신호이다. MODE에 high를 인가하는 경우 인터리브 모드로 동작하고 low를 인가하면 리니어 모드로 동작한다. SRAM 내부에서 동작을 수행하고 있는 도중에는 MODE 신호를 바꿔서는 안 되며 MODE 핀에 신호를 입력하지 않고 플로팅 상태로 두면 기본 값인 high 상태로 가정하여 인터리브 모드로 동작한다.

6.1.3 SRAM의 하드웨어 특징

- Burst mode

버스트 모드는 동기식 SRAM에서 보다 빠른 속도로 데이터를 읽기 위하여 사용하는 모드이다. 버스트 모드에서는 입력된 첫 번째 데이터의 주소가 어드레스 버스에 실리게 된다. 첫 번째 데이터 이후에 따라오게 되는 3개의 데이터의 주소는 따로 입력하지 않고 SRAM 내부의 카운터에 의하여 자동적으로 입력된다. 데이터는 프로세서의 클럭 속도와 동일한 속도로 사용 가능하다. 동기식 SRAM에서의 일반적인 동작과 버스트 모드의 동작 타이밍을 [그림 6-1]에 나타내었다. 동기식 모드에서는 각각의 주소 값을 입력하면 그 주소 값에 해당하는 데이터만 출력된다. 이와 비교하여 버스트 모드에서는 첫 번째 주소 값을 입력해주면 자동적으로 그 다음 세 데이터까지 연속적으로 출력된다. 주소를 증가시킬 때는 주소의 최하위 2비트를 사용한다. 주소를 선형적으로 증가시키는 리니어(linear) 버스트 모드와 리틀 엔디안 방식에 적용 가능한 인터리브(interleave) 버스트 모드가 있다.

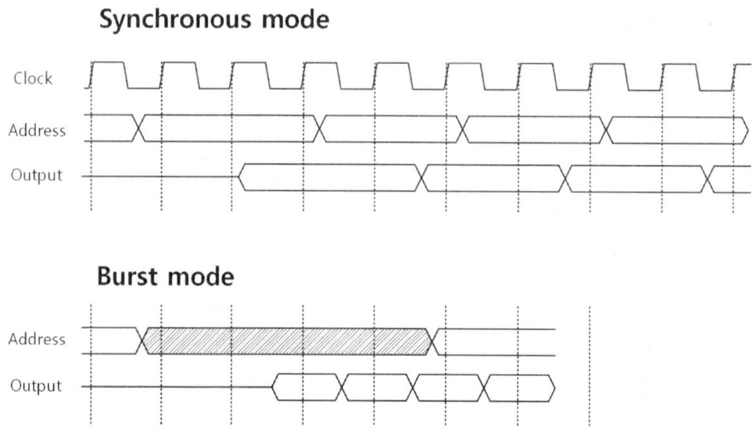

그림 6-1 동기식 SRAM의 동작 타이밍도

- Synchronous SRAM

  컴퓨터 시스템의 클럭이 증가하게 되면서 보통의 비동기식 SRAM보다 더 빠른 SRAM에 대한 요구가 증가하였는데 그 결과물로써 동기식 SRAM(synchronous SRAM)이 개발되었다. 동기식 SRAM은 읽기나 쓰기 동작이 프로세서의 클럭과 동기화하여 동작한다. 클럭 신호의 상승 에지에서만 데이터를 샘플링하기 때문에 전체 주기에 걸쳐 주소 입력 상태나 쓰기 상태를 유지하는 것이 불필요하다. 이로 인하여 높은 속도가 필요한 동작에 사용이 가능하며 주로 캐시 메모리로 많이 사용된다.

- Pipelined SRAM

  플랫폼에서 사용되는 SRAM은 파이프라인 구조가 적용되어있다. 메모리 어레이와 출력 사이에 레지스터를 추가한 구조로서 현재 어드레스 위치의 데이터를 전달하는 동안 다른 어드레스의 데이터에 추가로 액세스가 가능하다. 데이터가 바로 출력되는 SRAM과 파이프라인 구조를 가지는 SRAM의 구조적 차이를 [그림 6-2]에 비교하였다.

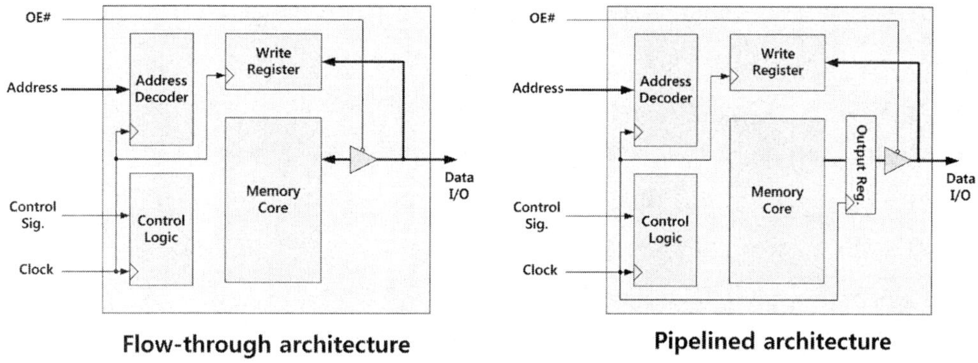

그림 6-2 일반적인 SRAM과 파이프라인 SRAM의 비교

일반적인 SRAM과 파이프라인 SRAM의 버스트 동작 타이밍은 [그림 6-3]과 같다. 파이프라인 SRAM은 읽기에서 쓰기로 전환될 경우 버스의 충돌을 방지하기 위하여 1사이클의 지연시간이 필요하다. 동작 초기의 지연시간이 중요한 경우 파이프라인 구조가 없는 SRAM을 사용하고 동작속도가 중요한 경우에는 파이프라인 SRAM을 사용한다.

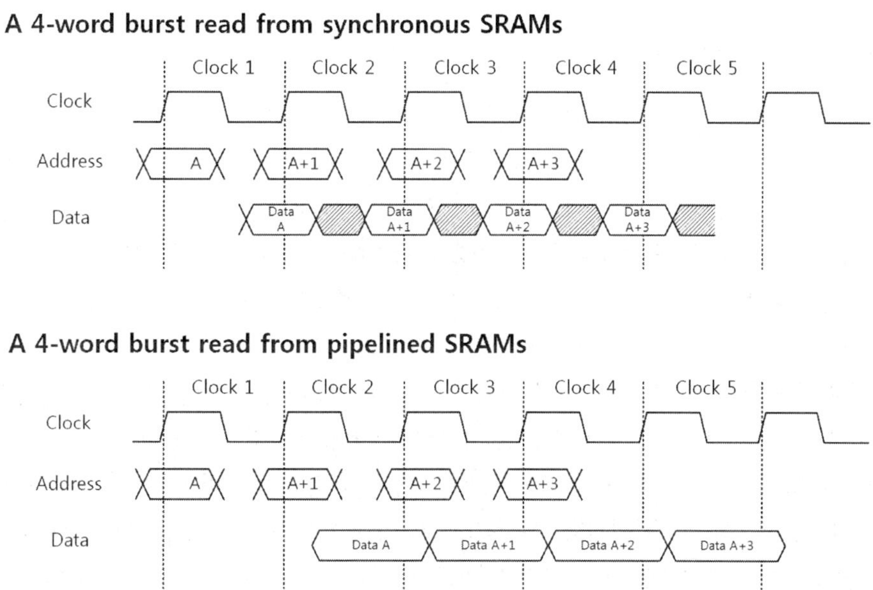

그림 6-3 파이프라인 구조 유무의 타이밍 차이

6.1.4 SRAM의 동작

SRAM은 주소 값을 입력하면 그 주소에 해당하는 데이터가 출력되는 단순한 구조로 입출력이 이루어진다. 일반적으로 사용하는 read/write, CE, WE 같은 기본적인 제어신호로 동

작이 가능하다. 읽기 동작을 수행할 경우 먼저 CE를 low 상태로 만들어 준다. WE는 쓰기 동작을 하도록 해주는 신호이며 active low로 동작한다. OE는 출력 동작 신호이며 high 상태일 경우 데이터 핀은 읽기 동작을 수행하기 적합한 상태가 되며 그 반대로 low 상태로 만들어주게 되면 쓰기 동작 수행에 적합한 상태가 된다. 읽기 동작을 수행하도록 WE, OE을 high 상태로 만들어 준다. 그 후 읽어올 데이터의 주소 값을 주소 핀으로 입력한다. 주소 값을 입력하게 되면 SRAM은 그에 해당되는 데이터 값을 데이터 핀으로 출력해준다. 출력한 데이터 값을 읽어간 후에 CE를 high 상태로 만든다.

쓰기 동작을 수행할 경우는 읽기 동작과 비교하여 WE, OE의 상태가 다르다. 읽기 동작과 반대로 WE와, OE를 low 상태로 만들어 준다. 그 후 SRAM에 쓸 데이터의 주소를 입력한다. 주소 값을 입력하고 쓰고 싶은 데이터 값을 데이터 핀으로 입력하면 SRAM은 데이터 핀으로 입력된 데이터를 내부에 저장한다. CE를 high로 만든다.

6.2 플래쉬 메모리

6.2.1 플래쉬 메모리 소개

플랫폼은 기본 메모리로 SRAM을 사용하고 있다. SRAM은 속도가 빠르지만 전원이 공급되는 동안만 데이터를 유지할 수 있기 때문에 전원을 차단할 경우 저장되어 있던 데이터가 사라지는 단점이 있다. 또한 집적도가 낮고 단가가 비싸 대용량으로 사용하기 어렵다. 이러한 단점을 보완하기 위하여 플래쉬 메모리를 사용한다. 플래쉬 메모리는 전원이 차단되어도 데이터를 저장하고 있는 비휘발성 메모리이다. 디스크 드라이브 같은 기계적인 동작이 필요없기 때문에 빠른 접근 시간, 저전력, 내충격, 온도, 소형, 경량, 무소음 등의 장점이 있다. SRAM과 비교하여 비교적 큰 용량을 제공할 수 있다. 위와 같은 특징로 인하여 일반적으로 플래쉬 메모리는 프로그램 메모리 또는 대용량 데이터 메모리로 사용한다.

플래쉬 메모리는 0이 저장되어 있는 위치에 1을 저장할 수 없으며 먼저 지우기(erase)기능을 실행하여 기존에 저장되어 있던 데이터를 모두 1로 초기화한 후 1을 0으로 바꿔주는 방식으로 동작한다. 플래쉬 메모리는 블록 단위로 쓰기(write)와 지우기(erase)기능을 실행하며 각각의 메모리 셀은 쓰기, 지우기 동작을 반복하게 되면 수명이 줄어들게 되고 10만회 정도가 되면 수명이 다하여 정상적으로 동작하지 못하는 상태가 된다.

플래쉬 메모리는 메모리를 구성하는 셀에 따라서 NAND 형태와 NOR 형태로 구분할 수 있다. NOR 형태는 각 셀의 드레인(drain)과 소스(source)가 전극에 부착되어있는 병렬구조이며 이로 인하여 메모리 어레이(memory array)의 위치에 관계없이 임의의 셀에 접근하는 것이 가능하기 때문에 일반적으로 코드 저장에 사용되며 용량 대비 가격 효율성이 떨어진다.

메모리로부터 직접 코드를 실행하는 애플리케이션을 사용하거나 고속의 동작을 요구하는 분야에 사용된다. NAND 형태는 이전 셀의 소스(source)가 다음 셀의 드레인(drain)에 연결되는 직렬구조이다. 직렬로 연결된 각각의 셀에서 순차적으로 데이터를 읽는다. 읽기 속도는 느리지만 높은 집적도로 인하여 Mbit 당 제조원가가 낮기 때문에 대용량이 필요한 데이터 저장분야에 사용된다.

메모리로부터 직접 코드를 불러와야 하기 때문에 임의 접근이 가능해야 한다. 이런 이유로 때문에 NOR 형태의 플래쉬를 사용하며 현재 플랫폼에서는 Intel 사의 Strata Flash memory (J3)를 사용하였다. 이 소자는 NOR Flash 방식이며 16bit의 데이터 폭(data Width)을 가지고 있다. 플랫폼의 시스템 버스가 32비트로 구성되어 있기 때문에 2개의 메모리칩을 병렬로 배치하여 32비트 메모리의 형태로 사용 가능하도록 되어있다. 메모리칩의 용량은 32Mbit이고 2개를 사용하였으므로 64Mbit(=8Mbyte)의 용량을 사용할 수 있다.

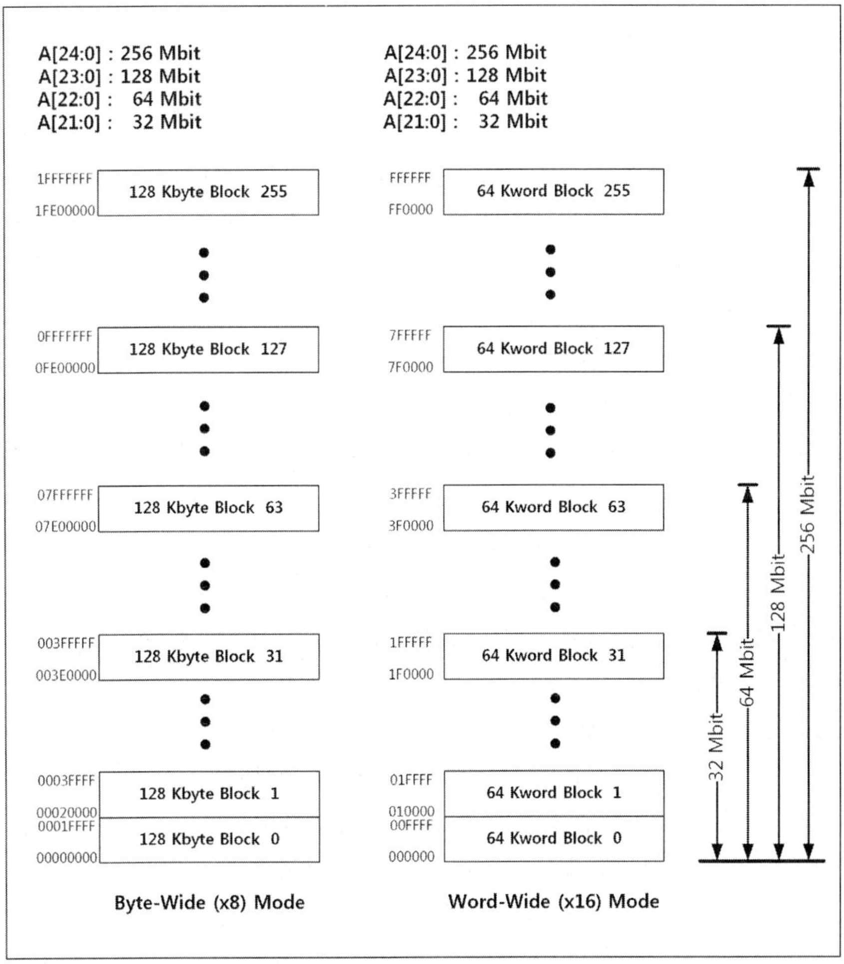

그림 6-4 Intel strata Flash 메모리 맵

플래쉬 메모리는 블록 단위로 동작을 수행한다. 플래쉬 메모리 내부 블록에 대한 메모리 맵이 [그림 6-4]에 나타나있다. Word-wide(16비트)모드로 설정하여 사용한다. 현재 플랫폼에서는 32Mbit 메모리를 사용하였으며 블록의 크기는 각각 64Kword(1Mbit)로 나누어져 있다. 총 32개의 블록으로 구성되며 각각의 블록에 고유한 번호가 부여되어 있다. 여기서 생각해야 할 점은 16비트 폭의 플래쉬 메모리 두 개가 병렬로 연결되어 있다는 점이다. 그래서 플래쉬 메모리가 동작할 경우에는 상위 16비트의 역할을 하는 메모리, 하위 16비트 역할을 하는 메모리는 제어신호를 공유하여 동시에 같은 동작을 수행하도록 해야 한다.

6.2.2 플래쉬 메모리의 입출력 신호

- FLASH_A0(Byte-select-address) : 8비트 모드로 사용될 때 상하 바이트 선택에 사용하며 byte_n 신호가 enable되어 있을 때만 사용 가능하다. 16비트 모드에서는 사용하지 않는다.
- SRAM_FLASH_A(Address input) : 읽기나 쓰기 동작일 경우 주소 값을 입력한다. 쓰기 사이클 동안은 주소 값이 어드레스 핀에 인가되어 있더라도 내부적으로 차단된다.
- SRAM_FLASH_D(Data) : 데이터 버스는 하위 바이트 데이터 버스[7:0]와 상위 바이트 데이터 버스[15:8]로 이루어져 있다. 버퍼 혹은 메모리 어레이에 쓰기 동작을 수행할 때 데이터를 입력 받거나 CUI 입력 모드일 경우 명령어를 입력받는다. 읽기 모드에서는 메모리 어레이에 저장되어 있는 데이터를 읽어 출력한다.
- FLASH_CE_N(Chip enable) : 플래쉬 메모리 내부의 제어 회로, 입력 버퍼, 디코더 등을 활성화한다. CE신호가 비활성화 되어있는 경우는 스탠바이 모드로 들어가게 되며 전력을 적게 소모한다.
- FLASH_OE_N(Output enable) : 플래쉬 메모리를 읽는 동작을 수행하는 동안 데이터 버퍼를 통하여 데이터가 출력 가능한 상태로 만들어 준다.
- FLASH_RP_N(Reset/power-down) : 신호가 low이면 내부 상태를 리셋하고 절전 모드로 들어가게 한다. 신호가 high일 경우 정상 동작 모드가 된다.
- FLASH_WE_N(Write enable) : CUI, 쓰기 버퍼, 메모리 어레이 블록에 쓰기 동작이 가능한 상태로 만들어 준다.
- FLASH_BYTE_N(Byte enable) : Low 값을 입력하면 8비트 모드가 되며 D[7:0]가 사용되고 D[15:8]은 hi-Z가 되며 A0가 상하 바이트를 결정한다.
- FLASH_STS(Status) : 내부 상태 기계(state machine)의 상태를 나타낸다. 기본 설정인 레벨 모드(level mode)일 경우 이 핀은 ready/busy# 신호로 동작한다. 펄스 모드(pulse mode)로 설정되어 있는 경우 쓰기, 지우기 동작이 종료되었는지를 나타낸다. 이러한 설정을 바꾸고 싶을 경우에는 환경설정 명령어(configuration command)를 확인한다.

6.2.3 Command User Interface 및 Status Register

- CUI(Command User Interface)

플래쉬 메모리에는 사용자의 편의를 위하여 읽기, 쓰기, 지우기 각각의 동작을 수행할 경우 복잡한 제어과정 없이 외부에서 원하는 동작을 의미하는 제어신호를 입력하면 내부에서 자동적으로 원하는 동작에 대한 시퀀스를 수행하도록 하는 CUI(Conmmand User Interface)가 있다. CUI에 적절한 명령어를 입력하면 명령어에 해당하는 플래쉬 메모리의 내부 시퀀스를 자동으로 실행한다. 주로 Write State Machine의 동작과 관련이 있으며 데이터 쓰기, 읽기에 필요한 알고리즘과 관련 타이밍을 자동적으로 처리해 준다. CUI에 사용되는 명령어는 다음 [표 6-1]과 같다.

표 6-1 CUI 인터페이스의 명령어

Command	Data
Read array(Read)	0xFF
Read Status Register	0x70
Clear Status Register	0x50
Word / Byte Program(Write)	0x40
Block Erase	0x20
Block Erase, Program suspend	0xB0
Block Erase, Program Resume	0xD0

- Read array(Read) : 플래쉬 메모리 내부의 메모리 어레이를 읽을 수 있도록 하는 모드이다. 메모리에 저장된 데이터를 읽는 동작이다.
- Read Status Register : 상태 레지스터(status register)를 읽어 들이는 모드이다. 플래쉬 메모리의 여러 가지 동작을 수행할 경우 메모리의 현재 상태를 확인하여 원하는 동작이 수행 가능한 상태인가를 확인하여야 한다. 메모리의 상태 확인을 위하여 먼저 상태 레지스터를 읽어 플래쉬 메모리의 현재 상태를 확인한 후 원하는 동작을 수행하기 적절한 상태임을 확인한 다음에 동작시켜야 원하는 동작이 정상적으로 실행된다.
- Clear Status Register : 상태 레지스터를 0으로 clear 한다.
- Word/Byte Program(Write) : 데이터 쓰기 모드이다. 첫 번째 버스 사이클에서 0x40을 입력하여 메모리를 데이터 쓰기 가능 상태로 전환하고 두 번째 버스 사이클에서 메모리에 저장할 주소 값과 데이터를 입력한다.
- Block Erase : Block erase는 데이터가 저장되어있는 블록을 지우는 동작을 한다. 이 동작을 수행하게 되면 블록이 1로 초기화 된다. 플래쉬 메모리는 블록 단위로 읽기 쓰기

동작을 수행한다. 첫 번째 버스 사이클에서는 0x20을 입력하여 지우기 모드로 전환하고 두 번째 버스 사이클에서 블록의 주소 값과 지우기 동작을 실행할 것인지를 확인하는 의미의 명령어인 0x02를 입력한다.

- Status Register

플래쉬 메모리 내부에서 현재 진행되고 있는 동작 상태를 표시해주는 상태 레지스터가 존재한다. WSM(Write State Machine)이 데이터 읽기, 쓰기, 블록 지우기 등의 동작을 완료한 후의 작업 결과 상태를 나타낸다. 원하는 메모리 동작을 실행하기 전에 메모리가 원하는 동작을 실행하기에 적절한 상태로 되어있는지 확인한 후에 동작시켜야 정상적으로 작동된다. 원하는 동작을 실행하기 전에는 이전의 동작이 아직 실행이 되고 있는지, 아니면 종료되어 다음 동작을 위한 대기상태에 있는지를 반드시 확인해야 한다. 또는 이전에 실행한 동작 도중에 에러가 발생하였거나 예외 상황이 발생할 수도 있다. 이러한 여러 상황을 확인할 수 있도록 상태 레지스터에 저장하고 그 값을 확인함으로써 메모리의 동작 및 현재 상태를 확인할 수 있도록 되어있다. 상태 레지스터는 8비트이며 각각의 비트가 나타내는 메모리의 상태는 [표 6-2]와 같다.

표 6-2 상태 레지스터의 각 비트별 의미

7	6	5	4	3	2	1	0
WSMS	ESS	ECLBS	PSLBS	VPENS	PSS	DPS	R

SR.0 RESERVED	SR.4 PROGRAM AND SET LOCK-BIT STATUS 1 = Program Error / Error in Setting Lock-Bit 0 = Successful Program/Set Block Lock Bit
SR.1 DEVICE PROTECT STATUS 1 = Block Lock-Bit Detected, Operation Abort 0 = Unlock	SR.5 ERASE AND CLEAR LOCK-BIT STATUS 1 = Error in Block Erasure or Clear Lock-Bits 0 = Successful Block Erase or Clear Lock-Bits
SR.2 PROGRAM SUSPEND STATUS 1 = Program suspended 0 = Program completed	SR.6 ERASE SUSPEND STATUS 1 = Block Erase Suspended 0 = Block Erase Completed
SR.3 PROGRAMMING VOLTAGE STATUS 1 = low Programming Voltage Detected, Operation Aborted 0 = Programming Voltage OK	SR.7 WRITE STATE MACHINE STATUS 1 = Ready 0 = Busy

6.2.4 플래쉬 메모리 동작의 제어

플래쉬 메모리를 동작시키기 위해서는 제어 프로그램이 필요하다. 제어 프로그램은 C 언어로 작성되어 있다.

- 상태 레지스터 읽기 동작

  일반적으로 플래쉬 메모리의 여러 동작을 수행하기 전에는 상태 레지스터(status register)의 값을 읽어 현재 상태를 파악해야 한다. 상태 레지스터 읽기 동작의 흐름도를 [그림 6-5]에 나타내었다. CUI를 통하여 0x0070의 값을 입력하면 메모리는 상태 레지스터의 값을 읽을 수 있는 상태가 된다. 상태 레지스터의 최상위 비트는 메모리에 읽기, 쓰기, 지우기 동작을 수행하는 WSM(write state machine)의 상태를 나타내는데 이 값이 1일 경우는 상태(ready), 0일 경우 동작 중(busy)임을 나타낸다. Busy 상태일 경우는 ready 상태로 전환될 때까지 상태 레지스터의 최상위 비트를 반복하여 확인하고 최상위 비트가 1이 되어 ready 상태가 된 것이 확인되면 원하는 동작을 수행하도록 한다.

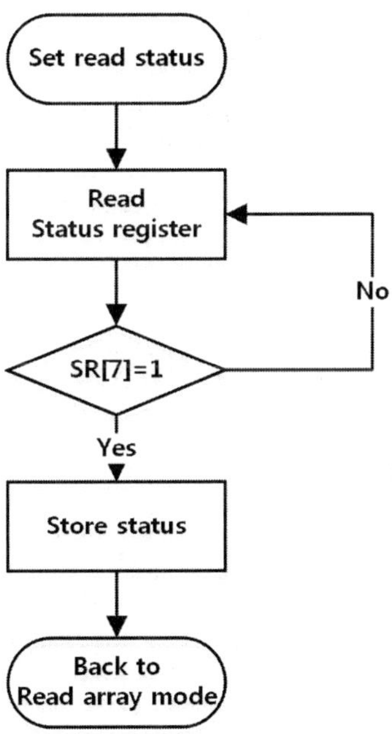

그림 6-5 상태 레지스터 읽기 흐름도

- Array 읽기 동작

  CUI에 0x00FF를 입력하면 read array 모드가 된다. 메모리 어레이 읽기 동작의 흐름도를 [그림 6-6]에 나타내었다. 다른 명령이 들어올 때까지 모드가 지속되며 입력된 주소 값에 따라서 읽기 동작을 수행한다. 원하는 데이터를 모두 읽어 들인 후에는 대기상태로 두거나 0x00D0을 입력하여 읽기 동작을 수행하기 위하여 정지된 쓰기 동작을 다시 실행한다.

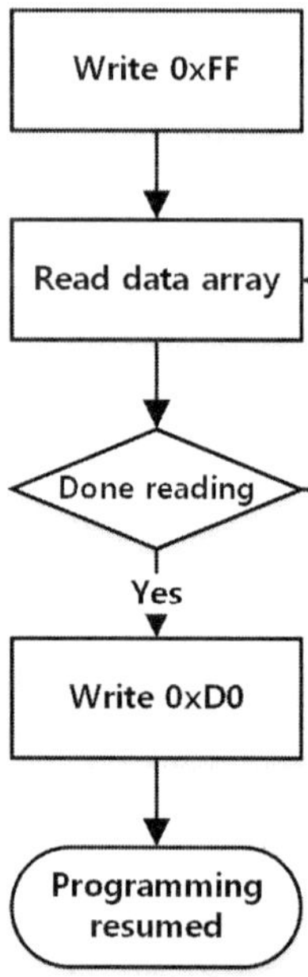

그림 6-6 읽기 동작 흐름도

• 블록 지우기 동작

지우기(erase) 동작은 버스 사이클 2회가 필요하다. 주소 핀에는 블록의 주소 값을 입력하고 데이터 핀에는 첫 번째 사이클에는 0x0020를 입력하여 지우기 모드로 설정하고 두 번째 사이클에는 0x00D0을 입력하여 지우기 확인 명령어(confirm command)를 입력한다. 확인 명령어는 지우기 명령어를 입력한 뒤 반드시 입력해주어야 한다. 확인 명령어가 입력되고 나면 지우기 동작이 실행된다. 지우기 동작이 시작되면 상태 레지스터의 8번째 비트를 읽어 WSM(Write state machine)이 ready 상태인지 확인한다. Busy 상태일 경우는 지우기 동작을 계속 유지하고 지우기 동작이 끝나면 WSM의 상태가 ready 상태로 바뀌게 된다. WSM이 ready 상태가 되어 지우기 동작이 끝난 것이 확인되면 플래쉬 메모리의 상태 오류에 관한 테스트를 수행한다. 테스트가 끝나면 상태 레지스터를 클리어(clear)하고 플래쉬 메모리를 읽기 모드로 전환한다. 블록 지우기 동작에 대한 흐름도는 [그림 6-7]과 같다.

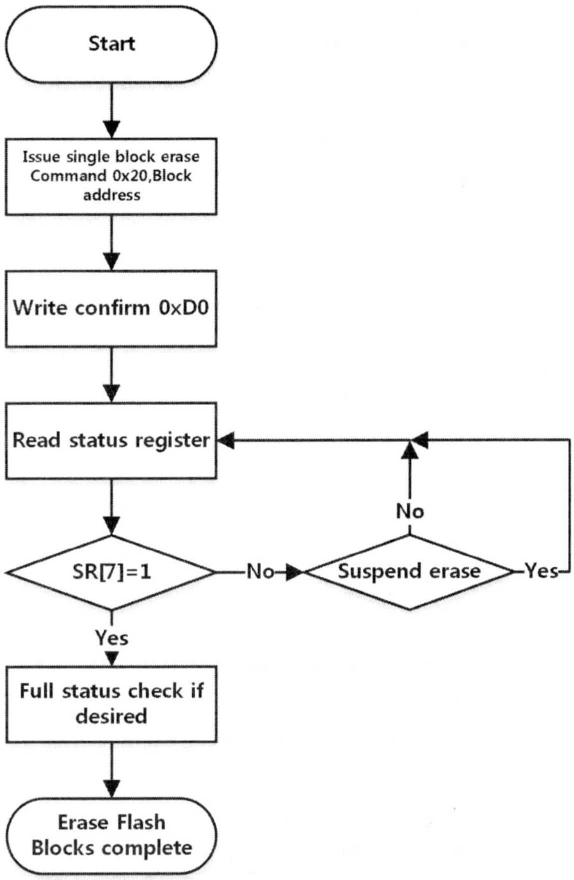

그림 6-7 블록 지우기 흐름도

- 쓰기 동작

CUI에 명령어 0x0040을 입력하여 쓰기 상태(Word/Byte programming mode)가 되도록 설정한다. 쓰기 동작의 흐름도는 [그림 6-8]과 같다. 쓰기 상태일 때 주소 값과 데이터를 입력하면 메모리에 저장되며 원하는 데이터를 다 쓰고 난 후에는 상태 레지스터 읽기 모드로 전환한다. Ready 상태가 되었는지 확인하기 위하여 상태 레지스터의 최상위 비트가 1이 되었는지 확인한다. 쓰기 동작이 끝난 것이 확인되면 플래쉬 메모리의 상태 오류에 관한 테스트를 수행한다. 테스트가 끝나면 상태 레지스터를 클리어(clear)하고 플래쉬 메모리를 읽기 모드로 전환한다.

그림 6-8 쓰기 동작 흐름도

6.3 메모리의 연결

현재 SoC 플랫폼에 탑재되어 있는 Flash 메모리와 SRAM 메모리의 핀은 공통적으로 데이터 버스, 어드레스 버스를 가지고 있으며 각각의 제어신호를 가지고 있다. 그래서 Flash 메모리와 SRAM의 경우 SoC와 연결될 데이터 버스와 어드레스 버스를 서로 공유할 수 있다. SRAM과 플래쉬 메모리, 인터페이스 모듈의 연결 구조를 [그림 6-9]에서 나타내었다.

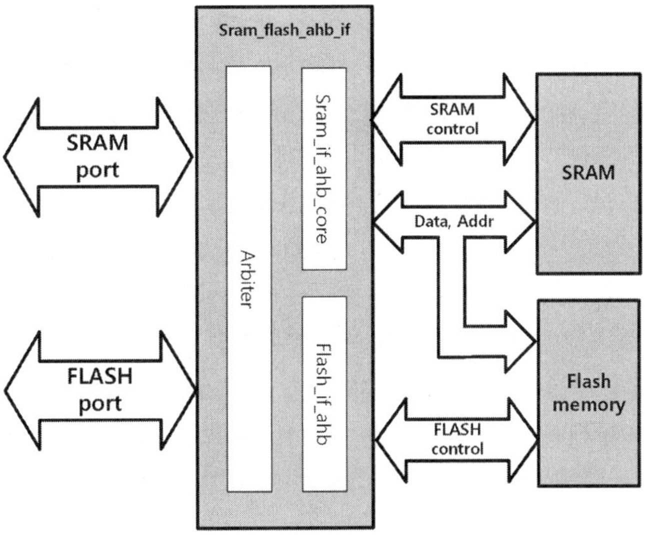

그림 6-9 SRAM과 플래쉬 메모리 인터페이스 모듈의 연결 구조

메모리 인터페이스 블록은 AHB 슬레이브 포트(Slave Port)에 연결된다. 그렇기 때문에 AHB 버스 슬레이브 측의 규격에 맞게 설계하여야 하고 AHB 버스에서 메모리로 보내는 제어 신호 또는 주소를 각각의 메모리 동작에 적합하도록 변환해주어야 한다. FPGA 외부로 나가는 신호는 PCB에 실장된 각각의 칩과 구리 패턴(copper pattern)으로 연결되는데 SRAM과 플래쉬 메모리의 제어신호는 각각 따로 출력된다. 하지만 데이터와 어드레스 신호는 FPGA와 연결되는 Pin의 수를 줄이기 위하여 두 메모리가 함께 공유하는 구조로 되어있다.

FPGA의 핀 개수는 한정되어 있으며 현재 플랫폼에서는 다양한 주변장치를 사용하기 때문에 많은 핀이 사용된다. 이런 이유로 SRAM과 플래쉬 메모리가 메모리 인터페이스를 공유하도록 구성하였다. 메모리의 경우 버스 폭만큼의 데이터 핀과 메모리의 용량에 맞는 수의 어드레스 핀이 필요하다. SRAM과 Flash memory를 각각의 인터페이스 블록으로 연결할 경우 SRAM과 플래쉬 메모리 각각의 데이터 핀 32개씩 64개, SRAM의 address pin 22개, 플래쉬 메모리의 address pin 20개, 도합 106핀과 그 외의 제어신호 핀이 필요하다. 하지만 데이터와 어드레스 핀을 공유할 경우 데이터 핀 32개, 어드레스 핀 22개, 54개의 핀만으로 두 메모리의 데이터 모두 통신할 수 있어 인터페이스를 각각 구성할 경우와 비교하였을 때 절반 정도의 핀으로 두 종류의 메모리 모두 구동할 수 있다. 구조적으로 두 메모리에 동시에 접근할 수는 없으나 일반적인 경우 서로 다른 종류의 메모리에 대하여 같은 타이밍에 동시에 접근하지 않기 때문에 문제가 되지 않는다.

플랫폼에서 메모리에 접근할 경우 SRAM_Flash 인터페이스 모듈을 거쳐 외부의 메모리칩에 접근하게 된다. 앞에서 설명하였듯이 SRAM, 플래쉬 메모리가 주소 라인과 데이터 라인을 공유하는 구조이기 때문에 특정한 한 시점에는 둘 중 하나의 메모리에만 접근할 수 있다.

AMBA의 선택(select), 요청(request) 등의 신호 값에 따라서 특정한 조건이 일치하게 될 경우 SRAM과 플래쉬 메모리 둘 중 하나를 선택하여 데이터를 주고받는다.

공통으로 사용하는 데이터, 어드레스 버스에 대하여 SRAM과 플래쉬 메모리 중 어느 메모리의 데이터를 입출력할 것인지를 선택하는 조건에 대한 HDL 코드가 [코드 6-1]에 명시되어 있다. Sram_flash_d 신호는 RAM과 플래쉬 메모리의 공통 데이터 입출력 신호를 나타낸다. 첫 번째 줄과 두 번째 줄의 코드에서 알 수 있듯이 이 신호는 SRAM과 플래쉬 메모리의 입력 핀으로 바로 입력된다. FLASH_GRANT은 SRAM과 플래쉬 메모리 중 하나의 신호를 선택하는 역할을 한다. 이 신호를 통하여 두 메모리가 공통으로 사용하고 있는 데이터, 주소 버스를 통하여 입출력 될 정보들이 어느 메모리에서 입출력 될지가 결정된다. FLASH_GRANT가 0일 경우는 SRAM의 데이터가, 1일 경우는 플래쉬 메모리의 데이터가 버스로 입출력 된다. 또한 각 메모리의 WE와 OE 신호 또한 FLASH_GRANT로 제어되는 것을 확인할 수 있다.

```
assign  FLASH_D_I = sram_flash_d;
assign  sram_d_i = sram_flash_d;
assign  sram_flash_a = (FLASH_GRANT) ? FLASH_A : {3'b0,sram_a};
assign  sram_flash_d = (SRAM_FLASH_D_T) ? 32'bz : SRAM_FLASH_D_O;
assign  SRAM_FLASH_D_T = (FLASH_GRANT) ? FLASH_D_T : sram_d_t;
assign  SRAM_FLASH_D_O = (FLASH_GRANT) ? FLASH_D_O : sram_d_o;
assign  sram_flash_web =(FLASH_GRANT) ? FLASH_WE_N : sram_we_b;
assign  sram_flash_oeb =(FLASH_GRANT) ? FLASH_OE_N : sram_oeb;
```

코드 6-1 SRAM과 플래쉬 메모리의 입출력 선택 조건 HDL 코드

6.4 시뮬레이션

앞의 내용에서 SRAM과 플래쉬 메모리의 일반적인 특징, 하드웨어 구조와 기능에 대하여 설명하였다. 이번 절에서는 SRAM-Flash 메모리 인터페이스 모듈의 동작과 각 메모리의 동작을 HDL 시뮬레이션을 이용하여 확인할 것이다. SRAM과 플래쉬 메모리는 플랫폼에 탑재된 메모리의 시뮬레이션 모델을 사용한다. 시뮬레이션 모델은 실제 메모리 소자의 동작을 HDL 코드로 기술해 놓은 것으로 이를 사용하면 실제 칩을 사용하지 않고도 시뮬레이션으로 메모리가 어떠한 동작을 하는지 확인할 수 있다.

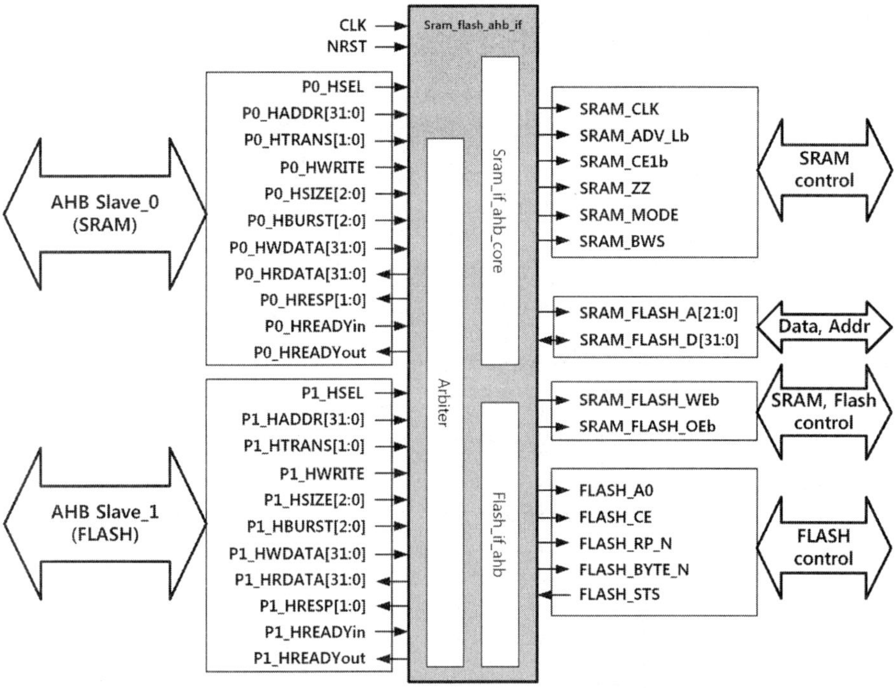

그림 6-10 SRAM-Flash 공동 인터페이스 모듈 블록도

우선 시뮬레이션 대상이 되는 하드웨어의 관련신호를 [그림6-10]에 나타내었다. 이를 살펴보면, SRAM과 플래쉬 메모리의 입출력 포트를 알 수 있다. 인터페이스 모듈의 좌측 신호들은 AMBA AHB와 연결되는 신호이며 두 개의 포트를 사용하여 SRAM과 플래쉬 메모리의 데이터를 따로 받아들인다. 우측의 신호들은 각 메모리의 제어신호와 주소, 데이터 버스 신호이다. 인터페이스 블록은 AMBA AHB 버스의 신호를 받아 사용자가 각각의 메모리를 적절히 제어하여 사용할 수 있도록 하며, 최종적으로 구성된 SoC의 외부에 탑재된 메모리 칩에 연결되어 실제 데이터를 송수신하는 포트로 사용된다.

이번 절에서는 [그림6-10]에 보인 메모리 인터페이스 모듈과 각 메모리의 시뮬레이션 모델을 대상으로 하며 SRAM의 데이터 읽기, 쓰기 동작과 플래쉬 메모리의 읽기, 지우기, 쓰기 동작에 대하여 시뮬레이션을 진행하였다.

6.4.1 SRAM 동작 시뮬레이션

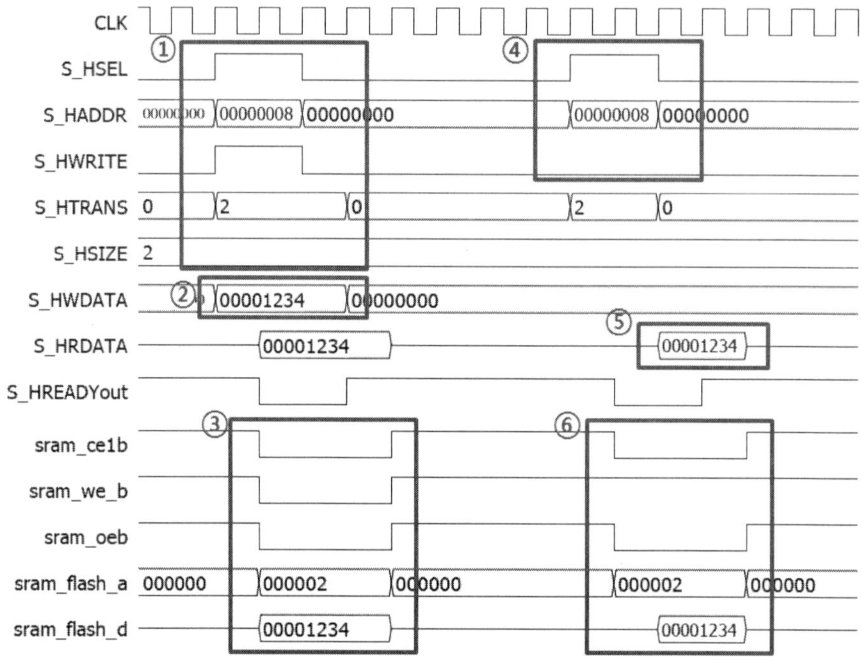

그림 6-11 SRAM의 쓰기 및 읽기 파형

SRAM의 쓰기, 읽기 동작에 대한 파형을 [그림 6-11]에 나타내었다. 쓰기 동작을 수행한 후 정상적으로 저장되었는지를 읽기 동작을 통하여 확인하는 과정을 보여주고 있다.

① SRAM에 대한 쓰기 과정을 수행하기 위한 SRAM 포트 신호이다. 선택신호(S_HSEL)에 1을 입력하고 쓰기 원하는 위치의 주소(0x00000008)를 S_HADDR에 입력한다. S_HWRITE는 읽기, 쓰기 동작을 선택하는 신호이며 1을 입력하여 쓰기 동작을 수행하도록 한다. AMBA의 P0_HTRANS 신호에 단일 데이터 전송을 의미하는 2(102)를 입력하고 P0_SIZE 신호에 32비트 데이터를 의미하는 2(102)를 입력한다.

② 저장하고 싶은 데이터(0x00001234)를 S_HWDATA에 입력한다.

③ SRAM의 CE(chip enable), WE(write enable), OE(output enable)등의 제어신호가 나타나 있다.

쓰기 동작이 정상적으로 수행되었는지 확인하기 위하여 데이터를 저장한 위치에 대하여 읽기 동작을 수행한다.

④ SRAM에 대한 읽기 과정을 수행하기 위한 SRAM 포트 쪽의 신호이다. 선택신호(S_HSEL)에 1을 입력하고 읽기 원하는 위치의 주소(0x00000008)를 S_HADDR에 입력한다. S_HWRITE에는 0를 입력하여 읽기 동작을 수행하도록 한다.

⑤ SRAM내부에 저장되어 있던 데이터 값은 S_HRDATA(read data bus)를 통하여 AMBA의 포트로 출력된다. S_HREADY 신호는 AMBA의 전송상태를 나타내는 신호로써 AMBA 버스에서 데이터가 전송되는 중에는 low 상태가 된다.

⑥ 위의 ⑤ 내용은 SRAM 시뮬레이션 모듈에서 ⑥과 같은 동작을 거쳐 출력된다. Sram_flash_a를 통하여 SRAM으로 주소 값이 입력되고 CE, OE 신호가 low 상태로 활성화됨을 확인할 수 있다. 주소(0x00000008)에 대한 데이터 0x00001234가 sram_flash_d를 통하여 출력되는 것을 확인할 수 있다

6.4.2 플래쉬 메모리 동작 시뮬레이션

플래쉬 메모리는 상태 레지스터 읽기, 데이터 지우기, 쓰기, 읽기 순으로 시뮬레이션을 진행하였다. 먼저 상태 레지스터를 읽어 플래쉬 메모리가 동작 가능한 상태인지 확인한다. 블록 지우기 동작을 수행하여 플래쉬 메모리를 초기화한 후 임의의 한 블록을 읽어 데이터가 1로 채워져 있음을 확인 후 쓰기 동작을 수행하고 쓴 데이터가 정상적으로 저장되었는지 읽기 동작을 통하여 출력해 본다.

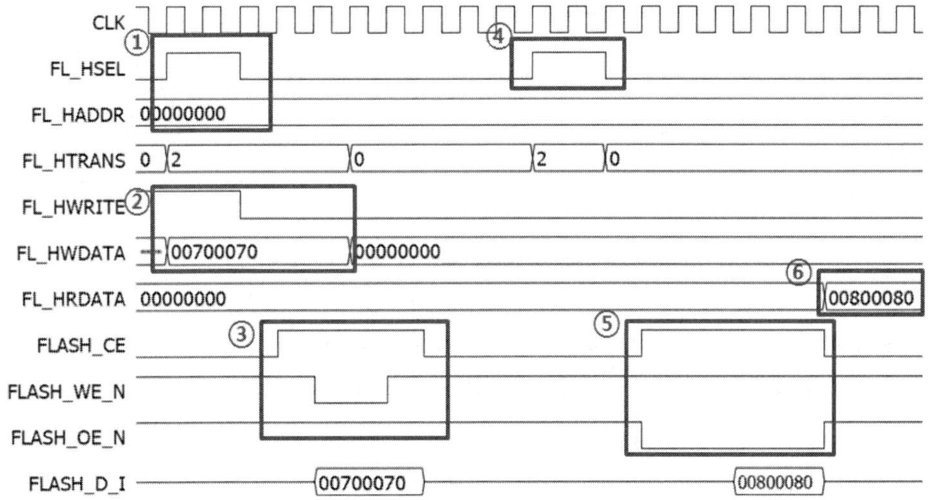

그림 6-12 상태 레지스터 읽기 파형

플래쉬 메모리의 상태 레지스터를 확인하는 동작을 [그림 6-12]에 보여주고 있다. 상태 레지스터 읽기 모드의 전환과 현재 상태 출력에 대한 파형이다.

① 플래쉬 메모리 선택 신호(FL_HSEL)를 입력한다. CUI 명령어는 주소(FL_HADDR)와 무관하게 동작한다.

② 명령어를 입력하기 위하여 쓰기 동작 신호(FL_HWRITE)에 1을 입력하고 상태 레지스터 읽기 모드를 의미하는 CUI 명령어 0x00700070을 입력한다. 이는 상하위 16비트씩 나누어져 0x0070의 형태로 2개의 플래쉬 메모리에 입력된다.

③ 플래쉬 메모리 칩 셀렉트 신호(FLASH_CE)와 쓰기 신호(WE)가 활성화되는 것을 볼 수 있다.

④ 일정 클럭이 지난 후 다시 플래쉬 메모리를 선택한다.

⑤ CE신호와 데이터를 출력하기 위한 OE(out enable)가 활성화되어 있다.

⑥ 상태 레지스터의 상태값 0x00800080이 FL_HRDATA를 통하여 출력되는 것을 알 수 있다. 0x0080은 상태 레지스터의 8번째 비트가 1인 것을 의미하며 현재 플래쉬 메모리가 ready 상태인 것을 의미하며 다른 동작의 수행이 가능하다는 것을 의미한다.

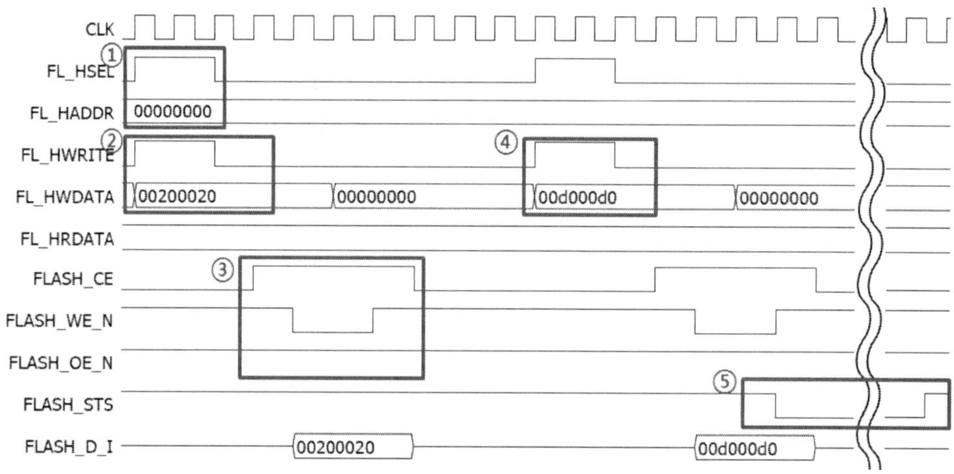

그림 6-13 블록 지우기 동작 파형

플래쉬 메모리의 블록 지우기 과정을 [그림 6-13]에 보여주고 있다. 지우기 동작에 필요한 CUI 입력과 플래쉬 메모리가 동작 중에 있음을 나타내는 FLASH_STS 신호를 확인한다.

① 플래쉬 메모리 선택 신호(FL_HSEL)를 입력한다.

② 블록 지우기 모드를 의미하는 CUI 명령어 0x00200020을 입력한다.

③ 플래쉬 메모리의 제어신호 CE와 WE가 활성화 된 것을 볼 수 있다.

④ 지우기 동작은 데이터를 지우기 전에 지우기 동작을 수행할 것인지 재확인하는 과정을 거친다. 지우기 동작 확인 명령어인 0x00d000d0을 입력한다.

⑤ FLASH_STS의 상태가 high에서 low로 전환된다. 동작을 수행중이라는 BUSY상태를 나타내며 시뮬레이션 시간으로 1초가 소요되며 동작이 완료된 이후에 FLASH_STS의 상태가 low에서 high로 전환되며 ready 상태가 되었음을 나타낸다.

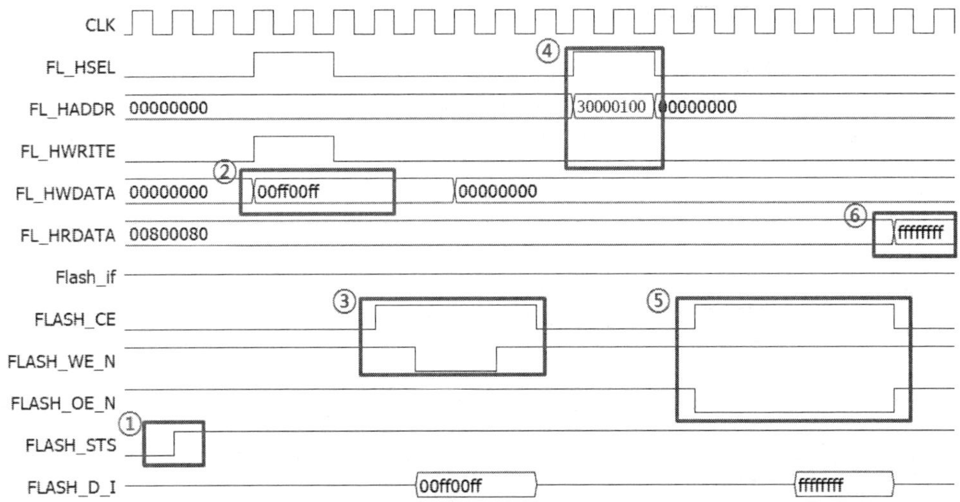

그림 6-14 지우기 동작 완료 후 읽기 동작 파형

블록 지우기 동작 이후 임의의 주소에 대하여 블록이 지워졌는지 확인하기 위하여 읽기 동작을 수행하는 과정을 [그림 6-14]에서 보여주고 있다.

① 읽기 지우기 동작이 ①에서([그림 6-13]의 ⑤시점) 완료된다.
② 메모리 읽기 모드를 의미하는 CUI 명령어 0x00ff00ff를 입력한다.
③ 칩 셀렉트 신호(CE)와 쓰기 동작 가능 신호(WE)가 활성화 된다.
④ 선택 신호와 함께 읽기 동작을 수행할 주소 값(0x30000100)을 입력한다. 읽기 동작이므로 FL_HWRITE에 0을 입력한다.
⑤ 칩 셀렉트 신호(CE)와 출력 가능 신호(OE)가 활성화 된다.
⑥ 주소에 대한 데이터 0xffffffff가 FL_HRDATA를 통하여 출력되는 것을 볼 수 있다.

임의의 주소 0x30000100의 데이터는 0xffffffff으로 초기화 된 것을 확인할 수 있으며 이 주소의 데이터를 사용하여 쓰기 동작을 확인한다.

제 6 장

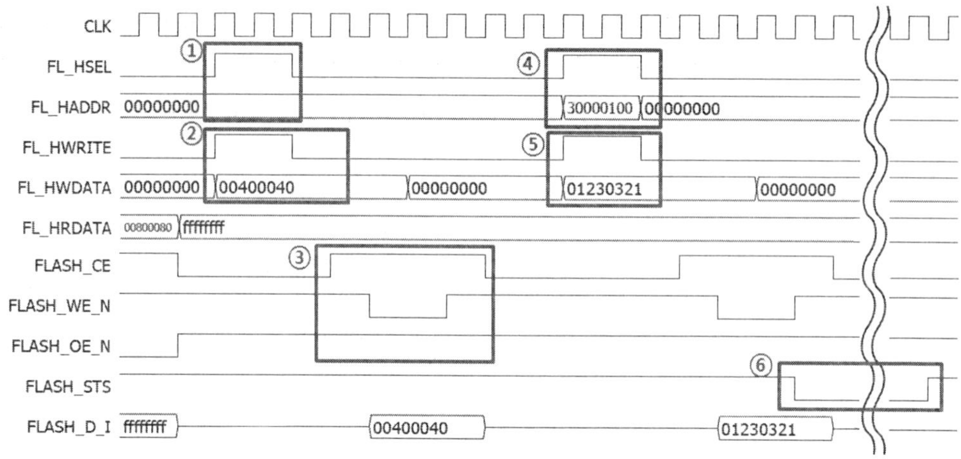

그림 6-15 쓰기 동작 파형

플래쉬 메모리의 쓰기 동작을 [그림 6-15]에 보여주고 있다. 쓰기 동작에 필요한 CUI 명령어 입력 과정과 쓰기 동작을 수행할 주소와 데이터를 확인하며 플래쉬 메모리가 동작 중에 있음을 나타내는 FLASH_STS 신호를 통하여 현재 메모리 상태를 알아볼 수 있도록 한다.

① 플래쉬 메모리 선택 신호(FL_HSEL)를 입력한다.
② 쓰기 모드를 의미하는 CUI 명령어 0x00400040을 입력한다.
③ 플래쉬 메모리의 제어신호 CE와 WE가 활성화 된 것을 볼 수 있다.
④ 쓰기 동작을 수행할 주소(0x30000100)를 입력한다.
⑤ 쓰기 원하는 데이터(0x01230321)를 입력한다.
⑥ FLASH_STS의 상태가 high에서 low로 전환된다. 동작을 수행 중이라는 busy 상태를 나타내며 시뮬레이션 시간으로 210μs가 소요된다. 쓰기 완료 이후에 FLASH_STS의 상태가 low에서 high로 전환되어 쓰기 동작이 완료되고 ready 상태가 되었음을 나타낸다.

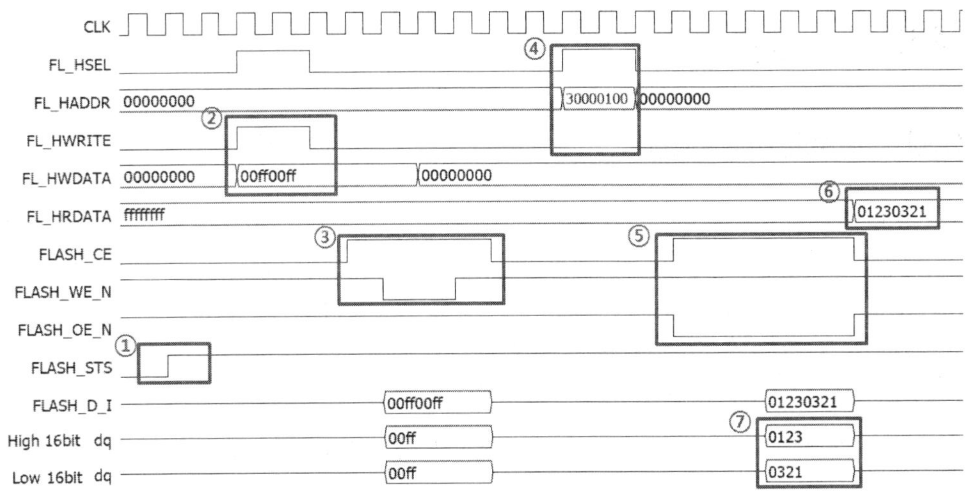

그림 6-16 쓰기 동작 완료 후 읽기 동작 파형

쓰기 동작 이후 원하는 주소의 위치에 데이터가 정상적으로 저장되었는지 확인하기 위하여 읽기 동작을 수행하는 과정을 [그림 6-16]의 파형으로 나타내었다.

① 쓰기 동작이 [그림 6-16]의 ①에서([그림 6-15]의 ⑥시점) 완료된다.
② 플래쉬 메모리 선택 신호(FL_HSEL)를 입력과 함께 메모리 읽기 모드를 의미하는 CUI 명령어 0x00ff00ff를 입력한다.
③ 칩 셀렉트 신호(CE)와 쓰기 동작 가능 신호(WE)가 활성화 된다.
④ 선택 신호와 함께 읽기 동작을 수행할 주소 값(0x30000100)을 입력한다. 읽기 동작이므로 FL_HWRITE에 0을 입력한다.
⑤ 칩 셀렉트 신호(CE)와 출력 가능 신호(OE)가 활성화 된다.
⑥ 이전 쓰기 과정에서 저장한 데이터 0x01230321가 FL_HRDATA를 통하여 출력되는 것을 볼 수 있다.
⑦ 상위 16비트 데이터 0x0123과 하위 16비트 데이터 0x0321이 병렬로 연결되어 데이터 0x01230321이 됨을 dq 신호를 통하여 확인할 수 있다.

6.5 실습

6.5.1 시뮬레이션 실습

이번에는 앞 절에서 설명한 시뮬레이션 파형을 실습을 통해 직접 확인해 보고자 한다. 시뮬레이션을 위해 함께 제공되는 CD에서 실습 스크립트를 실행하면 HDL 시뮬레이터인 모델심(ModelSim)을 이용하여 앞 절에서 보인 파형을 직접 확인할 수 있다.

- 실습 스크립트 경로 : /sim/ch06_SRAM/run.bat

실습 스크립트에 사용될 RTL 코드 및 테스트벤치는 다음의 경로에 저장되어 있다.

- testbench/ch06_SRAM/tb_SRAM_Flash_if.v
- verilog/SRAM/sram_core.v
- verilog/SRAM/sram_if_ahb.v
- verilog/FLASH/flash_if_ahb.v
- verilog/FLASH/sram_core_q_f.v
- verilog/FLASH/sram_flash_if_ahb.v
- testbench/ch06_SRAM/flash_model/J3_32Mb_100.v
- testbench/ch06_SRAM/flash_model/J3a.v
- testbench/ch06_SRAM/sram_model/CY7C1354C.v

스크립트가 정상적으로 실행되면, 모델심이 실행되고, 시뮬레이션 파형이 화면에 표시된다. 다음 [표 6-3]를 참고하여 앞 절의 각 파형을 직접 탐색하여 확인해 보도록 하자. 플래쉬 메모리의 경우 지우는 동작과 쓰는 동작의 시뮬레이션 시간이 오래 걸리는 것을 유의하도록 한다.

표 6-3 시뮬레이션 파형 확인을 위한 탐색 위치

번호	시작 위치(us)	끝 위치(us)
그림 6-11	0.5	1.2
그림 6-12	1.6	2.4
그림 6-13	2.4	1000003
그림 6-14	1000003	1000004
그림 6-15	1000004	1000015
그림 6-16	1000215	1000217

6.5.2 테스트벤치 분석

이번 절에서는 앞 절에서 시뮬레이션을 수행하기 위해 사용한 테스트벤치를 분석해 보고자 한다. 테스트벤치 파일을 분석하면 앞서 보인 시뮬레이션 결과가 어떻게 만들어지는지를 알 수 있고 또한 이를 수정하여 이 책에서는 보이지 않은 다른 실험을 해 볼 수도 있다. 이 장에서 사용된 테스트벤치 파일은 다음의 경로에 저장되어 있다.

- testbench/ch06_SRAM/tb_SRAM_Flash_if.v

테스트벤치는 실습에서 사용한 다른 RTL 소스 코드와 같이 Verilog HDL 언어로 기술되어 있다. 따라서 이를 분석하고 수정하기 위해서는 기본적인 수준의 Verilog HDL 문법에 대한 이해가 요구된다. 이번 절에서는 테스트벤치 파일의 모든 부분을 다루지는 않으며, 특징적인 부분만을 추려서 설명한다. 여기에서 다루지 않은 파일의 나머지 부분과 Verilog HDL 언어의 문법에 관련한 학습은 추후 독자의 몫으로 남겨둔다.

테스트벤치 파일을 텍스트 편집기 등을 사용하여 열어보면 앞 부분에서 [코드 6-2]와 같은 내용을 확인할 수 있다. 이는 시뮬레이션 대상이 되는 SRAM_Flash 인터페이스 모듈을 연결하는 기능을 수행한다.


```
sram_flash_if_dual_ahb   sram_flash_if_dual_ahb(
.CLK                     (HCLK            ),
.NRST                    (NRST            ),

.P0_HSEL                 (S_HSEL          ),
.P0_HADDR                (S_HADDR         ),
.P0_HTRANS               (S_HTRANS        ),
.P0_HWRITE               (S_HWRITE        ),
.P0_HSIZE                (S_HSIZE         ),
.P0_HBURST               (S_HBURST        ),
.P0_HWDATA               (S_HWDATA        ),
.P0_HRDATA               (S_HRDATA        ),
.P0_HRESP                (S_HRESP         ),
.P0_HREADYin             (S_HREADYout     ),
.P0_HREADYout            (S_HREADYout     ),
```

코드 6-2(1) 시뮬레이션 대상 모듈의 연결

```
.FL_HSEL                (FL_HSEL        ),
.FL_HADDR               (FL_HADDR       ),
.FL_HTRANS              (FL_HTRANS      ),
.FL_HWRITE              (FL_HWRITE      ),
.FL_HSIZE               (FL_HSIZE       ),
.FL_HBURST              (FL_HBURST      ),
.FL_HWDATA              (FL_HWDATA      ),
.FL_HRDATA              (FL_HRDATA      ),
.FL_HRESP               (FL_HRESP       ),
.FL_HREADYin            (FL_HREADYout   ),
.FL_HREADYout           (FL_HREADYout   ),
.FLASH_A0               (FLASH_A0       ),
.FLASH_CE               (FLASH_CE       ),
.FLASH_RP_N             (FLASH_RP_N     ),
.FLASH_BYTE_N           (FLASH_BYTE_N   ),
.FLASH_STS              (FLASH_STS      ),

.sram_flash_web         (sram_flash_web ),
.sram_flash_oeb         (sram_flash_oeb ),

.sram_flash_d           (sram_flash_d   ),
.sram_clk               (sram_clk       ),
.sram_adv_lb            (sram_adv_lb    ),
.sram_ce1b              (sram_ce1b      ),
.SRAM_ZZ                (SRAM_ZZ        ),
.sram_mode              (sram_mode      ),
.sram_bws               (sram_bws       ),
.sram_flash_a           (sram_flash_a   )
);
```

코드 6-2(2) 시뮬레이션 대상 모듈의 연결

SRAM과 플래쉬 메모리를 실제 칩을 사용하지 않고 컴퓨터 시뮬레이션 단계에서 확인할 수 있도록 HDL 언어로 작성된 시뮬레이션 모델을 사용한다. 시뮬레이션 모델과 인터페이스 모듈과의 연결을 [코드 6-3]에서 볼 수 있으며 플래쉬 메모리의 시뮬레이션 모델은 [코드 6-4]에 나타나있다. High 쪽 연결만 [코드 6-4]에 나타나 있으며 Low 쪽 연결은 모듈의 이름이 flash_low로 되어있고 데이터 핀 dq와 연결 되는 부분을 상위 16비트(sram_flash_d[31:16])대신 하위 16비트(sram_flash_d[15:0])와 연결해 놓은 형태로 되어있다.

```
cy7c1354    cy7c1354(
.d          (sram_flash_d[31:0]     ),
.clk        (sram_clk               ),
.we_b       (sram_flash_web         ),
.adv_lb     (sram_adv_lb            ),
.ce1b       (sram_ce1b              ),
.ce2        (1'b1                   ),
.ce3b       (1'b0                   ),
.oeb        (sram_flash_oeb         ),
.cenb       (1'b0                   ),
.mode       (sram_mode              ),
.bws        (sram_bws               ),
.a          (sram_flash_a[18:0]     )
);
```

코드 6-3 SRAM 시뮬레이션 모델의 연결

```
modIntelStrataFlash#(
"J3_32Mb_querytable.dat",
"J3_memory_in.dat",
"J3_memory_outH.dat",
"J3_lock_in.dat",
"J3_lock_outH.dat")
flash_high (
        .dq             (sram_flash_d[31:16]              ),
        .addr           ({sram_flash_a[20:0],FLASH_A0 }   ),
        .ceb0           (1'b1                             ),
        .ceb1           (1'b0                             ),
        .ceb2           (FLASH_CE                         ),
        .oeb            (sram_flash_oeb                   ),
        .web            (sram_flash_web                   ),
        .rpb            (rpb                              ),
        .byteb          (FLASH_BYTE_N                     ),
        .sts            (sts_flash_high                   ),
        .vcc            (32'd3300                         ),
        .vpen           (32'd3300                         ),
        .vccq           (32'd3300                         ),
        .Verbose        (1'b1                             ),
        .Debug          (1'b0                             )
);
```

코드 6-4 플래쉬 메모리 시뮬레이션 모델의 연결 다음으로 실제 시뮬레이션 결과 파형과 직접적인 관련이 있는 부분인 [코드 6-5]를 살펴보자. SRAM_Flash 인터페이스 모듈의 시뮬레이션은 SRAM 시뮬레이션 모델을 이용하여 값을 쓰거나 읽는 동작을 수행하도록 한다. 임의의 주소에 대한 위치에 임의의 데이터를 저장하고 읽는 동작을 수행한다. SRAM의 0x00000008 번지에 데이터 0x00001234를 저장하고 다음 동작에서 이전에 저장한 데이터를 다시 읽어 들이는 동작이 [코드 6-5]를 통하여 수행된다.

```
//SRAM_write-------------------------------
#(`CLOCK_PERIOD * 5) ahb_write(0, 32'h0000_0008, 32'h0000_1234);

//SRAM_read(write_data_check)-------------
#(`CLOCK_PERIOD * 5) ahb_read(0, 32'h0000_0008);
```

코드 6-5 SRAM 동작 시뮬레이션 과정

상태 레지스터를 확인하는 과정이 [코드 6-6]에 나타나있다. CUI에 대한 명령어의 입력은 주소와 관계없으며 명령어 0x00700070만 데이터 측으로 입력한다. 다음 동작에서 상태 레지스터의 값을 읽을 때 또한 주소 값과 무관하게 상태 레지스터의 값만 출력된다.

```
// CUI_command_Read_Status_Register-------
#(`CLOCK_PERIOD * 5) ahb_write(1, 32'h0000_0000, 32'h0070_0070);

// check_Status_Register[7]------------------
#(`CLOCK_PERIOD * 5) ahb_read(1, 32'h0000_0000);
```

코드 6-6 플래쉬 메모리 상태 레지스터 확인 시뮬레이션 과정

지우기 동작을 수행하는 과정이 [코드 6-7]에 나타나있다. 지우기 동작 명령어 0x00200020을 데이터 측으로 입력한 후 다음 동작에서 지우기 확인 명령어 0x00d00d0을 입력하는 동작이며 지우기 동작이 끝나기까지는 시뮬레이션 시간으로 1초가 소요되며 실제로 시뮬레이션하는 경우 다소 많은 시간이 소요된다.

```
// erase_flash------------------------------
#(`CLOCK_PERIOD * 10) ahb_write(1, 32'h0000_0000, 32'h0020_0020);
#(`CLOCK_PERIOD * 5)  ahb_write(1, 32'h0000_0000, 32'h00d0_00d0);

#1000000000;  //1sec - erase time
```

코드 6-7 플래쉬 메모리 지우기 동작 시뮬레이션 과정

읽기 동작을 수행하는 과정이 [코드 6-8]에 나타나있다. 읽기 동작 명령어 0x00ff00ff를 데이터 측으로 입력한 후 다음 동작에서 읽고 싶은 위치의 주소(0x30000100)을 입력하여 원하는 데이터 값이 나오는지 확인한다. 지우기 동작 이후의 읽기 동작이므로 임의의 주소에 대한 위치에서 모두 0xffffffff 값이 출력되는 결과를 얻어야 한다.

```
//CUI_read mode-----------------------------
#(`CLOCK_PERIOD * 7) ahb_write(1, 32'h0000_0000, 32'h00ff_00ff);

//read_addr_0x30000100-----------------------
#(`CLOCK_PERIOD * 7) ahb_read(1, 32'h3000_0100);
```

코드 6-8 플래쉬 메모리 읽기 동작 시뮬레이션 과정

쓰기 동작 및 저장한 데이터를 확인하는 과정이 [코드 6-9]에 나타나있다. 쓰기 동작 명령어 0x00400040을 데이터 측으로 입력한 후 다음 동작에서 저장하고 싶은 위치의 주소(0x30000100)와 데이터(0x01230321)을 입력한다. 시뮬레이션 시간으로 쓰기 시간 210us가 지난 후 데이터가 정상적으로 저장되었는지 확인하기 위하여 저장한 위치(0x30000100)에 대한 읽기 동작을 수행한다.

```
//CUI-programming mode----------------------
#(`CLOCK_PERIOD * 7) ahb_write(1, 32'h0000_0000, 32'h0040_0040);

//write data---------------------------------
#(`CLOCK_PERIOD * 7) ahb_write(1, 32'h3000_0100, 32'h0123_0321);
#210000;  // 210 us - write time

//CUI-read mode-----------------------------
#(`CLOCK_PERIOD * 7) ahb_write(1, 32'h0000_0000, 32'h00ff_00ff);

//read addr 0x30000100-----------------------
#(`CLOCK_PERIOD * 7) ahb_read(1, 32'h3000_0100);
```

코드 6-9 플래쉬 메모리 쓰기 동작 및 확인 시뮬레이션 과정

설명을 참고하여 SRAM과 플래쉬 메모리의 쓰기 및 읽기 동작이 정상적으로 수행되는지 다양한 경우를 통하여 실습해보도록 한다.

제 7 장

PIC

7.1 인터럽트(interrupt) 소개

7.1.1 인터럽트의 이해

PIC(Programmable interrupt Controller)에 대한 설명을 하기에 앞서 먼저 인터럽트에 대해 살펴볼 필요가 있다. 인터럽트란 문자 그대로 뜻을 풀이하자면 '방해하다', '중단하다'의 의미를 가진다. 하드웨어에서 사용되는 인터럽트의 개념도 원 뜻에서 크게 벗어나지 않는다.

하드웨어적 관점에서 인터럽트는 일반적으로 프로세서가 현재 실행중인 프로그램을 멈추고 새로운 프로그램을 수행하도록 하는 방법을 의미한다. 현재 실행 중인 프로그램을 멈춘다는 것은 프로세서의 관점에서는 현재 자신이 수행하고 있는 작업을 중단하는 개념이 된다. 이렇게 프로세서의 현재 동작을 멈추고 새로운 동작을 중간에 수행하는 것이 어떠한 장점을 가지게 되는지 알아보기 위해 다음의 예시를 살펴보자.

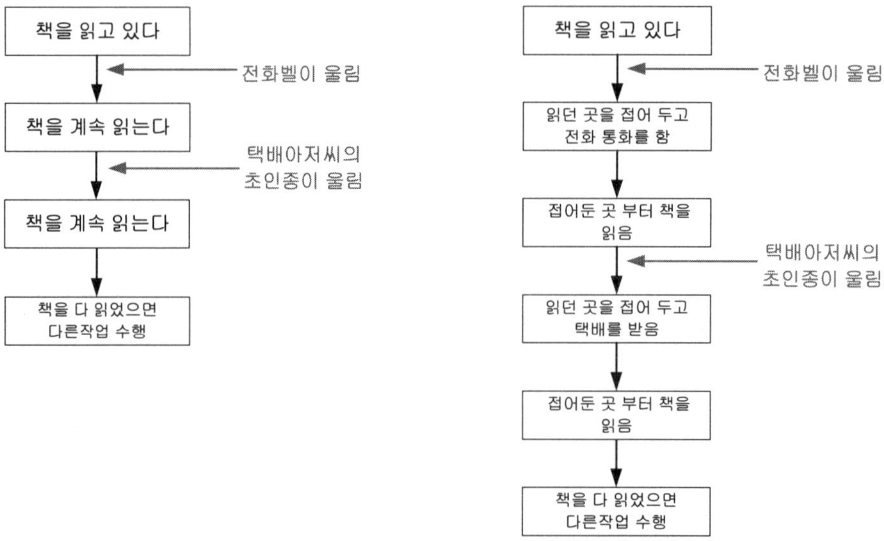

그림 7-1 생활 속에서의 인터럽트 개념

우리의 일상생활은 어찌 보면 인터럽트 발생의 연속이라고 할 수 있다. 우리는 밥을 먹는 중에 전화가 오기도 하며, 집에서 TV를 시청 중에 택배 배달이 오기도 한다. 인터럽트 설명에 자주 사용되는 개념으로 [그림 7-1]이 있는데, 여기서 '전화벨이 울림'과 '택배아저씨의 초인종이 울림'은 각각 하나의 인터럽트가 된다.

좌측은 인터럽트 처리 기능이 없는 경우를 나타낸 것이다. '책을 읽고 있다'는 현재의 작업이 완료되기 전까지는 아무것도 할 수 없게 된다. 한 권의 책을 읽는데 걸리는 평균적인 시간에 비하자면 전화를 받는다던지 집으로 배달되는 택배를 받는데 걸리는 시간은 정말 미미하다고 할 수 있다. 하지만, 인터럽트의 기능이 없다면 우리는 '책을 읽는다'는 작업을 하는 동안 다른 어떠한 작업도 처리가 불가능하게 된다. 만약 책을 다 읽는데 한 달이 걸린다고 생각해 보자. 한 달 동안 우리는 아무것도 못하고 책만 읽어야 한다는 정말 끔찍한 결과가 초래될 것이다. 하지만 인터럽트 처리 기능이 있는 우측의 경우는 다르다. '책을 읽는다'라는 현재의 작업 중에 전화벨이 울리면 내가 읽고 있던 책의 현재 페이지를 표시를 해놓고 전화를 받는다. 전화 통화 후, 그 전에 표시해둔 곳부터 다시 책을 읽는 행동을 하게 된다. 마찬가지로 택배 아저씨의 초인종이 울리면 읽던 곳의 책을 접어두고 택배를 받는 일을 처리하고 다시 돌아와 책을 읽는 행동을 이어가게 된다. 이 경우는 책을 읽는데 한 달이 걸리던 두 달이 걸리던 전혀 문제 될 것이 없다. 책을 읽는 중 발생되는 다른 일들을 중간에 처리 할 수 있기 때문이다. 앞에서 설명한 두 가지의 경우를 통해 인터럽트의 존재가 얼마나 효율적인 작업이 가능하게 하는지 대략적인 감을 잡았을 것이라 생각한다. 그렇다면 실제 하드웨어에서 인터럽트의 동작 처리가 어떠한 과정으로 이루어지는지 살펴보자.

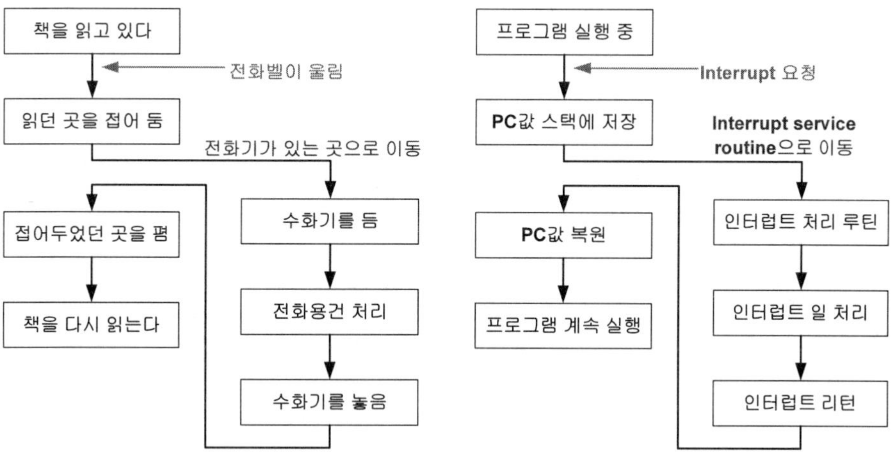

그림 7-2 하드웨어에서의 인터럽트

인터럽트 설명에 많이 사용되는 예시 중 하나가 [그림 7-2]이다. '전화벨이 울림'은 하드웨어 상에서 인터럽트 요청이 발생한 것과 같다. 전화벨이 울렸기 때문에 우리는 전화를 받기 위해 현재하던 일인 '책 읽기'를 멈추고 읽던 곳을 접어 두게 되는데 이것은 하드웨어에서 현재 실행 중인 프로그램을 멈추고 'PC(Program Counter) 값을 스택에 저장'하는 동작에 해당된다. 이때 PC란 프로그램이 수행되고 있는 주소를 말한다. 그 뒤 전화를 받기 위해 '전화기가 있는 곳으로 이동' 하게 되는데 이것은 ISR(Interrupt Service Routine)로 이동하는 것과 같다. 전화기가 있는 곳으로 갔으니 전화를 받아서 통화를 한 후 다시 돌아와 책을 읽게 되는데 이것은 ISR에 해당하는 인터럽트 일을 처리 한 후 다시 돌아가 원래 수행하던 프로그램을 수행하는 것에 해당된다. 여기서 ISR이라는 생소한 단어가 나오게 된다. ISR은 인터럽트가 발생되었을 때 해당하는 인터럽트에 대한 처리 내용을 말한다. 전화벨이 울린 인터럽트에 해당하는 ISR은 전화를 받아 용건을 처리하는 것이며, 택배아저씨의 초인종이 울린 인터럽트에 대한 ISR은 현관문을 열어 택배를 받고 받았다는 사실을 서명하는 것이 된다. 이처럼 ISR은 발생하는 인터럽트에 따라 각기 다른 처리 내용을 가지게 된다.

7.1.2 하드웨어에서의 인터럽트

앞 절에서 인터럽트에 대한 개념을 살펴보았다. 이번 절에서는 하드웨어에서 인터럽트의 개념과 인터럽트 사용을 위한 조건 및 처리 방식에 대해 좀 더 자세히 살펴보겠다. 하드웨어에서 인터럽트란 프로세서가 현재 실행 중인 프로그램을 멈추고 새로운 프로그램을 수행하도록 하는 방법을 말한다. 일반적으로 인터럽트에 의해서 중간에 수행되는 프로그램은 짧고 간단한 특성을 가진다.

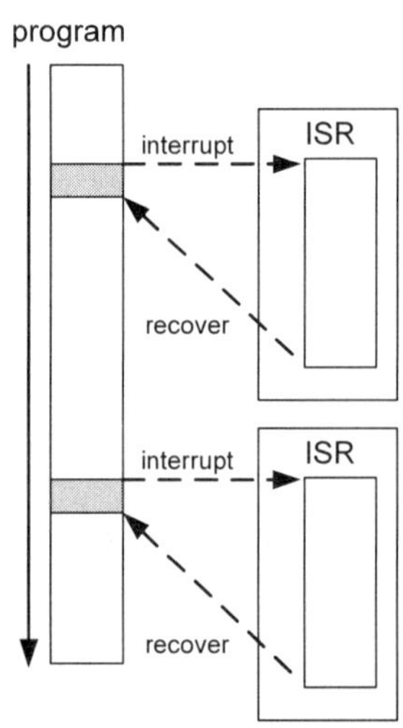

그림 7-3 인터럽트 처리

프로그램 수행 중에 인터럽트가 발생되면 처리되는 과정에 대한 내용을 [그림 7-3]에 나타내었다. 프로세서는 인터럽트의 발생이 감지되면 하던 동작을 멈추고, 해당 인터럽트의 ISR로 이동한다. 이동 후 해당 ISR의 내용을 처리하고, 처리가 완료되면 다시 원래 수행하던 프로그램으로 돌아가 기존 프로그램에 대한 처리를 진행하게 된다. 이처럼 인터럽트는 프로세서인 하드웨어가 직접 관여하게 된다. 이러한 인터럽트 처리기능은 우리가 흔히 알고 있는 멀티 테스킹(multi-tasking)을 가능하게 해준다. 멀티 테스킹이란, 프로세서는 하나이지만 하나의 프로세서에서 동시에 여러 가지 작업을 처리하는 것을 뜻한다. 이것에 대한 간단한 예로, 우리는 보통 컴퓨터를 사용하는 경우 음악을 들으며 인터넷 웹서핑을 하는 동시에 검색을 위해 키보드와 마우스를 사용한다. 이 모든 것이 동시다발적으로 일어나는 것처럼 보이지만 실제는 인터럽트를 이용하여 처리되어 지고 있는 것이다. 다만, 그 처리 속도가 아주 빠르기 때문에 우리가 느끼기엔 동시 처리가 되는 것처럼 보이는 것 뿐이다. 만약, 인터럽트 기능이 없다면 앞에서 언급한 작업과 같이 큰 연산량을 요구하지 않는 작업이라 할지라도 한 가지의 작업밖에 할 수 없게 된다. 이것은 하드웨어 자원을 최대로 활용하지 못한다는 의미이다. 이렇듯 인터럽트를 사용하면 하드웨어의 효율적인 사용이 가능해지는 막강한 장점이 생긴다. 그렇다면 이러한 인터럽트는 '모든 하드웨어에서 이용이 가능한 것인가?'라는 질문에 대해 대답은 '그렇지 않다'이다. 인터럽트의 기능을 이용하기 위해서는 두 가지 조건이 맞아야 하는데 하나는 사용하는 프로세서에서 인터럽트 기능을 지원해야 하며, 다른 하나는 사용하고자 하는 장치에서 인터럽트를 발생시키는 기능이 있어야 한다. 쉽게 말하자면 인터럽트를 받아들이는 쪽과 발생시키는 쪽 모두 기능을 지원해야 한다는 말이다.

먼저 프로세서의 인터럽트 지원에 대해서 알아보자. 일반적인 프로세서는 동작 중에 발생되는 여러 가지 예외 상황 및 오류에 대처가 가능하도록 예외 벡터(Exception Vector)라는 것을 가진다. 여기서 예외 상황이란 사용자에 의해서 프로그램 되지는 않지만 갑작스런 긴급 필요에 의해서 프로그램의 정상적 흐름이 잠시 중단되고 다른 일을 처리하게 되는 상황을 말하며, 이러한 예외 상황이 발생하였을 때 처리하게 되는 루틴이 존재하는 위치로 분기하는 명령어가 저장된 곳을 예외 벡터라고 한다. 인터럽트 처리는 하드웨어와 소프트웨어에서 수행되는 과정을 함께 연동하여 이해하는 것이 필요하다. 하드웨어에서 인터럽트 신호 발생이 되는 순간부터 인터럽트 처리의 시작이라고 할 수 있는데 그 수행 과정에 대한 개념은 [그림 7-4]와 같다. 그림에 나타낸 ①~⑤에 해당하는 번호는 인터럽트가 발생되는 순간부터 처리가 되기까지, 하드웨어에서 전달되는 신호 및 실제 수행되는 프로그램 순서를 나타낸 번호이다.

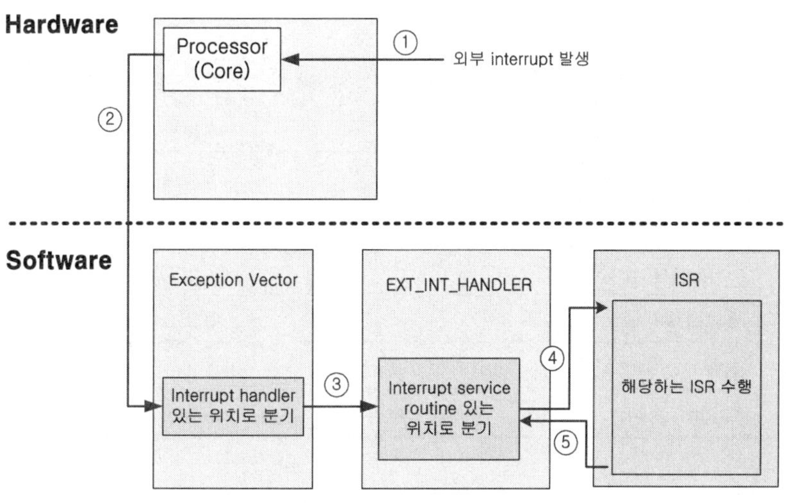

그림 7-4 인터럽트의 처리 과정

인터럽트의 처리과정은 프로세서에 연결된 외부 장치로부터 인터럽트가 발생되는 순간부터 시작된다. 연결된 외부장치가 키보드인 경우라면 사용자가 키를 누르게 되면 인터럽트가 발생되는 것이다. 이렇게 외부 장치에서 발생된 인터럽트는 프로세서의 인터럽트 발생을 감지하는 곳으로 발생 신호를 전달하게 된다. 신호를 감지한 프로세서는 인터럽트를 처리하기 위해 예외 벡터에 정의한 인터럽트 핸들러(handler)의 주소로 분기 명령을 수행한다. 일반적으로 인터럽트 핸들러에는 사용자가 인터럽트 발생 시 처리해야 하는 동작을 명시한 ISR이 존재하는 주소로 분기하는 내용으로 구성된다. ISR이 몇 개의 명령어로 구성될 만큼 간단한 동작이라면 인터럽트 핸들러에 ISR 내용을 작성해도 상관이 없다. 하지만 인터럽트 핸들러의 경우 C 언어보다 하위 레벨인 어셈블리어로 작성되는 경우가 많으며, 대부분의 경우 ISR이 명령어 몇 개만으로 구성되지는 않기 때문에 ISR 내용은 별도로 작성해 놓고 인터럽트 핸들러에서는 해당 ISR로 분기하는 명령을 작성한다. 다시 인터럽트 처리 과정으로 돌아와서 살펴보면, 핸들러에 명시된 ISR로 분기하여 해당 ISR 내용을 모두 처리하고 인터럽트 핸들러로 돌아와 ISR의 처리 완료를 확인하고 원래 수행하던 프로그램으로 돌아가게 된다.

하드웨어적 측면에서 인터럽트 처리는 외부로부터 발생되는 인터럽트를 감지하고 발생 사실을 인지하여 처리 명령을 내리는 역할을 수행하는 것이고, 수행하던 프로그램을 중지하고 해당 ISR로 이동하여 처리 후 다시 수행하던 프로그램으로 돌아오는 일련의 과정은 소프트웨어적으로 처리된다. 본 서에서 사용하는 프로세서인 Core-A의 경우 인터럽트 기능을 지원하는데, 하나의 인터럽트 발생 신호를 입력받아서 처리할 수 있다. 또한 7가지의 예외 상황에 대한 처리 루틴을 가지고 있으며, 각 예외 상황이 발생하였을 때 처리하는 예외 핸들러로 분기 명령이 저장된 위치는 [표 7-1]과 같다. 이와 관련된 구체적인 내용은 2장을 참조하도록 한다.

표 7-1 예외 상황 종류 및 주소

예외 상황 종류	해당 예외처리 코드의 시작주소
Reset	8'h00
Data Memory Unit	8'h04
Undefined Instruction	8'h08
Software interrupt	8'h0C
External interrupt	8'h10
Instruction Memory Fault	8'h14
Coprocessor interrupt	8'h18

7.2 PIC 모듈 소개(H/W)

7.2.1 PIC 역할

앞 절을 통해 인터럽트에 대하여 살펴보았는데, 결국 인터럽트라는 것은 효율적인 하드웨어 사용 및 멀티 테스킹 구현을 위해서 필수적인 기능이다. SoC를 구성하게 되면 일반적으로 하나의 프로세서를 중심으로 다양한 주변장치들을 연결하게 된다. 이것이 의미하는 바는 인터럽트를 발생시키는 장치들이 하나가 아닌 여러 개로 존재하게 된다는 것이다. 프로세서는 인터럽트의 발생 신호를 감지하기 위해 하나의 포트를 할당해야 하는데 장치가 여러 개라면 여러 개의 입력 포트를 인터럽트를 위해 할당해야만 한다. 여기까지만 본다면 큰 문제가 없어 보인다. 여러 개의 포트가 필요하면 프로세서에 그만큼 만들면 되기 때문이다. 하지만 개별 장치로부터 인터럽트를 받아들이기 위해 각 장치마다 연결포트를 만드는 것은 하드웨어적 관점에서 봤을 때 상당히 비효율적이다. SoC의 핵심은 어떻게 하면 작은 크기의 단일 칩 위에 많은 기능을 구현하는가 하는 것인데 입력 포트를 늘리는 것은 그만큼 칩 크기가 증가되는 결과를 초래한다. 지속적으로 고속의 신호가 전송되는 경우라면 그것을 위한 포트 할당이 반드시 필요하겠지만 인터럽트처럼 특정 상황에 한 번씩 발생되는 신호를 위해 여러 개의 포트를 할당하는 것은 여러모로 아쉬움이 많이 남는 구조이다.

바로 이러한 점을 보완하기 위해 등장한 것이 PIC(Programmable interrupt Controller)이다. PIC는 문자 그대로 인터럽트를 제어하는 모듈이다. 여기서 programmable의 의미는 PIC 모듈 내부에 존재하는 레지스터들의 값 설정을 통해 사용자가 원하는 방향으로 인터럽트 사용을 제어할 수 있는데서 붙여진 것이다. PIC의 주요 역할은 외부에서 동시 다발적으로 발생되는 여러 인터럽트의 요청을 모아서 관리하는 것이다. 외부 장치와 PIC의 연결 구조를 [그림 7-5]에 나타내었다. PIC에서는 외부의 여러 장치로부터 발생되는 인터럽트 신호들을 입력으로 받고, 프로세서에는 인터럽트 발생을 알리는 하나의 신호만 연결되는 구조이다. 이렇게 되면 프로세서 입장에서는 인터럽트를 위해 하나의 포트만 할당 하면서 다수의 외부 연결 장치로부터 발생되는 인터럽트를 감지할 수 있게 된다. 하지만 여기서 살펴볼 문제가 있다. 프로세서의 관점에서 살펴본다면 '발생된 인터럽트가 어느 장치로부터 발생된 것인가' 하는 점과 '여러 장치들로부터 동시에 인터럽트가 발생된다면 어떻게 처리 할 것인가'하는 점이다.

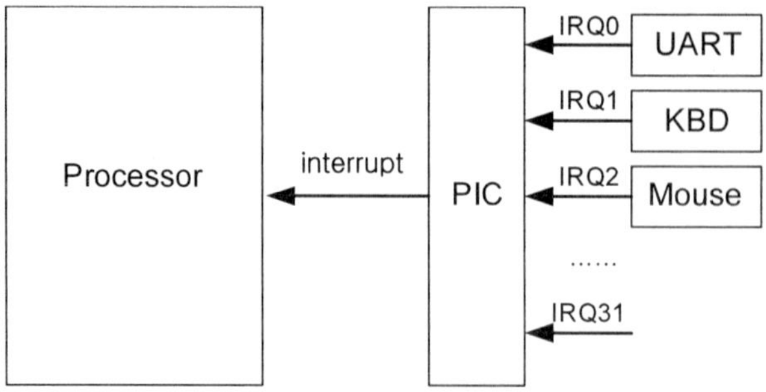

그림 7-5 PIC의 역할

따라서 PIC는 입력으로 들어오는 인터럽트가 어느 장치로부터 발생된 것인지에 대한 정보를 가지고 있어야 하며, 프로세서로부터 요청이 들어오면 즉각적으로 알려 줄 수 있어야 한다. 또한 동시에 인터럽트 입력이 들어오면 어느 것을 우선으로 하여 처리 할 것인가에 대한 규칙 혹은 처리 방법을 정해야 할 것이다. 일반적으로 어느 장치로부터 인터럽트가 발생 되었는가 하는 정보는 하드웨어적으로 구성하게 되며, 장치의 우선순위에 대한 정책은 소프트웨어적으로 처리하게 된다. PIC를 통한 인터럽트처리는 다음과 같은 과정을 거치게 된다.

- 여러 장치들의 인터럽트 발생을 PIC에서 모음
- 프로세서로 인터럽트 발생 사실을 전달
- 프로세서는 PIC를 통해 어느 장치로부터 인터럽트가 발생하였는지 확인
- 내부 인터럽트 우선순위 정책에 따라 한 장치에 대한 인터럽트 서비스 실시

PIC는 연결된 여러 장치들로부터 인터럽트의 발생을 감지하고, 인터럽트가 발생되면 두 가지 동작을 하게 된다. 하나는 인터럽트 요청을 프로세서에 알리는 것이고, 다른 하나는 발생된 인터럽트가 어느 장치로부터 발생된 것인지에 대한 정보를 저장하는 것이다. 프로세서는 인터럽트 요청 신호가 들어오는 것을 감지하면, 현재 수행하는 작업을 중지하고 인터럽트 요청을 처리하게 된다. 이때 인터럽트 처리를 위해 수행 하는 동작 중 하나가 PIC에 정보를 요청하여 어느 장치로부터 인터럽트가 발생되었는가 알아보는 것이다. 요청된 인터럽트에 대한 정보 파악이 완료되면 앞 절에서 언급한 해당 인터럽트에 맞는 ISR을 수행하고, ISR에 대한 처리가 완료되면 다시 기존에 하던 작업을 수행하게 된다.

7.2.2 PIC 개념적 구조

앞 절에서는 PIC의 필요성 및 그 역할에 대해서 설명하였다. 이번 절에서는 PIC 모듈의 구성 및 실제 동작 과정을 자세히 살펴보도록 하겠다. PIC는 구조적으로 복잡한 모듈이 아니다. 외부 장치로부터 발생되는 인터럽트를 감지하고, 그 정보를 저장만하면 되는 어찌 보면

아주 단순한 동작을 하게 된다. 이러한 PIC를 구성하기 위해서 필요한 하드웨어적 구조에 대해 좀 더 알아보자.

먼저 인터럽트의 발생 감지에 대한 부분이다. 디지털 회로에서 어떠한 신호의 발생은 두 가지 방법으로 확인이 가능 하다. 하나는 전압 래벨(level)을 이용한 감지이고 다른 방법으로 에지(edge)를 이용하는 방법이다. 전압 레벨을 이용한 방법은 해당 신호가 디지털적으로 High(1) 인가 Low(0) 인가하는 것을 체크하는 방법이다. High와 Low는 신호의 하드웨어 스펙에 따른 전압 값에 따라 결정 된다. 에지를 이용하는 방법은 해당 신호가 'High → Low'(하강 에지) 혹은 'Low → High'(상승 에지)로 변하는 순간을 체크하는 것이다. 이것에 대한 내용은 [그림 7-6]을 참조 하도록 한다. 이처럼 각 장치마다 인터럽트 발생 방식이 차이가 있을 수 있게 되는데 PIC에서는 각 인터럽트의 발생을 어떠한 기준으로 감지할 것인가에 대한 설정을 할 수 있어야 한다. 또한 발생되는 인터럽트 신호가 High 혹은 상승 에지일 때 인터럽트가 발생된 것으로 받아들일 것인지, Low 혹은 하강 에지일 때 발생된 것으로 받아들인 것인가에 대한 설정을 하는 부분도 필요하게 된다.

두 번째로 발생된 인터럽트의 정보를 저장하는 부분이다. PIC에서 연결된 장치에서 인터럽트가 발생되면 PIC에서는 어느 장치에서 인터럽트가 발생되었는지에 대한 정보를 저장하는 부분이 필요하다. 저장된 정보는 프로세서가 나중에 인터럽트가 발생된 장치를 확인하는데 사용된다.

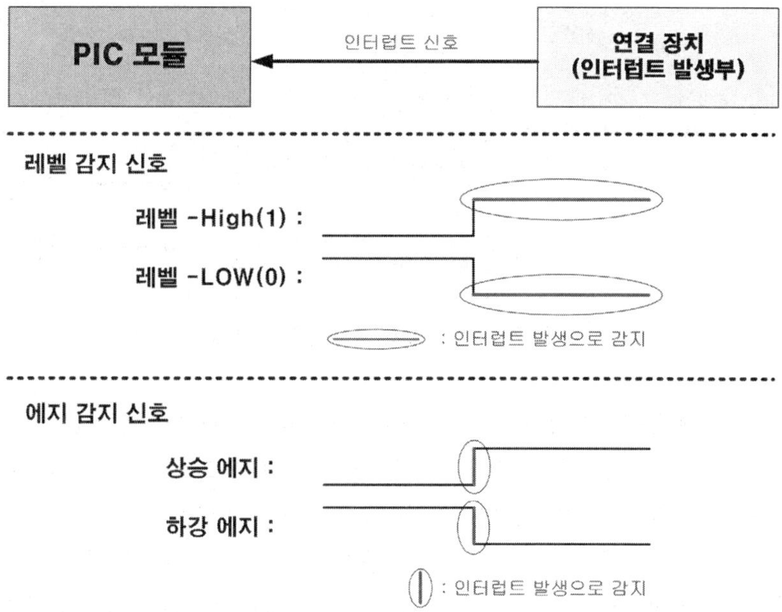

그림 7-6 인터럽트 감지 방식의 종류

제 7 장

마지막으로 PIC에 연결된 장치 중 해당 장치에서 발생되는 인터럽트의 기능을 차단하는 기능이 있다. 이 기능은 PIC를 구성하는데 있어서 필수적인 기능은 아니다. 그 이유는 해당 장치의 인터럽트 기능을 사용하지 않으려면 물리적으로 연결을 끊으면 되기 때문이다. 하지만 하드웨어 구성을 여러 번 변경하는 것은 설계자의 입장에서 여간 귀찮은 일이 아닐 수 없다. 이러한 불편한 점을 보다 편리하게 하기 위해 사용하는 기능이 바로 연결된 장치의 인터럽트를 활성화/비활성화 하는 기능이다. 좀 더 구체적으로 말하자면 PIC에 연결되는 입력 중 외부 장치로부터 발생되는 인터럽트의 개별 입력 신호들에 대해서 각 신호를 사용 할 것인지 아닌지에 대한 설정을 하는 부분을 말한다. PIC에 모든 장치들을 연결은 하되, 사용자 입장에서 PIC에 간단한 설정을 통해 원하는 장치만 인터럽트기능을 사용 가능하게 하는 것이다.

이상 언급한 내용이 일반적으로 PIC 모듈이 가지게 되는 기능들이다. 물론 사용자가 필요에 의하여 보다 다양한 기능을 가지는 PIC 모듈을 설계하여 사용 할 수도 있다. 대게의 경우는 위에서 소개한 정도의 기능만 있으면 우리가 원하는 인터럽트 처리를 수행하는데 있어 기능적으로 아무런 부족함이 없을 것이다. 그렇다면 이제 우리가 사용하게 될 PIC 구조에 대해서 살펴보도록 하자. 먼저 앞에서 언급한 기능들을 가지려면 PIC는 내부적으로 [그림 7-7]에 나타낸 것과 같은 설정 블록들이 있어야 할 것이다.

그림 7-7 PIC 모듈의 개념적 구조도

구조를 살펴보면 앞에서 언급한 내용들에 대한 설정을 하는 블록들로 이루어져 있다. 실제 PIC 모듈은 설정을 저장하는 블록 외에 설정 값을 바탕으로 PIC 동작을 하게 하는 로직 부분이 함께 설계되어 진다. 우리의 목적은 PIC 자체를 설계 하는 것이 아니라, 설계되어진 PIC 모듈을 활용하여 SoC를 구성하는데 있으므로 동작을 위한 로직 부분은 생략하였다. 표시된 각각의 설정 값들은 PIC를 동작하게 하는 기준이 되며 이 값들은 사용자의 설정에 의해 PIC 내부에 저장된다. 설정한 값들을 저장하는 장치는 바로 레지스터이다. 따라서 위 그림에 표시한 내부 블록들은 각각 해당 기능을 설정하는 레지스터라고 이해하면 된다. PIC는 크게 보면 감지 방식의 설정을 위한 2개의 레지스터, 인터럽트 기능 활성화 여부를 설정하는 1개의 레지스터 및 발생된 인터럽트의 정보를 저장하는 1개의 레지스터로 구성된다.

7.2.3 PIC 모듈 구조

우리는 앞에서 개념적인 PIC 구조를 살펴보았다. 그 결과 PIC는 기본적으로 3가지의 설정 레지스터와 1가지의 상태 레지스터로 구성되는 것을 보았는데 이것을 좀 더 실제적인 모듈로 접근해 보면 더 추가 되어야 할 내용들이 발생하게 된다. PIC 내부에 존재하는 설정 레지스터는 결국 사용자가 접근하여 값을 저장할 수 있어야 하고, 상태 레지스터는 프로세서의 요청이 발생하면 인터럽트 발생 상태 정보를 내보낼 수 있어야 한다. 그렇다면 PIC 모듈에는 사용자가 레지스터에 값을 저장하기 위한 데이터 입력 포트가 필요하게 될 것이며, 상태 레지스터의 값을 내보내기 위한 출력 포트 역시 필요하게 된다. 그리고 내부에 존재하는 4가지 레지스터에 대해서 접근을 하기 위한 주소 정보를 입력하는 포트가 필요하다. 또한, 각 설정 및 상태 레지스터의 입력 및 출력을 제어할 수 있는 신호가 추가적으로 필요하게 된다. 일반적으로 설정 레지스터는 사용자가 값을 설정하는 동작을 하게 되는데 입/출력을 제어하는 신호가 필요한 이유는 경우에 따라 사용자는 PIC 동작 설정 값을 읽어올 수도 있기 때문이다.

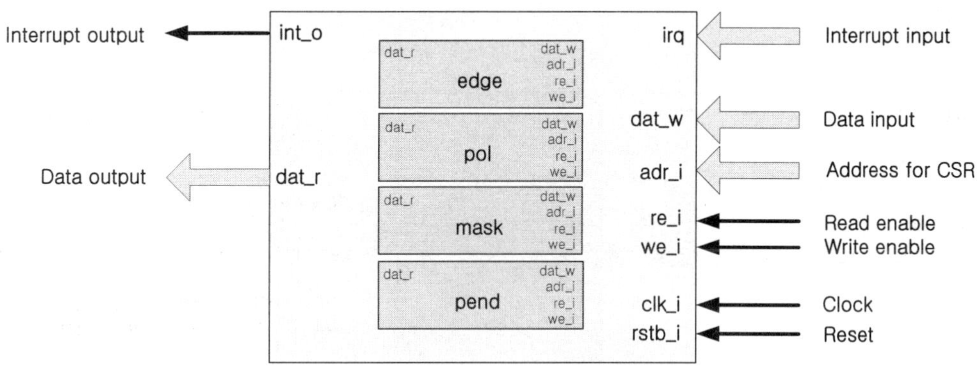

그림 7-8 PIC 모듈 구조도

보다 실제적인 PIC 구조는 [그림 7-8]에 나타내었다. 앞에서 소개한 개념도에 내부 레지스터에 값을 읽고 쓰기 위한 Data input 및 Data output 포트, 내부 레지스터에 접근하기 위한 Address 포트 및 각 레지스터의 읽기/쓰기 제어를 위한 read enable/write enable 포트가 추가된 구조이다. Clock 및 reset은 레지스터에 기본적으로 사용되는 신호들이기 때문에 따로 설명하지는 않겠다. PIC에 존재하는 레지스터에 대하여 다시 정리해보면 다음과 같다.

- 인터럽트 감지 방식 설정 레지스터(Level/Edge) → edge
- 인터럽트 감지 값 설정 레지스터(high/low-rising/falling) → pol

• 연결된 해당 장치의 인터럽트 활성화/비활성화 설정 레지스터 → mask
• 발생된 인터럽트의 정보 저장 레지스터 → pend

각 값들 중 mask의 경우 사용하지 않는 인터럽트의 경우 비활성화하는 것을 다르게 표현해보면 해당 인터럽트를 masking 한다고 할 수 있다. 그리고 상태 레지스터의 경우 인터럽트가 발생된 정보를 저장하는 것으로 다르게 표현해보면 아직 처리되지 않은 정보들이다. 이에 '아직 처리 되지 않은', '처리가 임박한'이라는 뜻을 가진 pend를 사용하였다. 이상의 레지스터 이름들은 이해를 돕기 위해 실제 PIC 모듈을 설계한 RTL 코드 상에서 사용한 이름을 그대로 가져 온 것이다.

마지막으로 우리는 해당 PIC 모듈을 가지고 어떠한 구조의 SoC에 사용할 것인가에 대한 고려를 하여 알맞은 모듈을 고르거나 그에 맞게 변경하면 된다. 앞 장에서 소개하였듯이 우리는 Core-A 프로세서 및 AMBA 버스(bus)를 기반으로 하는 SoC를 설계하는 것을 목표로 하고 있다. 이에 따라 해당 SoC는 32비트로 구성된다. 이러한 부분에 맞추어 PIC 모듈도 32비트 레지스터를 가지는 것을 사용하였다. 32비트의 설정 및 상태 레지스터를 갖는다는 것은 총 32개의 인터럽트 발생 장치를 연결하여 그것에 대한 각각의 인터럽트 발생 및 정보를 관리할 수 있다는 것을 의미한다. 최종 연결 비트 수까지 표시한 PIC 모듈의 구조는 [그림 7-9] 같다.

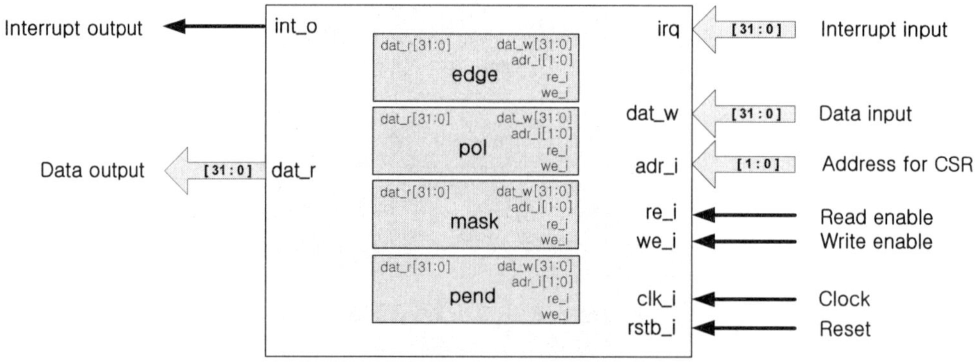

그림 7-9 사용하는 PIC 모듈 구조도

사용한 PIC구조에서 interrupt input은 연결된 주변장치들로부터 각각 발생되는 인터럽트 신호를 모은 것이다. Address의 경우 PIC 내부에 4개의 레지스터가 존재하기 때문에 총 2비트의 신호를 가지고 각 레지스터에 개별적인 주소 할당이 가능하게 된다. 내부에 존재하는 모든 레지스터는 32비트로 구성되며 이것은 개별적인 32개의 장치로부터 발생되는 인터럽트를 처리하고 관리할 수 있는 것이라고 하였는데 이것을 좀 더 살펴보자. 레지스터의 각 비트는 인터럽트의 input 비트와 연동되어 있다. 이해를 돕기 위해 interrupt input인 irq의

0번 비트에 키보드, 1번 비트에 마우스를 연결했다고 가정해 보자. 우리는 키보드에서 발생되는 인터럽트의 사용을 위해서 edge, pol ,mask 레지스터의 0번 비트를 설정해야 하고, 키보드에서 발생된 인터럽트는 pend 레지스터의 0번 비트에 저장된다. 동일한 방식으로 irq 1번 비트에 연결된 마우스에 대한 인터럽트 설정 및 정보는 해당 레지스터들의 1번 비트에 저장되어 진다. 이렇게 우리는 PIC에 연결된 총 32개의 주변장치들로부터 발생되는 인터럽트들을 개별적으로 설정하고 처리할 수 있다.

마지막으로 PIC에 사용하는 레지스터들의 설정 값에 따른 PIC 동작 대한 정의를 살펴보자. 이것은 PIC 모듈 설계자가 '해당 레지스터의 각 비트에 '1' 또는 '0'의 값을 썼을 때 어떻게 동작하게 할 것인가'에 대한 내용이다. 우리는 설계되어진 PIC 모듈을 사용하기 때문에 설계 되어진 레지스터들을 기준으로 설명하겠다. 설명하는 레지스터들은 일반적으로 PIC 제어와 상태를 나타내는 레지스터로서 CSR(Control and Status Register)라고 불린다. 레지스터의 주소 및 설정에 따른 동작방식은 [표 7-2]를 참조 하도록 한다.

표 7-2 CSR 주소 및 설정정보

이름	주소	크기	참조방식	초기값	의미	
Edge	+0x0	32bit	R/W	0x0000	0: level	1: edge
Pol	+0x4	32bit	R/W	0x0000	0: low/falling	1: high/rising
Mask	+0x8	32bit	R/W	0xFFFF	0: enabled	1: mased
Pend	+0xC	32bit	R/W	0x0000	0: no interrupt pending	1: interrupt pending

Edge 레지스터의 경우 해당 비트의 값을 0으로 쓰면 레벨에 의한 인터럽트 신호를 감지하겠다는 설정이며, 1이면 에지 방식을 사용하겠다는 의미가 된다. Pol은 high/상승에지를 인터럽트 발생으로 인식 할 것인지 low/하강에지를 인터럽트 발생으로 할 것인지에 대한 설정으로 해당 비트를 1로 쓰면 high/상승에지, 0으로 쓰면 low/하강에지를 사용하겠다는 의미이다. Edge 와 pol 레지스터의 정보를 합쳐야 최종적으로 우리가 인터럽트신호를 감지하는 방식이 완성된다. 예컨대 edge 레지스터의 0번 비트를 '1', pol 레지스터의 0번 비트를 '0'으로 설정하면 PIC 에서는 0번에 연결된 인터럽트 신호를 감지하는데 있어서 신호가 상승에지일 때 인터럽트가 발생 된 것으로 감지하게 된다. 다른 방식으로 edge 레지스터의 1번 비트를 '1', pol 레지스터의 1번 비트를 '0'으로 설정 하였다면, 1번에 연결된 장치로부터 인터럽트를 받아들일 때 레벨 방식으로 low 신호가 들어오면 인터럽트가 발생된 것으로 감지하는 식이다. 이정도 설명이라면 PIC에서 인터럽트를 감지하는 방식에 대한 내용은 충분 할 것이라 생각된다.

다음으로 mask 레지스터에 대해서 살펴보자. 앞서 설명하였듯이 masking은 해당 인터럽트에 대한 활성화/비활성화를 설정하는 레지스터이다. 좀 더 쉽게 풀이하자면 해당 인터럽트에서 발생되는 인터럽트 신호를 받아서 프로세서에 알려 줄 것인가 그렇지 않으면 인터럽트가 발생되어도 무시할 것인가를 설정하는 레지스터이다. Mask 레지스터는 해당 비트를 0으로 설정하면 인터럽트를 사용하겠다는 의미를 가지게 되고, 1로 설정하면 해당 비트에서 발생되는 인터럽트는 무시하겠다는 의미이다. 예를 들어 mask의 3번 비트를 '1', 2번 비트를 '0', 1번 비트를 '1'로 설정할 경우 이것의 의미는 3번 및 1번 비트에 연결된 인터럽트는 활성화 하고 2번 비트에 연결된 인터럽트는 비활성화하겠다는 뜻이다. 이것은 irq에 연결된 장치 중 3번 비트에 연결된 장치와 1번 비트에 연결된 장치에서 발생되는 인터럽트는 인터럽트 발생 시, 그 사실을 프로세서에 알리는 동작을 하게 되고, 2번 비트에 연결된 장치에서 발생된 인터럽트는 프로세서에 알리지 않게 된다.

Pend 레지스터는 PIC에 존재하는 유일한 상태(status) 레지스터이다. 해당 비트에 연결된 장치로부터 인터럽트가 발생되면 pend 레지스터의 해당 비트가 '1'로 셋 된다. 이것에 대한 내용을 다음 예를 통해 알아보자. 키보드를 PIC 1번 장치에 연결 한 후, 해당 비트에 대한 인터럽트 사용을 활성화하였다고 가정하였을 경우 사용자가 키보드를 누르게 되면 인터럽트가 발생되게 되고 PIC에서는 1번 장치에서 인터럽트가 발생하였다는 내용을 pend 레지스터에 기록하게 된다. 이 동작은 pend 레지스터의 1번 비트를 '1'로 셋(set)하면서 이루어진다. 그리고 설정된 pend 레지스터 정보를 가지고 프로세서에 인터럽트 발생을 전달한다. PIC로부터 인터럽트 발생 사실을 전달 받은 프로세서는 인터럽트 처리과정을 수행하게 되는데 이 과정에서 하는 동작 중에 하나가 바로 PIC에 연결된 어느 장치로부터 인터럽트가 발생 되었는가 하는 것을 체크하는 것이다. 이 동작을 수행하는 방법은 PIC 내부의 pend 레지스터 값을 읽어서 '1'로 셋 되어 있는 비트를 찾으면 된다. 앞에서 가정한 상황의 경우 프로세서가 PIC 내부의 pend 레지스터 값을 읽으면 1번 비트의 값만 '1'이 되고 나머지 비트들은 모두 '0'의 값을 가지게 된다. 이것을 가지고 프로세서에서는 '키보드에서 인터럽트가 발생되었다'는 사실을 인지하고 그에 해당하는 ISR을 수행하게 된다.

Pend 레지스터의 경우 구조상 인터럽트가 발생되면 '1'로 셋 되어있는 상태를 유지하게 되는데, 발생 장치를 인터럽트 발생 장치를 식별하고 나면 pend 레지스터의 값을 다시 '0'으로 클리어(clear)해주는 동작을 반드시 수행해야 한다. 이러한 동작이 없으면 PIC에서는 지속적으로 해당 장치에서 인터럽트가 발생되었다고 인식하고 동작을 하기 때문에 우리가 원치 않는 동작을 야기하게 된다. 여기서 주의할 내용이 하나 있는데 우리가 사용하는 PIC는 모듈 구조상 pend 레지스터에 사용자가 '1'의 값을 써주면 해당 pend 레지스터의 비트는 '0'으로 된다. 즉, 인터럽트가 발생되기 전 상태로 돌리는 것이다. 다시 한 번 정리해보면 pend 레지스터는 해당 비트의 인터럽트가 발생되면 '1'의 값으로 셋 되게 되고, 프로세서는 이 값을 읽어서 인터럽트를 발생시킨 연결 장치를 식별하게 된다. 장치를 식별 후에 사용자가 정의한

ISR을 수행하게 되는데 ISR의 마지막 동작은 PIC의 pend 레지스터에 '1'의 값을 써주어 해당 레지스터의 pend 값을 '0'으로 클리어하는 동작을 작성한다. 이러한 동작은 새로운 인터럽트 값을 받아들일 수 있게 하는 것이다.

마지막으로 레지스터의 접근 주소에 대한 내용이다. 사용자가 접근하고 사용하게 되는 레지스터가 총 4개이므로 2비트만 있으면 각 레지스터에 접근이 가능하다고 설명하였는데, [표 7-2]를 보면 각 레지스터는 32비트의 길이로 주소가 4바이트씩 증가되는 것을 볼 수 있다. 표에 나와 있는 주소대로라면 각 레지스터에 접근하기 위한 주소 값은 [표 7-3]과 같게 된다.

표 7-3 레지스터의 주소 정보

이름	주소
Edge	0'b0000
Pol	0'b0100
Mask	0'b1000
Pend	0'b1100

앞선 설명에서 PIC 내부 주소 값을 [표 7-2]에 나타내었는데, [표 7-3]은 실제 하드웨어에서 사용하는 2진법으로 표기한 것이다. 우리가 설계에 사용하게 되는 레지스터의 경우 1비트의 주소는 1바이트의 데이터를 저장하는 것을 기본으로 한다. 32비트는 4바이트에 해당되므로 주소가 4씩 증가 되는 것이다. 이렇게 되면 앞에서 말한 2비트를 가지고 주소를 표현하는 것이 불가능해진다. 여기에 약간의 트릭을 사용하게 된다. 각 레지스터의 4비트 주소 값을 잘 살펴보면 하위 2비트는 항상 '00'이다. 그 이유는 주소가 4씩 증가되기 때문인데 이 점을 이용하여 PIC 모듈에 들어오는 주소를 상위 2비트만 사용하면 개별적인 레지스터에 접근할 수 있게 된다. 즉, 처음 설명한 것과 같이 2비트의 주소만을 가지고 각 레지스터에 접근하여 값을 읽고 쓸 수 있는 것이다.

7.2.4 Core-A 및 PIC로 구성된 SoC에서의 인터럽트 처리 과정

앞 절에서 우리는 인터럽트 및 처리 방식에 대하여 간략하게 살펴보았는데, 이번 절에서는 Core-A 기반의 시스템에서 인터럽트가 실제로 어떻게 처리되는 알아보자. 이 부분에 대한 코드 구성 및 동작 검증은 8장에서 다루게 되는데 우리는 검증이 아니라 시스템이 구성되어져서 동작한다는 가정 하에 전체 구성을 살펴보자.

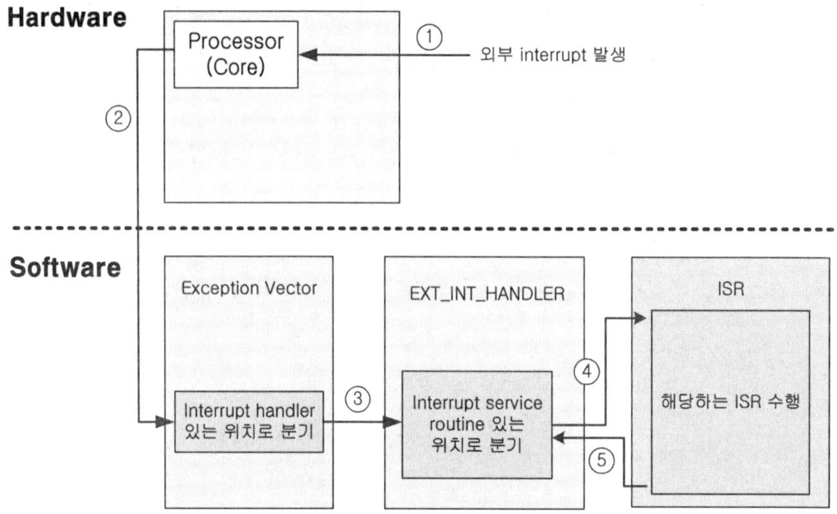

그림 7-10 인터럽트 처리 과정

인터럽트의 처리과정을 개념적으로 나타낸 것이 [그림 7-10]이다. 여기서 소프트웨어 부분을 좀 더 살펴볼 필요가 있다. 인터럽트 처리를 하는데 있어 소프트웨어 부분에 대한 설명을 하기에 앞서 과연 우리가 설계한 SoC의 궁극적인 목적인 무엇인지 한번 생각해 보자. SoC는 기본적으로 프로세서와 주변장치들로 구성된다. 우리는 이렇게 구성한 SoC를 이용하여 우리의 목적에 맞는 동작을 하도록 하는 것이 최종 목표가 되는데, 이 목표를 달성하기 위해서는 두 가지 방법이 있다. 하나는 순수하게 하드웨어적으로 모든 것을 설계하여 해당 동작을 하도록 하는 것이고 다른 하나는 기본적인 시스템을 완성시킨 후, 원하는 동작은 그 시스템을 이용하여 프로그램을 완성하고 이것을 구동시키는 방법이다. 모든 것을 하드웨어로 설계하는 것은 많은 제약이 따르게 되는데 그것에 대한 설명은 생략하도록 하겠다. 일반적으로 프로세서를 활용한 시스템을 구성하는 경우는 후자의 방법을 택한다. 본 교재에서 다루고 있는 SoC 구성 역시 Core-A 프로세서를 기반으로 시스템을 완성한 후, 그것을 활용하여 그에 맞는 프로그램을 코딩하여 여러 가지 동작을 하도록 하는 것을 목표로 하고 있다.

그렇다면 과연 하드웨어 구성을 마쳤으면 이것을 활용하기 위해서는 어떠한 것들이 필요하게 되는가에 대한 생각을 해보자. 큰 틀에서 생각해보면 하드웨어가 있으면 그것 위에서 실행할 프로그램이 필요하다. 개인 PC를 예를 들면 이해가 한결 쉬워진다. 조립을 마친 PC는 하드웨어 구성이 완료된 상태이다. 하지만 이것만 가지고 우리는 아무것도 할 수 없다. 워드를 작성하거나 인터넷을 하는 등의 동작을 하려면 프로그램을 설치해서 실행해야 한다. 이렇듯 일반적으로 프로그램이라고 하면 많이 알려진 C 언어를 사용하여 작성된 것을 말한다. Core-A의 경우도 C 언어를 사용하여 코딩된 프로그램을 구동할 수 있도록 설계 되어져 있다. 물론 이것이 가능한 것은 컴파일러 및 어셈블러 등이 함께 구현되어야 가능한 것인데 이것에 대한 내용은 3장을 참조하도록 한다. 다시 돌아와서, 하드웨어도 구성되어져 있고 그 위에 실행할 프로그램도 코딩이 완료되었다고 생각해보자. 그렇다면 모든 구성이 완료된 것일까? 한 가지가 더 남아 있다. 설계된 하드웨어를 사용하여 프로그램을 구동하기 위해서는 하드웨어와 프로그램 사이를 이어주는 역할을 하는 부분이 필요하다. 일반적으로 startup 코드라고도 불리는데 이것의 역할은 시스템이 처음 가동되면 하드웨어에 대한 초기 설정 및 제어를 하게 되며, 최종적으로는 우리가 만든 프로그램을 구동하게 한다. Startup 코드 속에는 앞에서 설명한 예외 상황에 대한 처리내용이 들어 있다. Startup 코드의 경우는 C 언어 등의 상위 언어로 작성되는 것이 아닌 어셈블리 코드로 이루어져 있다. 결국 역할 및 작성 방법은 다르지만 startup 코드 및 C 언어를 사용해 작성한 코드는 모두 소프트웨어에 해당한다. 정리해보면 우리가 구성한 SoC는 하드웨어적 구성이 완료된 시스템 위해 startup을 위한 코드 및 특정 동작을 하기 위해 설계한 프로그램을 구동하는 구조로 이루어지는 것이다. 이제부터 [그림 7-10]의 각 요소들을 실제 사용하는 하드웨어와 작성된 프로그램 코드를 사용하여 채워보자. 각 부분을 좀 더 자세하게 나타낸 구조는 [그림 7-11]에 나타내었다.

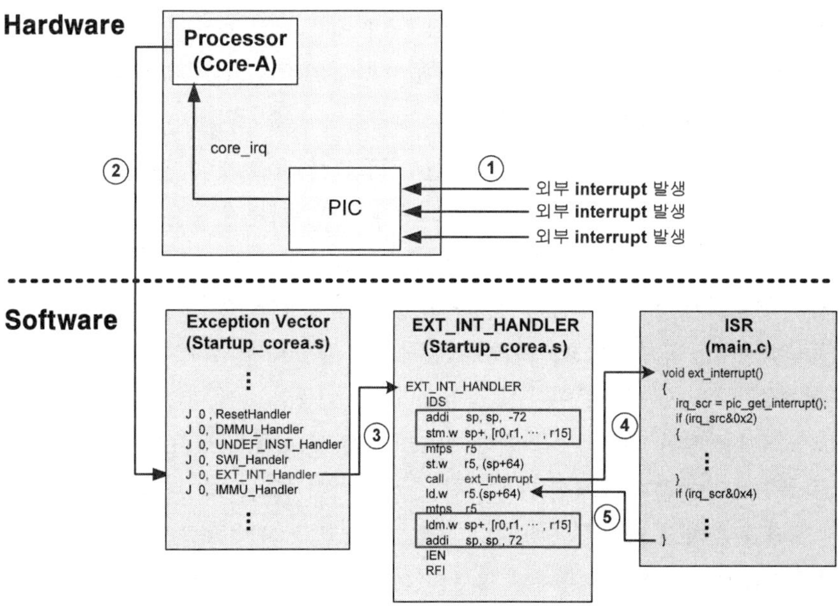

그림 7-11 Core-A에서 인터럽트 처리 과정

실제 하드웨어 부분은 더 많은 장치들의 연결로 구성되겠지만, 설명의 편의를 위해 구조상 Core-A와 이번 장에서 설명하고 있는 PIC 부분만 표시하여 나타내었다. PIC는 외부에 연결된 여러 장치로부터 인터럽트가 발생되면 프로세서에 core_irq라는 하나의 신호를 사용하여 발생 사실을 전달한다. 예외 벡터 부분과 인터럽트 처리 핸들러가 있는 EXT_INT_HANDLER

부분은 작성된 실제 코드 중 일부를 가져 온 것이다. 마지막으로 ISR은 사용자가 인터럽트 처리를 위해 작성한 프로그램이다. 이것을 가지고 실제 인터럽트가 발생되면 어떤 과정을 거쳐 처리되는지 알아보자.

① PIC에 연결된 장치에서 인터럽트가 발생되면 PIC는 이 사실을 감지하고, core_irq 신호를 통해 프로세서에 인터럽트 발생 사실을 알린다.
② 프로세서는 인터럽트 발생 사실을 감지하고, 예외처리 모드로 전환 한다(예외 벡터로 이동하여 인터럽트 핸들러가 있는 곳으로 이동한다).
③ 인터럽트 핸들러에서는 현재 수행하던 프로그램에 대한 내용을 저장하는 context switching 후(기존 레지스터 값을 저장), ISR을 불러온다.
④ 사용자가 정의한 ISR을 수행한다.
⑤ ISR 수행 후, 인터럽트 발생 전 수행하던 프로그램을 이어서 수행하기 위해 context switching(저장했던 레지스터 값 불러 옴) 후, 기존 프로그램을 이어서 수행한다.

여기서 context switching이라는 다소 생소한 개념이 나오는데 프로그램을 수행하는 것은 하드웨어 입장에서 보면 레지스터에 값을 읽고 쓰는 동작이다. 따라서 현재 수행하던 프로그램에 대한 정보는 프로세서 내부에 존재하는 레지스터 값을 저장하는 것으로서 수행 할 수 있다(레지스터 중에는 현재 실행하고 있는 프로그램 주소가 저장된 PC도 포함된다). Context switching은 기존에 실행하던 프로그램을 수행한다던지 혹은 새로운 다른 프로그램을 수행하기 위해 프로세서에 존재하는 레지스터 값을 통째로 전환하는 것을 말한다.

인터럽트 핸들러에 구성된 코드를 살펴보면 기존에 동작하는 레지스터 값을 모두 저장 하고 ext_handler라는 프로그램으로 이동하는 구조로 작성되어 있다. 여기서 ext_handler는 사용자가 작성한 ISR 함수 이름이다. Ext_hanlder로 이동한 후에는 인터럽트에 대한 정보를 확인하고 ISR에 작성된 내용을 처리한다. ISR에 대한 처리를 완료하고 나면 다시 인터럽트 핸들러로 복귀하여 기존에 저장한 레지스터 값들을 다시 불러온다. 이것으로 인터럽트에 대한 모든 처리를 마치고 기존에 수행하던 프로그램으로 돌아가 원래 하던 동작을 수행하게 된다. 결국 인터럽트 처리는 사용자가 명시한 코드에 의해서 해당하는 코드가 존재하는 곳으로 이동하여 그 곳에 있는 내용을 처리하는 것이 핵심이다. 이것에 대한 이해를 돕기 위해 실제 프로그램이 존재하는 메모리와 함께 연동하여 살펴보자.

우리가 작성하여 수행하는 모든 소프트웨어는 메모리에 적재한 후 그것을 실행하면서 수행된다. 예외 벡터의 경우 메모리의 가장 처음에 위치하게 되며, 순차적으로 각 예외처리를 위한 핸들러 코드가 존재하게 되고 사용자가 작성한 ISR은 상대적으로 메모리 주소를 0번지 기준으로 멀리 떨어진 주소에 존재한다. 실제 프로그램을 작성하여 수행한 내용에 대한 메모리 주소 및 거기에 탑재된 내용을 [그림 7-12]에 나타내었는데, 그림에 표시된 주소는 해당 프로그램들이 존재 하는 주소라고 생각하면 된다. 또한 그림에 존재하는 ③~⑤는 프로그램 상에서 분기하는 것을 실제 메모리에서 분기되는 것에 대한 이해를 돕기 위해 표시해 둔 번호이다.

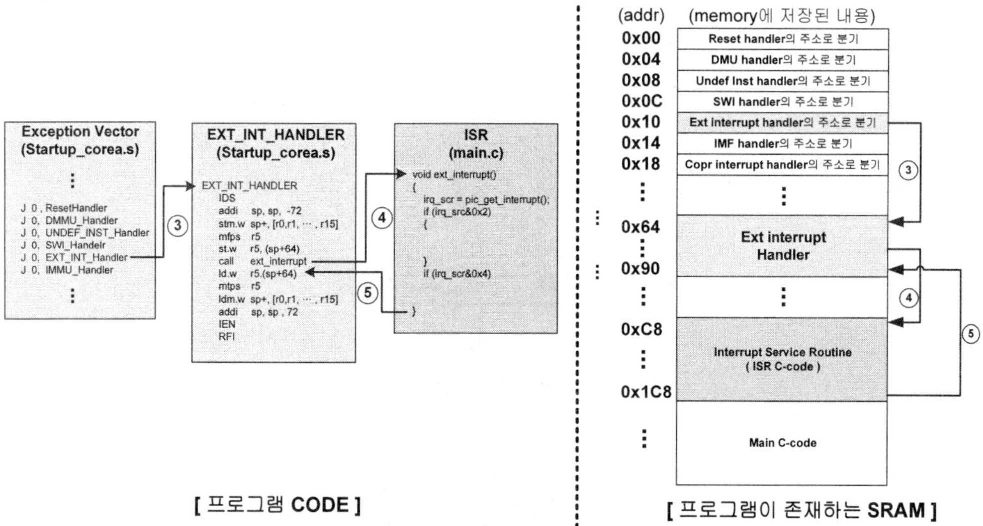

그림 7-12 프로그램에서 인터럽트의 처리 과정

인터럽트가 발생되면 결과적으로 프로세서는 메모리상에 0x10 번지에 존재하는 명령어를 수행하는데 이것이 인터럽트 핸들러 코드가 있는 위치로 jump하는 명령에 해당한다. 0x10에 존재하는 명령어는 결국 0x64로 분기하는 것이다(0x64번지에는 인터럽트 핸들러 코드가 시작된다). 0x64로 분기하면 이곳에 존재하는 인터럽트 핸들러를 순차적으로 수행하게 된다. 이때, 핸들러 내에는 ISR로 분기하는 코드가 있는데, 해당 코드를 수행하게 되면 ISR 코드가 존재하는 0xC8 번지로 분기 동작을 수행한다. 0xC8 번지로 분기한 후에는 이곳에 적재된 ISR 코드를 수행 하고, ISR 수행을 완료하면 다시 인터럽트 핸들러로 복귀하여 남은 동작을 수행한다.

7.3 PIC 제어

SoC를 구성하는 모듈에 대한 제어는 대부분 해당 모듈의 레지스터 값을 읽고 쓰는 것으로 구성된다. PIC 모듈의 경우 해당 레지스터들의 종류가 작기 때문에 제어하는 방법이 간단하다. PIC에 존재하는 인터럽트 비트에 대하여 해당 비트에 연결된 인터럽트 신호를 감지하는데 필요한 방식 및 극성을 설정하고, 해당 인터럽트 비트의 활성화/비활성화를 설정해주면 된다. 이러한 설정을 보통 초기화(initialize) 과정이라고 한다. 원하는 동작을 위한 각 레지스터의 설정 방법은 앞에서 설명하였기 때문에 이번 절에서는 생략하도록 하겠다.

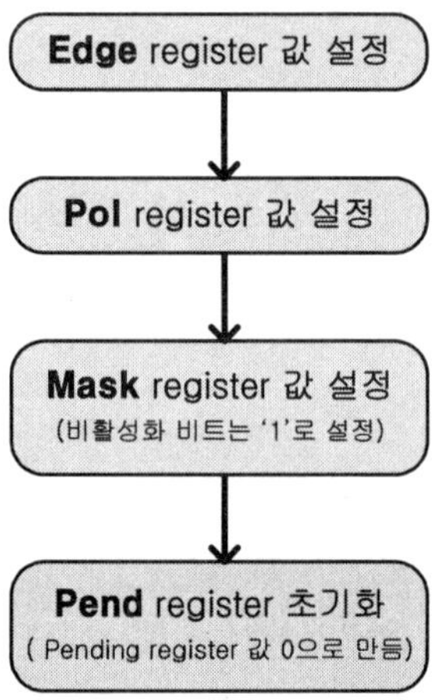

그림 7-13 PIC 초기화 순서도

초기화 과정에 대한 순서도를 [그림 7-13]에 나타내었다. 초기화 과정은 순차적으로 각 레지스터의 값을 설정하면 되는데 한 가지 주의 사항이 있다. Edge, pol, mask 레지스터는 어느 것을 먼저 설정하던지 순서에 상관이 없다. 하지만 pend 의 경우는 앞에서 언급한 3가지 레지스터에 대한 설정이 완료된 후 초기화 해주어야 한다. 그 이유는 인터럽트에 대한 설정을 하는 중에 발생되는 신호에 대해서 PIC에서는 인터럽트가 발생된 것으로 잘못 인식 할 수가 있는데 이렇게 되면 pend 레지스터에 인터럽트가 발생되었다는 정보가 잘못 저장되기 때문이다. 따라서 3가지 설정 레지스터에 대한 설정을 완료한 후, pend 레지스터 값을 '0'으로 초기화하여 인터럽트 발생을 기다린다.

다음으로 인터럽트가 발생되었을 때 수행하게 되는 ISR의 작성에 대해 살펴보자. ISR의 경우 해당 인터럽트 신호가 발생하면 사용자가 원하는 동작으로 구성하면 된다. 단지 주의할 점은 각 장치에 맞는 ISR을 수행하도록 하게 하는 것이다. PIC의 기능 중에 '내부 우선순위 정책에 따라 ISR을 수행한다'는 내용이 있었는데 일반적으로 사용자의 C코드 작성에 의해 구현된다. ISR의 일반적인 동작 순서도를 [그림 7-14]에 나타내었는데, ISR이 시작되면서 가장 먼저 하는 동작은 pend 레지스터의 값을 읽어오는 것이다. Pend 레지스터에는 사용하는 인터럽트에 대한 발생 정보가 저장되어 있기 때문에 이 값을 체크하면 우리는 해당 장치에서 인터럽트가 발생되었는지 여부를 알 수 있게 되는 것이다. 우선순위는 pend 레지스터의 비트를 체크하는 순서를 어느 것을 가장 먼저 하도록 코딩하는가의 여부에 따라 결정되게 된다. 즉, 사용자가 C 언어의 if/if-else 문 등을 사용하면 간단하게 우선순위를 설정할 수 있는 것이다.

ISR 작성에 있어 주의할 점은 해당 인터럽트를 처리하면 반드시 pend 레지스터를 '0'으로 초기화하는 동작을 수행해야 한다는 점이다. 이 동작을 수행하지 않으면 한 번 발생된 인터럽트에 대하여 PIC는 해당 장치에서 지속적으로 인터럽트가 발생된 것으로 간주하기 때문에 반드시 '0'으로 초기화해야 한다. ISR 처리 코드는 사용자가 다양하게 작성할 수 있으며 [그림 7-14]는 하나의 예시일 뿐 반드시 이렇게 작성해야 하는 것은 아니다. 이상으로 PIC에 대한 전반적인 내용을 살펴보았다. PIC의 경우 해당 모듈의 기능과 구성은 간단하지만 인터럽트를 다루는 장치이기 때문에 인터럽트에 대한 정확한 이해가 필요하다. 이러한 점을 잘 인지하여 PIC를 통한 인터럽트 기능을 잘 활용하기 바란다.

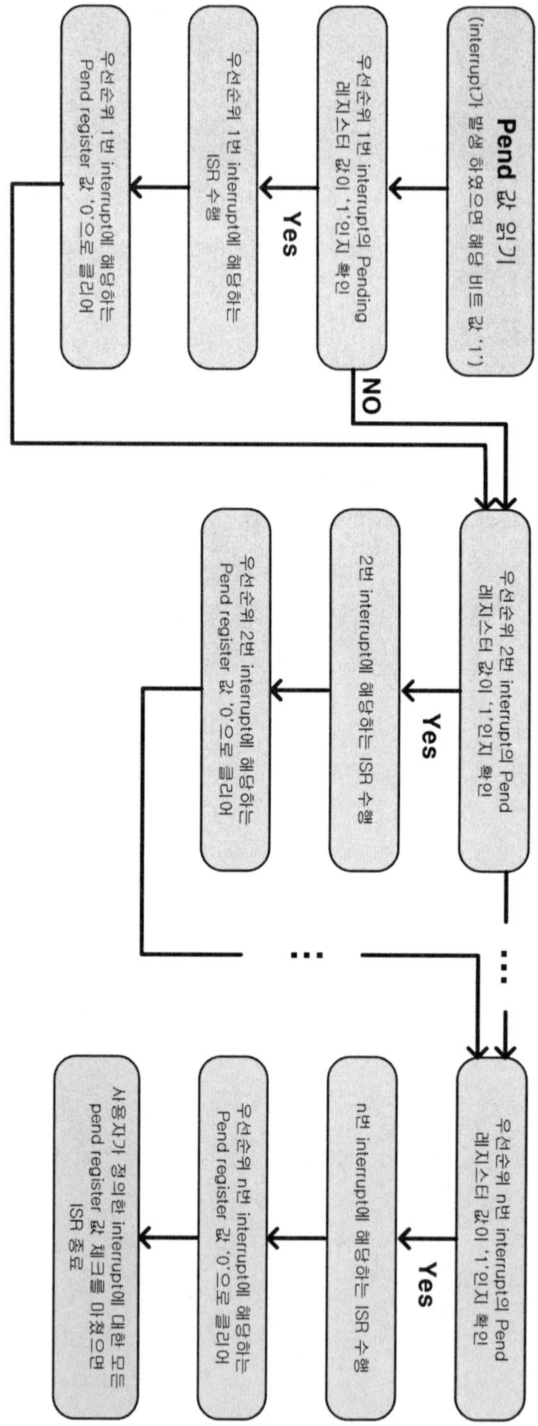

그림 7-14 ISR 작성법의 한 예

7.4 시뮬레이션

이번 절에서는 PIC 모듈에 대한 시뮬레이션을 통한 동작을 확인해 보도록 하겠다. 우리가 구성하려는 SoC는 AMBA BUS를 통해 core 및 각종 주변장치들이 연결되는 구조이다. PIC 모듈의 경우 특성상 AMBA BUS의 APB 구조에 적합하다. 이에 사용하는 PIC 모듈에 ABP wrapper를 씌운 모듈을 통한 시뮬레이션을 진행한다. AMBA BUS의 제어 및 그와 관련한 내용은 본 4장에 설명한 내용을 참고하길 바란다. 테스트벤치에 구성되는 코드는 ABP를 제어하는 부분과 그것을 통한 PIC 내부 레지스터에 값을 읽거나 쓰는 것으로 구성되어 있다.

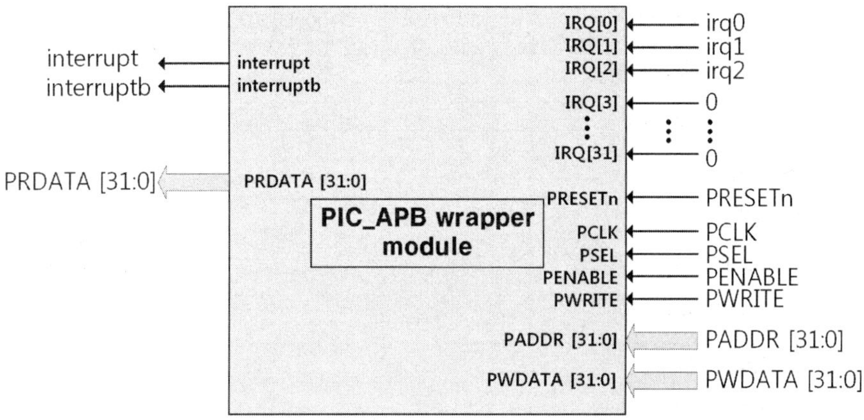

그림 7-15 APB용 PIC 모듈 구성도

시뮬레이션을 위해 사용한 모듈의 입/출력 포트를 포함한 구조를 [그림 7-15]에 나타내었다. 외부장치에서 발생되는 인터럽트를 irq0, irq1, irq2에 각각 할당하여 총 3개의 장치에서 인터럽트를 발생시키는 것을 가정하여 시뮬레이션을 진행한다. 사용하지 않는 IRQ[3] ~ IRQ[31] 비트에는 0을 입력하도록 테스트벤치를 작성하였다. 테스트벤치에 관한 내용은 다음 절에서 자세히 다루도록 하겠다.

작성된 테스트벤치에 따라 PIC 모듈이 제어되는 과정을 살펴보도록 하자. 먼저 PIC를 사용하기 위해서는 CSR 레지스터에 값을 설정하는 초기화 과정이 필요하다고 앞에서 언급하였다. 앞 장에서 언급한 순서에 따라 시뮬레이션 진행은 edge → pol → mask 레지스터 순으로 초기 값을 설정하는 과정을 거치게 된다.

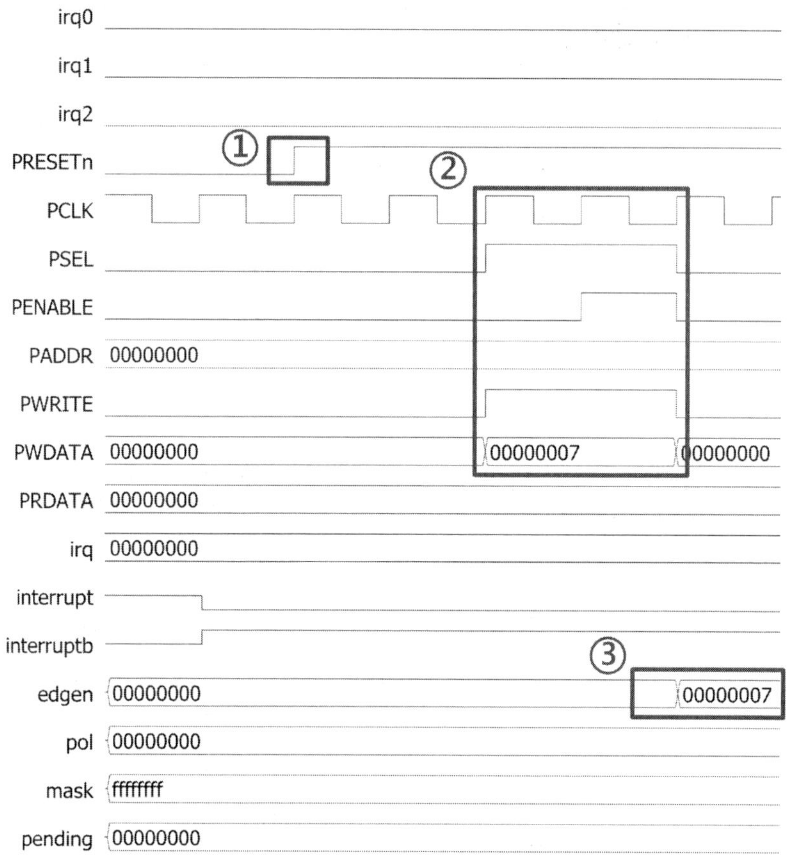

그림 7-16 Edge 레지스터 설정

Edge 레지스터에 값을 설정하는 부분에 대한 시뮬레이션 파형은 [그림 7-16]과 같다.

① PIC 전체 모듈을 reset 해주는 과정이다.

② PIC의 edge 레지스터에 값을 쓰는 과정으로, PIC 내부주소 0x0(PADDR) 번지 레지스터에 0x00000007(PWDATA) 값을 설정하는 것이다. 설정하는 값은 0, 1, 2번 비트에 들어오는 인터럽트 신호를 에지 감지로 하겠다는 의미이다.

③ 실제 PIC 모듈 내부에 존재하는 edge 레지스터에 저장된 값을 나타내는 것으로 설정한 0x00000007 값이 저장되어 있는 것을 확인할 수 있다.

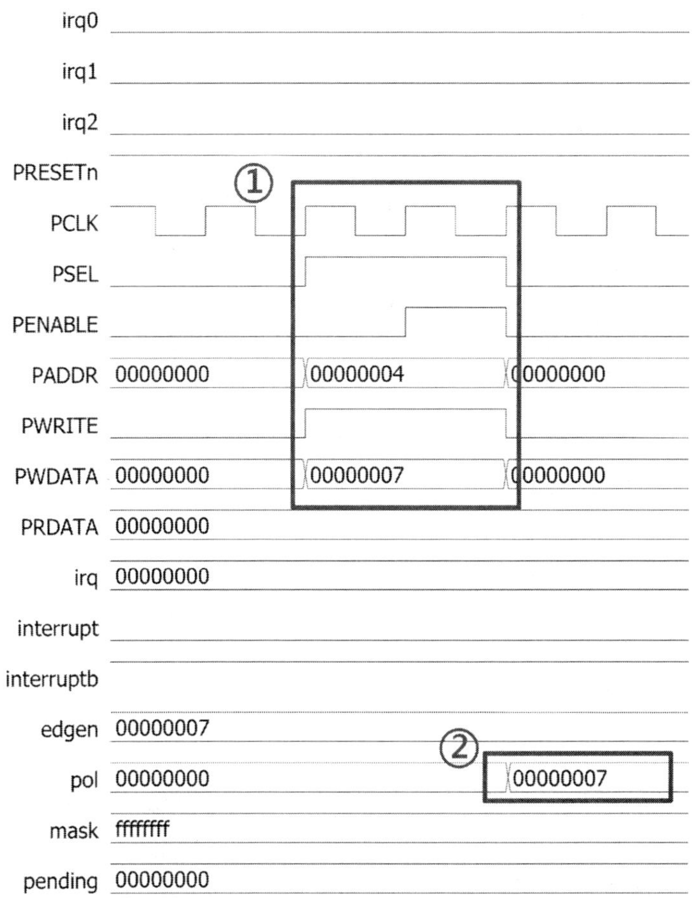

그림 7-17 Pol 레지스터 설정

Pol 레지스터에 값을 설정하는 부분에 해당하는 시뮬레이션 파형은 [그림 7-17]과 같다.

① PIC의 pol 레지스터에 값을 쓰는 과정으로, PIC 내부주소 0x4 번지 레지스터에 0x00000007 값을 설정하는 것이다. 설정하는 값은 0, 1, 2번 비트에 들어오는 인터럽트 신호를 상승 에지 감지(edge 레지스터 값이 '1'이므로) 하겠다는 의미이다.

② 실제 PIC 모듈 내부에 존재하는 pol 레지스터에 저장된 값을 나타내는 것으로 설정한 0x00000007 값이 저장되어 있는 것을 확인할 수 있다.

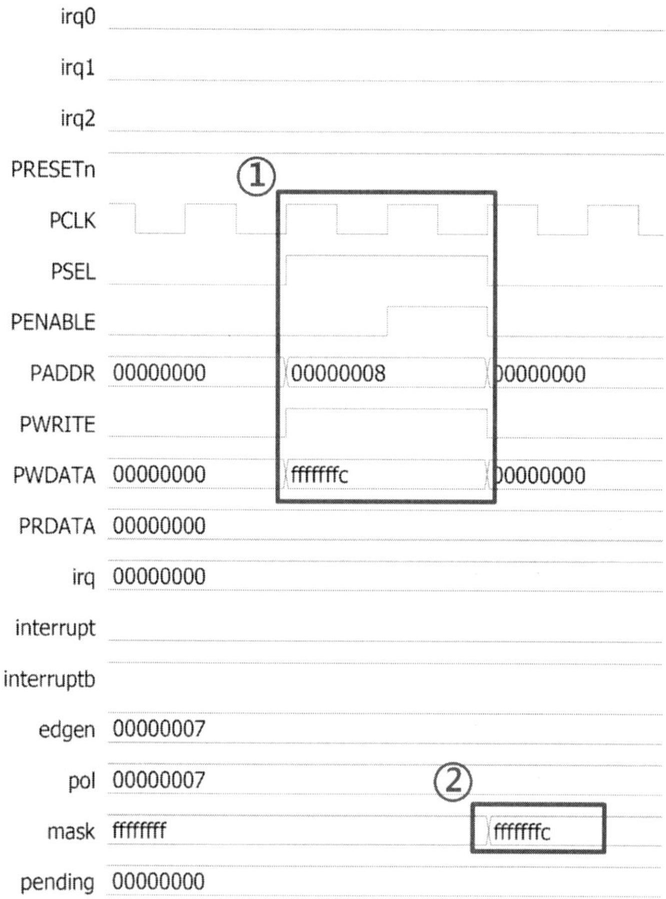

그림 7-18 Mask 레지스터 설정

Mask 레지스터에 값을 설정하는 부분에 해당하는 시뮬레이션 파형은 [그림 7-18]과 같다.

① PIC의 mask 레지스터에 값을 쓰는 과정으로, PIC 내부주소 0x8 번지 레지스터에 0xFFFFFFFC 값을 설정하는 것이다. 설정하는 값은 IRQ 신호 중 0번, 1번에 들어오는 인터럽트 신호만 활성화시키고, 나머지는 사용하지 않겠다는 의미이다.

② 실제 PIC 모듈 내부에 존재하는 mask 레지스터에 저장된 값을 나타내는 것으로 설정한 0xFFFFFFFC 값이 저장되어 있는 것을 확인할 수 있다.

다시 한 번 정리해보면, 위의 설정을 통해 우리는 세 가지 외부 인터럽트 신호를 각각 PIC의 IRQ 신호 0번, 1번, 2번 신호를 연결 하였으며, 각 비트는 상승 에지 형태의 인터럽트 신호가 들어오면 해당 장치의 인터럽트가 발생된 것으로 감지하게 된다. 하지만 여기서 하나 특이한 점은 mask 레지스터의 경우 2번 비트는 비활성화시켰다. 이것은 나중에 시뮬레이션을 통해 확인하겠지만, 인터럽트가 들어오더라도 mask 값을 통해 활성화시키지 않으면 해당 인터럽트 값을 무시하는 동작에 대한 확인을 하기 위함이다.

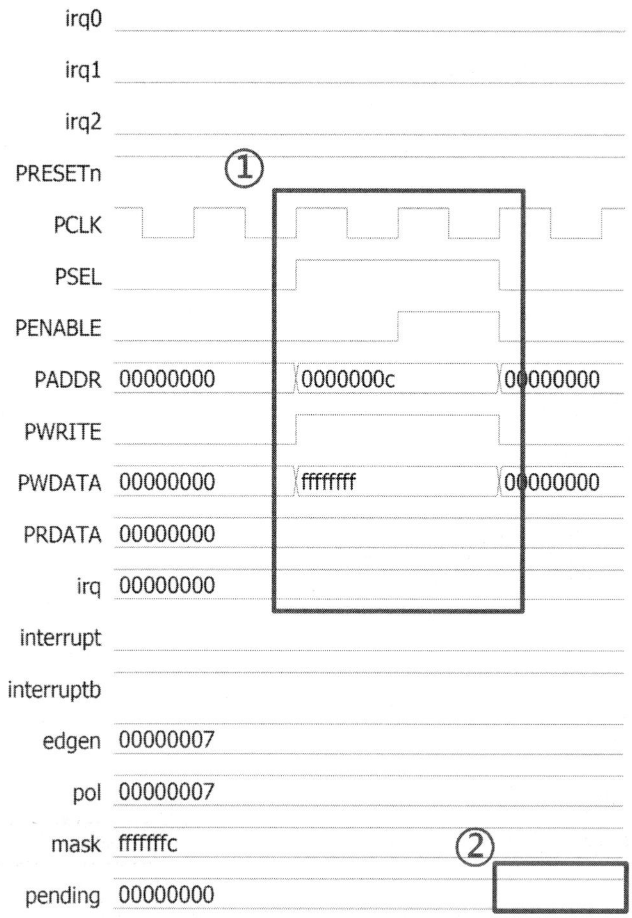

그림 7-19 Pending 레지스터 초기화

Pend 레지스터의 값을 모두 '0'으로 설정 하는 부분에 대한 시뮬레이션 파형은 [그림 7-19]와 같다.

① PIC의 pend 레지스터를 '0'으로 만드는 과정으로, PIC 내부주소 0xC 번지 레지스터에 0xFFFFFFFF 값을 설정하는 것이다. pend 레지스터의 경우 해당 비트에 '1'을 쓰면 값이 '0'으로 설정되도록 설계되어져 있다.

② 실제 PIC 모듈 내부에 존재하는 pend 레지스터에 저장된 값을 나타내는 것으로 설정한 0x00000000 값이 저장되어 있는 것을 확인할 수 있다. 이것은 발생된 인터럽트가 없다는 의미이다.

이상이 PIC 모듈을 사용하기 위한 초기화 설정에 대한 시뮬레이션 파형 및 그에 대한 설명이다. 다음으로 테스트벤치 상에 작성된 내용은 우리가 정한 IRQ0, 1, 2번 비트에 인터럽트를 발생시켜서 그에 대한 동작이 맞게 되는지에 대해 알아보는 것이다.

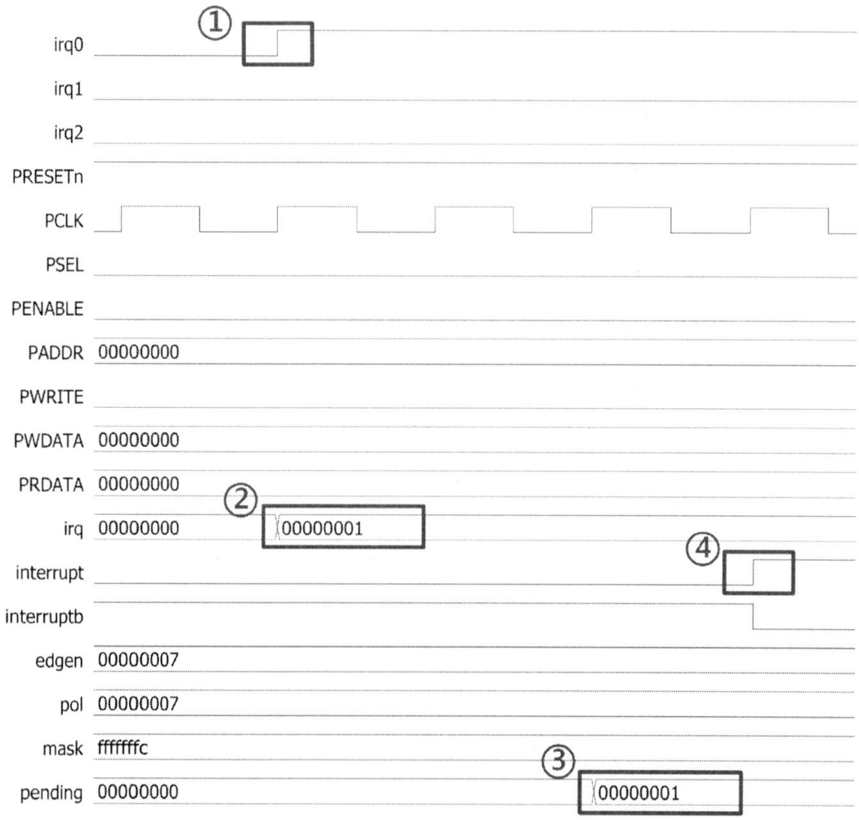

그림 7-20 IRQ0에서 인터럽트가 발생된 경우(1)

IRQ 0번에 인터럽트가 발생된 경우에 대한 시뮬레이션 파형은 [그림 7-20]과 같다.

① IRQ0 번에 인터럽트가 발생한 경우로, 상승 에지 일 때 PIC는 이것을 인터럽트 발생으로 간주 한다.

② PIC 모듈에 존재하는 32개의 IRQ 포트로 우리가 0번 장치에서 인터럽트가 발생되었기 때문에 IRQ[0] 비트만 '1'의 값을 가지는 것을 확인할 수 있다.

③ Pend 레지스터의 0번 비트가 '1'의 값을 가지는 것을 확인할 수 있는데, 이것의 의미는 IRQ[0] 비트에 연결된 장치로부터 인터럽트가 발생되었다는 것이다.

④ Pend 레지스터에서 인터럽트 발생 사실이 저장되었으므로, PIC 모듈은 core로 인터럽트 발생 사실을 전달한다.

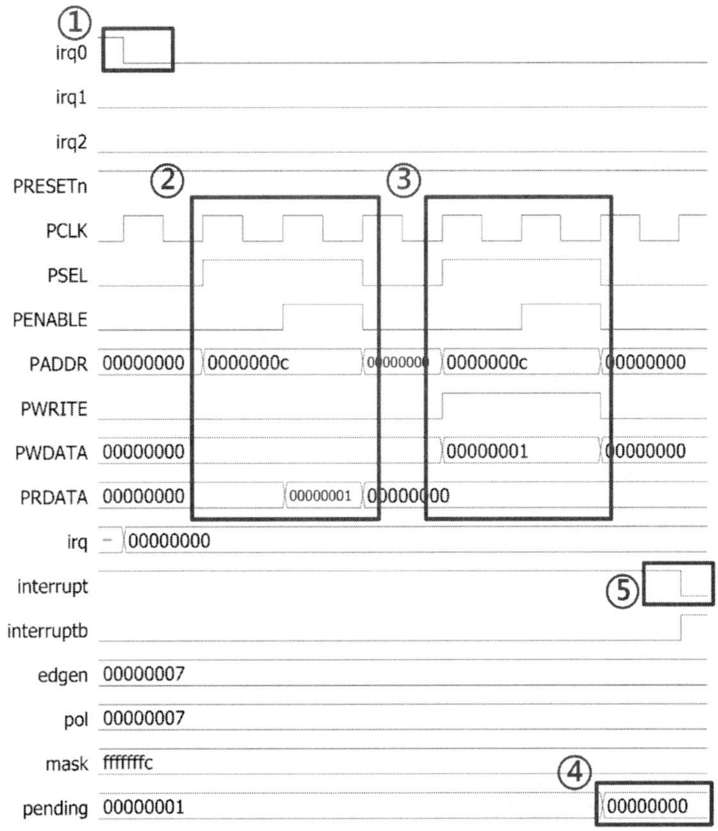

그림 7-21 IRQ0에서 인터럽트가 발생된 경우(2)

IRQ 0 신호가 '0'으로 떨어진 이후에 대한 시뮬레이션 파형은 [그림 7-21]과 같다. 해당 시뮬레이션 파형에서는 pend 레지스터 동작과 관련하여 중요한 내용을 확인할 수 있다.

① IRQ 0번에 인터럽트 신호가 '0'으로 떨어진다. 사실 이것은 아무런 의미가 없다. 그 이유는 애초에 PIC의 설정을 상승 에지만 인터럽트로 감지하겠다고 설정하였기 때문에, 발생되는 신호가 상승 에지가 아니면 PIC에서는 아무런 동작을 하지 않는다.

② PIC 모듈에 존재하는 pend 레지스터의 값을 읽은 것으로 PRDATA에 0x00000001(IRQ 0번 비트에서 인터럽트가 발생된 상태)가 정상적으로 읽혀지는 것을 확인할 수 있다.

③ Pend 레지스터의 0번 비트를 클리어 하는 동작을 수행하는 과정이다. 0x00000001의 값을 pend 레지스터에 써 줌으로서 클리어가 수행된다.

④ ③의 동작에 의해 pend 레지스터의 0번 비트가 0으로 리셋된 것을 확인할 수 있다.

⑤ ④에서 확인하였듯이 pend 레지스터의 모든 값이 '0'으로 됨에 따라 PIC에서는 인터럽트 발생이 종료되었다고 core에 알려준다. 이것은 인터럽트 신호가 '0'으로 변하는 것으로 확인할 수 있다.

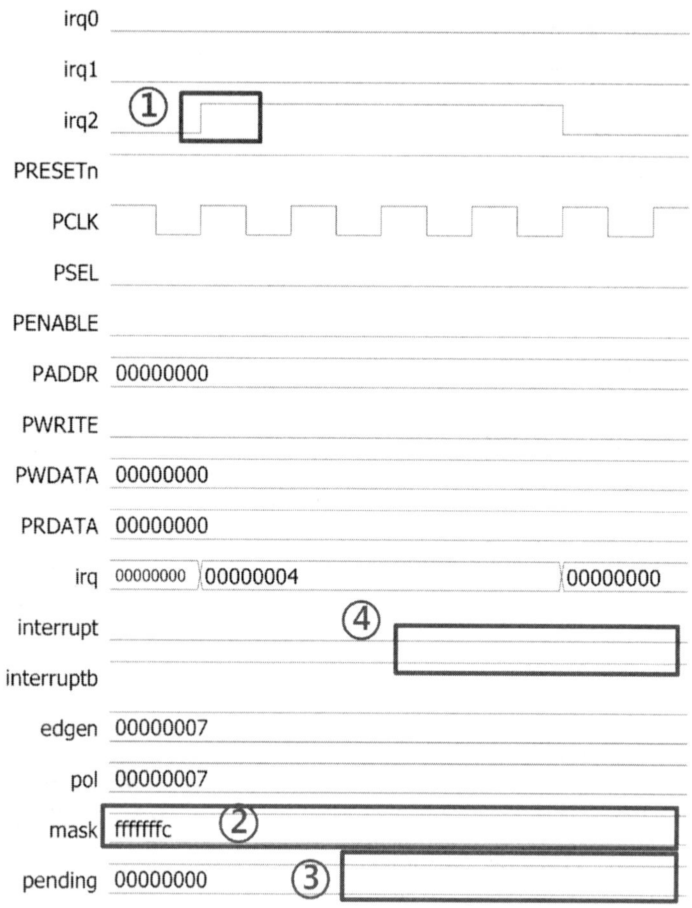

그림 7-22 IRQ2에서 인터럽트 발생된 경우

IRQ 2에서 인터럽트가 발생된 상황에 대한 시뮬레이션 파형은 [그림 7-22]와 같다. 하지만 우리는 앞서 mask 비트 설정 때 해당비트는 비활성화로 설정을 하였다. 이에 따라 인터럽트는 발생하였지만 PIC에서는 해당 인터럽트를 무시하는 동작을 하게 된다.

① IRQ 2 번에 인터럽트가 발생된다.

② PIC 모듈에 존재하는 mask 레지스터에 저장된 값으로 앞에서 설정한 0xFFFFFFFC 값이 저장되어 있는 것을 확인할 수 있다. 이것은 PIC의 IRQ 0, 1번 비트를 통해 발생되는 인터럽트만 사용하겠다는 의미이다.

③ PIC 모듈에 존재하는 pend 레지스터에 저장된 값으로 비활성화된 IRQ 2번에서 발생된 인터럽트는 무시된다. 따라서 pend 레지스터에는 아무런 값도 저장 되지 않는다.

④ Pend 레지스터의 모든 값이 0이므로 PIC 입장에서는 인터럽트가 발생되지 않은 것으로 된다. 이에 core로 전달되는 신호도 0이다.

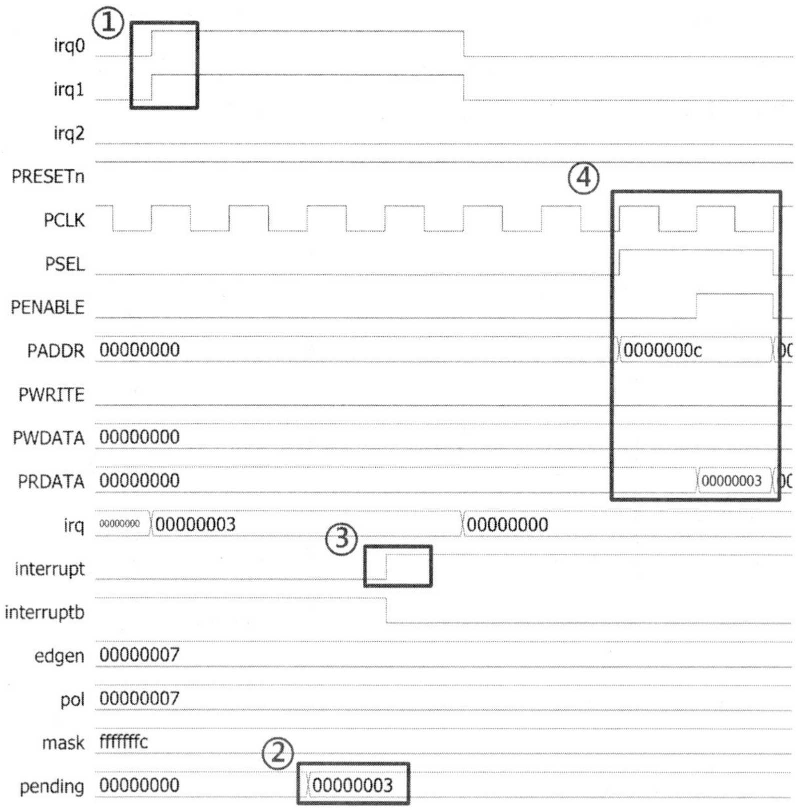

그림 7-23 IRQ0,1 번 인터럽트 동시 발생된 경우

IRQ 0, 1번 신호가 동시에 발생 된 경우에 대한 시뮬레이션 파형은 [그림 7-23]과 같다. 해당 파형에서는 동시에 발생되는 인터럽트 처리에 대한 PIC의 동작을 확인할 수 있다.

① IRQ 0, 1번에 동시에 인터럽트가 발생된 경우이다.
② PIC 모듈에 존재하는 pend 레지스터에 저장된 값으로, 0x00000003이 저장된 것을 확인할 수 있다. 이것은 IRQ 0, 1번 장치에 연결된 장치로부터 인터럽트가 발생되었다는 의미이다.
③ Pend레지스터에 0이 아닌 값이 저장 되었으므로, 이것은 PIC 입장에서인터럽트가 발생된 상황이다. 이에 core에 인터럽트 발생 사실을 알린다.
④ PIC 모듈에 존재하는 pend 레지스터의 값을 읽은 것으로 PRDATA에 0x00000003(IRQ 0, 1번 비트에서 인터럽트가 발생된 상태)가 정상적으로 읽혀지는 것을 확인할 수 있다.

시뮬레이션 파형을 살펴보면 PIC 모듈에서는 자체적으로 동시에 발생되는 인터럽트에 대해서 우선순위 처리를 하지 못한다. PIC는 그저 인터럽트가 1개 이상 발생되면 그 사실을

core에 알리는 것이 역할의 전부이다. 만약 하드웨어적으로 우선순위에 대한 처리를 하고 싶으면 PIC 모듈을 수정하여 새롭게 설계하면 된다. 하지만 이것보다는 프로그램을 통한 우선순위를 정의하여 보다 유연하게 제어하는 방법이 효과적이다.

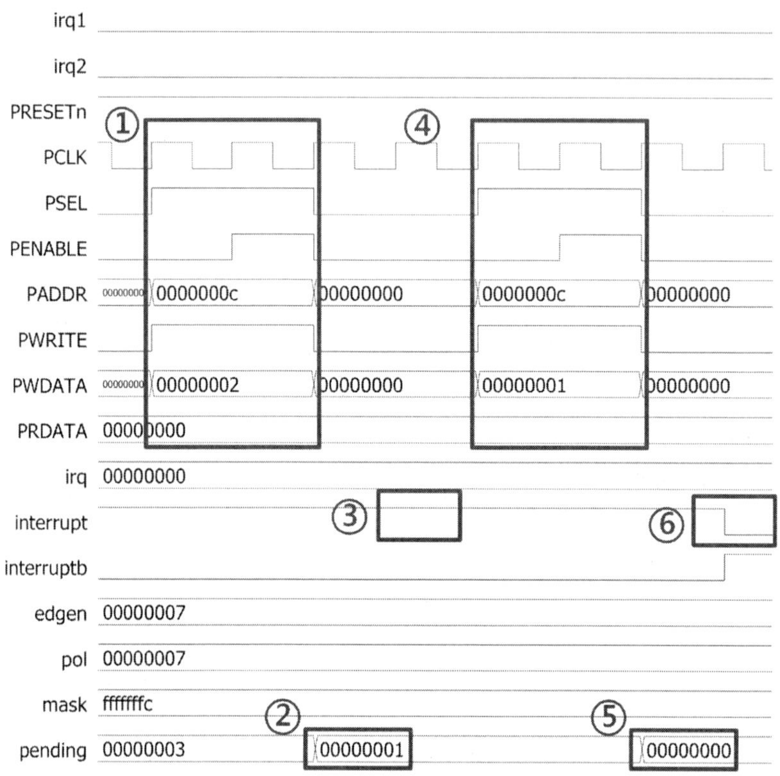

그림 7-24 Pend 레지스터의 클리어

Pend 레지스터의 클리어에 따른 PIC의 동작 내용은 [그림 7-24]와 같다. 앞에서 살펴본 동시에 발생된 두 개의 인터럽트에 대한 내용에 해당한다.

① PIC 모듈에 존재하는 pend 레지스터의 1번 비트를 클리어 하는 과정이다. 이것은 0xC 번지에 0x00000002 값을 쓰는 동작으로 수행 된다.

② PIC 모듈에 존재하는 pend 레지스터에 저장된 값으로, 0x00000001이 저장된 것을 확인할 수 있다. 기존에 1, 0번에 대한 인터럽트 발생 정보가 있던 것이, 1번 비트는 클리어하였기 때문에 0번에 대한 인터럽트 발생 정보만 저장되어 있다.

③ IRQ 1번에 대한 인터럽트 발생 정보를 클리어했지만, 여전히 0번에 대한 정보는 pend 레지스터에 남아 있으므로, PIC는 core로 인터럽트가 발생된 상태라고 알려 준다.

④ PIC 모듈에 존재하는 pend 레지스터의 0번 비트를 클리어하는 과정이다. 이것은 0xC 번지에 0x00000001 값을 쓰는 동작으로 수행된다.

⑤ PIC 모듈에 존재하는 pend 레지스터에 저장된 값으로, 0x00000000이 저장 된 것을 확인할 수 있다. 기존에 1, 0번에 대한 인터럽트 발생 정보가 있던 것이 모두 클리어 되었기 때문이다.

⑥ Pend 레지스터에 발생된 인터럽트에 대한 내용을 모두 클리어하였기 때문에 PIC는 현재 상태가 인터럽트가 발생되지 않은 것으로 인식하고, core에 인터럽트가 발생되지 않았다는 의미로 해당 신호를 0으로 내보낸다.

이상 PIC 모듈에 대한 시뮬레이션 및 설명에 대한 내용을 마치도록 하겠다. 사용하는 모듈에 대한 시뮬레이션 방법은 테스트벤치의 작성에 따라 다양하며, 사용자는 해당 모듈이 우리가 의도한대로 정확하게 동작하는지에 대한 시뮬레이션을 반드시 수행해야 한다. 우리는 edge 방식의 인터럽트 감지에 대한 검증을 IRQ 0 ~ 2번을 사용하여 진행하였다. 다음 절에서 설명하게 될 기존에 작성된 테스트벤치를 바탕으로 스스로 다른 방식으로 PIC 모듈을 동작시키는 테스트벤치를 작성하여 시뮬레이션을 통해 검증해보길 바란다.

7.5 실습

7.5.1 시뮬레이션 진행

이번에는 앞 절에서 설명한 시뮬레이션 파형을 실습을 통해 직접 확인해보고자 한다. 시뮬레이션을 위해 함께 제공되는 CD에서 실습 스크립트를 실행하면 HDL 시뮬레이터인 모델심(ModelSim)을 이용하여 앞 절에서 보인 파형을 직접 확인할 수 있다.

- 실습 스크립트 경로 : /sim/ch07_pic/run.bat

실습 스크립트가 참조하는 RTL 코드 및 테스트벤치는 다음의 경로를 참조하도록 작성되어 있다.

- /testbench/ch07_pic/tb_pic.v
- /verilog/pic/pic_apb.v
- /verilog/pic/simple_pic.v

스크립트가 정상적으로 실행되면, 모델심이 실행되고, 시뮬레이션 파형이 화면에 표시된다. [표 7-4]를 참고하여 앞 절의 각 파형을 직접 탐색하여 확인해 보도록 하자.

표 7-4 시뮬레이션 파형 확인을 위한 탐색 위치

번호	시작 위치(ns)	끝 위치(ns)
그림 7-16	0	260
그림 7-17	280	440
그림 7-18	450	600
그림 7-19	610	780
그림 7-20	840	1020
그림 7-21	1020	1360
그림 7-22	1400	1640
그림 7-23	1720	2100
그림 7-24	2140	2480

7.5.2 테스트벤치 분석

이번 절에서는 앞 절에서 시뮬레이션을 수행하기 위해 사용한 테스트벤치를 분석해 보고자 한다. 테스트벤치 파일을 분석하면 앞서 보인 시뮬레이션 결과가 어떻게 만들어지는지를 알 수 있고 또한 이를 수정하여 본 교재에서는 보이지 않은 다른 실험을 해 볼 수도 있다. 우선 이 장에서 사용된 실습 테스트벤치는 다음 파일이다.

- /testbench/ch07_pic/tb_pic.v

테스트벤치는 이 실습에서 사용한 다른 RTL 소스 코드와 같이 Verilog HDL 언어로 기술되어 있다. 따라서 이를 분석하고 수정하기 위해서는 기본적인 수준의 Verilog HDL 문법에 대한 이해가 요구된다. 이번 절에서는 테스트벤치 파일의 모든 부분을 다루지는 않으며, 특징적인 부분만을 추려서 설명한다. 여기에서 다루지 않은 파일의 나머지 부분과 Verilog HDL 언어의 문법에 관련한 학습은 추후 독자의 몫으로 남겨둔다.

테스트벤치 파일을 텍스트 편집기 등을 사용하여 열어보면 앞 부분에서 [코드 7-1]과 같은 내용을 확인할 수 있는데, 이는 시뮬레이션 대상이 되는 pic_apb 모듈을 연결하는 기능을 수행한다. 여기서 PIC 모듈의 irq 포트의 0 ~ 2번 비트에 연결되는 부분을 살펴보면, 우리가 시뮬레이션을 위해 인터럽트 발생을 가정하고 irq2, irq1, irq0를 연결해 준 것을 볼 수 있다. 만약 PIC의 irq 포트 중 다른 비트의 인터럽트 발생을 검증하고 싶으면 해당부분 및 입/출력 포트를 수정하면 된다.

```
pic_apb UUT(
    .PRESETn                (PRESETn                ),
    .PCLK                   (PCLK                   ),
    .PSEL                   (PSEL                   ),
    .PENABLE                (PENABLE                ),
    .PADDR                  (PADDR                  ),
    .PWRITE                 (PWRITE                 ),
    .PWDATA                 (PWDATA                 ),
    .PRDATA                 (PRDATA                 ),
    .irq                    ({29'b0,irq2,irq1,irq0} ),
    .interrupt              (interrupt              ),
    .interruptb             (interruptb             )
    );
```

코드 7-1 테스트 모듈과 PIC 모듈의 연결

실제 PIC 모듈에 대한 검증을 위해 각종 신호 값을 제어하는 내용은 [코드 7-2]에 해당된다. 작성된 테스트벤치 코드는 시뮬레이션에서 설명한 상승 에지에 대한 인터럽트 값을 검출하는 내용이다. 내용을 살펴보면 먼저, PIC 모듈의 edge 레지스터 주소인 0x00000000에 0x00000007을 써 넣는 동작을 수행한다. 이것의 의미는 에지방식의 검출을 시용하겠다는 의미이다. 앞 절에서 설명한 레벨 방식의 검출을 사용하고 싶으면 해당 비트에 0의 값을 써주면 된다. 그 다음 마찬가지 방법으로 PIC 모듈의 pol 레지스터 주소인 0x00000004에 0x00000007을 써 넣는데 이것에 대한 의미는 pic에 연결된 하위 3비트의 장치들에 대해서 상승/high 값을 인터럽트로 검출하겠다는 의미를 가지게 된다. 만약 해당 비트에 연결된 인터럽트를 하강/low 값으로 검출하고 싶으면 0의 값을 써 주면 된다. Mask 레지스터의 경우도 마찬가지 방법으로 해당 주소에 값을 써주도록 하고, pend 레지스터의 경우 앞 절에서 해당 비트에 '1'의 값을 쓰면 0으로 클리어된다고 설명하였다. 이것에 맞추어 pend 레지스터 주소인 0x0000000C에 0xffffffff를 써 줌으로서 모든 pend 값이 0으로 클리어된다.

```
//Select PIC module & Set Edge register
  #(`CLOCK_PERIOD * 2) apb_write(32'h0, 32'h0000_0007);

//Select PIC module & Set Pol register
  #(`CLOCK_PERIOD * 2) apb_write(32'h4, 32'h0000_0007);
```

코드 7-2(1) 레지스터 값 설정

```
//Select MASK module & Set MASK register
  #(`CLOCK_PERIOD * 2) apb_write(32'h8, 32'hffff_fffc);

//Clear all pending register
  #(`CLOCK_PERIOD * 2) apb_write(32'hC, 32'hffff_ffff);
```

코드 7-2(2) 레지스터 값 설정

초기 설정을 마친 뒤에는 인터럽트 발생을 가정하고 할당한 irq 입력 포트에 인터럽트 신호가 발생된 상황을 가정하여 입력 값을 주고, 그 결과를 살펴보면 되는데 해당하는 동작에 대한 테스트벤치 내용은 [코드 7-3]과 같다. 인터럽트 신호를 주는 것을 irq0의 값을 1로 주었다가 다시 0으로 주는 방법을 통해 작성된 것을 볼 수 있다. 그리고 발생된 인터럽트에 대한 내용을 pic가 감지하였는지 여부는 pic의 pend 레지스터 값을 읽어보면 알 수 있는데, pend 레지스터의 주소인 0x0000000C 번지의 값을 읽어오는 과정을 수행하면 된다. 그리고 irq0번에 의해 인터럽트가 발생되었기 때문에, 해당 비트의 인터럽트 발생 사실을 초기화하는 동작을 검증하는 과정이 필요하다. 이것은 pend 레지스터의 0번 값을 클리어하는 동작으로 이루어지는데 0x0000000C 번지에 0x00000001 값을 써 줌으로서 동작하게 된다.

```
//Make interrupt Device 0 bit
  #(`CLOCK_PERIOD * 4) irq0 = 1'b1;
  #(`CLOCK_PERIOD * 4) irq0 = 1'b0;

//Read peding register
  #(`CLOCK_PERIOD * 0) apb_read(32'hC);

 //Clear pending register(irq0 bit)
  #(`CLOCK_PERIOD * 1) apb_write(32'hC, 32'h0000_0001);
```

코드 7-3 인터럽트 발생 및 체크

남은 테스트벤치 내용은 앞에서 설명한 내용들의 반복이다. 결국, 모듈에 대한 초기화를 하고 각 레지스터에 값을 읽고 쓰고, 연결된 인터럽트 장치에서 신호를 발생시키는 내용으로 테스트벤치가 작성되어 진다고 할 수 있다. PIC에 대한 동작 검증을 보다 다양한 상황에서 하고 싶다면 앞 절에서 설명한 내용들과 이 절에서 설명한 테스트벤치 코드 내용들을 활용하면 쉽게 가능하리라 본다.

제 8 장

기본 플랫폼 설계 및 검증

8.1 기본 플랫폼의 메모리 맵 작성

앞서 진행된 과정을 통하여 플랫폼의 구성요소들로 프로세서와 메모리 인터페이스와 외부 모듈 인터페이스 로직을 설계하였다. 이러한 부분들을 연결하기 위해서는 연결 구조를 다이어그램으로 그려 연결 형태를 이해하는 것도 필요하지만 그보다 중요한 것이 플랫폼의 메모리 맵을 작성하는 것이다. 이 플랫폼의 메모리 맵은 어떠한 의미를 지니며 이를 작성하는 것은 어떤 과정을 거쳐 진행되어야 할 것인지를 살펴보도록 하자.

기본 플랫폼을 설계하기 위한 사전단계로 Core-A의 예외 벡터를 이해할 필요가 있다. 프로세서인 Core-A는 일반적인 상황에서는 프로그램 카운터에 의하여 생성되는 명령어 주소의 값을 읽어 들여 명령어 종류에 따른 동작을 수행한다. 이때 프로그램 카운터는 순수하게 명령어의 특성에 따라 동작하게 되는데 [그림 8-1]과 같은 프로그램 카운터의 값을 변경하는 명령어를 제외하고는 바로 다음 주소 값을 생성하게 된다. 또한 프로그램 카운터의 값을 변경하는 명령어는 미리 정의된 경우의 수에 따라서 정해진 값 혹은 정해진 레지스터의 값을 사용한다.

즉 이 프로그램 카운터가 순수하게 프로그램 명령에 의해서만 변한다면 사전에 정의된 경로 이외로는 변경될 수 없다. 이 당연한 사항은 몇 가지 불편을 발생시키는데 외부 입력기기를 제어할 경우가 대표적이다. 키보드를 예를 들어 설명해보도록 하겠다. 간단히 생각하면 키보드를 누를 경우 해당 키 값을 외부로 출력하는 프로그램을 작성할 경우 꾸준히 키보드의 동작을 확인하는 프로그램을 작성해야 할 것이다. 이때 자주 확인한다면 빠르게 반응하겠지만 다른 동작을 수행할 여력이 부족할 것이고 가끔 확인 한다면 키보드의 입력 후 출력까지의 시간이 길어질 것이다. 만약 키보드의 입력을 하드웨어적으로 프로세서에 알려줄 수 있으며 프로세서가 그에 따라 키보드의 값을 확인하여 외부로 출력한다면 빠른 응답 속도와 다른 동작을 수행할 여력까지 확보할 것이다.

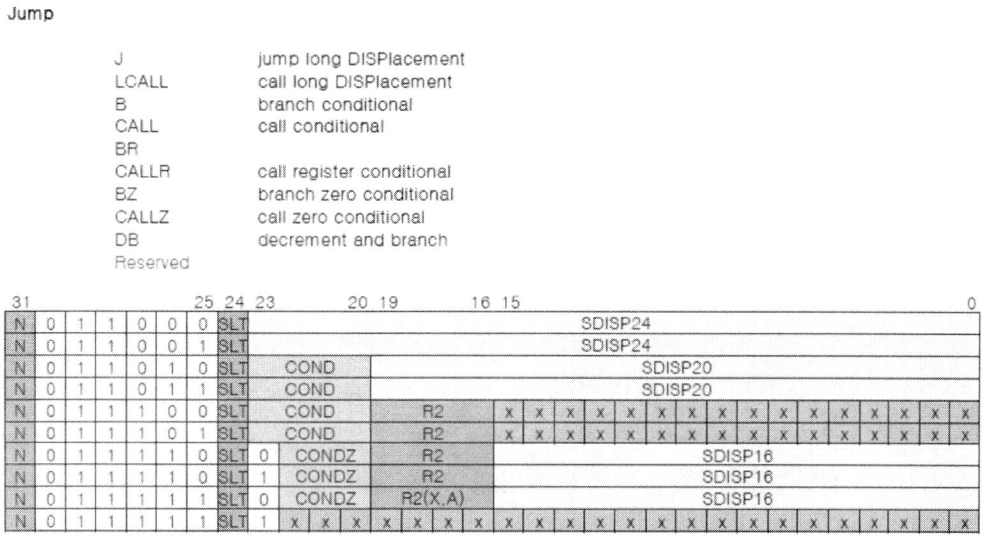

그림 8-1 프로그램 카운터를 변경하는 명령어

표 8-1 예외 벡터

Exception type	Service routine address
Reset	0x0000_0000
DMMU page fault	0x0000_0004
Undefined instruction	0x0000_0008
Software interrupt	0x0000_000C
External interrupt	0x0000_0010
IMMU page fault	0x0000_0014
Coprocessor interrupt	0x0000_0018

이러한 동작을 위해 Core-A는 설계자가 정의한 예외 상황에 따라서 프로그램 카운터가 지정된 값으로 변경된다. 이를 예외 벡터라 부르며 앞서 설명한 키보드의 동작을 제어하기 위한 예외 사항은 external interrupt이며 [표 8-1]와 같이 정의되어 있다. 예외 벡터는 프로세서 설계단계에서 정의된 주소 값으로 변경이 불가능하여 해당 영역에는 반드시 관련 프로그램이 위치해야 한다. 플랫폼의 메모리 맵을 작성하는 단계에서 이 부분을 잘못 배치하면 곤란한 상황이 많으므로 숙지해야 한다.

플랫폼에서는 프로세서와 개별 모듈은 하나의 버스를 통하여 연결된다. 그렇다면 프로세서에서 개별 모듈을 제어하기 위해서는 어떤 방법을 사용하여야 할까? 개별 모듈을 제어한다고 하는 것은 특정 레지스터들에 적절한 값을 저장하거나 지정된 레지스터의 값을 읽는 것을 말한다. 프로세서가 외부제어를 위해 할 수 있는 동작이 특정 주소를 내보내면서 값을 읽어 들이거나 쓰는 동작 밖에 없는 것을 생각하면 결론은 명확하다. 프로세서의 데이터 입출력을 공유하는 버스에서 원하는 로직을 구분할 방법을 정의하고 로직의 레지스터들을 구분할 방법을 정의할 필요가 있다. 이러한 정의된 방법에 따라서 개별 모듈을 선택하고 제어하는 동작을 특정한 메모리를 읽고 쓰는 동작으로 수행하면 될 것이다.

버스에 연결된 로직을 구분하는 방법으로 가장 대중적으로 사용되는 방법이 프로세서가 접근 가능한 주소의 영역(0x0000_0000 ~ 0xFFFF_FFFF)을 개별 모듈의 필요 영역만큼 잘라서 할당하는 것이다. 예를 들면 PIC의 32bit 레지스터 4개에 0x8000_0000 ~ 0x8000_0010의 주소를 할당하여 첫 번째 레지스터를 읽어 들이기 위해서는 0x8000_0000의 값을 읽고 두 번째 레지스터에 값을 쓰기 위해서는 0x8000_0004에 값을 쓰면 버스를 통하여 해당 모듈의 레지스터에 연결되는 것이다. 이러한 형태로 버스의 모듈에 설정된 영역을 모아서 하나의 그림으로 만든 것을 메모리 맵이라고 한다.

Core-A의 메모리 공간은 0x0000_0000 ~ 0xFFFF_FFFF으로 이를 배분하기 전 앞에서 설명한 예외 벡터를 고려할 필요가 있다. 프로세서에서 지정된 메모리 공간 0x0000_0000 ~ 0x0000_0014에는 예외 상황에 실행될 프로그램이 배치되어야 하므로 다른 로직이 배치되어서는 안 된다. 즉 프로그램의 저장이 가능한 SRAM이나 FLASH가 해당 위치를 점유해야 한다. 시스템의 전원이 켜질 때 프로그램을 로드하는 부트로더 프로그램이 저장된 FLASH가 지정되는 것이 적절하나 플랫폼의 설계단계에서는 보드가 켜진 상태에서 개별 모듈의 동작을 검증하게 되므로 Core-A debugger를 활용한 프로그램의 변경이 편리한 SRAM을 해당 공간에 배치하겠다. 이 플랫폼에서 사용한 SRAM은 1Mbyte의 메모리 공간을 제공하므로 0x0000_0000 ~ 0x0010_0000의 공간은 SRAM에 할당되었다.

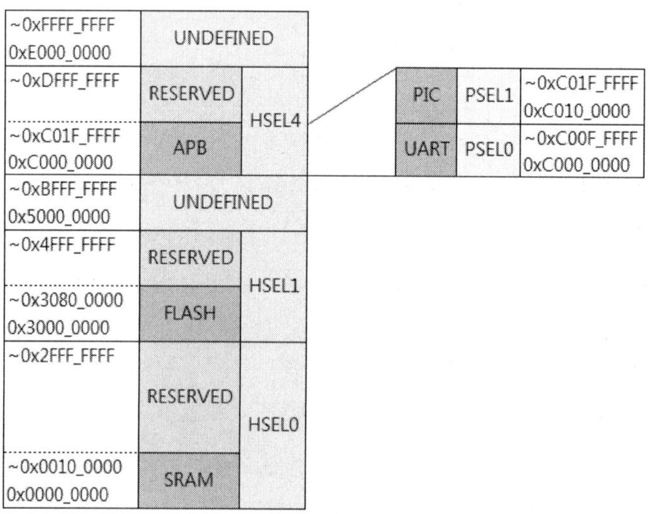

그림 8-2 플랫폼 메모리 맵

메모리 맵에서 실질적인 모듈이 차지하는 메모리 공간에 비해서 큰 영역을 할당하여 실제는 사용되지 않는 reserved 영역이 존재하는 것을 [그림 8-2]을 통하여 확인할 수 있다. 이것은 각 모듈의 사이즈 조정에 대비한 것이며 undefined 영역은 사용되지 않은 영역을 표시하고 있다. 실질적인 적용은 8.2에서 다루겠다.

8.2 AMBA BUS 연결

8.2.1 플랫폼 메인 프로세서 연결

Core-A는 명령어를 읽는 포트와 데이터를 읽고 쓰는 포트가 분리되어 있는 harvard architecture를 따른다. 이 구조는 프로그램과 데이터를 분리하여 접근할 필요성이 있을 경우를 대비한 구조로 이 플랫폼에서는 하나의 AMBA BUS에 연결하여 사용하고자 한다. Core-A의 경우 자체 인터페이스는 AMBA BUS를 지원하지 않아 이를 변환해주는 중간 인터페이스 로직을 명령어와 데이터 포트에 각각 연결한 형태로 제공하고 있다. Core-A는 외부 기기에 능동적으로 접근하여 값을 쓰고 읽는 모듈이므로 인터페이스를 통과한 명령어 인터페이스와 데이터 인터페이스는 [그림 8-3]과 같이 AMBA AHB BUS의 master 포트에 연결된다.

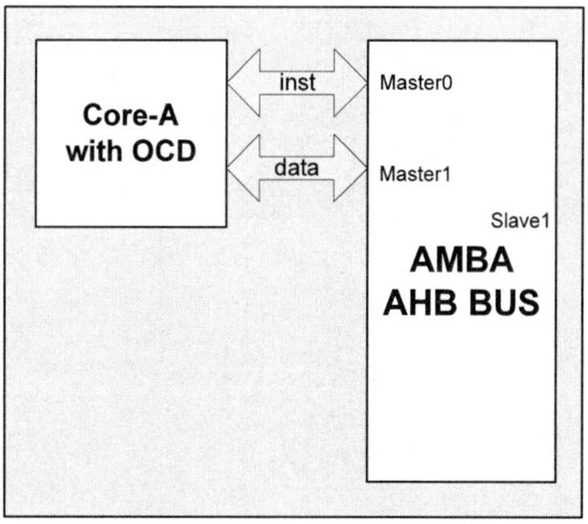

그림 8-3 Core-A AMBA BUS 연결도

AHB 마스터 포트 이외에도 몇 가지 핀이 외부와의 연결이 필요하다. Core-A의 디버거와 외부 emulator board와의 연결을 위한 JTAG핀인 tdi, tms, tdo, tck, ntrst는 시스템 전체 입출력 핀과 연결한다. Core-A의 인터럽트 입력 핀 또한 PIC를 거쳐서 입력되도록 wire 변수를 사용하여 연결한다. Core-A의 클럭과 리셋신호는 별도의 켜고 끌 일을 대비하여 외부

에 드러나 있으나 본 플랫폼에서는 시스템의 메인 클럭과 리셋 신호를 Core-A에 맞춰 수정하여 전달한다. 베리로그 코드에서의 신호 연결을 [코드 8-1]에서 보여준다.

```
corea_ocd_ahb Ucore_ocd (
     .RST                (core_RST     )
   , .CLK_IN             (core_CLK     )
   , .CLK_OUT            (             )
   , .HCLK               (HCLK         )
   , .HRESETn            (HRESETn      )
   , .I_HBUSREQ          (M_HBUSREQ_0  )
   , .I_HGRANT           (M_HGRANT_0   )
   , .I_HLOCK            (M_HLOCK_0    )
   , .I_HADDR            (M_HADDR_0    )
   , .I_HPROT            (M_HPROT_0    )
   , .I_HTRANS           (M_HTRANS_0   )
   , .I_HWRITE           (M_HWRITE_0   )
   , .I_HSIZE            (M_HSIZE_0    )
   , .I_HBURST           (M_HBURST_0   )
   , .I_HWDATA           (M_HWDATA_0   )
   , .I_HRDATA           (M_HRDATA     )
   , .I_HRESP            (M_HRESP      )
   , .I_HREADY           (M_HREADY     )
   , .D_HBUSREQ          (M_HBUSREQ_1  )
   , .D_HGRANT           (M_HGRANT_1   )
   , .D_HLOCK            (M_HLOCK_1    )
   , .D_HADDR            (M_HADDR_1    )
   , .D_HPROT            (M_HPROT_1    )
   , .D_HTRANS           (M_HTRANS_1   )
   , .D_HWRITE           (M_HWRITE_1   )
   , .D_HSIZE            (M_HSIZE_1    )
   , .D_HBURST           (M_HBURST_1   )
   , .D_HWDATA           (M_HWDATA_1   )
   , .D_HRDATA           (M_HRDATA     )
   , .D_HRESP            (M_HRESP      )
   , .D_HREADY           (M_HREADY     )
   , .INT                (core_irq     )
   , .INT_ACK            (             )
   , .CPINT              (1'b0         )
   , .REMAP              (1'b0         )
   , .tdi                ( tdi         )
   , .tms                ( tms         )
   , .tck                ( tck         )
   , .ntrst              ( ntrst       )
   , .tdo                ( tdo         )
   , .debug_state        ( debug_state )
);
```

코드 8-1 Core-A 연결

8.2.2 AHB, APB decoder 수정

기타 로직들은 각각의 성격에 따라서 AHB slave 포트나 APB slave 포트에 연결되어야 한다. SRAM의 경우 고속 전송을 지원하므로 AHB slave, FLASH는 빠른 전송을 지원하지는 않으나 연결되는 모듈에 따라 전송속도가 올라갈 여지가 있으므로 AHB slave, UART의 경우 기본적인 전송시간이 길어 빠른 동작이 요구되지 않으므로 간단한 인터페이스를 제공하는 APB slave, PIC는 인터럽트가 발생한 경우에만 접근하며 고속의 데이터의 전송이 필요 없으므로 APB slave 에 연결하면 된다. 일부 로직의 경우 버스를 읽고 쓰는 동작이 필요하여 AHB master 포트의 연결이 필요한 경우도 있다.

8.1장에서 배치된 메모리 맵은 구상으로 실제 AMBA BUS에 적용과정이 필요하다. AMBA BUS에는 이러한 메모리 맵을 지원하는 모듈인 AHB decoder와 APB decoder가 내장되어있어 이를 활용하면 쉽게 메모리 맵을 실현 가능하다. 이 decoder들에 구상한 메모리맵을 적용시키기 위해서는 decoder의 출력 핀의 적용 범위를 결정하는 파라미터가 작성된 파일([코드 8-2] ahb_config.v, [코드 8-3] apb_config.v)을 수정하여 각 출력 핀의 적용 범위를 메모리 맵에 맞춰준다.

```
`define P_HSEL0_START 16'h0000
`define P_HSEL0_SIZE  16'h3000
`define P_HSEL1_START 16'h3000
`define P_HSEL1_SIZE  16'h2000
`define P_HSEL2_START 16'hA000
`define P_HSEL2_SIZE  16'h0010
`define P_HSEL3_START 16'hA010
`define P_HSEL3_SIZE  16'h1000
`define P_HSEL4_START 16'hC000
`define P_HSEL4_SIZE  16'h2000
```

코드 8-2 AHB decoder : ahb_config.v

```
`define P_PSEL0_START 16'hC000
`define P_PSEL0_SIZE  16'h0010
`define P_PSEL1_START 16'hC010
`define P_PSEL1_SIZE  16'h0010
`define P_PSEL2_START 16'hC020
`define P_PSEL2_SIZE  16'h0010
`define P_PSEL3_START 16'hC030
`define P_PSEL3_SIZE  16'h0010
`define P_PSEL4_START 16'hC040
`define P_PSEL4_SIZE  16'h0010
`define P_PSEL5_START 16'hC050
`define P_PSEL5_SIZE  16'h0010
```

코드 8-3 APB decoder : apb_config.v

8.2.3 SRAM, FLASH 모듈의 AHB 연결

이제 각 모듈을 AMBA에 연결할 순서이다. 메모리 맵에 정의한 신호에 맞추어 개별 로직의 입출력 신호를 연결하면 된다. 각각 선택되는 구간에서의 버스의 HRDATA, HRESP, HREADY신호는 선택된 모듈의 HRDATA_x, HRESP_x, HREADY_x의 값에 의하여 결정되므로 해당 라인을 누락할 경우 시스템의 동작에 문제가 생길 가능성이 매우 높다. 일반적으로 HRDATA와 HREADY의 경우에는 필수적인 요소라서 AHB slave 인터페이스를 제공하는 대다수의 로직에서 제공하므로 연결에 오류가 발생할 여지가 적으나 HRESP의 경우 지원하지 않는 경우가 있다. 이때에는 해당신호에 2bit 00(HRESP: 00=OKAY)신호를 연결하여도 무방하다. APB slave는 APB bridge를 한번 거쳐 PSELx 신호로 선택되며 출력신호 PRDATAx가 AHB master에 전달되므로 연결의 실수가 없도록 한다.

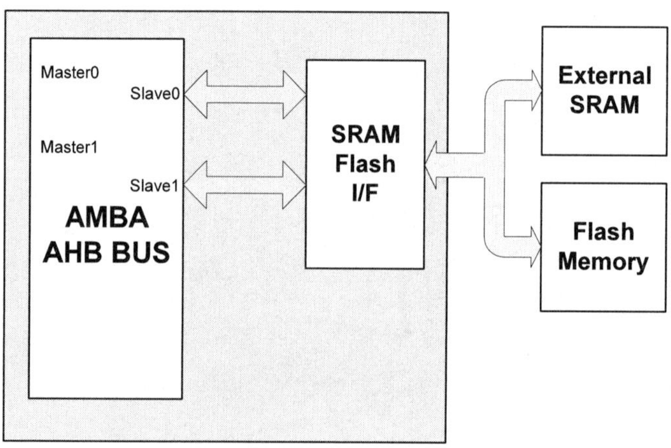

그림 8-4 SRAM Flash I/F 연결도

SRAM과 FLASH memory는 앞서 정리한 메모리 맵에 따라서 [그림 8-4]와 같이 0x0000_0000 ~ 0x2FFF_FFFF 구간에서 '1'이 되는 HSEL_0을 SRAM에 연결하고 0x3000_0000 ~ 0x4FFF_FFFF 구간에서 '1'이 되는 HSEL_1는 FLASH memory에 연결한다. AHB slave 모듈은 HSEL_x신호를 입력받아 선택되며 이 신호는 해당 모듈의 출력신호 HRDATA_x, HREADY_x 그리고 HRESP_x를 AHB master로 전달하므로 개별 모듈의 관련 출력을 연결해주어야 한다. 모듈의 입력신호는 HADDR, HTRANS, HWRITE, HSIZE, HBURST, HWDATA, HREADY로 이 신호들은 공통으로 사용되므로 버스에서 주어지는 신호를 그대로 연결하면 된다. 베리로그 코드에서의 신호 연결을 [코드 8-4]에서 확인할 수 있다.

```
 //SRAM------------------------------
       sram_flash_if_dual_ahb Usram_flash_if_dual_ahb(
 .CLK                 (HCLK)
, .NRST               (HRESETn)
, .P0_HSEL            (HSEL_0)
, .P0_HADDR           (HADDR)
, .P0_HTRANS          (HTRANS)
, .P0_HWRITE          (HWRITE)
, .P0_HSIZE           (HSIZE)
, .P0_HBURST          (HBURST)
, .P0_HWDATA          (HWDATA)
, .P0_HRDATA          (HRDATA_0)
, .P0_HRESP           (HRESP_0)
, .P0_HREADYin        (HREADY)
, .P0_HREADYout       (HREADY_0)
, .FL_HSEL            (HSEL_1)
, .FL_HADDR           (HADDR)
, .FL_HTRANS          (HTRANS)
, .FL_HWRITE          (HWRITE)
, .FL_HSIZE           (HSIZE)
, .FL_HBURST          (HBURST)
, .FL_HWDATA          (HWDATA)
, .FL_HRDATA          (HRDATA_1)
, .FL_HRESP           (HRESP_1)
, .FL_HREADYin        (HREADY)
```

코드 8-4(1) SRAM FLASH 연결

```
, .FL_HREADYout        (HREADY_1)
, .FLASH_A0            (FLASH_A0)
, .FLASH_CE            (FLASH_CE)
, .FLASH_RP_N          (FLASH_RP_N)
, .FLASH_BYTE_N        (FLASH_BYTE_N)
, .FLASH_STS           (FLASH_STS)
, .sram_flash_d        (SRAM_FLASH_D)
, .sram_clk            (SRAM_CLK)
, .sram_adv_lb         (SRAM_ADV_LB)
, .sram_ce1b           (SRAM_CE1B)
, .SRAM_ZZ             (SRAM_ZZ)
, .sram_mode           (SRAM_MODE)
, .sram_bws            (SRAM_BWS)
, .sram_flash_oeb      (SRAM_FLASH_OEB)
, .sram_flash_web      (SRAM_FLASH_WEB)
, .sram_flash_a        (SRAM_FLASH_A)
                 );
```

코드 8-4(2) SRAM FLASH 연결

8.2.4 APB bridge의 AHB 연결

UART와 PIC의 경우 APB를 통하여 연결하기 위해서는 먼저 APB bridge를 [그림 8-5]와 같이 AHB에 연결할 필요가 있다. APB bridge는 이름의 뜻처럼 AHB의 신호를 받아들여 APB 인터페이스로 전환하는 역할을 하는 모듈이다. 사전에 정의한 메모리 맵에서 UART와 PIC를 PSEL_0, PSEL_1에 할당하고 이것은 0xC000_0000 ~ 0xDFFF_FFFF 구간의 HSEL_4에 할당된 것을 떠올릴 수 있다. 즉 APB bridge는 HSEL_4에 할당되어 AHB 입출력 연결을 수행해주어야 한다.

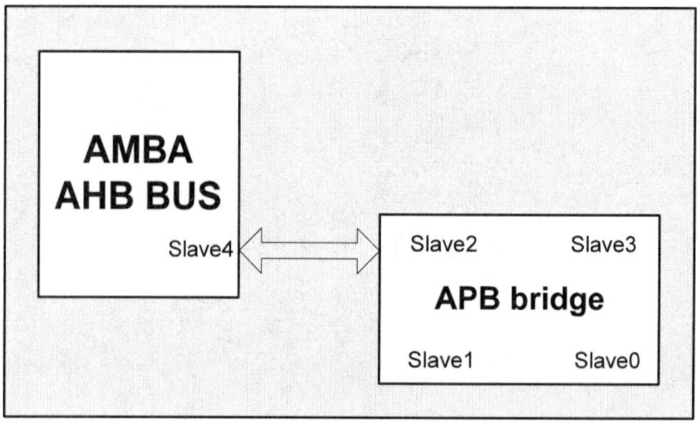

그림 8-5 APB Bridge 연결도

SRAM과 FLASH의 경우와 동일하게 HSEL_4에 맞는 HRDATA_4, HREADY_4 그리고 HRESP_4를 AHB master에 연결해 주고 HADDR, HTRANS, HWRITE, HSIZE, HBURST, HWDATA, HREADY 신호를 APB bridge로 연결해 주면 APB bridge의 AHB 연결이 완료된다. APB 연결에 앞서 APB의 클럭인 PCLK와 리셋신호인 PRESETn 신호를 정의해주어야 한다. 리셋신호는 HRESETn을 그대로 연결해주면 APB모듈들이 AHB모듈과 동시에 리셋이 되므로 적절히 연결한 것이다. PCLK의 경우는 설계자의 의도에 따라 다르게 설정 가능하다. APB의 모듈들이 대부분 빠른 스피드가 요구되지 않기 때문에 시스템의 소비전력의 측면에서도 느린 클럭을 설정할 필요가 있다. 이 책에서는 그러한 의미로 2분주하여 PCLK를 연결하였다. 베리로그 코드에서의 신호 연결을 [코드 8-5]에서 확인할 수 있다.

```
//AMBA APB------------------
ahb_to_apb_s6 Uahb2apb (
      .HRESETn          (HRESETn )
    , .HCLK             (HCLK    )
    , .HSEL             (HSEL_4  )
    , .HADDR            (HADDR   )
    , .HTRANS           (HTRANS  )
    , .HWRITE           (HWRITE  )
    , .HSIZE            (HSIZE   )
    , .HBURST           (HBURST  )
    , .HWDATA           (HWDATA  )
    , .HRDATA           (HRDATA_4)
    , .HRESP            (HRESP_4 )
    , .HREADYin         (HREADY  )
    , .HREADYout        (HREADY_4)
    , .PRESETn          (PRESETn )
    , .PCLK             (PCLK    )
    , .PENABLE          (PENABLE )
    , .PADDR            (PADDR   )
    , .PWRITE           (PWRITE  )
    , .PWDATA           (PWDATA  )
    , .PSEL0            (PSEL_0  )
    , .PRDATA0          (PRDATA_0)
    , .PSEL1            (PSEL_1  )
    , .PRDATA1          (PRDATA_1)
    , .PSEL2            (PSEL_2  )
    , .PRDATA2          (PRDATA_2)
    , .PSEL3            (PSEL_3  )
    , .PRDATA3          (PRDATA_3)
    , .PSEL4            (PSEL_4  )
```

코드 8-5(1) AHB to APB bridge

```
    , .PRDATA4          (PRDATA_4)
    , .PSEL5            (PSEL_5  )
    , .PRDATA5          (PRDATA_5)
);
```

코드 8-5(2) AHB to APB bridge

8.2.5 UART, PIC 모듈의 APB 연결

APB birdge를 통하여 전달되는 0xC000_0000 ~ 0xC00F_FFFF 구간의 PSEL_0에 할당된 UART의 연결을 [그림 8-6]과 같이 수행하여야 한다. APB는 AHB에 비하여 신호가 단순하여 PSEL_0에 의하여 선택되는 신호는 PRDATA_0로 그 종류가 감소하였다. 그 이외의 PENABLE, PADDR, PWRITE, PWDATA는 공용으로 사용되는 신호이므로 연결해주면 된다. UART는 외부로 인터럽트 신호를 생성하므로 이 신호는 PIC에서 연결 가능하도록 새롭게 정의하는 신호 irq_uart를 연결한다. 베리로그 코드에서의 신호 연결을 [코드 8-6]에서 확인할 수 있다.

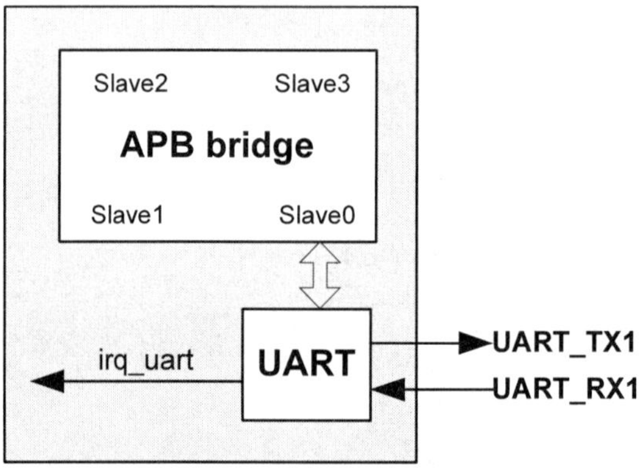

그림 8-6 UART 연결도

```
uart_apb Uuart (
      .PRESETn          (PRESETn )
    , .PCLK             (PCLK    )
    , .PSEL             (PSEL_0  )
    , .PENABLE          (PENABLE )
    , .PADDR            (PADDR   )
```

코드 8-6(1) UART 연결

```
        , .PWRITE          (PWRITE  )
        , .PWDATA          (PWDATA  )
        , .PRDATA          (PRDATA_0)
        , .interrupt       (irq_uart)
        , .stx             (UART_TX1)
        , .srx             (UART_RX1)
);
```

코드 8-6(2) UART 연결

PIC는 0xC010_0000 ~ 0xC01F_0000의 구간에 할당된 PSEL_1과 PRDATA_1을 [그림 8-7]과 같이 연결해주면 간단히 연결이 완료된다. 다만 앞서 언급한 irq_uart를 PIC의 입력으로 받아들이는 부분과 PIC의 인터럽트 출력을 Core-A에 전달하는 것이 남아있다. PIC는 외부 인터럽트 32개에 대응할 수 있어 인터럽트 소스로 받아들이는 핀 수는 32개이다. 이중에서 첫 번째 비트를 UART에 할당하고자 irq_src[0]에 irq_uart를 할당하였고 나머지는 0을 할당하였다. PIC의 출력 인터럽트는 core_irq 신호를 통하여 Core-A의 INT 핀으로 연결하였다. Verilog 코드에서의 신호 연결을 [코드 8-7]에서 확인할 수 있다.

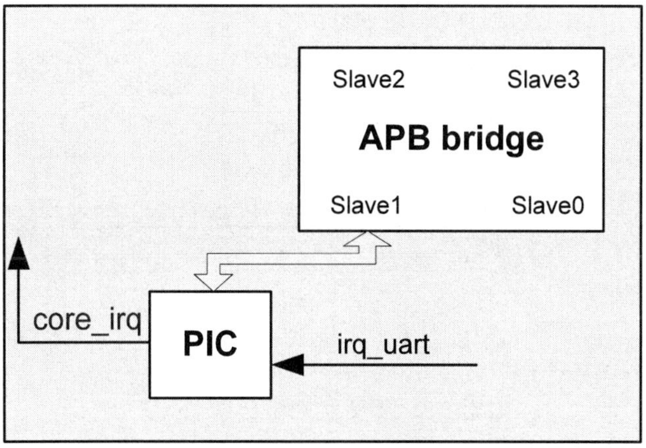

그림 8-7 PIC 연결도

```
pic_apb Upic (
         .PRESETn        (PRESETn  )
       , .PCLK           (PCLK     )
       , .PSEL           (PSEL_1   )
       , .PENABLE        (PENABLE  )
```

코드 8-7(1) PIC 연결

```
    , .PADDR          (PADDR     )
    , .PWRITE         (PWRITE    )
    , .PWDATA         (PWDATA    )
    , .PRDATA         (PRDATA_1 )
    , .irq            (irq_src  )
    , .interrupt      (core_irq )
    , .interruptb     ()
);
assign irq_src = {31'b0 , irq_uart};
```

코드 8-7(2) PIC 연결

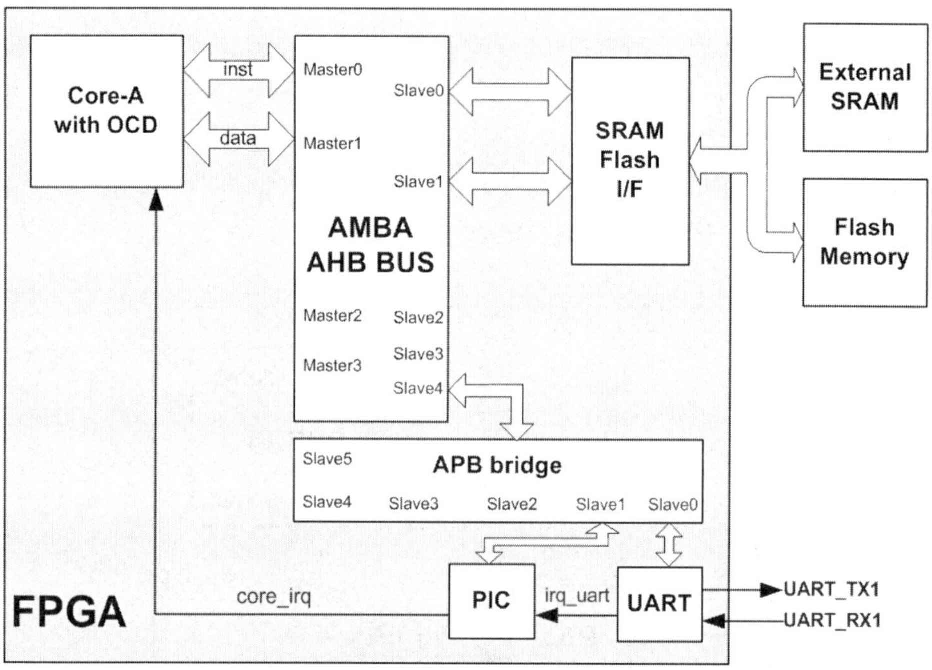

그림 8-8 플랫폼 전체 연결 블록도

이로서 기본 플랫폼의 하드웨어 구성이 완료되었다. 이후 로직의 추가를 위해서는 [그림 8-2]의 메모리 맵에서 영역을 할당하고 AHB/APB slave 포트를 선정한 이후 각 decoder에 메모리 맵을 적용하고 정의된 신호로 연결하면 된다. 전체 연결된 구조는 [그림 8-8]을 통하여 확인할 수 있다.

8.3 개별 모듈 테스트 프로그램 작성

8.3.1 테스트 프로그램 작성 환경 구축

이제 연결한 블록의 동작이 Core-A를 통하여 적절하게 제어되는지 볼 필요가 있다. 우리가 준비한 기본 플랫폼은 시스템이 켜진 후 리셋이 된다면 0x0000_0000의 주소에 해당하는 명령어를 읽어서 해당 명령어를 Core-A가 수행하는 것으로 시작하게 된다. AMBA BUS의 메모리 맵의 해당 영역은 SRAM이므로 SRAM의 시뮬레이션용 모듈에 적절한 명령어가 미리 작성되어 있어야 Core-A가 개별 모듈을 제어 할 수 있다. 즉 구성된 플랫폼의 개별 모듈의 동작을 시뮬레이션으로 확인하기 위해서는 해당 모듈을 Core-A에서 제어하는 프로그램을 작성하여야 한다.

Core-A용 프로그램을 작성함에 있어 두 가지 부분을 고려해야 한다. 먼저 8.1에서 설명한 예외 벡터의 설정이 필요하다. Core-A는 예외 상황에 해당 주소로 이동하나 그 이후의 일은 프로그램을 작성하는 유저의 정의에 따른다. 샘플로 제공되는 "startup.s"에서는 [코드 8-8]과 같이 각 예외 상황에 따른 함수를 호출하는 jump명령으로 예외 벡터가 설정된 것을 확인할 수 있다. 앞서 설명한 리셋 상황을 생각하면 0x0000_0000에 작성된 점프명령에 따라서 ResetHandler에 시스템의 초기화 함수가 작성될 것이다.

```
@1.RESET                   IM[0x00]
 J     0, ResetHandler
@2.DMMU                    IM[0x04]
 J     0, DMMU_HANDLER
@3.UNDEFINED INSTRUCTION  IM[0x08]
 J     0, UNDEF_INST_HANDLER
@4.SOFTWARE INTERRUPT      IM[0x0C]
 J     0, SWI_HANDLER
@5.EXTERNAL INTERRUPT      IM[0x10]
 J     0, EXT_INT_HANDLER
@6.IMMU                    IM[0x14]
 J     0, IMMU_HANDLER
```

코드 8-8 예외 벡터

두 번째 고려해야 할 사항은 메모리 맵을 고려하여 스택포인터를 설정하는 것이다. 스택은 저장이 가능한 메모리 공간의 일부를 임의로 사용할 공간으로 할당한 것으로 주로 함수안의 임시변수로 사용 되거나 특정상황에서 이전 상태를 저장하기 위한 공간으로 활용된다. Core-A의 스택포인터는 예를 들어 32bit 데이터가 입력될 경우 0x100에서 0xfc로 32bit가 저장될 메모리 공간인 4만큼 감소하고 그 감소한 공간(0xfc ~ 0xff)에 데이터가 저장된다. 다만 그 스택 포인터가 움직일 수 있는 최대 영역의 크기는 사용자의 정의에 따라 다르기 때문에 작성하는 프로그램에 따라 적당한 크기를 할당하는 것이 필요하다. 이러한 스택 포인터의 설정은 "startup.s"의 reset exception 동작에서 Core-A stack register설정을 수행하는 것과 "ram.ld"파일을 통하여 링커에 정보를 전달하는 것으로 진행된다.

"startup.s"의 reset exception에서 이동하는 "ResetHandler"에서 [코드 8-9]와 같은 명령을 확인할 수 있다. 이 명령을 명령어 매뉴얼을 통하여 확인하면 레지스터 0에 지정하는 값을 작성한 후 레지스터 12에 이동시키는 명령이다. 이 레지스터 12는 프로세서의 스택 포인터 레지스터로 동작하는 레지스터이다. 이후 몇 가지 필수 레지스터를 초기화한 후 main 함수로 점프하여 메인 프로그램이 동작하도록 진행되는 것을 알 수 있다.

```
ResetHandler:
    @ set stack-pointer
    MUI     0x50  @__STACK_BASEADDR__   =0x00005000;
    MOVI    R0, CONCAT(0x0)
    MOV     R12, SHL(R0, 0)
    MOVI r13, 0x0          @EPARAM = 0x0
    MOVI r14, 0x0          @EPC    = 0x0
    MOVI r15, 0x0          @RA     = 0x0
    J       0, main
```

코드 8-9 Resethandler

"ram.ld" 파일은 Core-A 툴체인의 링커에서 사용하는 script 파일로 이 파일에 정의된 공간에 링커는 컴파일된 프로그램의 명령어와 데이터를 배치하게 된다. "ram.ld"의 script의 내용을 조금 설명하면 .text는 명령어를 배치하는 공간이며 .rodata, .data와 .bss는 데이터를 할당하는 공간으로 그 성격이 초기 값이 있으며 읽기만 가능한 것은 .rodata이고 초기 값이 있고 읽고 쓰기가 가능한 것은 .data 그리고 초기 값이 없고 읽고 쓰기가 가능한 공간은 .bss이다. 그리고 .stack은 stack 포인터가 움직이는 공간으로 우리가 주의해서 살펴야 할 공간이다. [코드 8-10]은 ram.ld 파일의 샘플로 앞서 설명한 .text가 어떻게 배치되는 지를 볼 수 있다. .stack 공간을 조금 더 자세히 설명하면 ". = __STACK_ENDADDR__;"은 스택 포인터가 감소할 수 있는 최저점을 설정한 것이며 "{ . = . + __STACK_SIZEADDR__; }"은 스택 영역의 점유공간을 설정한 것이다. 즉 0xE000 ~ 0xF000의 공간을 스택으로 활용할 수 있는 것이다.

```
OUTPUT_FORMAT("elf32-littlearm", "elf32-bigarm", "elf32-littlearm")
OUTPUT_ARCH(arm)
ENTRY(ResetHandler)
__text_start__       = 0x00000000;
__STACK_BASEADDR__   = 0x0000F000;
__STACK_ENDADDR__    = 0x0000E000;
__STACK_SIZEADDR__   = 0x00001000;
SECTIONS
{
   .text __text_start__ :
   {
      *Startup_corea.o(.text)
      *(.text)
   }
   __rodata_start__ = .;
   .rodata   :
   {
      *(.rodata)
   }
   .data  :
   {
      *(.data)
   }
   . = ALIGN(4);
   __bss_start__ = .;
   .bss :
   {
      *(.bss)
      *(COMMON)
   }
   . = ALIGN(4);
   __bss_end__ = . ;
   . = ALIGN(4);
   . = __STACK_ENDADDR__;
   .stack :
   {
      . = . + __STACK_SIZEADDR__;
   }
   PROVIDE (end = .);
}
```

코드 8-10 ram.ld 샘플

프로그램이나 사용하는 데이터의 배치 중 정의된 공간을 넘어가거나 혹은 다른 공간과 겹치게 된다면 동일 공간에 이중으로 데이터가 존재할 수는 없으므로 공간의 조절이 필요하다.

특히 메모리의 끝 부분에 잘 배치되는 stack과 가변적인 영역을 가진 bss영역은 자주 겹치므로 적절한 사이즈 조절이 필요하다. 데이터 영역을 극단적으로 키워 stack 영역과 겹치도록 한 이후 컴파일하면 [그림 8-9]와 같은 결과가 발생한다. .stack과 .data가 겹침을 알리며 에러를 알리며 링커의 동작이 정지된다. 이와 같은 경우 이외에도 앞에서 정리하지 못한 .heap 등 여러 가지 종류의 영역들이 겹칠 수 있으므로 배치에 유의하자.

```
-gcc  -o adpcm_test.elf Startup_corea.o bubble_sort.o
section .stack [0000e000 -> 0000efff] overlaps section .data [000007a4 -> 000fac57]
```

그림 8-9 영역이 겹치는 경우 발생하는 출력

8.3.2 UART 제어 프로그램 작성

본격적인 개별 모듈 제어 프로그램의 작성은 "startup.s"의 "ResetHandler"에서 main 함수로 점프하였으므로 C로 main 함수를 작성하는 것을 통하여 진행하면 된다. 그러면 이제 메인 함수에서 작성할 내용을 생각해보자. 플랫폼을 꾸미는 단계에서 메모리 맵이라는 구상을 작성하고 그에 맞추어 하드웨어를 구성해 놓았으므로 소프트웨어는 역시 동일한 메모리 맵을 기반으로 하드웨어의 연결 상황을 이해하고 이에 맞추어 각 하드웨어를 제어하는 함수를 작성할 것이다. 하드웨어를 제어하는 함수라 하여 거창하게 여기기 쉬우나 앞서 설계한 하드웨어를 생각하면 특정 레지스터를 읽고 쓰는 동작의 조합이 될 것임을 알 수 있을 것이다.

여기에서 OS 위에서 실행되는 간단한 콘솔 기반 C 프로그램만을 경험한 대다수의 경우 사전에 정의한 메모리 맵과 C 프로그래밍 사이의 간격을 크게 느낄 것이다. 그 이유는 OS 기반에서 프로그램을 작성하는 경우에는 기본적인 메모리 관리에 해당하는 변수의 선언과 같은 부분에 있어 실질적인 정보 즉 메모리 공간의 몇 번지에 정의되었나를 알 수 없고 또한 알 필요도 없기 때문에 가상의 공간에 일정부분 할당 받아온 것으로 생각하기 때문이다. 따라서 하드웨어로 구성된 플랫폼의 구성요소에 직접 접근하는 C 프로그램을 작성하는 방법을 고민할 것이다.

하드웨어에 직접 접근하는 방법은 Core-A가 개별 모듈에 접근하는 방법을 떠올리면 쉽게 정리할 수 있을 것이다. Core-A는 데이터 버스를 통하여 특정 주소에 쓰고 읽는 동작을 수행하며 이때 특정 주소는 버스에서 분석되고 특정 모듈만 선택되도록 구성하였으며 이때 주소를 분석하는 디코더는 메모리 맵에 맞추어 작성되었다. 그러므로 C 프로그램에서는 특정한 주소를 직접 읽고 쓰는 방법을 어떻게 표현하는 지를 고민하면 답은 나올 것이다. C에서 특정 주소를 제어하는 방법은 포인터를 생각하면 쉽게 해결될 것이다. 포인터는 주소를 저장하는 변수로 C에서는 "*포인터"라는 형태로 해당 주소의 값을 읽거나 쓸 수 있다. 즉 0x100의 주소를 가진 레지스터에 32라는 값을 쓰고 싶다면 포인터 형 변수에 0x100을 저장 후 "*포인터=32;"라는 형태로 할 수 있을 것이다. 또한 0x104의 주소를 가진 레지스터를 읽기 위해서는 역시나 포인터에 0x104를 저장한 후 "변수=*포인터"를 통하여 읽을 수 있을 것이다. 또한 C에서 지원하는 임시적인 형변환을 활용하면 "*((int *)0x100)=32", "data=*((int *)0x104)"와 같이 작성할 수도 있다. 이때 "(int *)"는 C에서 지원하는 형변환으로 뒤이어오는 것을 정수형 포인터로 인식하라라는 문법이다.

UART 모듈의 제어 프로그램을 작성을 통하여 개별 레지스터에 대한 접근을 좀 더 자세히 알아보도록 하자. 먼저 앞에서 정의한 메모리 맵의 정보를 기반으로 각 레지스터에 맞는 주소를 정리하여야 한다. 앞에서 하드웨어를 버스에 연결하는 단계에서 메모리 맵에 따라서 HSELx, PSELx를 할당하였다. 이 신호가 '1'이 되어야 해당 모듈에 정보가 전달되며 이때 전달되는 주소는 32bit 전체 주소가 전달되지만 실제로 해당모듈에서는 각 모듈에서 사용하는 메모리 공간에 맞는 수만큼의 bit를 읽고 분석한다. UART에서 외부에 접근을 허용한 레지스터는 7개로 하위의 3bit 주소만이 UART 내부에서 디코딩 된다. 따라서 C 프로그램에서 접근하기 위해서는 HSELx, PSELx를 활성화하는 구간 내에서 내부 레지스터에 맞는 주소를 찾으면 된다.

각 레지스터의 주소를 코드 작성과 사용의 편의를 위하여 [코드 8-11]와 같이 사전 정의하면 이후 함수를 작성하는데 편리하다. UART가 정의된 메모리 맵 구간의 시작 주소와 UART 내부 정의 주소 값을 더하여 개별 레지스터의 주소로 정의하였다. 위의 값에서는 각 레지스터를 4byte간격으로 배치하고 있는 것을 알 수 있다. 이것은 하드웨어에서 각 레지스터의 접근 주소를 띄워둔 것을 분석하여 배치한 것이다.

```
#define ADDR_UART_START   0xC0000000
#define ADDR_UART_SIZE    0x00001000
#define ADDR_UART_END     (ADDR_UART_START + ADDR_UART_SIZE-1)
#define UART_RB_THR       (ADDR_UART_START+0x00)
#define UART_IER          (ADDR_UART_START+0x04)
#define UART_IIR_FCR      (ADDR_UART_START+0x08)
#define UART_LCR          (ADDR_UART_START+0x0C)
#define UART_MCR          (ADDR_UART_START+0x10)
#define UART_LSR          (ADDR_UART_START+0x14)
#define UART_MSR          (ADDR_UART_START+0x18)
```

코드 8-11 UART address

```
void uart_init(unsigned int divisorH, unsigned int divisorL) {
*((volatile unsigned int *)(UART_LCR))= 0x83;
*((volatile unsigned int *)(UART_IER))= divisorH;
*((volatile unsigned int *)(UART_RB_THR))= divisorL;
*((volatile unsigned int *)(UART_LCR))= 0x03;
*((volatile unsigned int *)(UART_IIR_FCR))= 0x01;
*((volatile unsigned int *)(UART_IER))= 0x01;
}
```

코드 8-12 UART 초기화 함수

제어함수의 작성은 우리가 C에서 흔히 호출하는 "printf"와 같은 함수를 작성하는 것으로 그 목적은 해당 모듈의 제어를 편리하게 하는 것이다. 만약 하드웨어를 제어해본 경험이 있는 사용자라면 앞서 정의한 UART모듈의 주소와 제어 모듈의 정보만 알려줘도 충분한 정보를 전달한 것이다. UART를 배우는 과정에서 습득한 UART 초기화를 하나의 함수로 나타내면 [코드 8-12]와 같다.

UART는 송수신 단에서 서로 사전에 약속한 속도로 데이터를 주고받으므로 약속된 속도에 맞춰주기 위한 시스템 클럭 분주를 설정해야 한다. 또한 데이터 수신에 따라서 인터럽트 신호를 발생시킬 수 있으므로 이에 따른 레지스터 설정을 해주어야 한다. 이러한 초기 설정들을 하나의 초기화 함수에서 미리 정리해두면 시스템의 초기에 실행하여 사용가능한 상태로 만들기에 편리하다.

이 부분에서 앞의 설명에서는 보지 못한 부분을 확인할 수 있을 것이다. 'volatile'라는 단어가 형변환 안에 존재하는 것을 알 수 있다. 이 부분은 일반적인 C 프로그램에서는 보기 드문 것이지만 하드웨어를 제어하는 입장에서는 간단하지만 중요한 내용이라 설명하도록 하겠다. 'volatile'단어의 사전적 의미는 '휘발성의'라는 의미의 형용사로서 C에서는 선언된 변수의 값이 프로그램 외적인 이유로 변경이 될 수 있음을 C 컴파일러에 알리는 것이다. 이것이 중요한 이유는 컴파일 단계에서 최적화 단계에서 컴파일러가 특정 주소에 여러 값을 쓰고는 읽지 않는다면 이 부분이 무의미한 동작으로 인식될 수 있기 때문이다. 당연히 컴파일러는 무의미한 동작은 제거할 것이며 프로그램 작성자가 의도한 하드웨어 제어는 아무런 동작을 수행하지 않을 것이다. 비슷한 경우로 하나의 레지스터의 값을 읽어 해당 값이 특정한 값이 아니라면 특정한 동작을 수행한 후 다시 읽는 동작을 반복하는 코드를 작성할 경우 컴파일러는 특정한 동작에서 해당 레지스터의 값을 변화시키지 않으므로 한번 읽은 내용이 동일할 것으로 판단하여 반복해서 읽는 동작을 무의미하다고 판단하고 한번 읽은 후 조건에 맞지 않다면 무한 반복하는 코드로 최적화시킬 것이다. UART 송수신 함수인 [코드 8-13]에서 그 예를 들어보자.

```
unsigned int uart_put_char(unsigned int c)
{
   while (!(*((volatile unsigned int *)(UART_LSR))&0x20));
   *((volatile unsigned int *)(UART_RB_THR)) = c;
   return(c);
}
unsigned int uart_get_char(void)
{
   while (!(*((volatile unsigned int *)(UART_LSR))&0x01));
   return *((volatile unsigned int *)(UART_RB_THR));
}
```

코드 8-13 UART 송수신 함수

UART의 데이터 송수신은 상대측의 수신을 확인하지 않으며 프로세서는 UART 전송 속도에 비하여 빠른 동작을 수행한다. 따라서 송신 함수는 전달 가능한 상태, 즉 전송 중이 아닐 경우 바로 전송부에 데이터를 전달하고 전송 중인 경우 기다리고 전송이 완료된 상태에서 전송부에 데이터를 전달한다. 전송여부를 확인하는 부분은 위 함수의 'while' 구문의 'UART_LSR'의 주소에 해당하는 레지스터를 읽고 확인하는 부분이다. 수신 함수에서는 수신된 데이터가 있는지를 지속적으로 확인하여 수신된 이루 데이터를 읽어온다. 역시 'while' 구문을 통하여 'UART_LSR'의 주소에 해당하는 레지스터를 읽고 확인하고 있다.

프로그램 작성자는 해당 모듈에서 'UART_LSR' 주소의 레지스터 값이 지속적으로 바뀜을 알고 있으므로 프로그램은 해당 주소를 무한하게 읽도록 작성했다. 하지만 이를 컴파일러 입장에서 분석하면 특정한 주소의 값을 읽어 해당 값이 참이라서 while 구문의 내용을 한번 수행하였다고 가정하면 다음 번에 같은 주소를 읽을 필요가 있는가를 고민하게 된다. 컴파일러의 최적화 옵션을 끈 상황에서는 위와 같은 고민하지 않고 코드 그대로 동작하는 것을 우선하여 컴파일하기에 정상 동작이 가능할 수도 있지만 컴파일러에 따라서 그 동작을 보장하기 어렵다.

이때 'volatile'를 선언해주면 컴파일러 입장에서는 해당 변수는 변동성이 있음을 컴파일러에 알려줌으로써 다시 읽을 필요성을 알리게 되어 꾸준히 읽어 확인하도록 최적화를 수행한다. 또한 특정한 메모리에 여러 가지 값을 읽는 경우 없이 꾸준히 쓰게 되는 경우도 마찬가지로 최적화의 고민의 대상이 될 것이다. 이때도 'volatile'를 선언해주어 최종 값만 전달하는 불상사를 막도록 하자. 그러한 이유로 모든 하드웨어 메모리에 접근하는 형변환에는 'volatile'가 선언되어 있다. UART의 송수신 함수는 인터럽트를 활용한다면 앞과 같이 여러 번 동일한 대상을 읽어올 필요가 없어지므로 크게 개선되므로 수정해보기 바란다.

UART의 제어를 위한 함수를 모두 작성하였으므로 이를 활용하기 위한 메인 함수를 작성할 수 있다. 작성한 함수들을 활용하여 개별 모듈들을 초기화하고 모듈의 기능이 정상 동작하는지 시뮬레이션 파형으로 살펴볼 수 있도록 간단하게 동작시켜보는 코드를 작성하여 보자. 먼저 UART를 초기화시키고 UART를 통하여 "Hello"를 전송하고 송신되는 문자를 2번에 걸쳐 되돌려 보내도록 작성하여 보자. 작성된 메인 함수인 [코드 8-14]에서 UART 초기화 함수의 0과 27은 UART모듈의 동기를 맞추기 위한 클럭 분주기의 분주 값을 정하는 값으로 시스템 클럭 주파수를 Boadrate의 16배로 나누어 그 값을 설정한다. 'Hello'를 전송하기 위해 한 글자씩 5번을 전송하고 그 다음 while 구문 안에서는 수신된 글자를 두 번에 걸쳐 전송한다.

```
int main() {
    unsigned char test_c
    uart_init(0, 14); //25Mhz/(16*115200)
    uart_put_char('H');
    uart_put_char('e');
    uart_put_char('l');
    uart_put_char('l');
    uart_put_char('o');
    while(1 ){
         test_c=uart_get_char();
         uart_put_char(test_c);
         uart_put_char(test_c);
    }
    return 0;
}
```

코드 8-14 UART test

8.3.3 PIC 제어 프로그램 작성

PIC의 제어함수의 작성은 UART의 경우와 동일하게 모듈의 레지스터를 접근할 수 있는 주소를 [코드 8-15]와 같이 정리하는 것으로 시작한다. PIC의 경우 다양한 타입의 인터럽트 신호를 받아들여 Core-A에 연결하는 모듈이므로 PIC를 초기화하는 함수와 수신한 인터럽트를 읽는 함수, 인터럽트 수신 결과를 초기화하는 함수, 인터럽트 마스크를 설정하는 함수 그리고 현재 설정된 인터럽트 마스크를 확인하는 함수로 정하면 충분할 것으로 생각된다.

```
#define ADDR_PIC_START    0xC0100000
#define ADDR_PIC_SIZE     0x00001000
#define ADDR_PIC_END      (ADDR_PIC_START + ADDR_PIC_SIZE-1)
#define PIC_EDGE (ADDR_PIC_START+0x00)
#define PIC_POL  (ADDR_PIC_START+0x04)
#define PIC_MASK (ADDR_PIC_START+0x08)
#define PIC_PEND (ADDR_PIC_START+0x0C)
```

코드 8-15 PIC ADDRESS

PIC는 외부 인터럽트를 받아들여 Core-A로 전달하는 모듈이므로 초기화가 잘못 되어있으면 잘못된 타이밍에 코어가 인터럽트 서비스 루틴을 반복해서 수행할 여지가 있다. 따라서 초기화 함수에서는 모든 인터럽트에 대하여 복잡하게 설정하는 것이 아니라 고정된 값으로 설정하고 인터럽트 마스크를 설정하여 나중에 각 인터럽트에 대한 함수를 등록하는 과정에서 수정하도록 하도록 [코드 8-16]과 같이 작성하였다.

```
void pic_init(void) {
    *((volatile unsigned int *)(PIC_EDGE)) =  0x0;
    *((volatile unsigned int *)(PIC_POL )) = ~0x0;
    *((volatile unsigned int *)(PIC_MASK)) = ~0x0;
    *((volatile unsigned int *)(PIC_PEND)) = ~0x0;
}
```

코드 8-16 PIC 초기화 함수

PIC의 인터럽트 마스크 설정 확인 함수([코드 8-17]), 인터럽트 마스크 설정 함수([코드 8-18]), 인터럽트 종류 확인 함수([코드 8-19])와 인터럽트 상태 초기화 함수([코드 8-20])는 모두 [코드 8-16]과 같이 레지스터를 직접 접근하는 형태로 작성된다.

```
unsigned int pic_get_mask(void) {
    return *((volatile unsigned int *)(PIC_MASK));
}
```

코드 8-17 PIC 인터럽트 마스크 설정 확인 함수

```
unsigned int pic_set_mask(unsigned int mask) {
    *((volatile unsigned int *)(PIC_MASK)) =  mask;
    return *((volatile unsigned int *)(PIC_MASK));
}
```

코드 8-18 PIC 인터럽트 마스크 설정 함수

```
unsigned int pic_get_interrupt(void) {
    return *((volatile unsigned int *)(PIC_PEND));
}
```

코드 8-19 PIC 인터럽트 종류 확인함수

```
unsigned int pic_clear_interrupt(unsigned int value) {
    unsigned int pending;
    *((volatile unsigned int *)(PIC_PEND)) = value;
    pending = *((volatile unsigned int *)(PIC_PEND));
    return(pending);
}
```

코드 8-20 PIC 인터럽트 상태 초기화 함수

PIC에 설정된 인터럽트가 동작할 경우 Core-A에서는 인터럽트가 발생한 상황이라는 정보 이외에는 별도의 정보를 가지고 있지 못한 상태이다. 따라서 외부 인터럽트가 발생할 경우 PIC에서 어떠한 종류의 인터럽트인지 확인 후 관련 함수를 수행시키고 그 이후 해당 인터럽트에 의하여 설정된 PIC의 레지스터를 초기화 시킬 필요가 있다. [코드 8-19], [코드 8-20]의 두 함수는 이러한 일련의 동작에 필요한 함수이다.

PIC는 단순히 메인 함수에서 초기화 및 동작 수행을 지시한 UART와는 달리 두 종류의 함수를 작성해야 한다. 앞에서 만든 PIC 제어 함수는 PIC가 외부의 신호에 적절히 반응할 수 있도록 설정하는 함수로 인터럽트가 발행한 이후 PIC의 Pending 레지스터의 값을 읽고 판단하여 관련 함수를 실행할 실행 함수를 작성하여야 한다. 여기에 메인 함수는 PIC에 초기화 및 인터럽트 설정을 전달하도록 작성하여야 한다. 인터럽트가 발생할 때 구동되는 프로그램은 8.1에서 설명한 예외 벡터의 external interrupt와 연결된다. Core-A의 인터럽트가 허용되는 상태에서 인터럽트가 입력되면 Core-A는 PC 값을 예외 벡터의 external interrupt의 주소로 변경한다. external interrupt가 발생하는 경우 EXT_INT_HANDLER로 점프를 수행하는 것을 [코드 8-21]에서 볼 수 있다. 이후 어셈블리 코드로 작성된 [코드 8-22]의 interrupt service routine이 실행된다. 여기까지는 주어지는 코드를 활용하면 수정할 부분이 거의 없다.

```
@1.RESET                    IM[0x00]
 J     0, ResetHandler
@2.DMMU                     IM[0x04]
 J     0, DMMU_HANDLER
@3.UNDEFINED INSTRUCTION IM[0x08]
 J     0, UNDEF_INST_HANDLER
@4.SOFTWARE INTERRUPT    IM[0x0C]
 J     0, SWI_HANDLER
@5.EXTERNAL INTERRUPT    IM[0x10]
 J     0, EXT_INT_HANDLER
@6.IMMU                     IM[0x14]
 J     0, IMMU_HANDLER
```

코드 8-21 예외 벡터

```
EXT_INT_HANDLER:

addi   sp, sp, -72
@FRAME_SIZE: (16+1)*4+4 and pre-increment: r0~r15, PS
stm.w  sp+, [r0,r1,r2,r3,r4,r5,r6,r7,r8,r9,r10,r11,r12,r13,r14 ,r15]
mfps   r5
st.w   r5, (sp+64) @ PS
call   ext_interrupt    @ ext_interrupt_routine at main.c
ld.w   r5, (sp + 64) @PS
mtps   r5
ldm.w  sp+, [r0,r1,r2,r3,r4,r5,r6,r7,r8,r9,r10,r11,r12,r13,r14, r15]
addi   sp, sp, 72 @SP
rfi
```

코드 8-22 Interrupt service routine-assembly code

어셈블리로 작성된 코드를 잠시 분석하여 보면 스택에 기존 프로그램에서 사용 중이던 레지스터를 저장하고 'call' 명령을 통하여 'ext_interrupt'라는 함수를 호출한다. 해당 함수가 종료되면 스택에 저장한 값을 다시 레지스터에 되돌리고 'rfi' 명령을 통하여 인터럽트상태에서 벗어난다. 우리가 작성할 프로그램은 여기서 호출되는 'ext_interrupt'으로 PIC의 상태를 확인하고 그에 대응하는 동작을 수행할 함수이다.

```
unsigned int irq_src =0;
void ext_interrupt() {
        irq_src = pic_get_interrupt();
        if (irq_src&0x2) {
                uart_put_string("GPIO interrupt01\r\n");
                pic_clear_interrupt(0x2);
                irq_src &= ~0x2;
        }

        if (irq_src&0x4) {
                uart_put_string("GPIO interrupt02\r\n");

unsigned int irq_src =0;
void ext_interrupt() {
        irq_src = pic_get_interrupt();
        if (irq_src&0x2) {
                uart_put_string("GPIO interrupt01\r\n");
                pic_clear_interrupt(0x2);
                irq_src &= ~0x2;
        }
        if (irq_src&0x4) {
                uart_put_string("GPIO interrupt02\r\n");
```

코드 8-23 Interrupt service routine-c code

'ext_interrupt' 함수는 인터럽트 상태를 읽어오는 함수인 'pic_get_interrupt'를 호출하여 현재 입력된 인터럽트의 원인을 분석하고 해당 인터럽트에 맞추어 관련 내용을 수행하고 'pic_clear_interrupt'를 통하여 해당 인터럽트 상태를 초기화시킨다. 샘플함수 [코드 8-23]에서는 인터럽트에 따라서 UART를 통하여 "GPIO interrupt01"과 같은 문장을 내보내고 있다. 이를 통하여 사용자는 외부 출력을 통하여 입력한 외부 인터럽트에 따라서 프로그램에 정의된 인터럽트 제어 함수가 정상동작하는 것을 확인할 수 있다. 여기에 나오는 'uart_put_string' 함수는 앞에서 작성한 'uart_put_char' 함수를 사용하여 문장을 전송하게 하는 함수이다.

```
int main() {
   unsigned int i=0;
   unsigned int mask = 0;
   uart_init(0, 14); //25Mhz/(16*115200)
   pic_init();
   mask = ~0xE;
```

코드 8-24(1) PIC test

```
    pic_set_mask(mask);
    i=0;
    __asm__("IEN");
    while(1) {
            i++;
            if(i==100000) {
                    i=0;
                    uart_put_char('.');
            }
    }
    return 0;
}
```

코드 8-24(2) PIC test

PIC를 테스트하는 메인 프로그램 [코드 8-24]에서는 UART를 사용하므로 UART와 PIC를 초기화하고 인터럽트를 허용하는 명령어 'IEN'을 실행하여 인터럽트가 Core-A에 들어올 수 있도록 한다. 그리고 외부 인터럽트가 들어오길 기다리는 과정에서 Core-A가 정상적으로 동작함을 확인하기 위하여 주기적으로 '.'을 출력하게 하였다. 인터럽트가 들어오면 '.'만을 반복적으로 내보내던 UART가 관련 문장을 내보내고 수신단에서는 그 사실을 확인할 수 있을 것이다.

8.3.4 FLASH 제어 프로그램 작성

FLASH의 경우는 앞선 두 모듈과는 달리 조금 복잡한 함수를 설정하여야 한다. 이것은 FLASH 모듈의 특성에 따른 부분으로 모듈에 맞는 함수를 작성하여야 한다. 앞서 배운 FLASH 모듈의 특성을 고려하여 읽는 함수와 지우는 함수 그리고 쓰는 함수를 FLASH 모듈의 요구사항에 맞추어 구성되어야 한다.


```
#define ADDR_FLASH_START   0x30000000
#define ADDR_FLASH_SIZE    0x00800000
#define ADDR_FLASH_END     (ADDR_FLASH_START+ ADDR_FLASH_SIZE-1)
#define KILO   1024
#define MEGA   1048576
#define BLK_SIZE (64*KILO)
#define STRATA_READ_ARRAY 0x00FF00FF
#define STRATA_READ_ID   0x00900090
#define STRATA_READ_QUERY 0x00980098
```

코드 8-25(1) FLASH ADDRESS & FLASH COMMANDS

```
#define STRATA_READ_SR     0x00700070
#define STRATA_CLEAR_SR    0x00500050
#define STRATA_WRITE_BUF   0x00E800E8
#define STRATA_WRITE       0x00400040
#define STRATA_BLOCK_ER    0x00200020
#define STRATA_BLK_ER_RESUME    0x00D000D0
#define STRATA_MC 0x00
#define STRATA_DC 0x01
```

코드 8-25(2) FLASH ADDRESS & FLASH COMMANDS

FLASH 모듈의 제어 함수를 작성하기 위하여 사전정리 과정인 주소 정리와 FLASH모듈의 제어에 자주 사용될 수를 [코드 8-25]과 같이 사전정의 한다. 여기까지 준비되면 FLASH의 읽기 함수는 해당주소의 값을 읽으면 되므로 [코드 8-26]과 같이 간단하게 작성된다. 다만 그 사전 조건이 현재 FLASH가 READ_ARRAY 모드인가 하는 점이다. 이를 위하여 매번 읽을 때 마다 모드를 READ_ARRAY 모드로 설정하는 것은 한번 쓰고 자주 읽게 되는 FLASH 특성상 성능에 있어 불리하다. 따라서 읽기 함수에서는 바로 해당 주소의 값을 읽도록 작성한다. 다만 다른 함수 즉 지우기와 쓰기 함수의 말미에서 꼭 READ_ARRAY 모드로 전환해야 함을 기억하여야 한다.

```
unsigned int flash_read(unsigned int addr, unsigned int *data)
{
   unsigned int dt;
   dt=*((volatile unsigned int *)(addr));
   *data = dt;
   return(dt);
}
```

코드 8-26 FLASH READ 함수

FLASH 모듈의 쓰기 함수는 쓰고자 하는 주소의 블록의 모드를 쓰기 모드로 바꾼 후 해당 주소에 값을 쓰고 해당 쓰기 작업이 완료되었는지를 FLASH의 상태 레지스터 값을 읽어와 확인을 반복하는 작업이 필요하다. 확인이후 앞서 이야기한 READ_ARRAY모드로 되돌리면 쓰기 작업이 완료되는 것이다. 앞에서 설명한 내용이 [코드 8-27]에서 정확히 구현된 것을 볼 수 있을 것이다.

```
unsigned int flash_write(unsigned int addr, unsigned int *data)
{
   unsigned int cmd, dt;
   unsigned int status;
   cmd = 0x00400040;
   *((volatile unsigned int *)(addr))=cmd;
   dt = *data;
   *((volatile unsigned int *)(addr))=dt;
   do {
         cmd = 0x00700070;
      *((volatile unsigned int *)(addr))=cmd;
      status=*((volatile unsigned int *)(addr));
   } while ((status&0x00800080)!=0x00800080);
   cmd = 0x00FF00FF;
   *((volatile unsigned int *)(addr))=cmd;
   return(status);
}
```

코드 8-27 FLASH WRITE 함수

FLASH 모듈의 특성상 블록 단위로 일괄적으로 지우고 이렇게 지워진 곳만 쓰기가 가능하다. 좀 더 정확히 이야기를 하면 FLASH의 쓰기 명령으로는 bit 값을 1에서 0으로 만들 수는 있지만 0에서 1로 만들 수는 없고 오로지 블록단위 지우기 명령을 통해서만 가능하다. 따라서 만약 '11'에 '10'과 '01'을 순서대로 쓰면 '00'이 된다는 뜻이다. 이러한 이유로 읽기/쓰기 함수 외에 지우기 함수가 필요한 것이다. 지우는 과정은 쓰기와 유사하게 지우기 명령을 입력 후 지우기 완료를 확인하는 과정을 거쳐 상태 레지스터를 초기화한 후 READ_ARRAY모드로 바꾸는 것으로 마무리 된다. 앞에서 설명한 내용이 [코드 8-28]에서 정확히 구현된 것을 볼 수 있을 것이다.


```
unsigned int flash_block_erase(unsigned int addr, unsigned int block)
{
   unsigned int cmd, status, blk;
   blk = (addr&~(BLK_SIZE-1))+(block*BLK_SIZE);
   cmd = 0x00200020;
   *((volatile unsigned int *)(blk))=cmd;
   cmd = 0x00D000D0;
   *((volatile unsigned int *)(blk))=cmd;
```

코드 8-28(1) FLASH ERASE 함수

```
    do {
       status=*((volatile unsigned int *)(addr));
    } while ((status&0x00800080)!=0x00800080);
    if (status&0x003A003A) {
       cmd = 0x00500050;
       *((volatile unsigned int *)(addr))=cmd;
    }
    cmd = 0x00FF00FF;
    *((volatile unsigned int *)(addr))=cmd;
    return(status);
}
```

코드 8-28(2) FLASH ERASE 함수

FLASH 메모리의 경우 지우는 동작이 블록 단위로 이루어지며 바로 쓰기 명령으로 데이터를 쓸 수 없어 쓰기 전 설정명령을 전달하는 과정 등이 있는 것을 제외하면 일반 메모리로서 별도의 기능을 가지고 있지 않다. 따라서 이를 테스트하는 프로그램은 하나의 블록을 지운 후 10여 개의 데이터를 작성하고 이후 다시 10여 개를 읽어 그 결과를 비교하는 것을 통하여 모듈의 정상동작 여부를 판단해야 한다.

FLASH 테스트 프로그램에서는 0번 블록을 지우고 10개의 데이터를 쓰고 다시 읽어 원본과의 비교하여 문제점이 없는지를 확인하도록 [코드 8-29]와 같이 작성한다. 예상 가능한 오류는 상위 혹은 하위 16비트가 쓰기를 통하여 값이 변화하지 않거나 둘 다 쓰기가 동작하지 않는 경우가 있다. 이 경우 대부분의 경우 FLASH 모듈의 입출력 타이밍 요건에 만족을 못시켜 읽기 타이밍이 어긋나거나 하는 경우이다. 이러한 오류는 시뮬레이션 모델에서는 비교적 잘 나타나지 않으나 보드 수준의 검증에서는 나올 가능성이 충분하다.

```
int main(){
  int I,tmp,tmp2,tmp_count;
  int test_buf[10];
  test_buf[0]=25;
  test_buf[1]=50;
  test_buf[2]=100;
  test_buf[3]=200;
  test_buf[4]=400;
  test_buf[5]=800;
  test_buf[6]=1600;
  test_buf[7]=3200;
  test_buf[8]=6400;
```

코드 8-29(1) FLASH test

```
    test_buf[9]=12800;
    flash_clear_sr(ADDR_FLASH_START);
    flash_block_erase(ADDR_FLASH_START,0);
    for (i=0; i<10; i++) {
        flash_write((ADDR_FLASH_START+i*4),&test_buf[i]);
    }
    tmp_count=0;
    for (i=0; i<10; i++) {
        tmp=flash_read((ADDR_FLASH_START+i*4),&tmp2);
        if(tmp==test_buf[i]) {
                tmp_count++;
        }
    }
    while(1);
    return 0;
}
```

코드 8-29(2) FLASH test

8.4 프로그램 컴파일 및 시뮬레이션

8.4.1 프로그램 컴파일

개별 모듈에 대하여 작성된 프로그램들은 Core-A용 명령어로 컴파일되어야 Core-A에서 실행이 가능하다. gcc기반의 컴파일러는 명령어를 일일이 타이핑하여 C 코드를 오브젝트 파일로 변환한 후 이를 링커로 연결하는 등의 동작을 일일이 수행하여야 하나 이를 미리 'Makefile'이라는 파일에 작성한 후 실행시키는 것으로 이 과정을 단순화하고 있다.

```
#### Option Definition ####
AFLAGS       = -marm7tdmi -EL --gstabs
CFLAGS       = -g -O0 -c -mlittle-endian
LFLAGS       = -nostartfiles -Xlinker --script=$(SCRIPT) -Xlinker -lc -gcc
OBJS         =  Startup_corea.o main.o
$(PRJ).elf: $(OBJS)
        $(ARMLINK) $(LFLAGS) -o $(PRJ).elf $(OBJS)
        $(ARMSIZE) $(PRJ).elf
```

코드 8-30(1) Makefile 샘플

```
        $(ARMOBJDUMP) -S $(PRJ).elf > $(PRJ).src
        $(ARMOBJCOPY) $(PRJ).elf -output-target=binary $(PRJ).bin
all: clean $(PRJ).elf
clean:
        rm -f *.o
        rm -f $(PRJ).elf
Startup_corea.o: $(SRC)Startup_corea.s
        $(ARMASM) $(AFLAGS) -o Startup_corea.o $<
main.o: $(SRC)main.c
        $(ARMCC) $(CFLAGS) -o main.o $<
```

코드 8-30(2) Makefile 샘플

Core-A용 프로그램 환경에서도 마찬가지로 [코드 8-30] Makefile 샘플과 같이 작성하여 사용하고 있다. 만약 제공되는 main.c에 그대로 개별 모듈 제어 프로그램을 작성하였다면 별다른 수정이 필요없으며 새로운 파일을 생성하였을 경우 [코드 8-31]과 같이 개별 오브젝트 생성부를 추가하고 전체 프로그램 오브젝트 리스트인 OBJS에 추가하면 된다.

```
#### Option Definition ####
AFLAGS          = -marm7tdmi -EL --gstabs
CFLAGS          = -g -O0 -c -mlittle-endian
LFLAGS          = -nostartfiles -Xlinker --script=$(SCRIPT) -Xlinker -lc -gcc
OBJS            =  Startup_corea.o main.o sub_code.o
$(PRJ).elf: $(OBJS)
        $(ARMLINK) $(LFLAGS) -o $(PRJ).elf $(OBJS)
        $(ARMSIZE) $(PRJ).elf
        $(ARMOBJDUMP) -S $(PRJ).elf > $(PRJ).src
        $(ARMOBJCOPY) $(PRJ).elf --output-target=binary $(PRJ).bin
all: clean $(PRJ).elf
clean:
        rm -f *.o
        rm -f $(PRJ).elf
Startup_corea.o: $(SRC)Startup_corea.s
        $(ARMASM) $(AFLAGS) -o Startup_corea.o $<
main.o: $(SRC)main.c
        $(ARMCC) $(CFLAGS) -o main.o $<
sub_code.o: $(SRC)sub_code.c
        $(ARMCC) $(CFLAGS) -o sub_code.o $<
```

코드 8-31 Makefile 코드 추가 예제

이와 같은 과정을 모두 수행한 후 “make all”을 실행하면 [표 8-2]에서 설명하는 프로젝트 이름에 다양한 확장자를 가진 파일이 생성되는 것을 확인할 수 있다. 각 파일의 의미는 [표 8-2]의 설명을 통하여 알 수 있다.

표 8-2 파일 확장자 의미 표

파일 확장자	설명
.o	object file : 컴파일 결과 파일, 링커를 통하여 실제 메모리 주소를 할당받기 이전
.bin	binary file : Core-A에서 실행 가능한 프로그램 파일
.elf	executable and linkable format file : object file을 링커를 통하여 실제 메모리주소를 할당한 결과 파일, Core-A에서 실행 가능한 프로그램 binary file과 프로그램의 디버깅을 위한 정보를 포함
.src	disassembly code : elf file의 정보를 읽어 C code와 해당 라인의 assembly code를 보이고 배치된 주소 값을 모두 보여주는 파일
.nm	symbol table : 프로그램에서 사용된 symbol에 할당된 실제 메모리 주소 값을 출력

```
#include<stdio.h>
void main(int argc, char *argv[]){
  FILE * indata;
  FILE * outdata;
  unsigned  int tmp;
  indata = fopen(argv[1],"rb");
  outdata = fopen(argv[2],"w");
  while(1) {
        fread(&tmp,4,1,indata);
        if(feof(indata)!=0) {
                fclose(outdata);
                return;
        }
        fprintf(outdata, "%08X\n", tmp);
  }
}
```

코드 8-32 변환 프로그램

이 중 .bin 파일은 프로그램의 컴파일 결과를 binary로 제작한 것으로 이 파일을 우리의 메모리 모듈에 적용하면 시뮬레이션을 수행할 준비가 완료된다. 다만 verilog 메모리 초기화 함수인 readmemh, readmemb에서 텍스트 파일을 읽어 초기화를 진행하도록 되어있어 32bit

단위로 .bin 파일을 txt 파일로 변환할 필요가 있다. 간단한 console 기반 프로그램을 [코드 8-32] 같이 입력 파일을 32bit단위로 읽어 이를 hexadecimal로 출력 텍스트 파일에 쓰는 동작을 수행하도록 작성하면 파일 변환에 사용할 수 있다. [코드 8-32]를 작성하여 사용하거나 유사한 프로그램을 사용하여 변환하여주면 Core-A의 .bin 파일을 시뮬레이션에 적용할 수 있다.

시뮬레이션 준비는 모두 끝났다. 테스트 대상은 이번 장에서 개별 모듈을 하나의 버스에 묶어 구성한 시스템이며 실행할 프로그램은 Core-A에서 개별 모듈을 초기화 등의 제어를 수행하는 프로그램이다. 이 시뮬레이션에서는 개별 제어 동작을 Core-A가 올바르게 수행하며, 이 동작이 앞서의 개별 로직 설계단계의 결과와 동일하게 수행되는지를 확인하는 것이다.

8.4.2 UART 시뮬레이션

Core-A에서 실행되는 프로그램을 준비하였고 AMBA BUS에 Core-A와 UART, PIC, SRAM I/F 그리고 FLASH I/F 등을 연결하였다. 이 둘은 FPGA 보드를 통하여 실질적인 동작을 확인할 수 있는 상태이다. 분명 개별 모듈의 동작은 모두 검증하였지만 AMBA BUS를 연결하는 과정에서의 오류나 프로그램의 작성에 있어 메모리 맵을 적용하는 단계에서의 오류 혹은 개별 모듈 단독으로 진행한 시뮬레이션을 통해서는 발견하기 어려운 조합의 경우에 발생하는 오류 등이 숨겨져 있을 가능성은 충분하다. 이를 검증하기 위해 FPGA 검증 이전 단계로 역시나 시뮬레이션 단계를 거쳐야 한다.

시뮬레이션을 위한 검증용 test bench code를 작성하는 것은 개별 모듈을 검증할 때와는 달리 FPGA board를 가상으로 꾸며서 작성하는 형태이다. 우리가 작성한 시스템이 외부 핀을 통하여 SRAM 모델과 FLASH 모델에 연결되고 UART 핀은 가상의 UART 수신기를 통하여 전송되는 신호를 시뮬레이터를 통하여 보여줄 것이다. 시뮬레이션용 모델이 없을 경우 유사한 모델을 사용하거나 제어 모듈의 레지스터를 모니터링하여 내부 연결만을 검증하고 동작 검증은 FPGA 보드에서 검증하는 방법을 고려할 필요가 있다.

플랫폼의 입출력 핀을 통하여 외부로 연결된 SRAM I/F와 UART의 입출력 핀을 시뮬레이션 모델과 연결하는 것을 [코드 8-33]의 test bench code에서 보여 준다. 이를 통하여 각 모듈의 기능을 시뮬레이션 상에서 가상으로 동작시켜 정상동작을 수행하는지 검증해 볼 수 있을 것이다.

```
cy7c1354 cy7c1354(
        .d      (SRAM_FLASH_D),
        .clk    (SRAM_CLK),
        .a      (SRAM_FLASH_A[18:0]),
        .bws    (SRAM_BWS),
        .we_b   (SRAM_FLASH_WEB),
        .adv_lb (SRAM_ADV_LB),
        .ce1b   (SRAM_CE1B),
        .ce2    (1'b1),
        .ce3b   (1'b0),
        .oeb    (SRAM_FLASH_OEB),
        .cenb   (1'b0),
        .mode   (SRAM_MODE)
);
tty tty(
        .RESETn (HRESETn)
        ,.CLK   (PCLK)
        ,.STX   (srx)
        ,.SRX   (stx)
);
```

코드 8-33 test bench code : 시뮬레이션 모델 연결

먼저 UART 프로그램을 SRAM 시뮬레이션 모델의 메모리 공간의 초기 값으로 설정하여 디버거나 기타 방법으로 프로그램이 로드된 이후 상황을 연출하여야 한다. SRAM 시뮬레이션용 모델의 초기화 함수에는 [코드 8-34]와 같이 초기화 코드가 존재한다. 여기에서 SMEM 이라는 메모리 공간을 readmemh라는 명령으로 파일로부터 읽어 초기화하는 것을 볼 수 있다. 여기에 사전에 준비한 .txt로 변환한 프로그램 파일을 작성하면 시뮬레이션을 통하여 [그림 8-10]의 프로그램 값이 [그림 8-11]과 같이 값이 정확하게 읽어짐을 볼 수 있다.


```
initial
begin
$display("Loding from memory hex file, sim_sram.txt");
$readmemh("sim_sram.txt", mem);
writetri = 0;
cetri    = 1;
enable   = 0;
lw       = 0;
bw       = 0;
...
end
```

코드 8-34 SRAM model initialize code

```
30000027
30000004
30000009
3000000E
30000014
3000001C
1C6C0002
00000020
00000020
```

그림 8-10 sim_sram.txt 파일

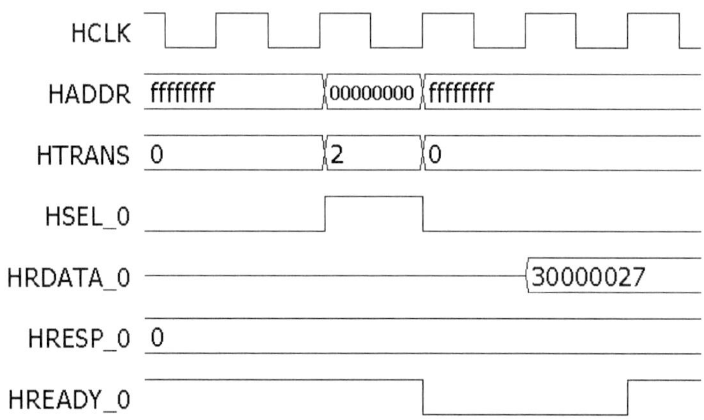

그림 8-11 SRAM I/F output

프로그램이 SRAM에 정확하게 초기화되었다면 Core-A의 프로그램 카운터가 프로그램에 맞추어 증가/감소하며 변화하는 것을 HADDR을 관찰함으로써 확인할 수 있다. 하지만 파이프라인 구조를 가지는 Core-A 특성상 조금 다르게 변화하므로 관찰해보는 것도 파이프라인 구조를 이해하는 데 도움이 될 것이다. 다시 UART를 제어하는 프로그램의 상황으로 돌아가 UART가 최초 구상한 방식대로 제어가 되는지를 확인할 필요가 있다. 최초 구상이라 함은 메모리 맵에 할당한 주소에 값을 쓰거나 읽는 동작을 통하여 UART의 레지스터를 읽거나 쓸 수 있다는 것이다. 이는 [그림 8-12]의 파형을 통하여 정리해 보자. UART 초기화 함수에서 최초 UART_LCR로 정의된 0xC000_000C에 0x83을 쓰는 동작을 하도록 작성하였다. 이는 메모리 맵에서 HSEL_4에 해당하며 PSEL_0에 연결되도록 AMBA의 decoder를 설정하였다. [그림 8-12]의 파형에서 두 신호가 나타나서 정확하게 쓰기 데이터를 전달함을 확인할 수 있다.

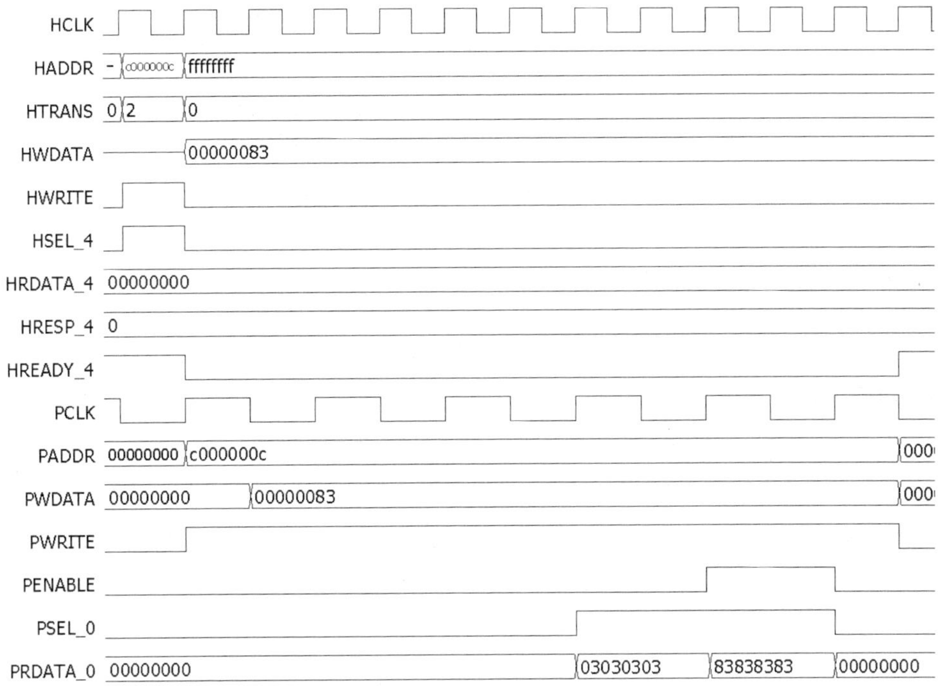

그림 8-12 UART register access

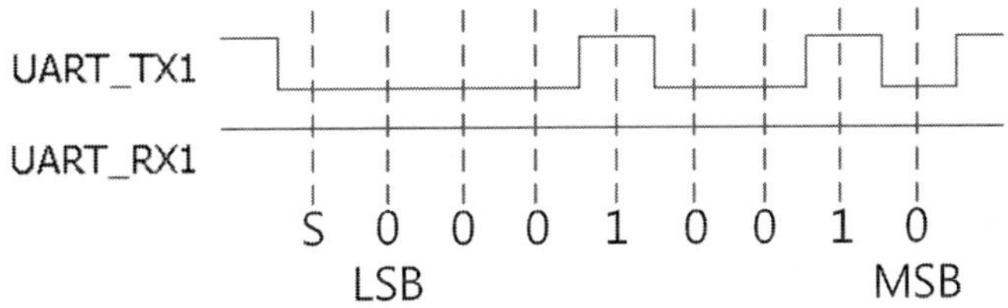

그림 8-13 UART 'H' 전송

다음으로 확인할 내용은 '의도한 데이터가 적절하게 전송되고 있는가'하는 부분으로 테스트 함수에서 'H', 'e', 'l', 'l', 'o'가 전송되도록 작성되었음을 생각하면 이 부분이 제대로 전송되는 지를 검토하면 될 것이다. TX를 통하여 'H' 즉, ASCII code에 따라 0x48이 전송되고 있는 부분을 [그림 8-13]의 파형을 통하여 확인할 수 있다. UART와 연결된 UART 시뮬레이션 모델에 수신된 데이터는 [그림 8-14]과 같이 표시되어 정확하게 전송되고 있음을 알려준다. 이를 통하여 전송부분에 있어서는 정확하게 동작함을 알 수 있다. RX를 통한 데이터 전송은 FPGA 보드에서 실제 UART 통신 모듈과 연결하여 통신하는 과정에서 검증하여도 문제가 없으므로 보드 검증에서 검증하겠다.

```
#                    133850 0x48(H) received!
#                    223450 0x65(e) received!
#                    313050 0x6c(l) received!
#                    402650 0x6c(l) received!
#                    492250 0x6f(o) received!
```

그림 8-14 UART 시뮬레이션 모델 출력

8.4.3 PIC 시뮬레이션

PIC를 테스트하는 프로그램을 SRAM의 초기화 파일로 설정하고 다시 시뮬레이션을 실행하여 기본 동작을 살펴보도록 하겠다. PIC 제어 프로그램을 컴파일 한 후 txt 형태로 변환한 파일의 이름을 SRAM 초기화 파일 이름으로 수정한다. PIC를 초기화하는 과정에서 0xC010_0000으로 정의된 PIC_EDGE에 0을 쓰는 동작을 수행하며 PIC는 메모리 맵에서 HSEL_4 영역에서 PSEL_1에 할당되어 있다. 이러한 동작이 [그림 8-15]의 시뮬레이션 파형에서 그대로 확인된다.

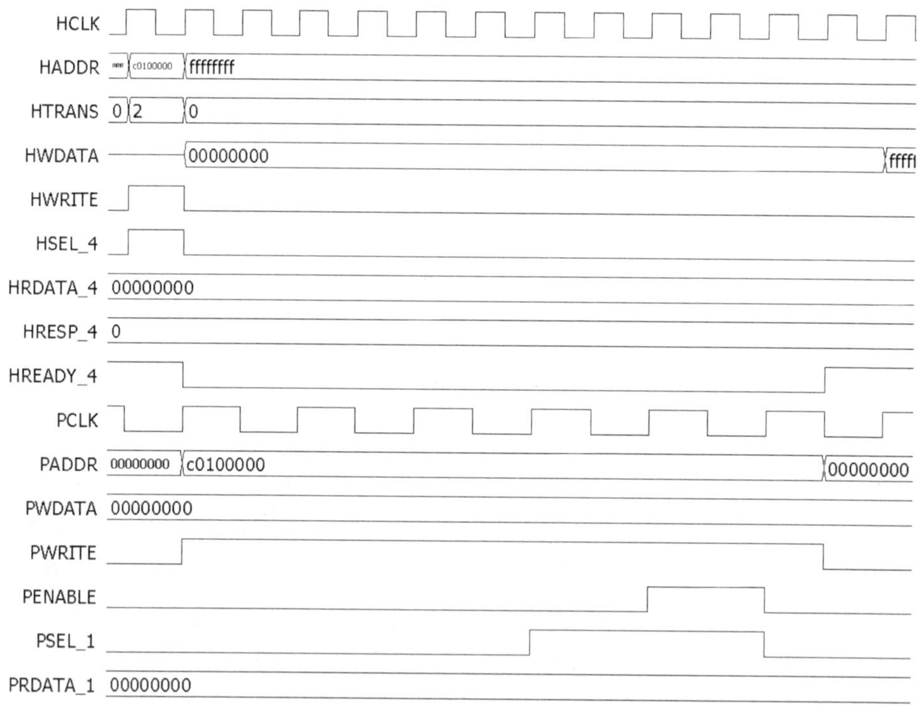

그림 8-15 PIC register access

PIC의 동작을 확인하기 위해서는 외부 인터럽트가 발생하여 관련 함수가 실행됨을 확인하는 것이 가장 쉬운 방법이다. 이를 위해서 PIC의 인터럽트 입력 중 두 번째 bit를 잠시간 1로 만들어 임시 인터럽트를 입력하면 PIC는 이를 Core-A에 전달할 것이다. 시뮬레이터에 따라서 명령어는 다르지만 Modelsim을 예를 들면 "force -freeze sim:/tb_fpga_top/soc_ocd_amba/irq_src 010 0 - cancel 20us"을 입력하면 [그림 8-16]와 같이 20μs동안 입력되도록 인터럽트를 수정할 수 있다.

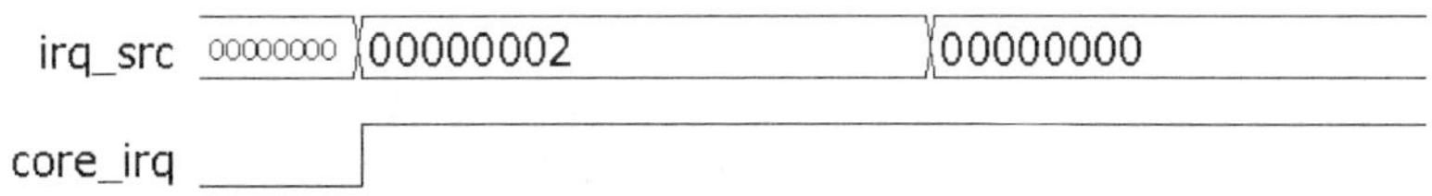

그림 8-16 PIC interrupt input setting

이렇게 수정된 인터럽트 입력에 따라서 Core-A에 전달되는 core_irq 신호가 발생하면 PIC 테스트 프로그램에 작성해둔 Interrupt service routine C 코드의 내용이 동작하여야 한다. 이를 확인하기 위하여 외부 인터럽트 신호에 따라서 UART로 텍스트를 전달하도록 하였으므로 UART를 통하여 전달되는 내용을 [그림 8-17]의 파형을 통하여 확인할 수 있다.

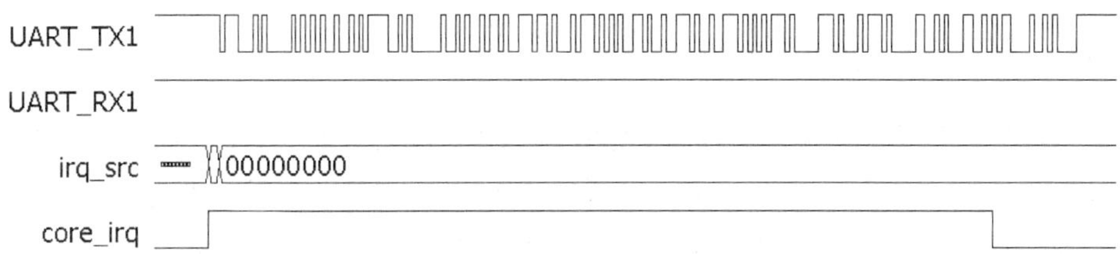

그림 8-17 인터럽트 발생 후 시작되는 UART 전송 파형

앞에서 작성한 Interrupt service routine C 코드를 확인해 보면 외부 인터럽트의 중 두 번째 인터럽트가 발생하면 "GPIO interrupt01"을 전송하도록 되어있고 [그림 8-18]의 시뮬레이션 UART 모델 수신 데이터를 통하여 동일함을 확인할 수 있다. 이를 통하여 외부 인터럽트를 받아들였으며 관련 함수를 수행한 이후 core_irq 신호가 0이 됨을 보면 PIC에 등록된 인터럽트의 초기화 또한 적절하게 동작하였음을 알 수 있다.

```
VSIM 148> run
#                  210570 0x47(G) received!
#                  300170 0x50(P) received!
#                  389770 0x49(I) received!
#                  479370 0x4f(O) received!
#                  568970 0x20( ) received!
#                  658570 0x69(i) received!
#                  748170 0x6e(n) received!
#                  837770 0x74(t) received!
#                  927370 0x65(e) received!
#                 1016970 0x72(r) received!
#                 1106570 0x72(r) received!
#                 1196170 0x75(u) received!
#                 1285770 0x70(p) received!
#                 1375370 0x74(t) received!
#                 1464970 0x30(0) received!
#                 1554570 0x31(1) received!
#                 1644170 0x0d  received!
#                 1733770 0x0a  received!
```

그림 8-18 UART로 전송된 text-"GPIO interrupt01"

8.4.4 FLASH 시뮬레이션

FLASH 모듈은 별도의 초기화 과정이 없이 바로 읽기가 가능한 모듈이지만 쓰기를 위해서는 블록 단위로 지우고 다시 쓰는 과정이 필요하다. 이를 검증하기 위하여 테스트 프로그램에서 블록 단위로 지우고 10개의 데이터를 쓰고 다시 10개의 데이터를 읽는 프로그램을 작성하였다.

FLASH 모듈의 블록 지우기는 지울 블록에 해당하는 주소에 지우기 명령이 전달된 이후 1초 동안 해당 블록을 모두 0xFFFF로 채우는 작업을 수행한다. 이때 FLASH_STS가 [그림 8-19]와 같이 1에서 0으로 변한 후 1초 후 [그림 8-20]과 같이 1로 변하면서 작업이 완료됨을 알려준다.

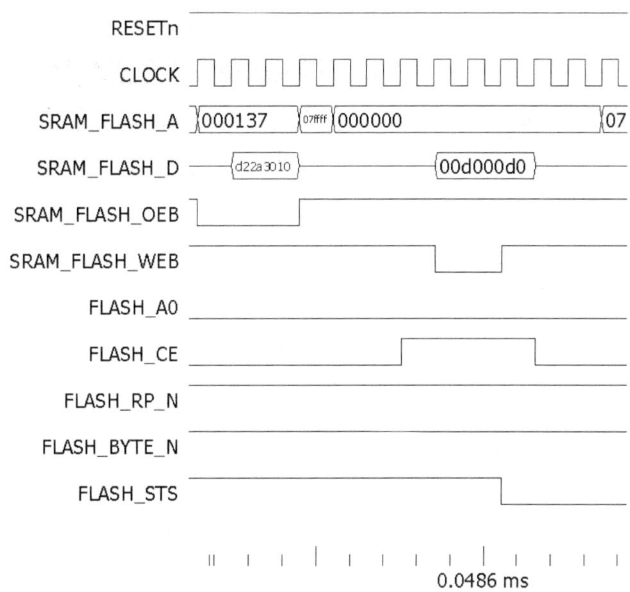

그림 8-19 Block Erase start

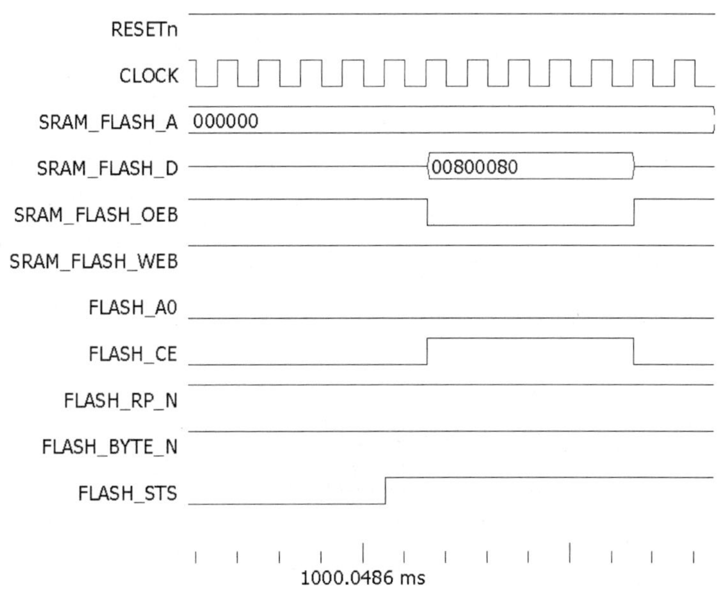

그림 8-20 Block Erase End

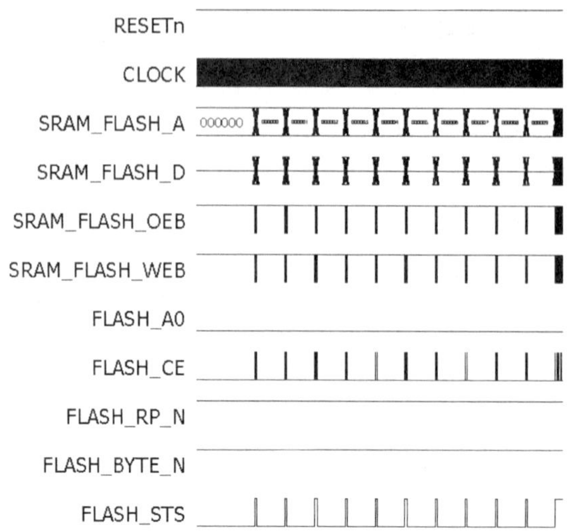

그림 8-21 FLASH 10회 write

FLASH 쓰기 동작을 검증하기 위하여 앞서 작성한 프로그램에서 10회의 쓰기 동작을 반복 수행하도록 작성하였다. 쓰기 동작 또한 FLASH의 FLASH_STS를 쓰는 동작 중 1에서 0으로 변화시키고 쓰기가 완료되면 다시 1로 변화시킨다. 따라서 10회에 걸쳐 1에서 0으로 변화하는 FLASH_STS 파형을 통하여 10번의 쓰기 동작이 정확히 수행됨을 [그림 8-21]에서 확인할 수 있다.

작성된 데이터의 읽기 동작은 Read array 모드로 전환된 이후에는 일반 메모리 읽기 동작으로 읽을 수 있다. C코드로 작성한 0x3000_0000에 25가 정상적으로 쓰여졌으며 정확하게 읽혀지는 것을 [그림 8-22]의 파형에서 알 수 있다.

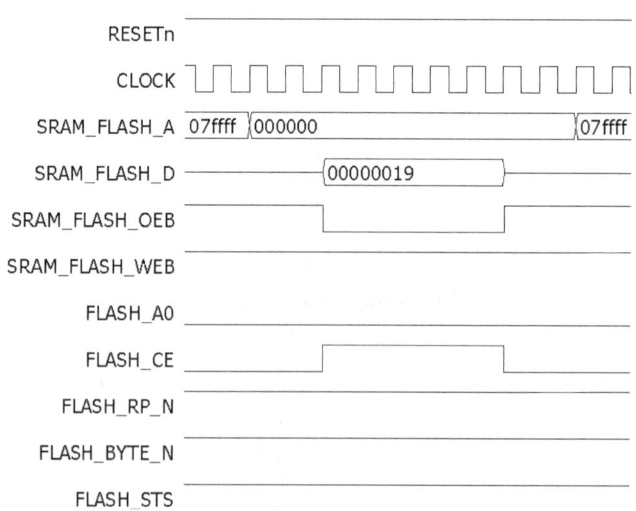

그림 8-22 읽기 테스트 address 0x30000000: 0x00000019

```
1002345311 ns        Read Array command recognized
1002345311 ns        Read Array command recognized
1002345311 ns  Device now in ReadArray Mode
1002345311 ns  Successful completion  [Read Array]
1002345311 ns  Device now in ReadArray Mode
1002345311 ns  Successful completion  [Read Array]
1002354871 ns  Read result : A:000000h 0000h, 0000000000000000b
1002354871 ns  Read result : A:000000h 0019h, 0000000000011001b
1002367551 ns  Read result : A:000002h 0000h, 0000000000000000b
1002367551 ns  Read result : A:000002h 0032h, 0000000000110010b
1002380231 ns  Read result : A:000004h 0000h, 0000000000000000b
1002380231 ns  Read result : A:000004h 0064h, 0000000001100100b
1002392911 ns  Read result : A:000006h 0000h, 0000000000000000b
1002392911 ns  Read result : A:000006h 00c8h, 0000000011001000b
1002405591 ns  Read result : A:000008h 0000h, 0000000000000000b
1002405591 ns  Read result : A:000008h 0190h, 0000000110010000b
1002418271 ns  Read result : A:00000ah 0000h, 0000000000000000b
1002418271 ns  Read result : A:00000ah 0320h, 0000001100100000b
1002430951 ns  Read result : A:00000ch 0000h, 0000000000000000b
1002430951 ns  Read result : A:00000ch 0640h, 0000011001000000b
1002443631 ns  Read result : A:00000eh 0000h, 0000000000000000b
1002443631 ns  Read result : A:00000eh 0c80h, 0000110010000000b
1002456311 ns  Read result : A:000010h 0000h, 0000000000000000b
1002456311 ns  Read result : A:000010h 1900h, 0001100100000000b
1002468991 ns  Read result : A:000012h 0000h, 0000000000000000b
1002468991 ns  Read result : A:000012h 3200h, 0011001000000000b
```

그림 8-23 읽기 결과 address 0x3000_0000 ~ 0x3000_0024

FLASH 시뮬레이션 모델에서 읽어가는 동작의 결과를 출력한 [그림 8-23]에서 읽어가는 데이터를 확인할 수 있다. 실제 FLASH 모듈이 16bit씩 2개의 모듈에 연결되어 있어 각각 2개의 결과를 보여주고 있다. 이와 같은 시뮬레이션 결과를 통하여 모든 부분의 동작이 정상임을 확인할 수 있었다. 이와 같은 시뮬레이션 과정에서 검증된 로직은 FPGA를 통하여 실제 하드웨어와의 동작을 수행하여 시뮬레이션 모델을 사용함에 따라 발생 가능한 일부 오류 부분을 수정할 수 있다. 이 과정은 다음 장에서 자세히 다루도록 하겠다.

8.5 실습

8.5.1 시뮬레이션 실행

이번에는 앞 절에서 설명한 시뮬레이션 파형을 실습을 통해 직접 확인해보도록 하자. 앞서 다른 시뮬레이션과 동일하게 CD에서 실습 스크립트를 실행하면 HDL 시뮬레이터를 구동시켜 각 파형을 확인할 수 있다. 다른 장과는 다르게 sim 폴더에 'ch08_platform_uart', 'ch08_platform_pic', 'ch08_platform_flash' 3개의 폴더가 존재하는 것을 볼 수 있다. 각 폴더의 구성은 동일하며 다만 SRAM의 프로그램 코드를 변환시켜둔 'sim_sram.txt' 파일의 내용이 앞서 작성한 프로그램에 따라서 다르게 만들어졌다. 또한 각 파트에 필요한 신호를 구분지어둔 신호 리스트와 중간 실행 명령을 모두 작성해 두었으므로 확인해 보길 바란다.

- 실습 스크립트 경로 1 : /sim/ch08_platform_uart
- 실습 스크립트 경로 2 : /sim/ch08_platform_pic
- 실습 스크립트 경로 3 : /sim/ch08_platform_flash

실습 스크립트가 참조하는 RTL 코드 및 테스트벤치는 다음의 경로를 참조하도록 작성되어 있다. 다만 1장에서 언급한 바와 같이 Core-A 코드의 경우 정식 절차를 밟아 수령하여야 한다. 해당 파일을 '/verilog/Core-A_AHB/'폴더에 풀어 넣어야 이번 실습에서 제공하는 스크립트 파일을 사용하여 시뮬레이션을 진행할 수 있다. 따라서 아래의 해당 폴더의 파일 리스트는 참고만 하고 본인이 수령한 파일 리스트로 'sim_files.txt'를 수정하기 바란다.

- /testbench/ch08_platform/tb_fpga_top.v
- /testbench/ch08_platform/flash_model/J3_32Mb_100.v
- /testbench/ch08_platform/flash_model/J3a.v
- /testbench/ch08_platform/sram_model/CY7C1354C.v
- /testbench/ch08_platform/uart_model/tty.v
- /testbench/ch08_platform/uart_model/tty_raminfr.v
- /testbench/ch08_platform/uart_model/tty_uart_receiver.v
- /testbench/ch08_platform/uart_model/tty_uart_regs.v
- /testbench/ch08_platform/uart_model/tty_uart_rfifo.v
- /testbench/ch08_platform/uart_model/tty_uart_sync_flops.v
- /testbench/ch08_platform/uart_model/tty_uart_tfifo.v
- /testbench/ch08_platform/uart_model/tty_uart_transmitter.v
- /verilog/AMBA/ahb_arbiter_m4.v
- /verilog/AMBA/ahb_config.v
- /verilog/AMBA/ahb_decoder_s5.v
- /verilog/AMBA/ahb_default_slave.v
- /verilog/AMBA/ahb_lite_s5.v
- /verilog/AMBA/ahb_m2s_m4.v
- /verilog/AMBA/ahb_s2m_s5.v

- /verilog/AMBA/ahb_to_apb_s6.v
- /verilog/AMBA/amba_ahb_m4s5.v
- /verilog/AMBA/amba_define.v
- /verilog/AMBA/apb_config.v
- /verilog/Core-A_AHB/CLK_GEN.v
- /verilog/Core-A_AHB/corea_ahb_if.v
- /verilog/Core-A_AHB/corea_ocd_ahb.v
- /verilog/Core-A_AHB/corea_ocd_wrapper.v
- /verilog/Core-A_AHB/DCU.v
- /verilog/Core-A_AHB/GatedCoreA2Debug.v
- /verilog/Core-A_AHB/GatedCoreAOCD.v
- /verilog/Core-A_AHB/MUX.v
- /verilog/Core-A_AHB/OCD.v
- /verilog/Core-A_AHB/OCE.v
- /verilog/Core-A_AHB/REGISTER.v
- /verilog/Core-A_AHB/ScanChain.v
- /verilog/Core-A_AHB/TAP.v
- /verilog/PIC/simple_pic.v
- /verilog/PIC/pic_apb.v
- /verilog/FLASH/flash_if_ahb.v
- /verilog/FLASH/sram_core_q_f.v
- /verilog/FLASH/sram_flash_if_ahb.v
- /verilog/KEYBOARD/kbd_apb.v
- /verilog/KEYBOARD/read_controller.v
- /verilog/KEYBOARD/write_controller.v
- /verilog/MOUSE/mouse_apb.v
- /verilog/MOUSE/MouseController.v
- /verilog/PS2/ps2interface.v
- /verilog/SRAM/sram_core.v
- /verilog/SRAM/sram_if_ahb.v
- /verilog/TOP/soc_ocd_amba.v
- /verilog/TOP/soc_def.v
- /verilog/UART/raminfr.v
- /verilog/UART/timescale.v

- /verilog/UART/uart_apb.v
- /verilog/UART/uart_defines.v
- /verilog/UART/uart_receiver.v
- /verilog/UART/uart_regs.v
- /verilog/UART/uart_rfifo.v
- /verilog/UART/uart_sync_flops.v
- /verilog/UART/uart_tfifo.v
- /verilog/UART/uart_transmitter.v

시뮬레이션 폴더가 3종류이지만 모두 같은 플랫폼 위에서 다른 프로그램을 실행시키는 것으로 각 동작을 수행하므로 하드웨어는 동일하기 때문에 폴더별로 수정할 필요는 없다. 앞 절의 각 파형을 [표 8-3], [표 8-4], [표 8-5]를 참고하여 직접 탐색하여 확인해 보도록 하자.

표 8-3 플랫폼 UART 시뮬레이션

번호	시작 위치(ns)	끝 위치(ns)
[그림 8-11]	28551	28630
[그림 8-12]	34310	34550
[그림 8-13]	44091	124731
[그림 8-14]	44091	483131

표 8-4 플랫폼 PIC 시뮬레이션

번호	시작 위치(ns)	끝 위치(ns)
[그림 8-15]	41730	41950
[그림 8-16]	100000	120000
[그림 8-17]	100000	1724131
[그림 8-18]	100000	1724131

PIC 시뮬레이션은 외부 인터럽트가 존재하지 않기 때문에 임의로 인터럽트를 생성하는 명령을 앞에서 사용하였었다. 그 코드가 'sim.do' 파일에 작성되어 있는 것을 확인할 수 있다. 그리고 FLASH의 경우 1초의 블록 지우기를 수행하므로 다른 시뮬레이션에 비하여 시뮬레이션 시간이 조금 필요하고 SRAM모듈 신호와 공유해서 사용하는 핀이 존재하므로 파형을 확인할 때 주의가 필요하다.

표 8-5 플랫폼 FLASH 시뮬레이션

번호	시작 위치(ns)	끝 위치(ns)
[그림 8-19]	48290	48611
[그림 8-20]	1000000000	1000048780
[그림 8-21]	1000064931	1002293631
[그림 8-22]	1002306070	1002306410
[그림 8-23]	1002306070	1002397011

8.5.2 시뮬레이션 테스트벤치 분석

시뮬레이션 스크립트를 실행하여 결과를 살펴 8.4절에서 설명한 내용을 확인할 수 있었다. 독자가 새롭게 Core-A용 프로그램을 작성하여 플랫폼에서 실행할 경우에 필요한 정보를 전달하기 위해 테스트벤치 코드를 분석하여 보겠다. 8.5.1에서 보여준 파일 리스트 중 'tb_fpga_top.v'가 테스트벤치의 top 모듈로 설계한 플랫폼 코드와 외부에 배치되는 모듈을 시뮬레이션 모델로 대체하여 구성하여 완성된 시스템을 동작시킨다.

```
module tb_fpga_top;
reg HRESETn;
reg HCLK;
wire SRAM_CLK;
...

wire UART_TX1;
wire UART_RX1;
```

코드 8-35 tb_fpga_top.v-신호 선언부

```
soc_ocd_amba soc_ocd_amba(
.CLOCK(HCLK),
.RESETn(HRESETn),
.ntrst(nTRST),
.tck(TCK),
.tms(TMS),
.tdi(TDI),
.tdo(TDO),
```

코드 8-36(1) tb_fpga_top.v-top 모듈 연결부

```
.SRAM_CLK(SRAM_CLK),
.SRAM_ADV_LB(SRAM_ADV_LB),
.SRAM_CE1B(SRAM_CE1B),
.SRAM_ZZ(SRAM_ZZ),
.SRAM_MODE(SRAM_MODE),
.SRAM_BWS(SRAM_BWS),
.SRAM_FLASH_A(SRAM_FLASH_A),
.SRAM_FLASH_D(SRAM_FLASH_D),
.SRAM_FLASH_OEB(SRAM_FLASH_OEB),
.SRAM_FLASH_WEB(SRAM_FLASH_WEB),
.FLASH_A0(FLASH_A0),
.FLASH_CE(FLASH_CE),
.FLASH_RP_N(FLASH_RP_N),
.FLASH_BYTE_N(FLASH_BYTE_N),
.FLASH_STS(FLASH_STS),
.UART_TX1(UART_TX1),
.UART_RX1(UART_RX1),
.MOS_CLK(MOS_CLK),
.MOS_DAT(MOS_DAT),
.KBD_CLK(KBD_CLK),
.KBD_DAT(KBD_DAT)
);
```

코드 8-36(2) tb_fpga_top.v-top 모듈 연결부

테스트벤치에서의 신호 선언부에 해당하는 [코드 8-35]를 보면 테스트벤치에서 시뮬레이션 모델의 출력과 연결되는 입력 신호를 제외한 나머지 신호를 reg로 선언하고 나머지 신호는 wire로 선언한다. 설계한 로직과 시뮬레이션 모듈들을 탑 모듈을 설계하는 것과 동일하게 [코드 8-36]와 같이 관련 신호들을 연결해 준다.

```
always begin
 #10 HCLK=~HCLK;
end
initial begin
TMS=0;
nTRST=0;
HRESETn=0;
HCLK=0;
PCLK=0;
TCK=0;
```

코드 8-37(1) tb_fpga_top.v-top 시뮬레이션 신호 생성

```
TDI=0;
#500;
#500 TMS = 1;
...

#500 TCK = 0 ;
#500 TCK = 1;
#20000;
HRESETn=1;
#10000;
end
```

코드 8-37(2) tb_fpga_top.v-top 시뮬레이션 신호 생성

시뮬레이션 모델로 해결되지 않는 일부 신호들은 간단한 구문으로 작성한다. 클럭과 같이 반복되는 신호는 always 구문으로 작성하고 시뮬레이션 중 한번 실행할 신호는 initial 구문으로 [코드 8-37]와 같이 작성한다. 8장의 테스트벤치에서 [코드 8-37]의 부분의 각 신호의 초기신호 생성과 JTAG신호 생성은 시스템의 초기화 코드로 시스템의 정상 동작을 위하여 생성하였다.

여기까지가 테스트벤치의 내용으로 어떠한 기능을 확인하기 위한 특정한 코드가 없음을 볼 수 있다. 이것은 7장까지와는 달리 하나의 시스템으로 구성되었으므로 실제 상황과 유사하게 시스템 구성은 간단히 외부의 리셋신호가 발생할 때의 상황만을 구현하였기 때문이다. 이러한 상태에서 SRAM에 프로그램이 미리 저장되었다고 가정한다면 프로세서는 그 프로그램을 읽어 순서대로 동작할 것을 예측할 수 있을 것이다. 이 프로그램은 '어떻게 SRAM에 저장할 수 있는가'하는 부분은 앞에서 설명한 것처럼 SRAM의 초기화 코드에서 읽어가는 'sim_sram.txt'을 원하는 코드로 작성하여 시뮬레이션 폴더에 두면 된다. 이 파일은 '/sample_c/book_uart', '/sample_c/book_pic' 그리고 '/sample_c/book_flash'의 프로그램을 컴파일하여 생성되는 .bin 파일을 txt로 변환하여 사용하면 된다.
각 프로그램의 컴파일 방법은 Core-A 툴체인을 설치하는 것과 연결되어 여기서 간단히 설명하는 것으로는 오류만 발생하므로 의미있는 실습이 어렵다. 툴체인의 설치 및 실습은 'Core-A 프로그래머 가이드'를 참고하기 바란다. 해당 폴더에는 이미 컴파일 된 결과물도 존재하므로 이 파일을 확인해보는 것도 도움이 될 것이다.

제 9 장

키보드 마우스 인터페이스 설계 및 보드 검증

9.1 PS/2 인터페이스

8장에서 플랫폼을 구성하여 시뮬레이션 수준으로 검증을 수행하였다. 하지만 시뮬레이션 수준의 검증은 어디까지나 시뮬레이터를 통하여 기능 구현만 검증되고 실제 하드웨어로 만들 수 있는지에 대한 검증이 수행되지 못한 상태이다. 이러한 시뮬레이션 단계의 성과물을 모두 실리콘 칩으로 제작하여 검증하기에는 칩 제작비용 및 시간이 매우 오래 걸리고 오류가 발견되면 이미 제작된 칩은 모두 버려야하는 상황이 되므로 효율적이지 못하다. 이를 보완하기 위하여 많이 사용되는 것이 FPGA로 미리 제작된 게이트들과 이를 연결하는 선을 설정 가능한 칩이다. FPGA를 통하여 검증하는 대상은 어떠한 로직이든 큰 상관이 없지만 외부의 입력과 연계하여 검증하는 것이 검증 결과를 보여주기 좋고 이해도 쉽다. 이에 9장에서는 키보드와 마우스의 동작을 수신하고 이를 UART를 통하여 보여주는 시스템을 기존 플랫폼에 키보드 마우스 제어 모듈을 추가하여 작성하고 FPGA수준의 검증을 진행하도록 하겠다.

PS/2 인터페이스는 일반적으로 마우스와 키보드 등의 주변장치를 연결할 목적으로 만들어진 직렬 인터페이스이다. 종류에 따라서 [그림 9-1]과 같이 5핀, 6핀 커넥터가 존재하지만 핀의 위치가 다를 뿐 구성은 동일하다. 핀의 종류는 clock, data, vcc, ground와 사용되지 않은 핀으로 구성되며, 직렬 인터페이스라고 불리는 이유는 데이터 핀이 하나이며 이 핀을 통하여 데이터를 주고받기 때문이다.

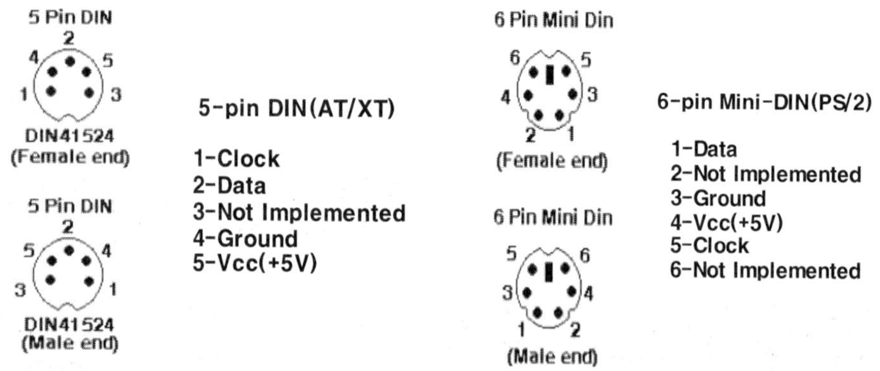

그림 9-1 PS/2 socket

PS/2의 data 핀과 clock 핀은 양방향 통신을 하도록 구성되어 있으며 미사용 구간에서는 5V가 출력되도록 [그림 9-2]와 같이 pullup 저항에 연결되어 있다. 동작 전압은 vcc가 4.5V ~ 5.5V이며 최대전류량은 450mA이다. 일반적인 통신 규격에서는 전압과 최대전류량, 즉 최대 공급 전력을 잘 표시하지 않지만 PS/2의 경우 연결되는 디바이스 모듈의 동작을 위한 전력을 공급하여야 하므로 이러한 규격을 지정하여 소모전력을 제한하고 있다. clock 핀의 동작 클럭 주파수는 10Khz ~ 16.7Khz로 프로세서에 비하여 상대적으로 매우 느린 속도에서 동작한다.

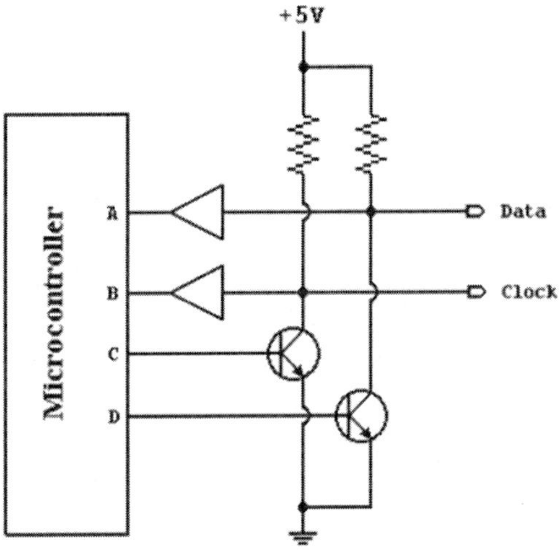

그림 9-2 PS/2 Clock, Data pin 연결

이러한 규격의 PS/2는 외부 주변장치를 연결하기위하여 사용되며 그 프로토콜은 연결 기기의 특성에 따라 간단히 전송 가능하도록 구성되어있다. PS/2 프로토콜은 [그림 9-3]과 같은 호스트 컴퓨터와 주변장치 디바이스의 1:1 전송에서 호스트의 명령을 디바이스로 전달하는 것과 디바이스에서 호스트로 정보를 전달하는 동작을 분리하여 정의하고 있다.

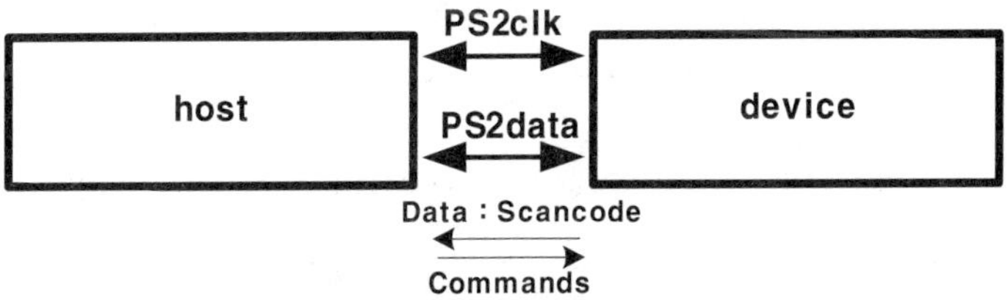

그림 9-3 PS/2 Host, Device 연결

디바이스에서 호스트로 정보를 전달하는 경우에는 디바이스에서 별도의 알림과정 없이 [그림 9-4]와 같이 11bit의 데이터 포맷에 맞춰 전달한다. 전송의 시작을 알리는 start bit(1), data bits(8), parity bit(1), stop bit(1)로 구성되며 start bit는 항상 0, stop bit는 항상 1 그리고 parity bit은 odd parity를 따라 생성된다. 디바이스에서 생성되는 클럭에 맞추어 high인 구간에서 데이터의 전환이 이루어져 low로 내려가기 전에 안정된 값을 가지도록 전달된다.

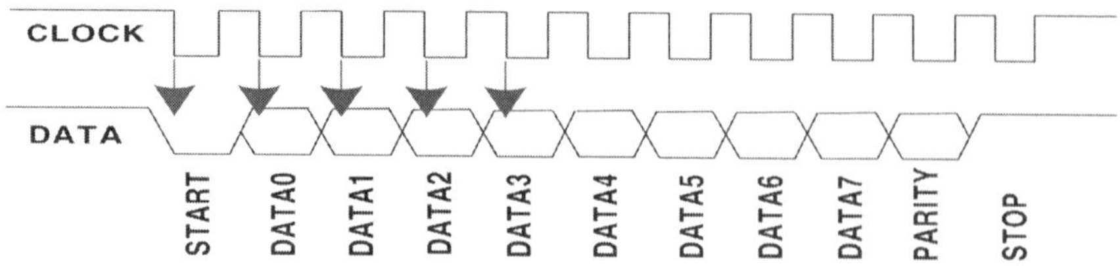

그림 9-4 PS/2 Device to Host 데이터 전송 파형

호스트에서 디바이스로 정보를 전달하는 경우에는 [그림 9-5]에서 보는 것과 같이 디바이스에 명령을 전달함을 알리고 수신의 준비를 요청하기 위하여 클럭을 100us에 걸쳐 low로 유지한다. 이후 클럭을 high로 바꾼 이후 디바이스에서 클럭을 생성하며 그에 맞춰 호스트에서 데이터를 전송한다. bit 구성은 11bit 구성에 디바이스에서 수신여부를 알리는 ack bit까지 12bit의 전송이 이루어진다. 클럭이 low에서 데이터 값이 바뀌어 high로 올라가기 전에 안정적인 값을 가진다. 양측의 출력이 만난 최종 신호를 [그림 9-6]에서 볼 수 있다. 이러한 규격에 맞추어 전송되는 데이터의 내용은 PS/2의 규격과는 무관하다. 특히 8bit로 고정된 전송 데이터의 사이즈가 전송에 부족할 경우 8bit로 쪼개어 여러 번 전송하는 것이 기본이며 별도의 프로토콜은 없다.

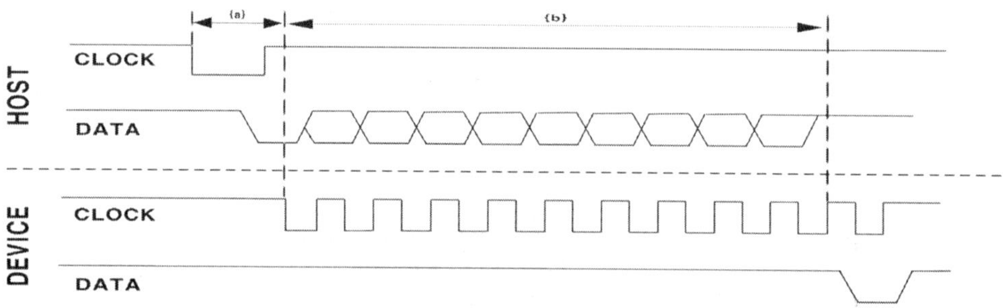

그림 9-5 PS/2 Host to Device 데이터 전송 : 개별 파형

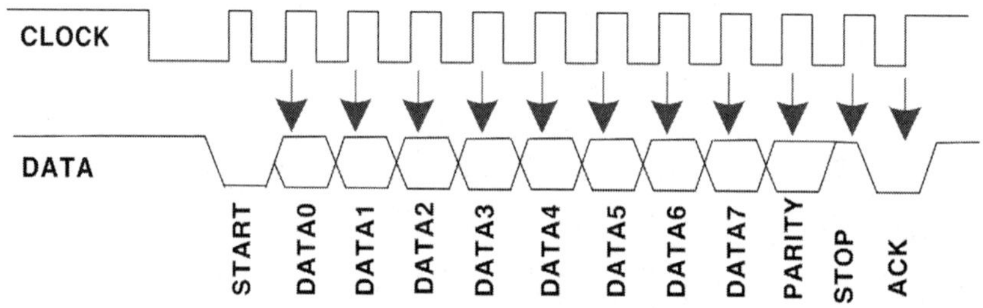

그림 9-6 PS/2 Host to Device 데이터 전송 : 통합 파형

9.2 키보드, 마우스 동작 소개 및 제어 모듈 소개

9.1에서 PS/2 인터페이스의 규격을 살펴보았다. 이러한 규격은 단순히 전송 규격으로 개별 기기의 동작은 차이가 있다. 즉 동일한 PS/2 인터페이스를 사용하는 키보드와 마우스이지만 기기에 따라 그 사용 방식이 다르므로 PS/2를 통하여 전달되는 정보의 내용은 각각의 규격에 맞추어 전달된다.

9.2.1 키보드 제어 모듈 동작 소개

키보드의 경우는 키가 눌러지는 경우 어떤 키가 눌러지는지 언제 손이 떨어지는지를 두 번에 걸쳐 각각 호스트로 정보를 보내도록 되어있다. 키의 구분은 호스트로 보내지는 [그림 9-7]의 스캔코드에 의하여 구분된다.

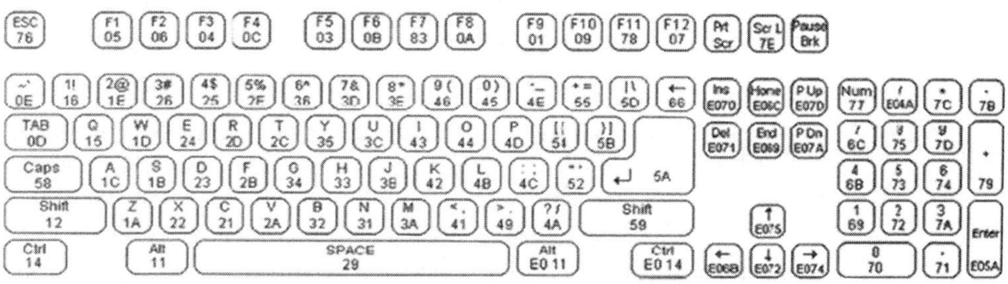

그림 9-7 키보드 스캔 코드

키가 눌러질 경우 사전에 정의된 각 키의 스캔 코드를 전송하고 키가 떨어질 경우 0xF0를 전송 후 해당 스캔코드를 전송한다. 시간에 따른 전송 파형의 예시를 [그림 9-8]을 통해 확인할 수 있다. 여기에 키 값이 8bit를 초과하는 확장키의 경우에는 0xE0가 각각 추가되어 "0xE0 스캔코드", "0xE0 0xF0 스캔코드"가 전송된다. 키가 눌려진 체로 유지되는 경우 100ms 간격으로 스캔코드가 다시 전송된다.

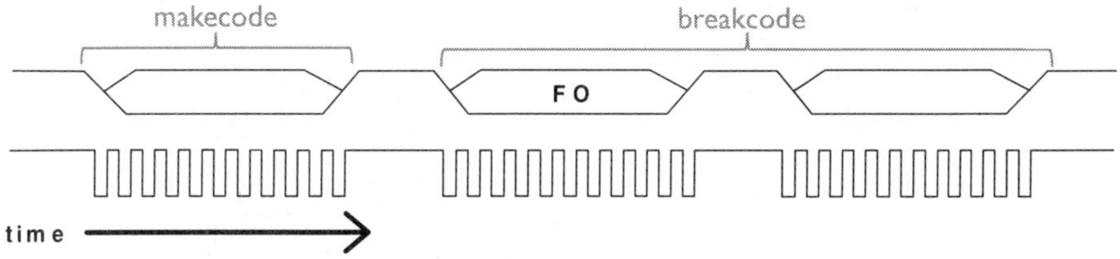

그림 9-8 키보드에서 키를 누르고 떼는 상황의 PS/2 파형

표 9-1 키보드 기초 명령어

명령어	코드	기능
Reset	0xFF	typematic delay(500ms), rate(10.9cps) 초기화
Disable	0xF5	키보드 스캐닝 정지
Enable	0xF4	키보드 스캐닝 재개
Set/Reset LED	0xED	Caps Lock, Num Lock, Scroll Lock 등의 LED 작동, 명령어에 이어 전달되는 한 바이트에 LED 값 설정 {reserved(7:3), Caps Lock(2), Num Lock(1), Scroll Lock(0)}
Set typematic rate/delay	0xF3	type matic delay, rate 설정, 명령어에 이어 전달되는 한 바이트에 의하여 결정 {reserved(7), Delay(6:5), repeat rate(4:0)}

호스트에서 키보드로 정보를 전달해야 하는 경우는 키보드의 상태를 설정할 때 사용한다. 키보드를 리셋하거나 키보드의 스캔을 정지하거나 재시작하고 키의 typematic 값을 수정하거나 키보드의 led를 점등하는 경우 등 키보드를 제어하는 용도로 사용된다. led를 켜고 끄는 것과 typematic 값을 수정하는 경우를 제외하면 8bit 데이터만 전송하면 되므로 단일 전송으로 확정되며 led와 typematic을 설정하는 경우 한 바이트를 추가로 전송한다. 키보드에서 자주 사용되는 명령어들을 [표 9-1]에서 확인할 수 있다.

이와 같은 키보드의 제어를 위한 키보드 인터페이스 모듈은 [그림 9-9]와 같이 PS/2 인터페이스 모듈과 키보드 쓰기 컨트롤러와 읽기 컨트롤러로 이루어져 있다. 이름에서 알 수 있듯이 Core-A에서 PS2 인터페이스를 통하여 데이터를 쓰거나 읽는 동작이 구현되어 있다. 키보드의 특성상 키의 입력이 들어오면 키보드에서 호스트로 키의 입력에 해당하는 데이터가 전달되는데 이것이 비정기적으로 발생하므로 이를 쉽게 처리하기 위하여 읽기 블록에서는 데이터가 입력되면 인터럽트 신호를 발생시킨다. 또한 Core-A와의 연결은 APB 연결을 지원하고 있어 AMBA BUS와의 연결을 위한 별도의 로직이 필요 없다.

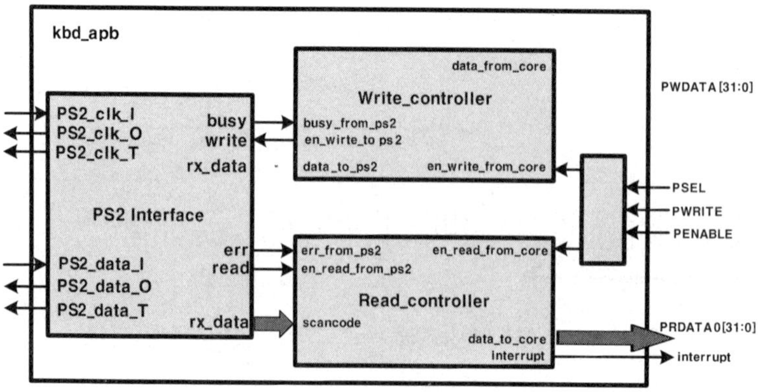

그림 9-9 키보드 제어 모듈 구조

쓰기 컨트롤러의 경우 PS2의 상태만을 확인한 이후 전달된 쓰기 데이터를 넘기는 구조로 간단히 구성되어 있다. 반면 읽기 컨트롤러는 PS2에서 전달되는 데이터를 수신한 이후 인터럽트를 알리고 수신한 스캔코드를 메인 코드에서 인식하기 쉬운 형태 즉, 문자의 경우 ASCII 코드로 특수키의 경우 자체 레지스터를 설정하여 코어에서 별도의 노력없이 해당 키 값을 구분 가능하도록 구성되어 있다. 사실 이 부분은 키보드 종류에 따라서 특수키가 추가될 경우 대응하기 위해서는 제어 프로그램에서 진행하는 것이 적절한 것이 사실이지만 대다수의 PS/2 키보드가 일반적인 키만을 제공하는 것을 생각하면 빠른 분석이 가능한 장점이 될 수 있다. PS/2 인터페이스는 PS/2 규격의 타이밍에 맞추어 데이터를 읽고 쓰도록 구성되어 키보드에서 전달되는 데이터를 읽기 모듈로 전달하고 쓰기 모듈의 데이터를 키보드로 전달하고 있다.

9.2.2 마우스 제어 모듈 동작 소개

키보드와 같이 마우스 또한 주로 디바이스에서 호스트로 정보를 전송한다. 그 정보는 [그림 9-10]과 같은 3byte로 마우스 상태정보와 마우스의 X축으로의 움직임과 Y축으로의 움직임을 표현한다. 마우스의 상태로는 버튼 입력 여부와 뒤이어 올 움직임 크기의 sign 값 그리고 움직임의 크기의 overflow 여부로 구성되고 X,Y 축의 움직임은 8bit로 구성된 움직임의 절대 값을 전송한다.

	Bit 7	Bit 6	Bit 5	Bit 4	Bit 3	Bit 2	Bit 1	Bit 0
Byte 1	Y overflow	X overflow	Y sign bit	X sign bit	Always 1	Middle Btn	Right Btn	Left Btn
Byte 2	X movement							
Byte 3	Y movement							

그림 9-10 전송 데이터 구성

마우스의 동작은 키보드보다는 버튼이 작아 간단해 보이지만 위치정보의 전달방법을 생각하면 조금 복잡해진다. 단순히 버튼을 누르는 행위는 각각 1bit씩 할당하여 전달하면 눌러진 상태를 알리는 것은 간단하다. 남은 것은 이 마우스가 움직인 정보를 전달하는 것으로 이 부분은 설정할 내용이 많아 명령어의 구성이 키보드에 비하여 복잡하게 된다. 단순히 생각해보면 과연 얼마나 자주 마우스의 움직임을 전달할 것인지, 마우스의 움직임을 능동적으로 전달할 것인지 아니면 호스트에서 요청이 있을 때만 알릴 것인지 등 몇 가지 고려해야 할 부분들이 있을 것이다.

표 9-2 마우스 동작모드

mode	설명
Reset	마우스의 상태를 초기화하는 모드, 마우스 전원을 켜거나 set, reset mode(0xFF) 명령에 의해서 reset 모드로 들어감
Stream	마우스의 움직임과 버튼의 상태에 대한 정보를 마우스가 호스트로 주기적으로 보고하는 모드
Remote	Read Data 명령(0xEB)에 의해서만 자신의 움직임과 상태를 호스트에 보고하는 모드
Wrap	마우스가 호스트로부터 받은 모든 값을 호스트로 되돌려 보내는 모드

이러한 부분에 대응하기 위하여 PS/2 마우스에서는 [표 9-2]와 같이 reset, stream, remote, wrap 모드의 4가지 모드를 지원하여 모드에 따라 마우스에서 호스트로 전송하는 정보의 주기나 내용이 달라진다. 자세한 내용은 동작 모드와 명령어 표를 통하여 확인할 수 있다. PS/2 마우스에서 자주 사용되는 명령어들은 [표 9-3]을 통하여 확인할 수 있으며 마우스는 이러한 명령을 수신하면 acknowledge(0xFA), resend(0xFE), error(0xFC)를 호스트로 전달하고 명령에 따라서 추가 정보를 전달한다. 특히 마우스 상태를 요청하는 명령과 같이 추가 데이터를 요구하는 경우 [그림 9-11]과 같은 응답이 acknowledge에 이어 전달된다.

표 9-3 마우스 명령어

명령어	코드	기능
Reset	0xFF	reset mode로 전환
Disable data reporting	0xF5	stream모드에서 주기적인 마우스 정보전달을 멈추고 움직임 카운터를 초기화 함, remote 모드처럼 동작함
Enable data reporting	0xF4	stream 모드에서 주기적인 마우스 정보전달을 시작하고 움직임 카운터를 초기화 함
Set sample rate	0xF3	마우스의 샘플 주기를 변경하는 명령으로 초당 10, 20, 40, 60, 80, 100, 200 개의 샘플을 수신하도록 설정 가능
Get device ID	0xF2	마우스의 device ID를 호스트로 전달
Set remote mode	0xF0	remote 모드로 전환
Set wrap mode	0xEE	wrap 모드로 전환
Read data	0xEB	마우스에 저장된 움직임 정보를 호스트로 전달하고 움직임 카운터를 초기화 함
Set stream mode	0xEA	stream 모드로 전환
Status request	0xE9	마우스의 상태를 호스트로 전달

	Bit 7	Bit 6	Bit 5	Bit 4	Bit 3	Bit 2	Bit 1	Bit 0
Byte 1	Always 0	Mode	Enable	Scaling	Always 0	Left Btn	Middle Btn	Right Btn
Byte 2	Resolution							
Byte 3	Sample Rate							

Right, Middle, Left Btn = 1 if button pressed; 0 if button is not pressed.
Scaling = 1 if scaling is 2:1; 0 if scaling is 1:1 (see commands 0xE7 and 0xE6).
Enable = 1 if data reporting is enabled; 0 if data reporting is disabled (see commands 0xF5 and 0xF4).
Mode = 1 if remote mode is enabled; 0 if stream mode is enabled (see commands 0xF0 and 0xEA).

그림 9-11 마우스 상태 요청 명령 응답

마우스 제어 모듈은 [그림 9-12]와 같이 PS/2 인터페이스 모듈과 마우스 제어 모듈로 구성되어있다. 키보드와는 다르게 마우스의 경우 모드에 따라서 데이터가 주기적으로 전달되기도 하고 읽기 전에는 데이터를 보내지 않는 경우도 있으며 특히 쓰기 명령의 경우 acknowledge가 되돌아오기 때문에 제어 모듈이 키보드에 비하여 조금 복잡하여 쓰기와 읽기 모듈로 분리되지 않고 합쳐져 있다. 주기적인 신호를 전달하는 마우스의 정보를 분석하여 이전과 차이가 존재할 경우 Core-A에 알리기 위하여 마우스 역시 인터럽트 신호를 제공하고 있다.

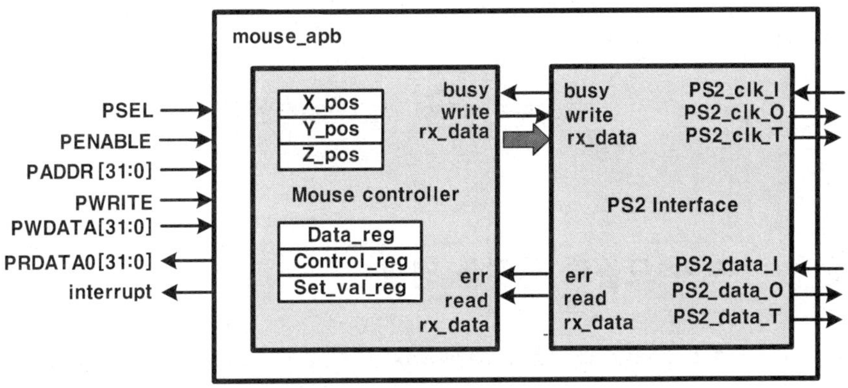

그림 9-12 마우스 제어 모듈 구조

마우스 컨트롤러는 APB 인터페이스를 제공하지는 않으나 간단한 구조로 되어있어 쉽게 APB의 신호에 맞추어 [코드 9-1]과 같이 연결이 가능하다. 이는 APB의 인터페이스의 조합이 다양한 형태를 지원할 수 있는 형태이기 때문이다. PADDR과 PSEL이 발생한 이후 다음 클럭에서 PENABLE 신호가 발생하므로 단일 클럭에 제어되는 모듈이거나 어드레스를 먼저 전달해야 하는 인터페이스이더라도 조합된 신호로써 필요한 타이밍의 입출력을 생성할 수 있다. 마우스 제어 모듈에서는 마우스로부터 수신되는 데이터를 합하여 마우스의 위치 정보를 절대위치로 읽을 수 있도록 합산된 결과를 저장하고 인터럽트를 발생시킨다. 이렇게 합산된 결과는 Core-A에서 바로 읽어 현재 마우스의 상태를 확인 가능하도록 하고 있다.

```
MouseController Umouse(
    .tx_data    (TX_DATA        ),
    .write      (WRITE          ),
    .data_o     (M_DR           ),
    .intr_o     (interrupt      ),
    .data_i     (M_DW           ),
    .addr_i     (M_ADDR[2]      ),
    .re_i       (M_RE           ),
    .we_i       (M_WE           ),
    .clk        (PCLK           ),
    .rst        (~PRESETn       ),
    .read       (READ           ),
    .err        (ERR            ),
    .rx_data    (RX_DATA        )
  );
assign M_RE   = ~PWRITE&PSEL&PENABLE&PRESETn;
assign M_WE   =  PWRITE&PSEL&PENABLE&PRESETn;
assign M_ADDR =  PADDR;
assign PRDATA =  (~PWRITE&PSEL) ? M_DR : 32'h0;
assign M_DW = PWDATA;
```

코드 9-1 APB에 맞춘 입출력 변환

9.3 제어 모듈의 플랫폼 연결

플랫폼 연결에 있어서 사전에 고려해야할 사항 중 하나가 AHB/APB 선택이지만 이미 느린 PS/2의 속도를 감안하여 키보드는 APB에 적합하다는 판단에 외부 인터페이스가 APB에 맞춰져 있고 마우스는 AHB/APB에 맞는 인터페이스가 아니지만 APB를 손쉽게 연결 가능한 구조를 가지고 있다.

따라서 다음으로 고민할 내용은 APB를 통한 연결을 위하여 메모리 맵을 할당하고 할당된 메모리 맵에 따라서 decoder에 값을 변경하는 것이다. 앞서 메모리 맵을 작성할 때 여유롭게 배치해둔 APB의 영역이므로 HSEL_4의 영역을 조절할 필요는 없다. 따라서 이미 PIC와 UART가 차지하고 있는 PSEL_0, PSEL_1을 제외한 PSEL_2, PSEL_3을 할당하면 된다. 메모리 공간은 앞서 UART와 PIC를 할당한 것처럼 0xC020_0000 ~ 0xC02F_FFFF를 마우스가 연결될 PSEL_2에 0xC030_0000 ~ 0xC03F_FFFF에는 키보드가 연결될 PSEL_3에 할당하였다.

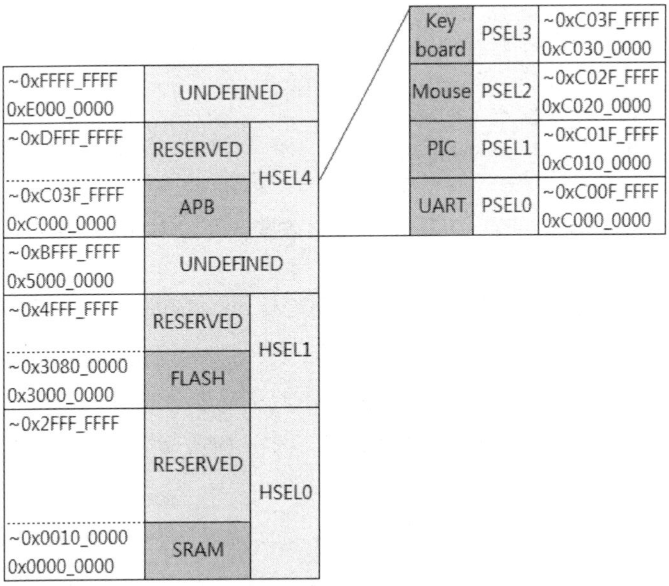

그림 9-13 수정된 메모리 맵

기능에 비하여 굉장히 넓은 영역이 할당되는 것에 의문이 들 것으로 생각된다. 이 부분은 두 가지 이유를 들 수 있는데, 첫 번째가 확장성이다. 현재 연결되는 키보드 제어 모듈은 수정 가능한 verilog 코드로 작성되어 있어 사용자가 생각하는 추가기능을 설계하여 이를 제어하기 위한 메모리 공간의 추가수요가 발생이 가능하다. 이러한 상황을 고려하면 조금 큰 사이즈는 그리 나쁜 선택이 아니다. 두 번째 이유는 AMBA버스의 하드웨어 디코더의 문제이다. 하드웨어 디코더는 메모리 공간을 매우 작게 설정할 경우 Core-A에서 접근하는 주소의 값의 제법 하위 비트까지 분석하여야 하나를 선택할 수 있다. 이는 개별 모듈을 선택하는데 필요한 딜레이를 키우고 다른 부분에 비하여 그리 큰 사이즈는 아니지만 디코더의 사이즈를 키워 약점이 될 수 있다. 이러한 이유로 메모리 공간이 크게 부족하지 않은 현재 상황에서는 적절히 넓은 영역을 할당하고 있다.


```
`define P_PSEL0_START 16'hC000
`define P_PSEL0_SIZE  16'h0010
`define P_PSEL1_START 16'hC010
`define P_PSEL1_SIZE  16'h0010
```

코드 9-2(1) APB decoder configure file(apb_config.v)

```
`define P_PSEL2_START 16'hC020
`define P_PSEL2_SIZE  16'h0010
`define P_PSEL3_START 16'hC030
`define P_PSEL3_SIZE  16'h0010
`define P_PSEL4_START 16'hC040
`define P_PSEL4_SIZE  16'h0010
`define P_PSEL5_START 16'hC050
`define P_PSEL5_SIZE  16'h0010
```

코드 9-2(2) APB decoder configure file(apb_config.v)

메모리 맵을 [그림 9-13]과 같이 수정함에 따라서 decoder의 내용을 수정해야 하지만 이미 해당 영역을 PSEL2와 PSEL3에 미리 할당한 상태에서 사용하지 않고 있는 상황이었으므로 별도의 apb_config.v([코드 9-2]) 파일의 수정은 없이 진행할 수 있다. 만약 각 모듈에 추가기능을 설계하여 필요 영역이 넓어지는 경우에는 해당 파일을 수정하여 새로운 메모리 맵에 맞추어야 한다.

이제 각 개별 모듈을 플랫폼에 연결하는 과정이 필요하다. 8장에서와 동일하게 APB에서 각 모듈을 선택하는 신호 PSEL_x는 앞의 메모리 맵에 맞추어 연결하고 각 모듈의 출력을 PRDATA_x에 연결하여 Core-A로 전달될 수 있도록 한다. 그리고 Core-A에서 전달되는 정보를 APB 규격에 맞추어 전환된 PRESETn, PCLK, PENABLE, PADDR, PWRITE, PWDATA 신호는 각 모듈에 연결하면 된다. 마우스와 키보드 제어 모듈의 연결을 [그림 9-14]와 [그림 9-15]에서 보여주고 있다. 여기에 마우스, 키보드 제어 모듈은 둘 다 인터럽트를 생성하므로 PIC에 추가로 2개를 연결하면 [그림 9-16]과 같이 구성된다.

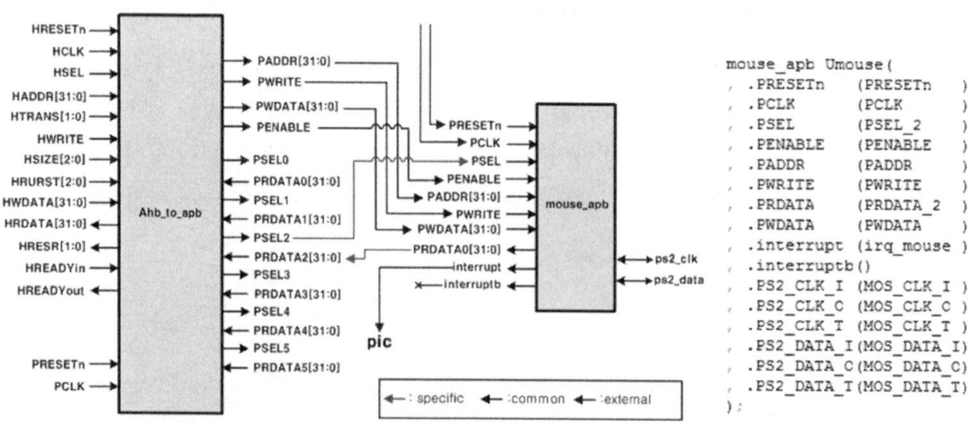

[Apb Bus와 mouse apb 연결도]

그림 9-14 마우스 제어 모듈 연결

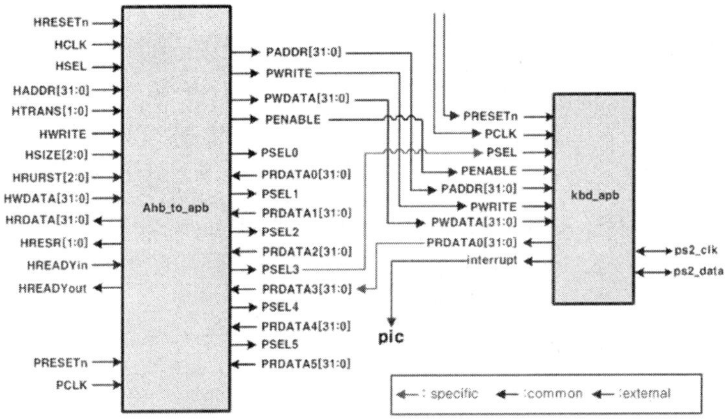


```
kbd_apb Ukbd(
  .RESETn    (PRESETn )
, .PCLK      (PCLK    )
, .PSEL      (PSEL_3  )
, .PENABLE   (PENABLE )
, .PADDR     (PADDR   )
, .PWRITE    (PWRITE  )
, .PRDATA    (PWDATA  )
, .PWDATA    (PRDATA_3)
, .interrupt (irq_kbd)
, .PS2_CLK_I (KBD_CLK_I)
, .PS2_CLK_C (KBD_CLK_C)
, .PS2_CLK_T (KBD_CLK_T)
, .PS2_DATA_I(KBD_DATA_I)
, .PS2_DATA_C(KBD_DATA_C)
, .PS2_DATA_T(KBD_DATA_T)
);
```

[Apb Bus와 kbd apb 연결도]

그림 9-15 키보드 제어 모듈 연결

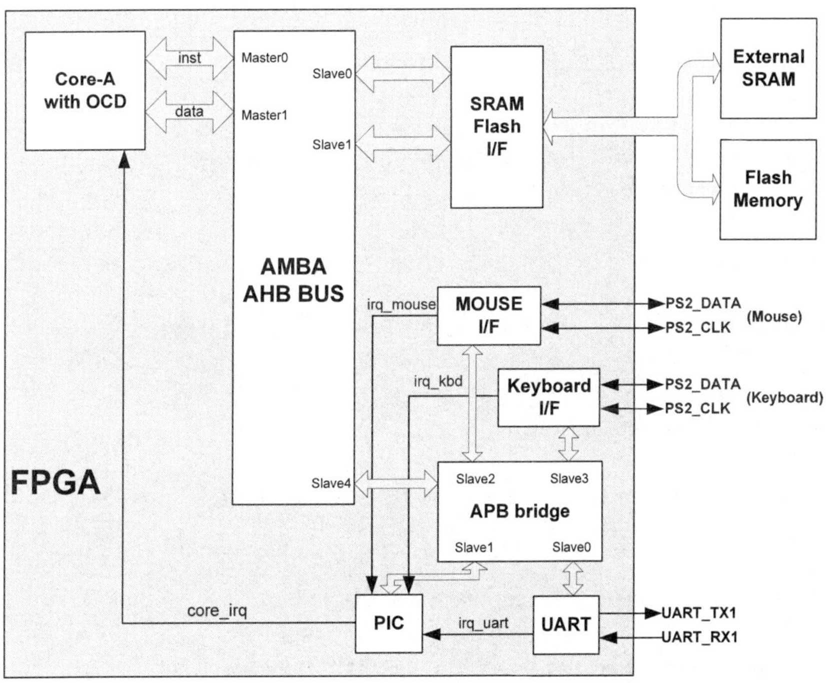

그림 9-16 수정된 전체 플랫폼

제 9 장

9.4 제어 프로그램 작성

제어 프로그램은 키보드와 마우스의 초기화를 위한 초기화 함수와 상태를 읽어 분석하는 상태 함수 그리고 키보드와 마우스에서 발생하는 인터럽트를 처리하는 함수로 구분된다. 초기화 함수와 상태 함수는 단순히 개별 모듈에 초기 값을 쓰고 상태 레지스터를 읽어 현 상황을 분석하는 함수로 프로그램 작성이 어렵지 않다.

9.4.1 키보드 제어 프로그램 작성

키보드 제어 프로그램은 9장에서와 마찬가지로 메모리 맵을 적용하기 위한 베이스 주소를 지정하고 초기화 함수에서는 리셋 명령을 키보드에 전달한다. 키보드에 명령을 전달하는 함수와 키 값을 읽는 함수는 간단히 해당 주소를 읽으면 된다. 이렇게 간단한 이유는 키보드 모듈에서 이미 키의 스캔 코드를 ASCII로 변환한 상태이기 때문이다. 키보드 제어 프로그램은 [코드 9-3]은 이와 같이 작성된다.

```
#define ADDR_KBD_START    0xC0300000
#define RESET_KBD 0xFF

void init_ps2_kbd()
{
  *((volatile unsigned int*)(ADDR_KBD_START))= RESET_KBD;
}

unsigned int kbd_get_data()
{
  return *((volatile unsigned int*)(ADDR_KBD_START));
}

void kbd_put_command(unsigned int command)
{
  *((volatile unsigned int*)(ADDR_KBD_START)) = command;
}
```

코드 9-3 키보드 제어 프로그램

9.4.2 마우스 제어 프로그램 작성

마우스 제어 프로그램도 키보드처럼 메모리 맵을 적용하기 위한 베이스 주소 값을 작성하고 내장 레지스터에 접근하기 위한 주소의 사전 정리를 [코드 9-4]와 같이 수행할 필요가 있다. 그리고 마우스의 값을 읽어오는 함수, 인터럽트를 설정하는 함수, 마우스의 범위를 설정하는 함수를 해당 레지스터를 바로 읽고 쓰는 것으로 [코드 9-5]와 같이 작성하였다.

```
#define ADDR_MOS_START 0xC0200000
#define MOS_CONTROL (ADDR_MOS_START+0x00)
#define MOS_DATA  (ADDR_MOS_START+0x04)
#define MOS_SETVALUE (ADDR_MOS_START+0x04)
```

코드 9-4 마우스 레지스터 주소

```
unsigned int mouse_get_data(void)
{
  return REGR(MOS_DATA);
}

void mouse_set_interrupt(unsigned int ie)
{
  REGR(MOS_CONTROL) = ie;
}

void  mouse_set_max(unsigned  int  xy,  unsigned  int  xvalue,  unsigned  int
yvalue)
{

  REGR(MOS_SETVALUE) = (xy | xvalue | yvalue << 10);
}
```

코드 9-5 마우스 제어 프로그램

9.4.3 키보드 마우스 인터럽트 제어 프로그램 작성

인터럽트 함수는 기본 제어 함수와는 다르게 앞선 8장에서 충분히 다루어지지 못하여 설명이 필요하다. 먼저 Core-A의 예외 벡터와 PIC의 동작에 대하여 앞에서 설명하였으므로 실질적인 인터럽트 발생 상황에 대하여 설명하겠다. 먼저 키보드에서 인터럽트가 발생하는 경우를 따져보면 키가 눌러져서 이에 대한 정보가 키보드 컨트롤러에 전달된 이후 이를 Core-A에 알리기 위해 키보드 컨트롤러에서 인터럽트를 발생시켰으며 이는 PIC에 전달되었다. PIC에서 키보드 인터럽트 핀에 대하여 허가를 해 두었다면 이 인터럽트는 Core-A 인터럽트 핀에 의하여 Core-A에 알려졌을 것이다. Core-A는 예외 벡터에 따라서 기존의 일을 중단하고 인터럽트를 처리하는 함수를 실행하게 된다. 이 같은 경우 인터럽트 처리 함수에서는 인터럽트의 종류를 구분하고 해당 함수를 실행하고 결과를 확인 후 PIC의 인터럽트에 대한 레지스터를 초기화 한다. 그 이후 Core-A는 기존의 프로그램 수행 상태로 되돌아 갈 것이다. 여기까지의 내용이 8장에서 설명한 내용이다.

```
void ext_interrupt(uint32_t irq){
unsigned int ch, int_status, error,tmp;
error = 0;
int_status=*((volatile unsigned int *) (ADDR_PIC_START + PIC_PENDING));
if((int_status&0x04)==0x04) { //keyboard
  tmp=0;
  tmp=kbd_get_data();
  decoding(tmp);
  int_status=int_status&0x0B;
  *((volatile unsigned int *)(ADDR_PIC_START+PIC_PENDING ))=0x4;
 }
else if((int_status&0x02)==0x02) { //mouse
  tmp=0;
  tmp = (unsigned int)mouse_get_data();
  mouse_display_status(tmp);
  int_status=int_status&0x0D;
  *((volatile unsigned int *) (ADDR_PIC_START+PIC_PENDING ))=0x2;
}
else if((int_status&0x01)==0x01) {
  ch = uart_get_char();
  if ((ch&0xFF)=='\n') { uart_put_char('\r'); }
  if ((ch&0xFF)=='\r') { uart_put_char('\n'); }
  uart_put_char(ch);
  int_status=int_status&0x0E;
  *((volatile unsigned int *)(ADDR_PIC_START+PIC_PENDING ))=0x1;
}
else
  error = 1;
}
```

코드 9-6 수정된 인터럽트 처리 함수

8장의 내용에서 언급되지 않은 부분은 실제 인터럽트를 생성한 모듈의 인터럽트 신호 발생 이후의 동작이다. 인터페이스에 따라서 일부모듈은 인터럽트 신호를 잠시 high로 바꾼 이후 일정시간이 지나면 low로 떨어뜨리는 순간적인 신호를 발생시키거나 인터럽트 관련 레지스터를 초기화할 때까지 신호를 high로 유지하기도 한다. 이러한 배경에서 실행되는 키보드나 마우스의 인터럽트 처리 함수는 인터럽트가 요청하는 동작을 수행하고 관련 상태 레지스터를 초기화하여 인터럽트가 처리되었음을 해당 모듈에 알려주어야 하는지 알 필요가 있다. 이와 같은 내용을 [코드 9-6]의 인터럽트 함수에서 확인해 보자. 인터럽트의 내용을 PIC의

PIC_PENDING 레지스터를 읽어 int_status에 저장하여 인터럽트 상태를 불러왔다. 인터럽트의 종류를 확인하는 if 구문을 통하여 키보드, 마우스 그리고 UART 인터럽트를 구분하고 있다. 그리고 각 제어 모듈에 맞추어 인터럽트 제어 동작을 수행 후 다시 PIC_PENDING에 각 인터럽트에 해당하는 비트를 초기화 해주는 것을 확인할 수 있다. 이를 통하여 앞서 설명한 내용이 그대로 반영됨을 알 수 있다.

```
always @ (posedge clk )
  if (rst == 1'b1)
     ps <= s0;
  else
     ps <= ns;

always @ *
  case (ps)
    s0 : if ( en_read_from_ps2 == 1'b1 )
          ns <= s1;
          else
          ns <= s0;
    s1 : if ( Send == 1'b1 )
          ns <= s2;
          else
          ns <= s0;
    s2 : ns <= s0;
    default : ns <= s0;
  endcase

always @ (posedge clk )
    if(rst == 1'b1) begin
          interrupt <= 1'b0;
          PollCheck <= 1'b0;
    end
    else if( ps == s2 ) begin
          interrupt <= 1'b1;
          PollCheck <= 1'b1;
    end
    else begin
          interrupt <= 1'b0;
          PollCheck <= PollCheck & (~en_read_from_core);
    end
```

코드 9-7 키보드 읽기 모듈의 인터럽트 발생 부분

키보드와 마우스의 인터럽트를 조금 더 살펴보면 키보드는 인터럽트가 발생한 원인인 입력된 데이터를 Core-A에서 읽어 이를 분석하는 것으로 인터럽트에 대한 대응을 수행한다.

이때 실행되는 kbd_get_data 함수와 decoding 함수 중 decoding 함수의 경우 키보드에서 읽은 값을 분석하는 함수로 키보드 제어 모듈에 대한 접근이 이루어지지 않는다. kbd_get_data에서는 단순히 읽기 동작을 할 뿐 앞서 설명한 키보드의 인터럽트 관련 레지스터를 초기화 하는 부분이 보이지 않는다. 그 이유는 [코드 9-7]의 키보드 제어 모듈의 verilog 코드에서 인터럽트가 잠시 발생 후 사라지는 형태로 별도의 초기화 방법이 없는 것에서 알 수 있을 것이다. 잠시 분석하면 인터럽트는 ps가 s2일 때 발생했다가 s2가 아닐 경우 초기화된다. 그런데 이 s2의 경우 다른 조건 없이 다시 s0로 변하도록 코드가 작성되어 있다. 즉 별도의 초기화 방법은 없으며 잠시 발생 후 사라지는 인터럽트 신호임을 알 수 있다.

마우스의 경우에도 역시나 마우스에서 입력되는 주기적인 입력을 읽어 현재 마우스의 상태를 확인하는 것을 볼 수 있다. 역시 마우스의 데이터를 읽어오는 mouse_get_data와 마우스의 상태를 보여주는 mouse_display_status를 실행하는 가운데 mouse_display_status는 단순히 읽어온 값을 분석하여 보여주는 함수로 인터럽트 제어와는 무관하다. mouse_get_data에 인터럽트 제어와는 무관한 것을 생각하면 키보드와 비슷한 상황을 예상할 수 있다. 마우스 제어 모듈에서 [코드 9-8]의 인터럽트를 제어하는 부분에서 분명 인터럽트를 초기화 하는 부분이 있는 것을 알 수 있지만 인터럽트를 생성하는 new_event 신호가 잠시 HIGH가 되었다가 LOW로 변화하는 신호로 키보드와 같이 별도로 초기화 할 필요가 없다.

```
always @ (posedge clk or posedge rst) begin
        if (rst == 1'b1)  begin
           ip <= 1'b0;
        end
        else begin
           if (we_i&(addr_i==1'b0))
                ip <= data_i[1];
           else
                ip <= (ie&new_event);
        end
end
```

코드 9-8 마우스 제어 모듈의 인터럽트 발생 부분

이렇게 준비된 키보드와 마우스 초기화 함수와 앞서 설계한 UART 제어 함수를 통합하여 키보드 마우스를 초기화하고 외부의 입력을 기다리는 간단한 메인 함수를 작성하여 보자. 먼저 초기화 대상은 내부 상태를 외부로 알리기 위한 UART, 내부 인터럽트를 제어하는 PIC 그리고 키보드와 마우스가 있겠다. 초기화를 수행한 이후 Core-A가 외부의 인터럽트를 적절히 받을 수 있도록 마우스의 인터럽트를 활성화하고 Core-A가 인터럽트를 수신할 수 있도록 'IEN'이라는 어셈블리 명령어를 수행한다. 이 'IEN' 명령은 Core-A의 외부 인터럽트의 입력

을 제한하는 내부 마스크를 해제하는 명령으로 이 명령이 'ResetHandler'에서 실행이 되거나 메인에서 실행되지 않는다면 Core-A는 초기 값으로 마스크를 설정하고 있어 인터럽트에 반응하지 않는다. 이후 Core-A는 특별히 동작해야할 동작이 없으므로 외부 키보드 마우스의 입력을 기다리며 기다리도록 무한루프를 실행시킨다. 이와 같은 내용을 [코드 9-9]의 프로그램 코드를 통해 확인할 수 있다.

```
int main()
{
        int i;
        unsigned int int_status;
        unsigned int tmp;
        uart_init(UART_BAUD, UART_FREQ);
        uart_put_string("uart init\r\n");
        init_interrupt();
        init_ps2_kbd();
        init_ps2_mouse();
        mouse_set_interrupt(1);

        __asm__ ( "IEN" );   //Core-A interrupt enable

        while(1) {
                for(i=0;i<100;i++);
        }
        return 0;
}
```

코드 9-9 제어프로그램 메인 함수

9.5 보드 검증

9.5.1 보드 검증을 위한 로직 합성

보드를 통한 검증은 시뮬레이션을 통한 검증과는 조금 다른 점이 있다. 가장 큰 차이는 시뮬레이션 모델을 통하여 검증되던 로직을 FPGA에 내장된 미리 설계된 로직으로 대체하여 구동하는 것으로 이를 위해서는 각 FPGA 제작사의 프로그램을 통하여 설계한 로직을 합성 배치 연결의 3단계를 거쳐야 한다.

합성은 우리가 설계한 RTL 코드를 게이트 수준으로 변환하는 것을 말하는데 쉽게 설명하면 우리가 설계한 RTL 코드는 [그림 9-17]과 같이 두 개의 입력의 합을 구하기 위해서 '+'기호로 그 합의 의미를 알렸고 시뮬레이터는 이를 더하기 기능으로 분석하여 입력이 변화하면 새로운 더한 결과를 출력으로 설정하는 형태로 동작하였다.

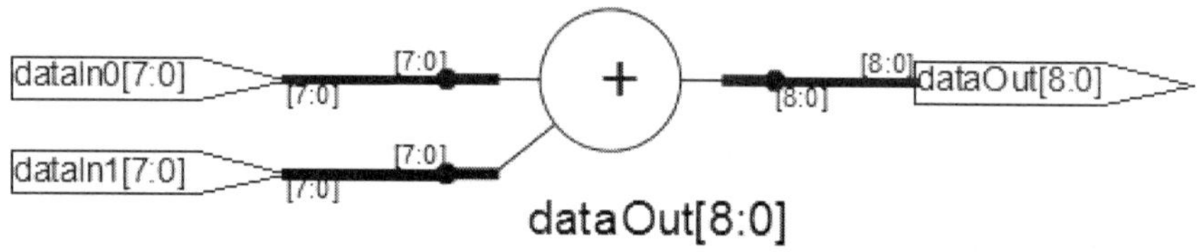

그림 9-17 합성이전 상태

합성 단계에서는 실질적으로 이러한 더하기 기능을 구현하기 위하여 라이브러리에 등록되어 있는 로직 모듈을 조합하여 덧셈기능이 가능한 로직, 즉 adder를 [그림 9-18]과 같이 구현하는 것이다. 이 adder는 실질적인 2개의 입력을 가진 XOR gate, AND gate 등의 조합이거나 FPGA에서 제공하는 1bit adder 모듈의 조합일 수도 있다. 이것은 FPGA에서 제공하는 라이브러리에 저장된 모듈의 조합 중 가장 사용자의 요구에 적합한 형태를 비교하여 선정한 결과물이다.

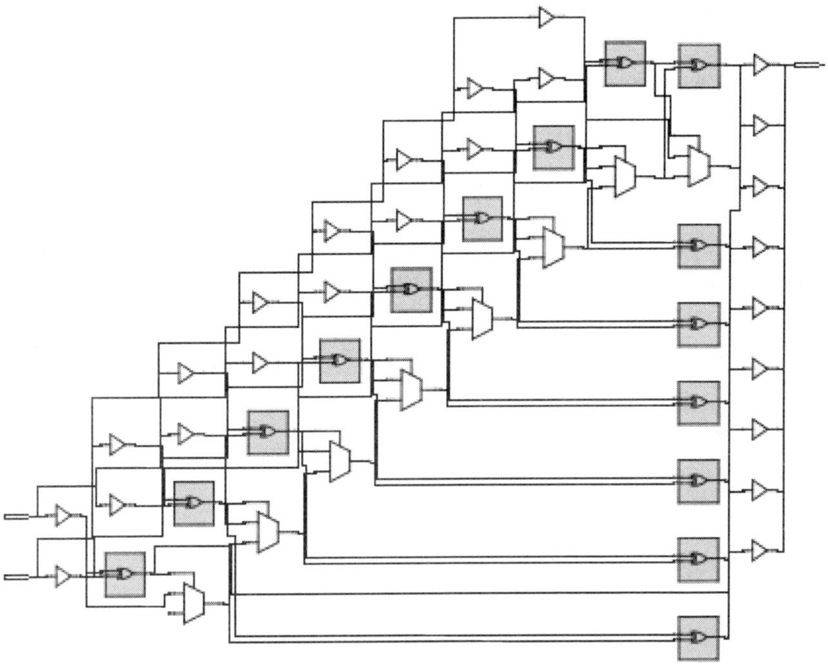

그림 9-18 합성이후 상태

합성된 로직은 단순한 가상의 선으로 연결된 게이트들로 이러한 게이트들은 이후 실제 금속 라인으로 바뀔 가상의 선을 고려하여 잘 배치되어야 한다. 이때 연결될 로직간의 간격이 무조건 가까운 것만으로는 해결되기 어려운 문제들이 존재하는데 특정 지역에 높은 클럭에서 동작하는 로직이 밀집할 경우 해당 영역에서 소비하는 전력을 칩의 입장에서 공급하기 어려울 수 있으며 그때 발생하는 열이 매우 높아 칩에 치명적인 손상을 입힐 수 있다. 이러한 모든 것을 감안하여 각 모듈의 가상의 선들은 실질적인 금속선으로 변하여 최대한 짧게 그리고 충분한 간격을 띄워 배치된다. 이러한 과정을 배치와 연결의 단계로 흔히 영어로 P&R(place and route) 단계로 불린다.

디지털 로직들은 그 게이트 수가 수십만 게이트에서 수백만 게이트로 합성 단계에서 하나하나 사용자가 변환하거나 각 개별 게이트를 수동으로 배치하고 연결을 하나하나 조절하는 것은 무리이다. 따라서 이를 프로그램에서 알고리즘에 따라서 합성, 배치 연결을 수행한다. 이때 프로그램의 알고리즘에서 좀 더 나은 결과물에 대한 판단기준을 사용자가 제시해야 좋은 결과를 이끌어 낼 수 있다. 이 판단 기준은 로직의 동작 클럭과 입출력의 위치 그리고 입출력의 외부 딜레이 등으로 프로그램에서 수용하는 포맷에 따라 제공해야 한다.

Project Settings

Property Name	Value
Top-Level Source Type	HDL
Evaluation Development Board	None Specified
Product Category	All
Family	Virtex4
Device	XC4VLX40
Package	FF668
Speed	-10
Synthesis Tool	XST (VHDL/Verilog)
Simulator	ISim (VHDL/Verilog)
Preferred Language	Verilog
Property Specification in Project File	Store all values
Manual Compile Order	☐
VHDL Source Analysis Standard	VHDL-93
Enable Message Filtering	☐

그림 9-19 ISE project settings

이 책에서는 'XILINX Virtex 4' FPGA를 사용하는 보드에서 검증하는 것을 간단히 시연하도록 하겠다. 미리 설계한 로직을 프로그램을 통해 합성하고 배치하고 연결하기 위해서는 프로그램에 공정 정보를 전달해야 한다. 이 공정 정보의 예를 들자면 2bit and 게이트가 있다고 가정할 때 입력이 바뀔 때 출력이 바뀌는데 걸리는 시간이 얼마인지 그리고 그 로직이 차지하는 공간은 어느 정도인지 출력에 연결된 선의 capacitance 값의 총량에 따른 출력 상승/하강 시간은 얼마인지 등을 말한다. 이러한 정보는 FPGA를 제작한 회사에서만 알 수 있는 정보로 사용자들은 직접 구할 수 없는 정보이다. 이정보는 대부분의 FPGA 제작회사의 자체 프로그램에 내장되어 있어 [그림 9-19]와 같이 사용하는 FPGA의 종류와 모델명 패키지 정보 등을 프로젝트 생성단계에서 알려주면 된다.

여기에 추가로 필요한 정보는 외부 입출력 딜레이 정보와 내부 클럭의 주파수 정보 등으로 XILINX에서는 [코드 9-10]과 같은 .ucf 파일을 받아 그 정보를 프로젝트에 적용한다. 이 파일에서는 필수적으로 필요한 정보인 클럭정보와 입출력 핀의 위치 정보를 포함하고 있다. 클럭정보는 내부 로직의 최적화 여부를 판별하기 위한 최소 정보이며 입출력 핀 정보의 경우 연결하여야 하는 정확한 라인의 길이를 확인할 수 있어 외부와의 연결을 고려하도록 하고 있다.

```
####################################################
## Oscilator clock
####################################################
```

코드 9-10(1) UCF 파일 샘플

```
NET "CLOCK" TNM_NET=FFS CLOCK;
TIMESPEC TS_CLOCK=PERIOD "CLOCK" 20ns HIGH 50%;
NET "CLOCK" CLOCK_DEDICATED_ROUTE = FALSE;
################################################
## SRAM FLASH Signal
################################################
NET "SRAM_CLK"              LOC = A17;
NET "SRAM_CE1B"      LOC = H26;
NET "SRAM_MODE"     LOC = P22;
NET "SRAM_ZZ"        LOC = E22;
NET "SRAM_BWS[0]"   LOC = G25;
NET "SRAM_BWS[1]"   LOC = F26;
NET "SRAM_BWS[2]"   LOC = H25;
NET "SRAM_BWS[3]"   LOC = G26;
NET "SRAM_ADV_LB"  LOC = E26;
...
```

코드 9-10(2) UCF 파일 샘플

이러한 기본정보를 바탕으로 합성 배치 연결 등의 과정을 실행시키면 프로그램에서 자동으로 진행하면서 중간 결과 파일을 프로그램에서 [그림 9-20]과 같이 자동으로 넘겨받아 다음 단계로 진행되어 최종 결과로 "programming file"을 생성한다. FPGA에서는 앞에서 예를 든 파워 문제나 발열 문제 등은 사실 크게 고려되지 않아 상당히 빠른 시간에 결과물을 볼 수 있다. 이러한 문제들을 크게 고려하지 않는 이유는 이미 FPGA가 설계되어 테스트 되는 과정에서 고려되어 그러한 문제가 적게 발생하도록 제작되었기 때문이다. 이러한 과정이 없는 순수한 실리콘 칩을 제작하는 경우에는 이러한 부분을 다양한 프로그램의 도움을 받아 미리 문제가 될 부분을 예측하여 수정하는 과정이 필요하므로 상당한 시간이 소모된다.

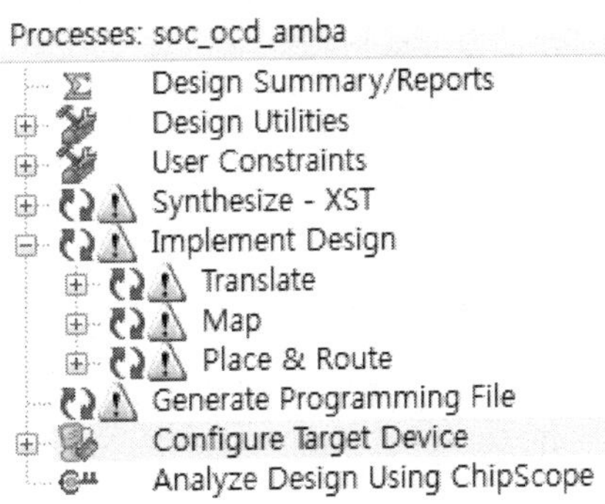

그림 9-20 programming file 생성

9.5.2 플랫폼 보드 다운로드를 통한 동작 검증

합성을 통하여 생성된 파일은 보드에 FPGA 제작회사 JTAG에 호환되는 다운로드 케이블을 통하여 다운로드 된다. 이렇게 다운로드 된 파일은 실제 로직 게이트와 동일한 환경 즉 전기적인 신호에 의해서 로직이 동작하게 된다. 이러한 환경에서 실제 모듈과의 연결과 동작을 검증하여 설계한 로직의 오류를 검증하는 과정을 FPGA 수준의 로직 검증이라고 한다.

그림 9-21 FPGA JTAG 호환 케이블을 통한 programming file 다운로드

테스트용 보드가 [그림 9-21]과 같이 준비된 상황에서 이제 필요한 것은 키보드 마우스 제어 프로그램을 보드에 다운로드 하고 이에 따른 동작 수행을 확인 하는 것이 될 것이다. Core-A debugger의 사용방법에 대하여 설명되었던 내용에서 간단히 RDA 부분을 떠올려 보자. RDA는 PC의 소프트웨어 디버거인 GDB의 명령을 Core-A의 내장 디버거가 받아들일 수 있는 JTAG 신호로 변환해주는 기능을 수행한다. 이 기능을 사용하여 Core-A 보드를 PC에서 프로그램을 SRAM에 전달하거나, 저장된 값을 읽어 오거나 내부 레지스터를 읽는 등의 동작을 수행할 수 있다. RDA를 [그림 9-22]와 같이 연결한 경우 ISS와의 차이점은 대상이 실행할 프로그램을 가지고 있지 않기 때문에 이를 전달이 필요하며 Core-A debugger의 hardware breakpoint를 사용할지 software breakpoint를 사용할지 등을 설정이 필요하다. 이를 실행하기 위해 GDB의 startup run commands에 필요한 명령을 [그림 9-23]과 같이 작성해야 한다.

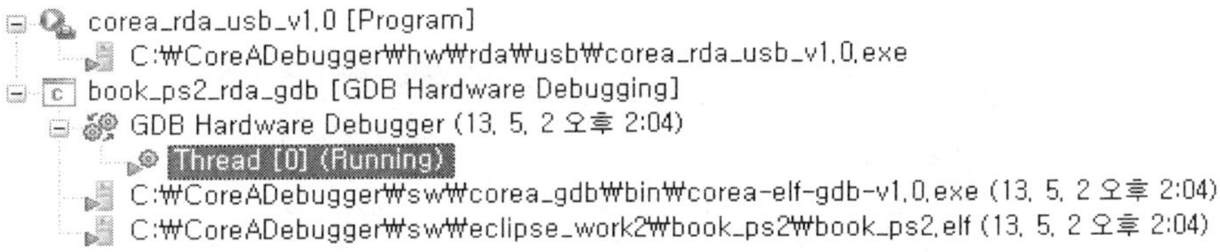

그림 9-22 RDA를 통한 Core-A 보드 연결

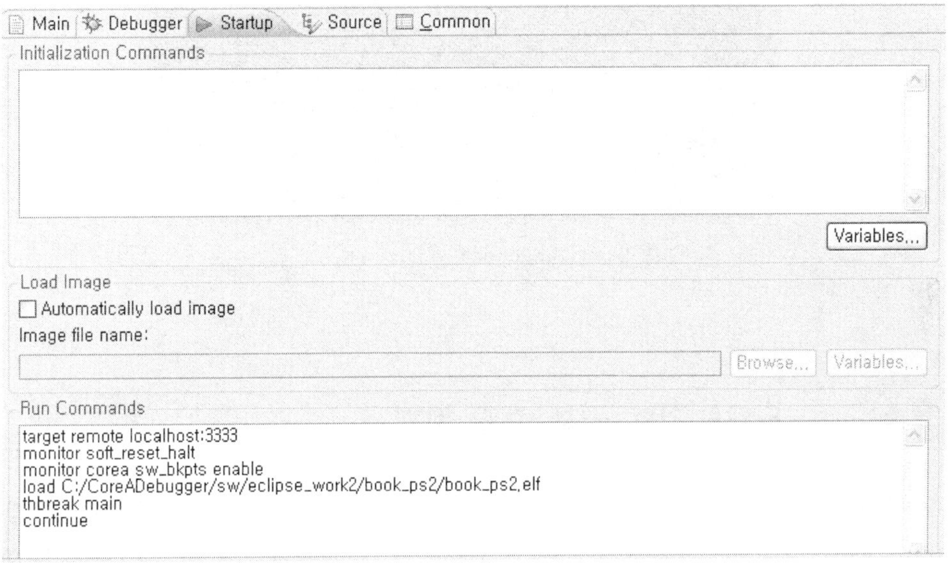

그림 9-23 GDB startup run commands

RDA를 통하여 보드에 프로그램이 잘 전달되고 나면 [그림 9-23]에서 설정한 명령에 따라서 main 함수에서 정지한다. 이후 프로그램에 설정된 breakpoint를 제거하고 run을 실행하면 보드에 연결된 키보드를 타이핑하거나 마우스를 클릭한 내용이 [그림 9-24]와 같이 UART를 통하여 확인할 수 있다. 실행한 실험 내용은 'k k k F1 F2 F3 F4 keyboard test'를 키보드를 통하여 타이핑하고 마우스를 조금 움직이고 좌우 버튼을 누르고 떼는 동작을 수행하였다.

키보드와 마우스의 변화에 따라서 UART에 표시됨을 볼 수 있다. 파형을 직접 볼 수 있는 시뮬레이터와는 달리 외부 모듈을 연결하여 테스트 하는 경우 시뮬레이터와는 다르게 내부의 움직임을 외부에서 볼 수가 없다. 직접적인 외부 입출력을 확인하기가 어려워 UART와 같은 미리 검증된 통신 방법을 이용하여 중간 결과를 PC에 전달하는 방법을 사용하고 있다. 하지만 FPGA 관련 프로그램의 발달로 FPGA 내부의 정보를 수집하는 방법이 요즘 많이 활용되고 있다.

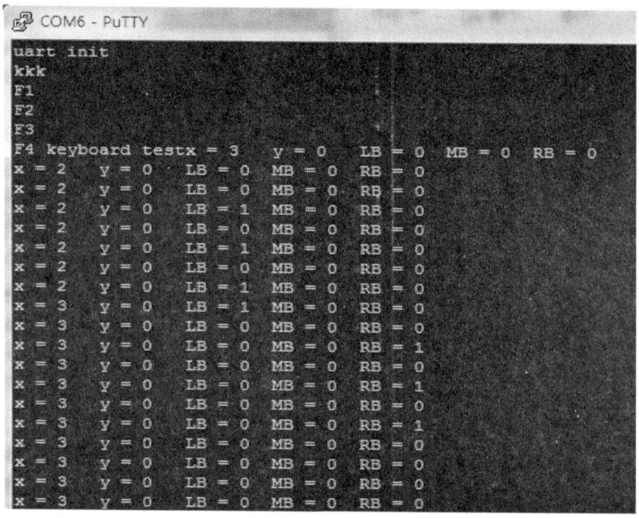

그림 9-24 keyboard, mouse 테스트 결과

9.6 FPGA 기반 정보 수집 방법

8장까지는 모든 검증을 시뮬레이터를 활용하여 진행하여 왔다. 이러한 시뮬레이션 환경에서의 검증은 로직의 크기와 시뮬레이션에 사용되는 모델이 실질적인 모델인가 기능적 모델인가에 따라서 많은 연산이 필요하여 시뮬레이션 자체가 오래 걸리기도 하지만 설계한 로직의 모든 정보를 확인할 수 있어 오류를 검출하기 쉽다. 다만 이를 위해서는 외부에 연결되는 로직을 대신할 시뮬레이션 모델이 필요한데 이를 제공하는 경우도 있지만 제공하지 않는 경우도 많다. 이 같은 경우 가장 쉽게 적용 가능한 것이 간단한 시뮬레이션을 통하여 기본적인 제어동작을 검증한 이후 FPGA보드를 활용하여 실질 모듈과의 연결을 수행하는 과정에서 검증을 수행한다. 물론 시뮬레이션 모델을 통하여 검증한 경우에도 보드 수준의 검증을 수행하나 보통 기능적인 세세한 부분을 시뮬레이션 단계에서 검증한 이후이므로 실질적인 동작을 수행하여 최종 검증하는 수준이다.

이 장에서 소개하고자 하는 내용은 보드의 FPGA에 구현된 시스템이 실제 모듈들과 연결되어 구동되는 상황에서 시뮬레이션과 같이 일부 신호를 시간의 흐름에 따라 확인하는 방법이다. FPGA는 상당한 크기의 내부 메모리와 설계에 따라 변환이 가능한 로직과 일부 아날로그 로직을 내장하고 있다. 이중 내부 메모리와 가변 로직의 경우 설계에 따라서 미사용량이 상당부분 되는 것이 일반적인 경우이다. FPGA 회사에서는 이러한 여유 용량에 사용자의 로직의 성능에 적은 영향을 주는 모니터링 로직을 추가하는 프로그램들을 제공한다. XILINX의 chipscope와 Altera의 signaltrap 등이 그러한 프로그램으로 기본적인 개념은 동일하다.

Synopsys의 identify의 경우 다양한 회사의 FPGA를 지원하며 좀 더 복합적인 방법도 지원한다.

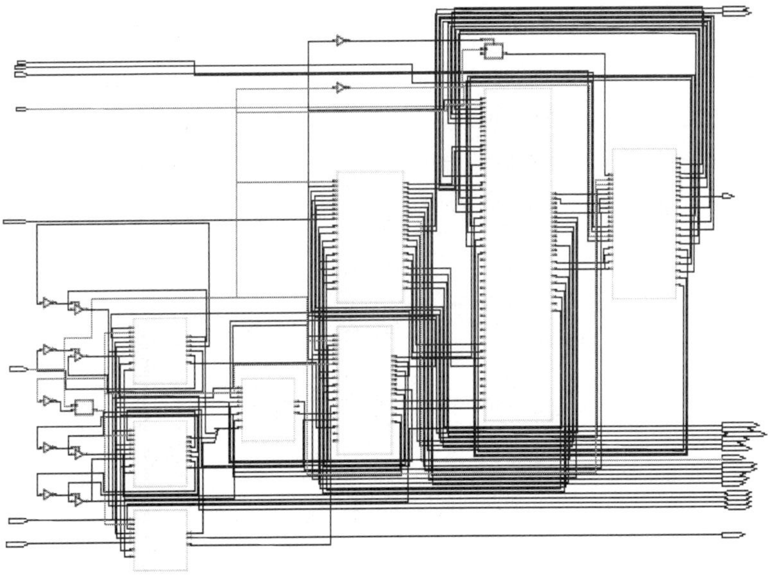

그림 9-25 FPGA 신호 검출 로직 추가 전

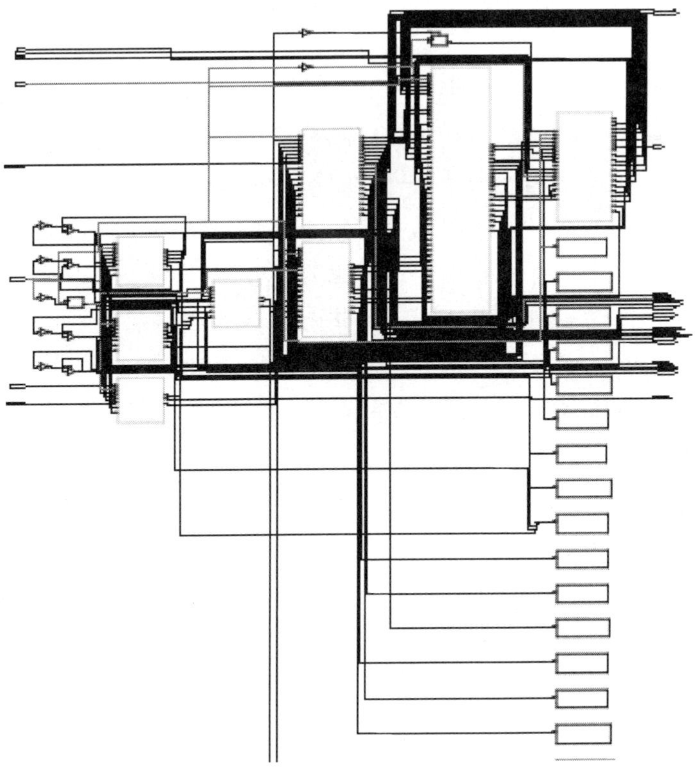

그림 9-26 FPGA 신호 검출 로직 추가 후

플랫폼 시스템을 합성한 결과물은 [그림 9-25]을 통해 세부 블록의 내용은 알 수 없으나 개별 모듈들이 많은 신호들로 상호 연결되어있음을 알 수 있다. 여기에 내부 신호들을 추출하기 위하여 모니터링 로직을 프로그램들을 통하여 추가하게 되면 [그림 9-26]과 같이 기존 로직 옆에 작은 박스가 몇 개 생성된 것을 볼 수 있다. 이를 확대하면 [그림 9-27]과 같은데 FPGA 내부 신호를 입력받아 모니터링을 수행하도록 내부 신호를 입력받고 있는 것을 볼 수 있다. 이러한 모니터링 로직은 설계한 로직의 사이즈가 FPGA를 많이 점유한다면 많은 모니터링 로직을 추가할 수 없으므로 많은 정보를 얻을 수 없는 등의 단점도 존재한다.

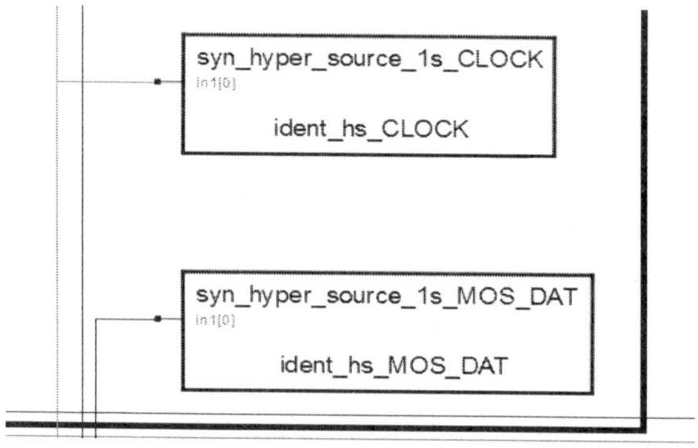

그림 9-27 FPGA에 추가된 신호 검출 로직

각 회사들의 툴은 사용법은 조금씩 다르지만 기본적인 구성은 비슷하다. 데이터를 샘플링하기 위한 참조 클럭을 설정하고 데이터 수집을 시작하거나 끝마칠 조건을 설정하기 위한 트리거 설정 그리고 설정된 구간에서 모니터링 할 신호 설정으로 이루어진다. 즉 보드에서 구현된 시스템이 트리거 설정에 만족하는 경우 해당 부분에서부터 일정구간 동안 모니터링 신호들의 값을 내부 메모리에 저장한 후 이를 보드에 연결된 케이블을 통해 PC로 전달한다. PC에서 파형을 뷰어를 통해 확인하여 의도한 파형이 그대로 반영된 상황인지를 확인하며 검증을 진행한다. 이러한 기능이 기존의 logic analyzer 기기와의 가장 큰 차이는 FPGA 내부의 신호도 동시에 모니터링 할 수 있다는 것이다. 예를 든다면 설계자의 실수로 제어 모듈에서 발생하는 인터럽트 신호가 PIC에 연결이 끊겨있다면 기존의 기기로는 외부 입력이 적절히 들어간 것만 확인되므로 오류를 찾기 어려우나 FPGA 내부에서 모니터링할 경우 외부 신호에 따라서 발생하는 인터럽트 신호가 PIC 레지스터에 설정되지 않은 것을 발견하고 쉽게 발견할 수 있을 것이다. 키보드의 PS/2 신호와 기타 관련 신호를 identify 툴을 사용하여 FPGA에서 수집하면 [그림 9-28]과 같은 파형이 나온다.

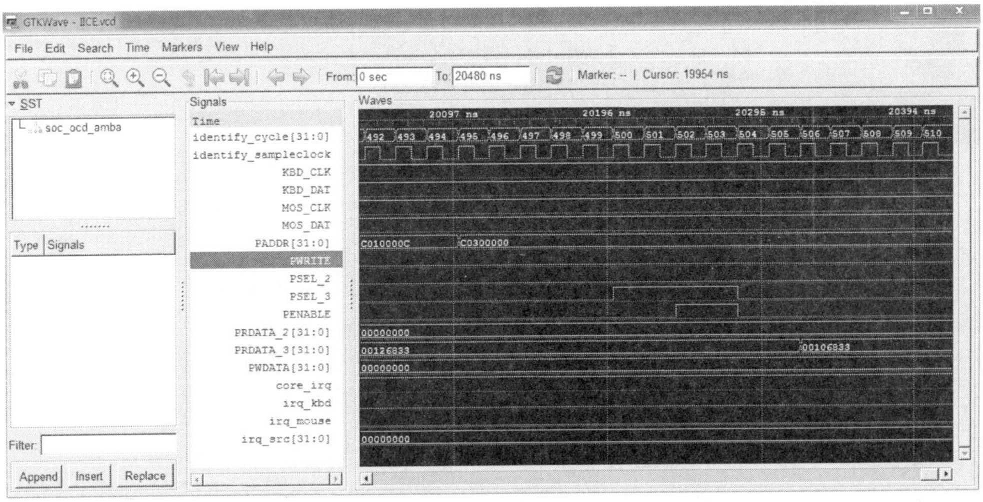

그림 9-28 identify를 통하여 FPGA에서 수집된 파형

외부에서 키보드가 입력되어 인터럽트가 발생한 상황의 파형을 [그림 9-28]을 통해 볼 수 있다. 파형을 보면 키보드와 마우스의 인터럽트 신호는 low로 신호가 내려가 있으나 PIC에 입력되어 core_irq신호를 high로 만들어 Core-A에 인터럽트 상황을 알리고 있다. 이에 앞에서 설명한 과정을 수행한 후 키보드의 인터럽트를 인지하고 키보드의 값을 읽고 있다.

9.7 실습

앞서와 달리 9장은 실습용 보드가 필요하며 보드에 따라서 사용되는 FPGA의 종류와 그 크기 및 속도 특성이 달라 이를 실습하기 위한 환경을 구축하기가 어렵다. 따라서 간단히 합성을 수행하여 보기 위한 XILINX ISE 프로젝트를 /synthesis 폴더에 생성하여 두었다. 'test.xise'를 더블클릭하여 ISE를 실행시켜 보자. 해당 파일은 ISE의 프로젝트 파일로 합성에 필요한 FPGA 정보와 설계한 verilog 파일 그리고 외부 입출력 정보에 해당하는 '.ucf' 파일을 포함하고 있어 합성만 수행하면 FPGA 보드에 다운로드 가능한 '.bit' 파일을 생성할 수 있다. 다만 1장에서 언급한 바와 같이 Core-A 코드의 경우 정식 절차를 밟아 수령하여 '/verilog/Core-A_AHB/' 폴더에 풀어넣어야 이번 실습에서 제공하는 프로젝트 파일을 사용할 수 있다. 일부 파일의 경우 파일 이름이 다를 수 있으므로 수정하여 사용하도록 하자.

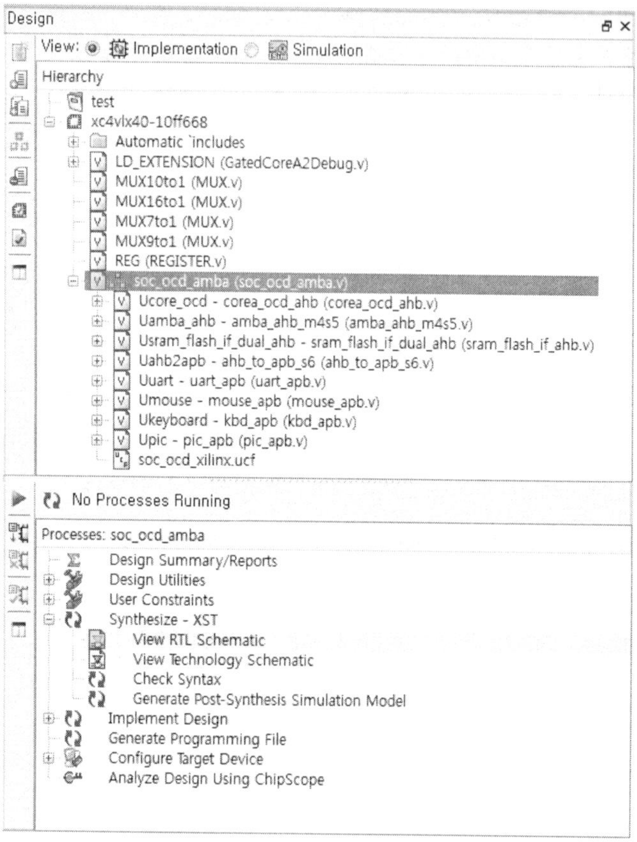

그림 9-29 ISE design 탭

실행 된 design 탭([그림 9-29])을 보면 'soc_ocd_amba' 모듈에서 불러오는 다양한 모듈들이 트리 구조를 이루어 표시되어 있어 프로젝트에 포함된 파일들을 확인할 수 있다. 이 디자인 탭에서 우클릭을 한 후 'design properties'를 클릭하면 프로젝트의 상세 설정부분을 [그림 9-30]과 같이 확인할 수 있는데 이 부분에서는 FPGA 칩의 종류와 스피드 옵션 등을 확인할 수 있다.

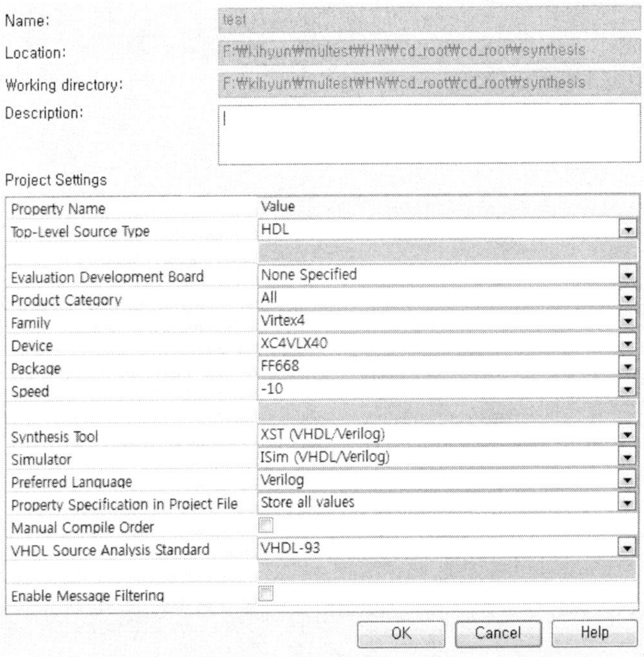

그림 9-30 design properties

이제 design 탭의 'Generate Programming File'을 더블 클릭하면 'Synthesize', 'Translate', 'MAP', 'Place & Route' 과정을 순서대로 실행된다. 이후 FPGA 다운로드용 '.bit' 파일이 생성되는 것을 마지막으로 합성과정이 완료된다. 'Design Summary/Reports'을 더블 클릭하면 디자인의 합성 결과에 대한 다양한 리포트를 제공하는 것을 볼 수 있다. 다양한 정보가 있지만 가장 쉽게 이해가능한 부분이 [그림 9-31]의 'device utilization summary'로 현재 사용하고 있는 FPGA가 보유하고 있는 로직의 용량에서 디자인을 합성하는데 사용된 로직의 사용량을 보여주고 있다.

Device Utilization Summary				
Logic Utilization	**Used**	**Available**	**Utilization**	**Note(s)**
Total Number Slice Registers	3,569	36,864	9%	
Number used as Flip Flops	3,568			
Number used as Latches	1			
Number of 4 input LUTs	7,465	36,864	20%	
Number of occupied Slices	4,682	18,432	25%	
Number of Slices containing only related logic	4,682	4,682	100%	
Number of Slices containing unrelated logic	0	4,682	0%	
Total Number of 4 input LUTs	7,602	36,864	20%	
Number used as logic	7,433			
Number used as a route-thru	137			
Number used for Dual Port RAMs	32			
Number of bonded IOBs	83	448	18%	
Number of BUFG/BUFGCTRLs	4	32	12%	
Number used as BUFGs	4			
Number of DSP48s	8	64	12%	
Average Fanout of Non-Clock Nets	3.83			

그림 9-31 device utilization summary

이렇게 합성된 로직의 실제 게이트 변환 결과는 'Tools -> Schematic viewer -> RTL'을 활용하여 [그림 9-32], [그림 9-33]의 화면을 통하여 확인할 수 있다. 설계한 로직이 어떤 게이트로 변화하는 지 확인해 보자. 이와 같은 과정을 통하여 간단히 합성 및 합성 후 결과물을 확인해 보았다. 각자 보유한 보드에 맞추어 '.ucf' 파일과 FPGA의 종류를 수정하여 합성하고 다운로드하여 테스트 해보도록 하자.

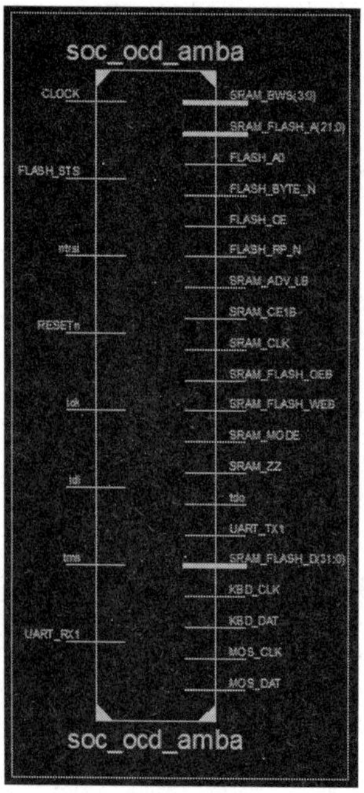

그림 9-32 Schematic viewer top

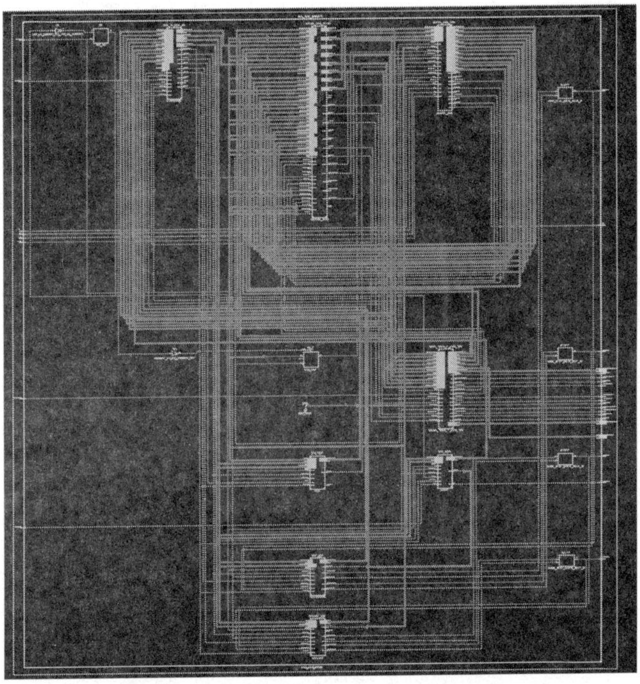

그림 9-33 Schematic viewer 세부 연결

제**10**장

플랫폼 Schematic 설계

10.1 플랫폼 Schematic 설계의 개념

지금까지 다룬 여러 내용을 통해서 우리는 프로세서 코어(Core)와 버스(Bus) 그리고 주변 장치(Peripheral)를 아우르는 SoC(System on a chip)를 설계하는 방법을 알아보았다. 또한 이렇게 설계된 하드웨어를 제어하기 위한 소프트웨어 역시 살펴보았다. 그러나 이처럼 설계된 하드웨어 칩과 소프트웨어 API가 존재한다고 해서 하나의 시스템이 완성되는 것은 아니다. 칩과 소프트웨어를 탑재하고 이들을 서로 연결시켜줄 기반이 있어야 한다. 이러한 역할을 하는 것이 바로 PCB(Printed Circuit Board)이다. 설계된 칩과 소프트웨어가 PCB에 탑재되고 서로가 유기적으로 연결이 되었을 때 비로소 하나의 완성된 시스템이라 부를 수 있으며, 이 시스템은 또 다른 말로 플랫폼(Platform)이라 표현될 수 있다. 다만 PCB에는 단순히 앞서 설계한 SoC 칩과 소프트웨어만 탑재되는 것은 아니며, 시스템의 구성에 필수적으로 필요한 부가 요소들이 많이 필요하다. 여기서 말하는 부가 요소라 함은 비단 눈에 보이는 형태의 부품 소자들만을 얘기하는 것은 아니며 복잡하고 다양한 회로 설계 기법들을 아우르는 개념이라고 할 수 있다. 따라서 이번 장에서는 앞서 설계한 SoC를 이용하여 회로를 꾸미고 전체 시스템을 완성하는 방법을 다루고자 한다. 이어지는 다음 절에서 시스템을 구성하는 각 요소를 나열하고 이들을 어떻게 구성할 것인지에 대해 알아볼 것이다.

10.2 기능 블록별 Schematic 설계

이번 장에서 설계할 회로는 이 책에서 다룬 플랫폼의 모든 기능을 탑재하도록 할 것이므로 다양한 기능 블록이 포함되어야 한다. 따라서 전체 회로도를 한 번에 작성하기에는 어려움이 따르므로 각 기능 블록으로 세분화하여 각각을 따로 설계하는 방식을 취하도록 한다.

10.2.1 전원 공급부

전자 부품이라 함은 전기로 인해 동작하는 것을 특징으로 하므로, 회로 전체에 필요한 전기를 공급하는 전원 공급부야말로 회로 설계에 있어서 가장 기본이자 핵심이라고 할 수 있다. 그렇기 때문에 전원 공급부를 설계하기 위해서는 고려해야할 사항들이 많고 전자 및 전기적인 폭넓은 이해를 요구하기도 한다. 최근에는 안정적이고 효율적인 전원부 설계를 돕기 위한 다양한 부품이 출시되어 있으므로 이를 잘 선택하여 간편하게 회로를 꾸밀 수도 있다. 잘 설계된 전원 공급부는 시스템 전체의 안정성 향상에 크게 기여하지만, 반대로 부실하게 설계된 전원 공급부는 당장 눈에 띄는 문제를 발생시키지는 않더라도 차후 매우 골치 아픈 상황을 야기하는 경우가 많다. 특히 불안정한 전원 시스템 설계로 인해서 시스템에 발생한 문제는 그 원인을 찾기가 매우 어렵고, 이를 해결하기 위한 디버깅 과정 역시 간단하지 않으므로 항상 신경을 써야 한다.

플랫폼 보드를 위한 전원 공급부는 시스템이 필요로 하는 충분한 용량의 전원을 공급할 수 있어야 한다. 만약 시스템이 5W 정도의 전력을 소비하는데, 전원 공급부의 용량이 이에 미치지 못한다면 제대로 된 설계라 할 수 없다. 따라서 설계자는 사전에 전체 시스템의 소비 전력을 예측하여 전원 공급부에 사용되는 각종 소자의 용량을 선정해야 한다. 특히 플랫폼 보드의 경우 상당히 다양한 전자 부품이 탑재되는 관계로 여기에 사용되는 전압 역시 한 가지가 아니다. 일반적으로 5V, 3.3V, 2.5V, 1.2V 정도의 전압이 사용되며 이들 각각에 대한 전원 공급부가 따로 설계되어야 한다. 역시 이때에도 각 전압의 소비 전력을 예측하여 충분한 전원이 공급될 수 있도록 해야 한다.

다음으로 전원 공급부에 요구되는 중요한 사항은 안정성이다. 충분한 용량의 전원이 제공된다 하더라도, 여기에 고주파 잡음이나 일시적인 출렁임이 존재한다면 시스템이 불안정해지는 원인으로 작용한다. 전원의 안정성을 확보하기 위해 가장 널리 사용되는 방법은 [그림 10-1]과 같이 디커플링 캐패시터와 페라이트 비드를 적절히 사용하는 것이다. 페라이트 비드는 전원에 존재하는 고주파 잡음을 제거하는 기능을 한다. 디커플링 캐패시터는 부품 소자가 순간적으로 전원을 많이 소비할 때 발생할 수 있는 전원의 출렁임을 억제한다.

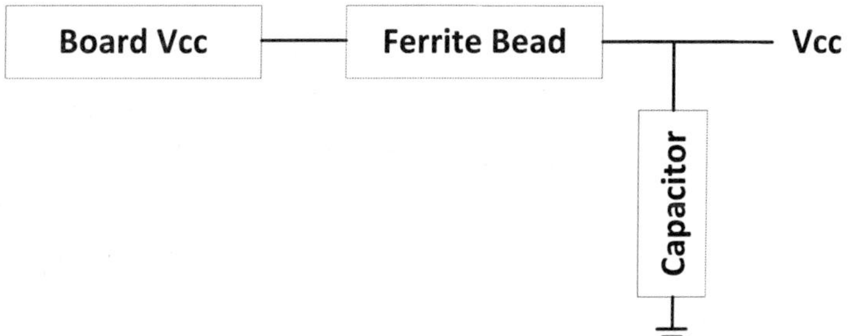

그림 10-1 디커플링 캐패시터 및 페라이트 비드

또한 전원 공급부의 설계는 다른 기능 블록 설계와 달리 단순히 회로도를 작성함으로 해서 마무리 되는 것이 아니다. 회로도는 각 부품 소자들 간의 연결성만을 표시하고 있으므로, 물리적인 특성 정보는 담아내지 못한다. 여기서 말하는 물리적 특성 정보라 함은 회로도 작성 이후, 실제 PCB 설계 단계에서 결정지어지는 배선의 길이, 두께, 모양 및 부품의 배치 등을 말한다. 전원 공급부는 다른 기능 블록과 달리 이러한 물리적 특성에 매우 민감하게 반응하므로 회로도 설계 과정을 마쳤더라도 차후 이어지는 PCB 설계 과정에서도 주의 깊게 다루어야 한다. 예를 들어, 회로도 작성 과정에서는 적절한 용량의 전원 소자를 선택하고 충분한 숫자의 커패시터와 인덕터를 사용하여 전원의 안정화를 꾀했다 하더라도 PCB 상에서 커패시

터와 인덕터의 위치가 터무니없는 곳에 배치되고, 배선의 길이가 너무 길어진다거나 두께가 매우 얇게 설계된다면 안정적인 전원 공급을 기대할 수 없다.

10.2.2 클럭 및 리셋

클럭과 리셋은 전원 공급부와 함께 회로 설계에 있어서 또 하나의 매우 중요한 요소이다. 특히 클럭 신호는 디지털 회로에서는 필수적인 요소이며 시스템의 안정성에 지대한 영향을 미치기 때문에 설계 과정에서 많은 주의를 요한다.

이 책에서 다루는 플랫폼을 구성하고 있는 대부분의 부품 소자들은 디지털 IC이며, 이들은 각각의 특성에 맞는 적절한 클럭 신호를 요구한다. FPGA 소자의 경우 내부에 프로그래밍된 로직을 구동시키기 위한 기준 클럭을 입력해주어야 하며, PROM, SRAM, Flash 등의 메모리 소자들 역시 정확한 타이밍의 데이터 전송을 위해서 클럭 신호를 입력해야 한다. 즉, 우리가 설계하고자 하는 플랫폼은 적어도 하나 이상의 클럭 신호가 필요하며 회로도 작성에 앞서 이들 신호를 미리 정리해 볼 필요가 있다.

우선 FPGA를 구동하는 클럭 신호가 있어야 한다. FPGA 내부에는 앞서 설계한 Core-A, AMBA 버스 및 각종 주변장치 IP를 포함하는 RTL 수준의 로직이 다운로드되어 있으며, 이들은 내부적으로 PLL 또는 분주기 회로를 통하여 생성된 적절한 클럭을 기준으로 동작한다. 그러나 PLL이나 분주기 회로는 기준이 되는 입력 클럭이 필요하므로 외부에서 발생된 클럭 신호를 입력해 줄 필요가 있다. FPGA는 외부에서 주어진 기준 클럭을 이용하여 내부의 PLL을 통해 시스템 설계자가 원하는 주파수의 클럭 신호를 다시 만들어내게 된다.

이제 FPGA로 공급할 기준 클럭을 만들어내는 방법을 알아보자. 클럭을 발생시키기 위한 방법은 매우 다양하지만, 시스템의 안정성을 위해서는 전용 발진 소자를 사용하는 것이 가장 효율적이고 보편적인 방법이라고 할 수 있다. 일반적으로 널리 사용되는 발진 소자의 종류를 [그림 10-2]에 나열해 보았다.

그림 10-2 다양한 발진 소자

널리 쓰이는 발진 소자로는 크리스탈 진동자, 오실레이터, 레조네이터의 세 가지 정도를 들 수 있다. 우선 크리스탈 진동자는 단가가 저렴하면서 발진 안정도가 높다. 그러나 발진을 위해서 외부에 추가적인 회로가 필요하다. 다음으로 오실레이터는 크리스탈 진동자에 발진 회로를 탑재한 구조이며, 상대적으로 단가가 비싸다. 마지막으로 레조네이터는 저렴하지만 발진 안정도가 낮은 특성을 갖는다. 세 가지 발진 소자 중에서는 가장 비싸지만 안정성이 좋은 오실레이터를 FPGA용 기준 클럭 소스로 선택하기로 한다.

FPGA를 위한 클럭 발진 소자가 정해졌으므로 남아있는 메모리 소자를 위한 클럭 신호를 정의해야 한다. 이 책에서 설계할 시스템의 메모리 소자는 FPGA 다운로드를 위한 PROM과 데이터 저장을 위한 SRAM이 있다. 이들 메모리 소자를 위한 클럭 신호는 별도의 발진 소자를 사용하지 않고 FPGA 내부의 분주기 또는 PLL에서 발생되는 클럭 신호를 이용하기로 한다. 따라서 메모리 소자를 위한 클럭 신호의 소스는 FPGA가 된다.

이렇게 정의된 클럭 신호들을 정리하여 [표 10-1]에 나타내었다. 클럭 신호는 앞서 설계한 전원 공급부와 같이 회로도 설계 단계에서 뿐만 아니라 PCB 설계 단계에서도 역시 고려할 사항이 많으므로 주의를 요한다.

표 10-1 클럭 신호의 정리

신호 이름	소스	타겟	속도
CLK	Oscillator	FPGA	50MHz
PROM_CCLK	FPGA	PROM	최대 40MHz
SRAM_CLK	FPGA	SRAM	50MHz

리셋 신호는 처음 전원 인가시나 그 외의 특정 이벤트 또는 사용자의 요구가 발생했을 때 시스템을 초기화시키는 용도로 사용된다. 그러기 위하여 대부분의 부품 소자는 리셋을 위한 입력을 가지고 있으며, 회로도를 작성할 때에는 이들을 고려하여 적절히 연결해야 한다. 이 책에서 설계하고자 하는 플랫폼 보드에서 필요한 리셋은 두 가지이다. 보드에 처음 전원이 인가되었을 때 자동으로 수행되는 파워 온 리셋(Power-on-Reset)과 사용자 버튼에 의해서 수행되는 유저 리셋(User Reset)이다.

파워 온 리셋은 전원 인가와 함께 자동으로 수행되어야 하므로 캐패시터와 저항을 사용하여 설계한다. 그리고 사용자 리셋은 푸시 버튼 형식의 부품 소자를 사용하여 원하는 순간에 누를 수 있도록 한다. 이렇게 구현된 리셋 회로의 예시를 [그림 10-3]에 보였다.

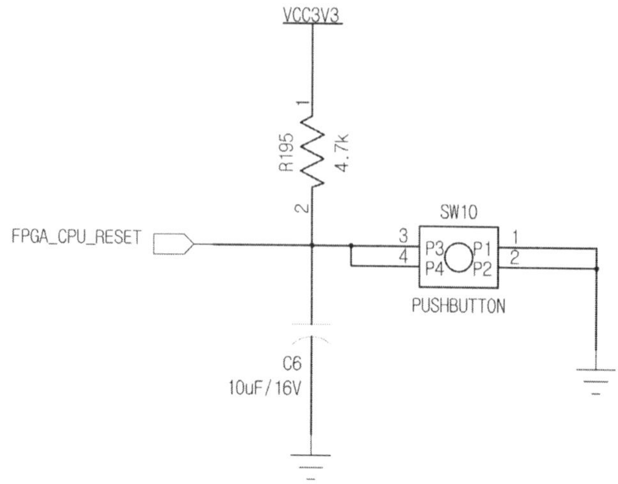

그림 10-3 리셋 회로

10.2.3 FPGA

FPGA란, Field Programmable Gate Array의 약자로 사용자가 설계한 임의의 디지털 회로 및 약간의 아날로그 회로를 탑재하여 원하는 기능을 수행하도록 하는 회로 부품 소자를 말한다. Xilinx 사에서 판매하는 FPGA 소자의 하나인 Virtex FPGA의 사진을 [그림 10-4]에 보였다.

그림 10-4 Xilinx 사의 Virtex FPGA

과거에는 주문형 반도체(ASIC; Application Specific IC) 제작 방식을 이용하여 SoC를 구현하는 것이 일반적이었으며, FPGA는 ASIC 제작 사전 단계에서 시제품을 검증하기 위한 방법으로만 주로 사용되어 왔다. FPGA의 경우 탑재할 수 있는 로직 게이트 수가 그리 많지 않고 동작 속도가 느려 ASIC 방식으로 제작된 칩에 비해서 상대적인 단점이 많았기 때문이다. 게다가 상업용 제품을 제작할 때 가장 중요한 요소로 손꼽히는 제품 단가 측면에서 FPGA는 매우 불리한 입장이었다. 그러나 최근에는 반도체 공정기술의 발달로 고집적, 고성능의 FPGA 소자가 개발되어 있으며 예전에 비해 매우 저렴한 가격으로 시장에 공급되고 있다. 때문에 대량 생산이 아닌 소량 생산 제품을 제작하는 경우에는 굳이 ASIC을 고집하지 않고 FPGA를 이용하는 것이 오히려 유리할 수 있다.

표 10-2 ASIC과 FPGA의 비교

구분	ASIC	FPGA
장점	- 단가가 저렴하다 - 고성능 - 저전력	- 제품 제작 기간이 짧다 - 검증 및 오류 수정이 용이하다
단점	- 검증 및 수정이 어렵다	- 단가가 비싸다 - 소비전력이 높다 - 동작 속도가 느리다

FPGA를 이용하여 플랫폼을 설계하려면 다음과 같은 사항들을 고려해야 한다.

- 적절한 크기 및 기능의 FPGA 선택
- FPGA 제조사에서 제공하는 개발툴
- FPGA Programming 방법(PROM)
- 전원 설계
- 클럭 인가

우선, 설계 목적에 맞는 FPGA 소자를 선정해야 한다. FPGA는 내부적으로 제한된 숫자의 자원을 가지고 있으며, 이들을 조합하여 사용자가 설계한 기능을 구현하게 된다. 여기서 제한된 자원이라 함은 논리 게이트의 숫자, I/O 핀의 개수, 메모리 블록의 용량, 클럭을 제어하는 PLL 등의 특수한 아날로그 블록 등을 말한다. 물론 이들 자원이 많으면 많을수록 FPGA 소자의 활용도가 높아지는 것은 당연한 것이지만, 그만큼 칩의 크기가 커지고 단가가 비싸지는 원인으로 작용한다. 따라서 FPGA 제조사에서는 다양한 크기 및 가격의 칩을 판매하여 사용자로 하여금 적절히 선택할 수 있도록 하고 있다. 제품 가격은 로직 크기에 따라 작은 것은 1 ~ 2 만원에서 큰 것은 몇 백 만원을 넘는 가격을 형성하고 있다. 로직 크기는 FPGA 제작 당시에 이미 결정되어 더 이상 확장이 불가능하므로, 설계자는 자신의 디자인이 어느 정도의 자원을 필요로 하는지 미리 예측하여 적절한 크기의 소자를 선정해야 한다. 만약 50만 로직 게이트가 탑재되어 있는 FPGA를 선정하여 플랫폼을 설계하였는데, 최종적으로 합성된 SoC가 70만 로직 게이트를 차지한다면 RTL 설계 단계로 다시 돌아가서 최적화 작업을 진행하거나 부품 선정을 다시 해야하는 등의 문제가 발생한다. 이와 유사하게 선정된 FPGA가 100개의 I/O 핀을 제공하고 있지만, 설계한 SoC가 100개 이상의 I/O 핀을 요구한다면 역시 문제가 된다. 따라서 FPGA의 크기를 결정할 때는 설계 단계에서 예상되는 크기보다 조금 더 큰 것을 선택하여 어느 정도 여유를 두는 것을 추천한다.

ASIC 방식으로 SoC를 설계할 때 로직 크기는 전체 칩에 탑재된 논리 게이트를 NAND 게이트로 환산했을 때의 개수를 가장 널리 사용한다. 예를 들어 10만 게이트의 칩이라고 하면, 내부의 논리 게이트를 기준이 되는 NAND 게이트로 환산했을 때 10만개 정도에 해당한다는 의미이다. 그러나 FPGA는 ASIC과는 다른 방식으로 로직을 구현하므로 ASIC에서 사용하는 게이트 숫자와 같은 방식으로 로직의 크기를 표현할 수 없다. 따라서 각 FPGA 제조사에서는 기준이 될 수 있는 자사 제품의 게이트 수치를 제공하고 있지만, 이는 근본적으로 ASIC의 게이트 수와 차이가 있으므로 개발자는 직접 합성 툴을 이용하여 자신의 회로가 어느 정도의 크기인지 미리 파악할 필요가 있다.

또한, FPGA의 크기 이외에도 고려해야 할 사항들이 존재한다. 소비 전력, 동작 전압, 추가적인 외부 소자의 필요 여부, 지원 소프트웨어 여부 등이 그것이다. 이 중에서도 지원 소프트웨어는 FPGA를 처음 다루어 보는 사람의 경우 간과하기 쉽지만 매우 중요한 점검 요소라고 할 수 있다. 현재 FPGA를 제조하는 업체로는 Xilinx, Altera, Actel, Lattice 등이 있는데, 제조사마다 각자의 전용 개발 소프트웨어를 제공하고 있다. 예를 들어 Xilinx 사의 FPGA를 이용하여 개발을 하고자 할 때에는 동사에서 제공하는 ISE라는 전용 툴을 사용해야만 한다. 제조사 마다 HDL 합성, P&R, 시뮬레이션을 위한 소프트웨어를 제공하는 방식이 상이하며, 경우에 따라서는 유료로 판매되는 라이센스가 필요한 경우도 있으므로 사전에 확인이 필요하다.

제조사에서 제공하는 개발용 소프트웨어를 사용하여 SoC를 설계하면 최종적으로 FPGA에 다운로드 할 수 있는 비트스트림 파일이 만들어진다. 앞서도 설명했듯이 FPGA는 프로그래밍 가능한 소자이면서 휘발성이므로 처음 전원 인가시에는 아무런 기능을 하지 않는 상태가 된다. 따라서 사용자는 생성된 비트스트림을 다운로드하여 원하는 동작을 수행할 수 있도록 해야 한다. 일반적으로 FPGA는 비트스트림 다운로드를 위한 JTAG 포트를 지원하므로, 전용 다운로드 장비를 이 JTAG 포트에 연결하여 비트스트림을 다운로드하게 된다. 그러나 이러한 다운로드 방법은 PC를 통해서 이루어지므로 완성된 시스템이 되려면 독립적으로 비트스트림이 FPGA에 프로그래밍 될 필요성이 있다. 따라서 PC가 없는 상황에서도 FPGA에 비트스트림을 다운로드하는 방법들이 존재하며, 각 제조사가 제공하는 정보를 확인해야 한다. 그 중 가장 널리 사용되는 방법을 하나만 소개하면, 비트스트림을 담는 별도의 플래쉬 메모리 소자를 사용하는 방법이 있다. FPGA에 전원이 인가되면, 연결되어 있는 플래쉬 메모리로부터 비트스트림을 자동으로 불러들여 프로그래밍 됨으로써 PC 연결 없이도 원하는 로직이 구성될 수 있도록 하는 것이다.

플랫폼 보드에서 FPGA는 지금까지 설계한 SoC가 탑재되는 부품 소자이다. 시스템에서 가장 중심이 되는 소자이므로 회로도 작성 시에도 많은 시간을 할애하게 되는 부분이라고 할 수 있다. 설계 과정에서 특별히 어려운 부분은 없지만 다양한 기능을 담아내야 하므로 입출력 포트 핀이 많이 필요하고 외부의 IC 및 커넥터와 연결하기 위해서 확인해야 할 사항들이 많으므로 꼼꼼한 확인이 필요하다.

플랫폼 보드에 사용할 FPGA는 탑재 가능한 로직 게이트의 숫자 및 활용할 수 있는 입출력 포트 핀의 개수 등을 확인하여 Xilinx 사의 Virtex-4로 정하였다. 정확한 부품명은 다음과 같다.

- Xilinx Virtex-4 FPGA XC4VLX40-FF668

제조사인 Xilinx에서 해당 FPGA를 소개하는 문서에서 일부를 발췌하여 [표 10-3]에 표시하였다.

표 10-3 Virtex-4 FPGA의 소개

항목		개수 또는 용량
Configurable Logic Blocks (CLBs)	Array(Row×Col)	128×36
	Logic Cells	41,472
	Slices	18,432
	Max Distributed RAM(Kb)	288
Block RAM	18Kb Blocks	96
	Max Block RAM(Kb)	1,728
DCMs		8
PMCDs		4
Total I/O Banks		13
Max User I/O		640

CLB 항목은 FPGA에 탑재할 수 있는 로직의 최대 사이즈와 관련되어 있다. Xilinx에서는 자사 FPGA의 로직 크기를 나타내는 단위로 Logic Cells 및 Slices, Distribued RAM 등의 용어를 사용한다는 것을 알 수 있다. Block RAM 항목은 FPGA 내부에 미리 만들어진 메모리 블록의 크기를 말하며, DCM 및 PMCD는 클럭과 관련된 기능 블록에 해당한다. 여기서 FPGA의 크기 정보와 함께 중요한 것은 Max User I/O이다. 이는 FPGA에서 사용자가 취할 수 있는 최대 입출력 포트 핀의 개수를 뜻한다.

FPGA는 다양하고 강력한 기능 만큼이나 복잡한 전원을 요구한다. 뱅크별로 분리된 I/O 전원이나 코어를 위한 전원 등이 따로 있으며, 이에 추가적으로 특수한 목적으로 사용되는 전원이 다수 존재한다. 처음 FPGA를 이용하여 회로도를 작성할 때에는 이처럼 다양한 전원이 혼란스러울 수 있으므로 제조사에서 제공하는 문서 등을 충분히 숙지한 후 설계에 임하도록 한다.

10.2.4 PROM

PROM은 FPGA에 다운로드 할 로직의 비트스트림을 저장해 두는 메모리이다. 플랫폼 보드에 전원이 인가되면, FPGA는 PROM으로 부터 비트스트림을 자동으로 다운로드하여 SoC로써의 기능을 수행하게 된다.

PROM과 FPGA를 연결하는 데에는 다양한 방법이 존재하며 확인해야 할 사항들 역시 꽤 존재한다. 데이터 전송 방식을 직렬로 할 것인지 병렬로 할 것인지도 정해야 하며, PROM이 마스터가 될 것인지 FPGA가 마스터가 될 것인지 등도 정해야 한다. 또한 최근의 PROM은 내부에 여러 종류의 비트스트림을 담을 수 있는 기능 등도 있으므로 사용방법이 보다 복잡해졌다. 따라서 FPGA 회로도 작성 단계와 같이 제조사에서 제공하는 자료를 충분히 읽어보고 설계해야 한다. FPGA가 마스터가 되어 PROM으로 클럭을 공급하고, 비트스트림을 직렬 데이터 형식으로 읽어오는 구조를 [그림 10-5]에 보이고 있다. PROM에 대한 더욱 자세한 사항은 Xilinx 사에서 제공하는 자료를 참고한다.

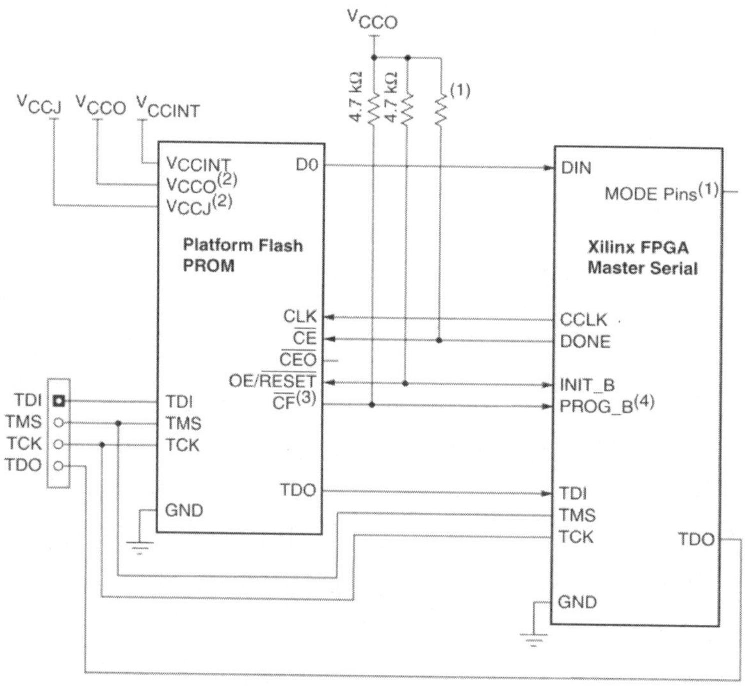

그림 10-5 FPGA와 PROM의 연결

10.2.5 SRAM

플랫폼 보드에서 SRAM은 펌웨어 적재 및 힙, 스택 영역과 같은 임시 데이터 저장 공간의 역할을 수행한다. 따라서 SRAM은 적재할 펌웨어의 크기 및 요구되는 임시 메모리 영역의 크기를 확인하여 여유 있는 용량의 제품으로 선택하도록 한다. 이 책에서는 Cypress 사의 CY7C1354B를 SRAM으로 선정하였다. CY7C1354B는 9-Mbit 용량을 가지며, (256k×36)의 구성이다. 데이터 폭이 32비트가 아니라 36비트인 이유는 4비트를 패리티 비트로 사용할 수 있도록 하기 위함이다. 특별히 패리티 비트를 위한 공간이 필요 없다면 사용하지 않으면 된다. 다만, 이렇게 사용할 경우 최대 용량은 9-Mbit가 아닌 8-Mbit가 되며, (256×32) 구성이 된다.

10.2.6 Flash

플래쉬 메모리는 SRAM과 달리 비휘발성 데이터를 담는데 사용된다. 필요에 따라 펌웨어 또는 멀티미디어 데이터 등을 저장하는 공간으로 사용될 수 있다. 특히 플랫폼 보드가 독립적으로 완성된 시스템이 되기 위해서는 플래쉬 메모리에 펌웨어를 탑재해야 한다. 그래야만 시스템에 전원이 인가되었을 때 별도의 펌웨어 다운로드를 위한 PC 연결 과정 없이 바로 사용할 수 있는 상태가 되기 때문이다.

제작할 플랫폼 보드에서 사용할 플래쉬 메모리는 Micron 사의 MT28F320J3 모델이다. 32-Mbit의 용량을 가지며, 16비트의 데이터 폭으로 구성되어 있으므로 두 개의 소자를 사용하여 총 용량 64-Mbit, 32비트 데이터 폭으로 사용할 수 있도록 설계한다.

10.2.7 UART

플랫폼 보드에서 UART는 RS-232 규격에 맞추어 직렬 통신이 이루어지도록 한다. RS-232는 PC와 주변장치들을 연결하기 위한 용도로 오랫동안 사용되어 왔으며, 이를 지원하는 각종 주변장치가 다양하게 존재하므로 플랫폼 보드의 활용도를 높일 수 있다. RS-232 통신을 위해서는 FPGA에서 출력되는 3.3V의 CMOS 신호나 5V의 TTL 신호를 -15V ~ +15V 정도 범위의 신호로 바꾸어야 한다. 이를 위하여 라인 드라이버(Line Driver)라고 부르는 별도의 전압 변환용 IC를 사용한다. FPGA와 라인 드라이버 그리고 RS-232 커넥터의 연결도를 [그림 10-6]에 나타내었다.

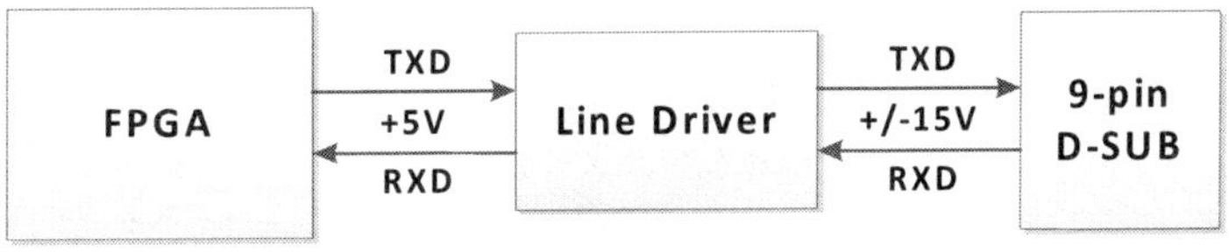

그림 10-6 UART 연결도

이 책에서 설계하는 플랫폼 보드는 RS-232 규격의 커넥터로 가장 널리 사용되는 9핀의 D-SUB 커넥터를 채택하였다. 9핀 D-SUB 커넥터의 모양은 [그림 10-7]과 같으며 핀 배열은 [표 10-4]를 따른다. 이외에도 25핀 D-SUB 커넥터 등이 사용될 수 있으므로 시스템의 사용 용도에 맞는 커넥터를 채택하면 된다.

그림 10-7 9핀 D-SUB 커넥터

표 10-4 RS-232 커넥터의 핀 배열

번호	신호
1	Data Carrier Detect(DCD)
2	Received Data(RXD)
3	Transmitted Data(TXD)
4	Data Terminal Ready(DTR)
5	Ground
6	Data Set Ready(DSR)
7	Request to Send(RTS)
8	Clear to Send(CTS)
9	Ring Indicator(RI)

10.2.8 PS/2(Keyboard, Mouse)

PS/2 포트는 IBM 사에서 제작한 Personal System/2라는 PC에서 주변장치를 연결하기 위해서 사용하였던 커넥터로부터 유래하였다. 최근의 USB 포트가 등장하기 전까지 키보드 및 마우스를 PC와 연결하기 위한 용도로 주로 사용되었다. 특별한 드라이브 회로가 필요 없고 쉽게 구현할 수 있으므로 임베디드 시스템 등의 특수한 환경에서는 현재까지도 유용하게 사용되고 있다.

그림 10-8 PS/2 포트 커넥터

PS/2 포트는 클럭과 데이터로 구성된 두 개의 신호선을 사용하여 직렬 통신을 하며, 데이터 신호선은 양방향 통신이 가능하다. 플랫폼 보드에서는 전통적인 PC와 마찬가지로 키보드 및 마우스를 연결하기 위한 포트로 PS/2를 채택하였다.

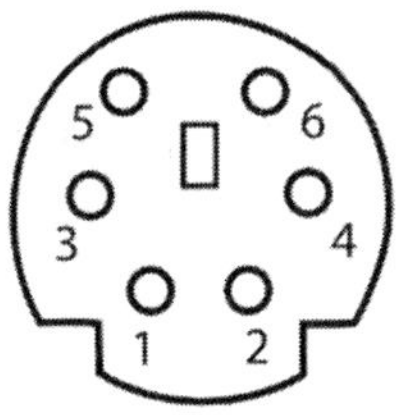

Pin 1	Data
Pin 2	Not Connected
Pin 3	GND
Pin 4	Vcc (+5V)
Pin 5	Clock
Pin 6	Not Connected

그림 10-9 PS/2 포트의 핀 배열

10.2.9 JTAG

JTAG 포트는 SoC 내부에 탑재된 Core-A 프로세서의 원격 디버깅을 가능하게 한다. Core-A 프로세서는 디버깅 로직을 갖추고 있으므로 별도의 PC 환경을 이용하여 프로세서 내부의 상태를 확인하고 펌웨어를 다운로드하는 등의 작업을 할 수 있다. 이러한 작업은 모두 JTAG 포트를 이용하여 이루어진다. 단, FPGA 및 Xilinx PROM의 제어도 JTAG 포트를 통하여 이루어지는데 이는 Core-A 프로세서를 위한 JTAG 포트와 별개로 구분되어야 한다.

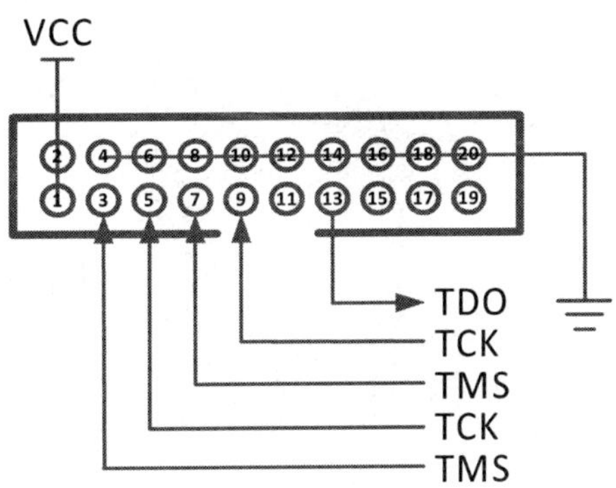

그림 10-10 Core-A 원격 디버깅을 위한 JTAG 포트

10.2.10 GPIO(LED, Push Button, Expansion Port)

GPIO(General Purpose Input/Output)는 범용 입출력을 위한 기능을 뜻하며, 플랫폼 보드에서는 LED, 입력 버튼, 확장 포트를 아울러 지칭한다. PCB 보드 위에서 보여지는 형태 및 활용되는 방법은 각각 다르지만, 이들 세 가지 기능은 SoC 내부에서 모두 GPIO라는 동일

한 개념을 사용하여 구현된다.

각 기능의 활용 예시를 간단히 들어보면 다음과 같다.

- **LED** : 소프트웨어 개발자가 보드 사용자에게 현재 상태를 알리는 등의 목적으로 사용할 수 있다.
- **입력 버튼** : 보드 사용자로부터 입력을 받기 위한 수단으로 사용한다. 복잡한 입력은 UART 등의 통신 포트를 통하여 플랫폼 보드와 PC를 연결하여 입력받을 수 있고, PS/2 포트에 연결된 키보드, 마우스를 이용할 수도 있다. 그러나 좌, 우, 아래, 위 또는 1, 2, 3, 4 등으로 매우 제한적이고 간단한 입력을 받고자 할 경우에는 보드 상에 위치한 입력 버튼을 사용하는 것이 효율적일 수 있다.
- **확장 포트** : 주로 점퍼 케이블 또는 플랫 케이블을 사용하여 보드와 보드 사이에서 데이터를 주고받고자 할 때 사용한다.

GPIO는 하나의 완성된 시스템에서 입출력을 위한 장치로 사용될 수도 있지만, 다른 입출력 장치와 비교하여 간편한 제어가 장점이므로 플랫폼 보드를 이용한 응용 제품 개발시 테스트 용도로 사용하기에 특히 용이하다.

LED는 허용 가능한 최대 전압을 주의깊게 확인하고 필요하다면 저항을 사용하여 전류량을 적절히 조절하도록 한다. 시중에는 다양한 색상, 다양한 밝기의 LED가 판매되고 있으므로 용도에 맞는 소자를 선택하도록 한다.

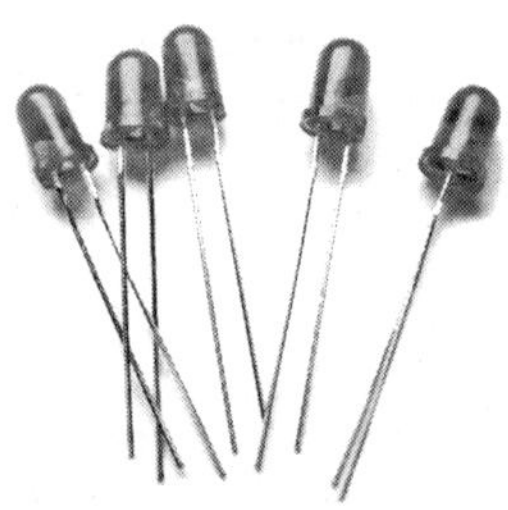

그림 10-11 LED

입력 버튼은 기구 부품의 일종으로 여러 가지 형태가 존재한다. 크게는 누른 후 손을 떼면 자동으로 원래 위치로 복귀되는 푸시형 버튼, 누를 때 마다 On, Off를 반복하는 푸시-풀 버튼의 두 가지 방식으로 나눌 수 있다. 기구적인 모양새는 다르지만 회로도에서는 동일하게 설계 가능하므로 플랫폼 설계자는 목적에 맞는 버튼을 고르면 된다.

그림 10-12 사용자 버튼

확장 포트는 보드와 보드 사이의 데이터 통신 경로가 되며 이를 위해 사용할 수 있는 여러 형태의 커넥터가 존재한다. 그 중 가장 널리 사용되는 커넥터는 2.54mm 피치의 DIP(Dual Inline Package) 핀 헤더 형태이며, 여러 장의 PCB 보드를 쌓아 올리거나 플랫 케이블을 이용하여 연결하는데 용이하다. 역시 사용 목적에 맞도록 커넥터를 선정하면 된다. 어떤 커넥터를 선정하든 회로도 설계 단계에서는 특별한 차이점이 없으므로, 커넥터 선정은 PCB 설계 단계로 미루어도 무방하다.

그림 10-13 핀 헤더 소켓

참고문헌

[1] 박인철, Core-A Computer Architecture & Design, 홍릉과학출판사, 2009

[2] 이종렬, Core-A 프로그래머 가이드, 홍릉과학출판사, 2009

[3] 기안도, Core-A 프로세서를 활용한 플랫폼 설계, 홍릉과학출판사, 2010

[4] 이종열, 이 강, 김시호, 최병윤, 이광엽, Core-A 프로세서 기반 System-on-Chip 설계, 홍릉과학출판사, 2010

[5] Core-A Architecture Manual

[6] Core-A Instruction Manual

[7] Core-A Instruction map

[8] Core-A Instruction Set Simulator Reference Manual

[9] Core-A IP Manual

[10] Core-A AMBA Supporting Package

[11] Xilinx Virtex-4 FPGA User Guide (문서 번호 : UG070)

[12] Xilinx Virtex-4 FPGA Packaging and Pinout Specification (문서 번호 : UG075)

[13] Xilinx Virtex-4 FPGA Configuration User Guide (문서 번호 : UG071)

[14] Xilinx Platform Flash PROM User Guide (문서 번호 : UG161)

[15] CY7C1354B/CY7C1356B Pipelined SRAM datasheet, Cypress, 2003 (문서 번호 : 38-05114)

[16] Intel StrataFlash Memory(J3) Datasheet, Intel, 2005 (문서 번호 : 290667-021)

[17] ARM EmbeddedICE Macrocell Specification (문서 번호 : DDI 0180A)

[18] Core-A Debugger User Manual

[19] Core-A Debugger Starter Guideline

[20] www.opencores.org

찾아보기

정가 20,000원

Core-A 기반의 하드웨어 플랫폼 설계

2013년 12월 27일 초판 인쇄
2014년 1월 8일 초판 발행

저자와의
협의하에
인지생략

저 자 : 박주성 . 남일구 . 김석찬
발행자 : 우명찬 . 송 준
발행처 : 홍릉과학출판사
주 소 : 서울시 강북구 인수동 455-60
142-885
등 록 : 1976년 10월 21일 제5-66호
전 화 : (02) 999-2274~5, 903-7037
팩 스 : (02) 905-6729
e-mail: hongpub@hongpub.co.kr
http://www.hongpub.co.kr
ISBN: 979-11-5600-016-7

본 교재는 2012년~2013년 산업통상자원부 시스템 반도체 설계인력 양성사업의 지원으로 IDEC Platform Center(경북대학교)에서 수행된 결과물 입니다